세상에
왜
도서관이 필요한가

Copyright © 2024 by Yang Suqiu
Originally published in People's Republic of China by Shanghai Translation Publishing House
Korean edition copyright © 2025 by GYOYUDANG PUBLISHERS
by arrangement with Shanghai Translation Publishing House
through Linking-Asia International Co., Ltd.,
All rights reserved

이 책의 한국어판 저작권은 연아 인터내셔널을 통한 Shanghai Translation Publishing House 와의 독점계약으로 한국어 판권을 (주)교유당에서 소유합니다.
저작권법에 의하여 한국 내에서 보호를 받는 저작물이므로 무단 전재와 복제를 금합니다.

세상에
왜
도서관이 필요한가

Why is
There
a Library
in the
World

양쑤추 지음 | **홍상훈** 옮김

교유서가

일러두기

· 각주는 모두 옮긴이의 것이며, '원주'는 별도로 표시하였다.
· 단행본은 『』, 단편 논문 발표문 등은 「」, 연극 영화 음악 방송 매체는 〈 〉로 표기하였다.
· 괄호 안 원어병기를 원칙으로 하였으나, 괄호 안의 괄호병기는 삭제하였다.
· 번역서 제목은 될 수 있는 대로 우리나라에서 소개된 제목을 따르고, 우리나라에 소개되지 않은 책은 원서의 제목을 기준으로 번역했다.

한국어판 서문

내 보잘것없는 책이 출판된 지 막 반년이 되었는데 한국은 내 글이 처음 도착한 외국이므로, 이 서문을 쓰는 지금 나는 너무나 즐겁다.

이 책은 도서관 건립에 관한 기록이자, 또 내가 '타자'로서 새로운 환경에 들어가 체제의 작동을 관찰한 수필이기도 하다.

이렇게 소개하면 조금 무겁게 들릴지도 모르겠지만, 되도록이면 사회학이나 정치학 저작과는 달리 좀더 경쾌하게 쓰고 싶었다. 연구 보고서도 아니고, 과학기술 보급을 위한 대중서도 아니고, 임시직의 경험을 실시간으로 기록한 '감상문'처럼 읽히는 그런 글.

책에 기록된 사건은 시안시, 그러니까 당나라 때의 장안(長安)에서 일어났다. 한국인들도 이 도시를 알고 있을 텐데, 그곳은 13개 왕조의 옛 도읍으로, 지하의 능묘(陵墓)와 보물의 수량은 전국적으로도 손꼽힐 정도다. 이 때문에 현대의 산업용 굴착기가 흙을 향해 발톱을 뻗을 때마다 수천 년 전의 유물을 건드려서 작업이 중단되기 일쑤다. 우리 도서관의 건립 이야기는 바로 여기서 시작된다.

상대적으로 자유롭고 여유로운 환경에서 지내다가 새로운 청사에 왔을 때, 나는 이곳에는 곳곳에 규칙이 있음을 발견했다. 두 일은 성격이 상당히 달라서, 같은 도시에 있음에도 타향처럼 느껴졌다. '초보자'

로서 내가 쓰기 시작한 '감상문'에는 놀라움과 실수의 기록이 가득했다. 도서관 전공이 아니므로 도서관 건립에는 문외한이었고, 한 권의 책이 책장에 올려지기 전에 얼마나 많은 절차를 거쳐야 하는지도 전혀 몰랐다. 정부 사업을 경험해보지 못한 채 처음부터 '부국장'이 되는 바람에 갈피를 잡지 못하고 허둥대다가 적지 않은 꼴불견을 연출했으니, 다들 책의 전반부에서 웃음을 터뜨릴지도 모른다.

유구한 역사를 지닌 이 도시의 거리에는 고아한 분위기가 흐르지만, 그와 동시에 사람들의 관념은 때로 지나치게 옛날을 흠모하는 바람에 보수적이고 활기 없는 경향을 드러내기도 한다. 사소한 혁신적 변화나 아주 약간이나마 규범에 맞지 않는 원고, 성별을 분간하기 애매한 춤 등도 모두 논란을 불러일으킬 수 있다. 임시직 생활이 중반으로 접어들면서 내가 하는 일들에 대한 마찰과 방해는 나날이 늘어났다.

예전에 내 강의실에는 이런 마찰이 존재하지 않았다. 과거의 내 직업 경력은 미학과 예술 과목의 형이상학적 특징, 그리고 교수와 학생이라는 단순한 관계로 빚어졌다. 그것은 청명한, 그리고 고도의 규범이 있었으나 복잡한 인간 사이의 사무를 처리할 필요가 없는 일이었다. 그런데 새로운 일에 힘겹게 적응하는 와중에 이 모든 것이 혼돈으로 변했다. 다만 다른 의미에서 말하자면, 나는 이때부터 비로소 일반 대중의 '흙냄새를 맡기' 시작해서 다양한 사람들을 많이 만나고, 깊은 대화를 나누면서 나 자신의 잘못된 선입견을 바로잡았고, 또 권력과 지위의 미묘한 변화 속에서 주변 역장(力場, field of force)의 움직임을 느꼈다.

물론 나도 유혹과 부패에 직면하게 될 터였다. 예전에 어느 독자가 왜 책 제목에서 제시한 문제에 대답하지 않았느냐고 물었다. 사실 이미 대답했으니, 그 답안은 몇몇 인물의 행적 안에 들어 있다. 여러분도 느끼시길 바란다.

  내 책이 출판된 뒤에 어떤 이는 책에서 은밀한 에피소드들을 볼 수 있었다며 좋아했고, 이렇게 '잠입'하는 건 신의를 저버리는 것 같다고 하는 이도 있었다. 나는 논픽션 글쓰기의 윤리 문제에 대한 논의를 무척 좋아한다. 우리는 어느 정도 인지와 동의를 얻은 뒤에야 하나의 사건에 관해 쓸 수 있을까? 공권력이라는 제재에 접근할 때는 또 이 경계가 바뀌어야 할까?

  〈택시운전사〉라는 한국 영화에서는 기자가 지닌 진상을 없애기 위해 도로 추격전이 벌어진다. 필름을 지키기 위해 여러 운전사가 목숨을 걸었던 덕분에, 단단히 움켜쥔 그 필름은 세상에 드러날 수 있었다. 이 영화가 보여준 도주와 학살 장면에서, 택시는 나는 듯이 치달려 충돌하고 사방으로 불똥이 튀어서 시각적으로는 액션 영화와 비슷하지만, 관객에게 주는 감동은 더욱 빼어나다. 여기서 필름은 세상에 알려야 할 기자와 숨겨야 할 군인 간의 쟁탈 목표이고, 절대 속된 물건이 아니었기 때문이다.

  이를 통해서 나는 플라톤의 『국가』에 들어 있는 유명한 우언(寓言)을 떠올렸다. 동굴 속의 사람들은 가상의 그림자를 보며 평생을 허비하지만, 이미 태양을 발견한 다른 몇몇 사람들이 동굴 속의 사람들에게 돌아서 나가라고 반드시 일깨워줄까?

  우리 모두 '진실'을 추적하고 보호할 용기를 가지길……

양쑤추
2024년 겨울 시안에서

차례

한국어판 서문 • 005

프롤로그 • 011

난위안먼(南院門)에 첫발을 디디다 • 020

두 사람의 도서관 • 042

회의 • 055

오늘 글감을 하나 건졌다 • 073

비판의 연속 • 089

좁쌀죽은 약한 불로 끓이고 • 112

'14차 체전'과 딱 들어맞아요! • 134

개인영웅주의 • 153

진실한 의견 • 174

왜 도서관이 필요한가? • 190

그는 홀로 바닷물에 들어가려 했다 • 207

'정답자'여, 함께 시를 읽자 • 226

비첩도 외부에 대출해주는가? • 243

'미녀의 미용실'과 '잠은 심심해' • 258

무협 소설 쓰는 아기 아빠 • 272

지방 속에서 근육 찾기 • 287

이 그림에는 사랑이 없다 • 303

서재에서 당신은 혼자가 아니다 • 322

작은 저울추 • 341

뛰는 놈 위에 나는 놈 • 355

파초에 듣는 빗방울 • 373

눈 내리는 밤중의 호랑이 • 385

나뭇가지를 읽는 여인 • 399

가지에 석류가 주렁주렁 • 414

최후의 진지 • 427

가문비나무처럼 생장하다 • 448

에필로그 • 465

역자 후기 • 475

이 책의 소재는 2020년 9월부터 2021년 9월까지 정부에서 임시직으로 근무한 경험에서 나왔으며, '무에서 유를 창조'한 구립도서관 건립 과정을 중점적으로 기록했다.
내가 서술한 모든 내용은 실제로 일어난 사건이지만, 일부 인물과 부서는 가명을 썼다.

프롤로그

여러 해 전에 양쑤추〔楊素秋〕라는 학생이 나의 박사과정 지도학생으로 지원했는데, 나와 동료들은 22세의 이 여학생이 곧 석사과정을 졸업한다는 사실에 모두 놀랐다. 필기시험 성적도 우수했고 구두시험에서도 돋보였으며, 차분하고 총기가 있어 교수들에게 깊은 인상을 남겼다. 3년 뒤에는 박사학위를 따기 위한 학술 생애를 시작했다. 박사학위 주제를 토론할 때 그 학생은 내가 제시한 문학사 단계들 사이의 과도기 상태라는 문제에 관심을 기울였는데, 처음에 나는 약간 망설였다. 과도기 상태라는 문제는 난도가 지극히 컸으므로, 학생 스스로 생각한 주제를 지지했다. 초고가 완성된 뒤에 아마 내가 비판적이었던 듯하다. 그 학생이 잠시 침묵하다가 눈물을 흘리며 이렇게 말했던 게 떠오른다.

"틀림없이 잘 수정할 수 있을 겁니다."

지금 이 상황을 떠올려보니, 아마 이것이 그녀의 성격이었던 듯하다. 귀기울여 의견을 듣고, 변명하지 않으며, 심혈을 기울여 해내는 것.

그는 박사과정을 마친 후 시안〔西安〕으로 돌아가 어느 대학에서 교편을 잡았다. 대다수 지도교수처럼 나도 그가 학술적으로 어느 정도 성취를 이루기를 바랐다. 어쩌면 내가 학술 체제에 대해 어느 정도 다시 고찰했기 때문인지, 학생들에게 학술이란 논문을 쓰는 것이라는 식의 관점을 주입한 경우는 무척 드물다. 이 점에서 지도교수인 나와 양쑤추 모두 대체로 관점이 같았다. 우연히 시안에 갔다가 만난 그는 특히 자기의 교수법에 대해 많이 이야기했고, 산문을 쓰겠다는 얘기도 했으나 무슨 논문 같은 것을 쓰겠다는 얘기는 거의 드물게 했던 듯하다. 나는 그가 절대 전통적인 학술 연구의 길을 가지 않을 거라고 어렴풋이 느꼈다. 그는 서재 바깥에 또다른 어떤 학술 형식을 연장하려 한 듯했다. 몇 편의 논문도 보여주었는데 아주 훌륭해 보여서 긍정적으로 이야기해주면서 이후로는 조금 더 전문적인 연구를 진행하기를 기대했다. 얼마 후 그가 보내온 동영상을 보았는데, 내용은 교습법 경연이었다. 그것을 진지하게 보고 나서는 그가 정말 심혈을 기울여 학생과 교실을 사랑하는 훌륭한 스승이라고 느꼈다. 2018년 9월 10일 스승의 날에는 내게 인사하면서, 며칠 뒤에 미국에 방문학자로 간다고 했다. 미국에 있는 동안 그는 번역에 흥미를 품고 독일의 코미디 영화감독 루비치(Ernest Lubitsch: 1892~1947)에 관한 책을 하나 번역하기 시작했다. 양쑤추의 관심 분야는 내가 알고 있는 것보다 훨씬 넓었는데, 아마도 자기에게 적합한 길을 모색하고 있는 듯했다.

또 거의 2년 뒤인 2020년 8월에는 다음달부터 시안 베이린구〔碑林區〕의 문화관광국〔文化旅遊局〕에서 임시로 근무하게 되었다고 하면서, 이렇게 설명했다.

"공무원이 되려는 건 아니고 사회를 이해하고 싶어요. 저는 너무 책벌레라서요."

그런 생각을 알게 되자 그가 이상주의자라고 여겨졌다. 그가 베이린구에서 근무할 때 또 마침 스승의 날을 맞이했다. 그는 베이린구에서 도서관을 하나 건립하려 하는데 자기가 책임자가 되었다고 신이 나서 얘기했다. 이후 6개월 뒤에 도서관이 건립되었고, 그도 화제의 인물이 되었다. 처음에는 이 일을 몰랐는데 한 학생이 알려주었다.

"교수님, 양쑤추 선배가 유명해졌어요!"

내가 이 일에 관심을 가지기 시작할 때 양쑤추가 순식간에 5만 조회 수를 넘긴, 「우리는 반년에 걸쳐서 시안시 중심에 유명하지 않은 도서관을 하나 건립했다花了半年時間, 我們在西安市中心建了一座不網紅的圖書館」라는 그 글을 보내왔다. 먼저 독자들의 댓글을 보고 나서 다시 그 글을 읽었다. 한 젊은 학자가 자기만의 방식으로 사회에 개입하여 봉사하는 과정에서 끝까지 신념을 지키며 때로는 싸우기도 했던 모습은 바로 젊은 세대 지식인의 품격을 잘 보여준다. 그는 부드럽고 완곡한 필치로 자기가 이상적으로 생각한 도서관이 어떻게 건립되었는지 서술했는데, 그 가운데 주요한 갈등은 대개 '기관에서 정해준' 것과 '자기가 선정한' 도서 가운데 어느 것을 택하느냐 하는 것이었다. 그는 몇 달 동안 임시직으로 일했으나 '사회'를 잘 몰라서 어떤 금기들을 범했음을 알았다. "언니, 나는 절대 타락하지 않을 거야. 쳇, 쳇!" 이 구절에서는 나도 모르게 웃음이 터졌다. 이 문약하고 젊은 여성의 세밀한 서술에는 언제나 인문주의적 감성과 깊이가 넘쳐흐르고 있었다. 이 부드럽고 아름다운 글은 틀림없이 따가운 눈총을 받았을 테지만, 양쑤추는 거리낌이 없었다. 글이 발표되고 얼마 후, 4월 24일에 CCTV〈뉴스위크新聞周刊〉에서 그에 대한 특집 탐방 보도를 방영했는데, 제목은 「양쑤추: 공공도서 선정인」이었다. 인터뷰에서 그는 이렇게 말했다.

"도서관의 영혼은 도서 목록이니, 요긴한 곳에 돈을 써야 합니다. 몸뚱이와 영혼 사이에서 우리는 영혼을 선택했습니다."

그의 이런 지난 이야기들은 바로 그의 새 책인 『세상에 왜 도서관이 필요한가』를 읽기 위한 배경이다. 「우리는 반년에 걸쳐서 시안시 중심에 유명하지 않은 도서관을 하나 건립했다」에서 바로 이 책이 탄생했다. 이 책은 무슨 웅장한 서사가 담긴 것은 아니지만, 나를 깊이 매료시켰다. 내가 읽은 것은 일종의 문화 생태이며, 그 속에서 생장하고 몸부림치는 정신의 구조물이었다. 그것들은 '양쑤추 같은 사람들'에 관한 책이자 인문주의자의 초상이다.

어떤 의미에서 모든 사람은 자기의 '도서관'에서 성장한다. 다만 이 책의 원고를 읽기 전에 나는 '세상에 도서관이 필요한 이유'라는 문제에 대해 깊이 생각해본 적이 없었다. 우리 세대의 독서 경험은 척박함에서 생겨난 어떤 넉넉함이어서, 영세했으나 또 자유로웠다. 『라오산제老山界』¹와 『야화춘풍투고성野火春風鬪古城』²이 막심 고리키의 이름과 함께 청년 시절 내 기억의 강물 속에서 흐르고 있다. '도서관'이라는 공간은 규모와 체계가 정돈되어 있고 장엄한 느낌을 주어 내 청년 시절의 독서 경험과는 약간 차이가 있다. 그러나 구립(區立)도서관이 무에서 유로 세워지는 과정이 기록된 뒤에 새롭게 탄생하고 구축된 힘으로 인해, 독서의 빛이 지면(紙面)에서 조금씩 스며 나와서 서로 다른 독서 경험의 간극을 메워주었다.

"샤오닝(小寧), 여기가 바로 우리 아지트야!"

'도서관'의 이야기는 여기서 시작한다. 양쑤추의 문장은 대단히 섬세하게 세세한 부분까지 다룬다. 일련의 구체적인 숫자는 도서관 건립의 고달픔을 보여주는데 부지 선정과 내장공사, 다시 도서 선정까지 이어진다. 그가 출판업자가 보낸 도서 목록을 한 줄 한 줄 심사할 때,

---

1 루딩이(陸定一: 1906~1996)의 수필이다. 라오산제는 광시(廣西) 좡족자치구(壯族自治區) 동북쪽과 후난성(湖南省)의 경계에 있는 야오산(瑤山) 또는 웨청링(越城嶺)을 그 지역에서 부르는 명칭이기도 하다.
2 리잉루(李英儒: 1913~1989)가 1958년에 발표한 장편소설로, 중일전쟁 시기의 영웅들과 공산당 혁명을 다룬 작품이다.

독자도 그의 고심과 진지함을 보게 된다. 그의 글을 통해 우리는 도서관이 건립된 뒤에 이 도서 목록이 튀어나와서 한 권 한 권씩 그를 따라 도서관으로 달려가는 모습을 볼 수 있다. 창고와 도서관을 오가는 과정에서 그의 하얀 코트의 소맷부리는 때가 타서 누렇게 변색하는데, 이것은 책을 사랑하는 사람의 색깔일뿐더러 더욱이 도서관 안의 정감이 침전된 색깔이다. 도서관에 들어가 책을 읽는 독자는 이렇게 책을 사랑하는 마음을 나보다 더 절실하게 경험할 것이다.

베이린구 도서관은 독립된 건물이 없이 쇼핑몰 지하에 있다. 이것은 놀라운 장면이며, 많은 이들에게 익숙한 현대 도시의 모습이기도 하다. 지하의 폐단은 아주 많다. 음식점의 기름과 연기, 오가는 사람들의 소란 등은 모두 책 읽는 사람의 마음에 타격을 주고, 도서관을 건립한 사람들의 마음을 괴롭힌다. 그는 보통의 독자보다 더 많은 심력을 기울여야 했다. 첫아이를 보살피는 엄마처럼 극진하게 자기의 도서관을 돌보고 또 자기의 도서관이 도시 중심에서 독서의 희미한 빛을 반짝일 수 있기를 기대했다. 도서관 건립의 역사 이면에는 책을 사랑하는 한 사람이 온 마음을 쏟은 역정의 역사가 은연중에 담겨 있으며, 유한한 도서관에서 개인의 생명이 무한히 증폭되었다.

특별히 일깨우지 않더라도 독자들 역시 양쑤추의 글에서 생기 넘치는 시안의 모습을 볼 수 있을 것이다. 회족의 거리 후이팡〔回坊〕의 간식거리부터 무대에서 공연되는 서북 지역의 지방극인 친창〔秦腔〕까지, "머리에 쓴 수건 세 가닥으로 푸르지. 만나기는 쉬워도, 아아, 말 건네기는 어려워……"라는 산베이〔陝北〕 지역의 민간 가요부터 산시〔陝西〕 비림(碑林)의 고상한 풍경까지. 이런 글을 쓴 사람은 도시를 잘 발견할뿐더러 삶의 감수성이 뛰어나다. 시안이라는 도시는 시안 사람으로 채워져 있으며, 양쑤추의 글은 그가 기록한 시안 사람의 생기로 채워져 있다. 그는 자기가 본 광장의 춤도 묘사했는데, 서민적인 삶의 정취가 가득한 그 풍경은 책을 사랑하는 이 사람에게 깊은 감동을 주었다. 광장에서 행해진 춤의 '움직임'에 뒤따라 '고요'도 나타났다. 한 마른 노인이 선보인 〈홍안鴻雁〉이라는 무술 동작은 침착하고 느릿하면서도 힘차다. 이 노인의 다리와 몸통은 놀라운 난도를 보이며 공중에서 접히는데, 단순한 순간적인 몸짓이 아니라 호흡을 따라 부드럽게 흐르는 움직임이었다. 동작을 이어가는 동안에도 표정과 호흡은 흔들림이 없었다. 이 유서 깊은 도시에서, 움직임과 고요함이 만들어내는 신비로운 기운이 마치 빛의 조각처럼 사람들의 마음속에 스며들었다. 바로 이런 인식을 바탕으로 양쓔추는 도서관을 운영하는 과정에서 '서민적인 것'을 더욱 중시했다. 그는 미국의 도서관학자 데이나(John Cotton Dana: 1856~1929)가 『도서관 입문A Library Primer』에서 상상한 다음과 같은 이상적인 '도서 선정인'의 형상을 언급한 바 있다.

우선 학문적 소양이 풍부하여 아이들이 좋은 책을 읽도록 안내할 책벌레여야 한다. 다만 그 책벌레는 절대 책만 알고 세상사에는 어둡거나 지나치게 책에 빠져 있어서는 안 되고, 자주 밖으로 나와 활동해야 한다. 사회적 약자들과 어울리지 않은 까닭에 저학력자들의 수요를 이해하지 못하는 지경에 빠지지 않은 사람이어야 한다.

이 글을 보면 양쓔추야말로 이런 이상적인 '도서 선정인'임을 어렵지 않게 알 수 있다. 책을 선정하는 일은 간단하지 않으며, 공공도서관의 책을 선정하는 일은 더욱 어렵다. 전문성과 보편성 사이에서 균형을 맞춰야 할뿐더러 개인적 취미와 공공의 의견 사이에서 척도를 파악해야 한다. 이러지도 저러지도 못하는 상황에서 문학을 전공한 박사 학위자가 자기 전공을 어떻게 처리하는가를 살펴보는 것보다는 책을 사랑하고 사회의 공익에 대한 열정을 가진 '도서 선정인'이 어떻게 책의 바다를 헤쳐나가는지 살펴보는 것이 더 좋겠다. 성과를 놓고 보면 그는 자기의 전공과 취미를 저버리지도 않고, 도서관에 대한 대중의 기대도 저버리지 않은 듯하다.

도서관을 건립하고 확장해야 한다는 책임감 외에 우리는 또 양쑤추의 선한 마음과 교육자로서의 마음을 볼 수 있다. 베이린구 도서관은 청소년과 아동을 환영할뿐더러 장애인도 환영한다. 도서관 안에는 시각장애인을 위한 열람실이 있어서 버튼식 스마트 리더와 시각 보조 장치가 일체화된 장비가 갖춰져 있다. 고가의 비용에도 이 '도서 선정인'은 물러서지 않고 현대 과학기술의 힘을 빌렸다. "바다로 걸어 들어가면 바닷물이 조금씩 발등 위로 넘치듯이" 그가 선정한 도서는 더 많은 독자의 심령을 적셔주었다. 이것은 어쩌면 책에 대한 최상의 대우로, 시적인 정취와 선의로 책 속의 글귀에 보답하는 것일 터이다. 「'정답자³'여, 함께 시를 읽자」라는 에피소드는 특히 흥미로운데, 언제부터 시작되었는지는 기억나지 않지만, 문학의 길을 지향하는 언어 문학 과목이 생기 없고 지루하게 느끼는 수많은 젊은 학생들을 일깨운다. 언젠가부터 우리는 더이상 언어 문학 과목이 학생들이 문학에 이르도록 돕는다고 믿지 않게 되었으며, '루쉰'은 표준 답안이 있는 연습문제로 변해버렸다. '정답자'는 지금 사회의 뜨거운 화제이며, 더욱이 인문 교

---

3 여기서 '정답자'로 번역한 '쭤티자〔做題家〕'는 본래 '샤오전쭤티자〔小鎭做題家〕'를 줄인 말로서, 공부를 잘하는 시골 출신 청년을 가리킨다. 없는 살림에 열심히 공부해서 좋은 학교에 진학했으나, 사회에 나와보니 금수저들로 인해 절망할 수밖에 없는 현실을 깨닫게 되는 이들을 풍자한 말이다.

육의 통점(痛點)이다. 대학 캠퍼스에서 문학 연구를 직업으로 삼는 우리도 이런 문제에 직면하면 대부분 연달아 한숨을 쉬게 된다.

이런 분위기 속에서도 양쑤추는 '함께 시 읽기'를 제안하여 낙관성을 잃지 않으려 했고, 더욱이 아직 일에 매몰되지 않은 시적인 감성을 지키고자 했다. 이런 낙관과 시적 감성은 삶의 비극에 대한 그의 깨달음과 인식에서 비롯된 것이다. 그는 서하(西夏)의 옛 문자를 알고 문헌학과 목록학에 통달한 어느 인재에 대해 썼다. 그 인재는 17세에 이미 2권의 전문 저작을 출판하여 범중엄(范仲淹)과 송나라 인종(仁宗) 경력(慶曆) 연간(1041~1048)의 정치 개혁과 도가사상의 정치적 실천 및 한(漢) 제국의 발흥에 대해 논한 바 있다. 또한 베이징대학 및 미국 인디애나대학 중앙아시아 연구학과에 진학하기를 꿈꾸었으나, 대학입시를 석 달 남짓 남기고 우울증을 앓다 스스로 목숨을 끊어버렸다. 탄식과 동시에 반성하는 마음도 들었다. 정확도를 지표로 하는 '문제 풀이' 제도에서는 확실히 '정답자'를 양성할 수 있을 뿐이다. 그렇다면 이 시대에 책은 도대체 무엇일까? 그가 제시한 답은 이것이다. 보존과 구제, 승화. 독서의 불씨를 보존하여, 메마른 심령을 구제하고, 책을 향한 모든 아름다운 심령을 승화한다는 것이다.

2013년에 아마존에서 개발한 전자책 리더기인 킨들이 중국 시장에 진입함으로써 '종이책'과 그 이면의 출판업자들은 후들후들 떨었는데, 실제로는 21세기에 탄생한 전자책은 갈수록 '라면 양념'으로 전락하여 중국 시장에서 점차 퇴출되었다. 종이책이 어떻게 살아남을 수 있었는지 분명히 설명하기는 어렵지만, 양쑤추의 저작과 행동, 사상은 가능한 대답 가운데 하나를 제시한다. 바로 움베르토 에코의 말처럼, "책과 숟가락, 망치, 자동차 바퀴 혹은 가위는 똑같이 하나의 유형에 속한다. 즉 일단 발명되면 고칠 필요가 없다"라는 것이다. 이것을 조금 연장해보자. 도서관은 일단 건립되면 독서를 사랑하는 마음을 비춰주는데, 이러한 빛은 쉽게 사라지지 않는다. 책 읽는 사람이 없을까봐, 도서관에 가는 사람이 없을까봐 걱정하지만, 양쑤추와 그가 곧 내놓을 새 책은 우리에게 어느 정도 위안을 줄 것이다.

쑤저우대학 문과대학 교수
왕야오〔王堯〕

난위안먼〔南院門〕에 첫발을 디디다

그녀는 내가 이 낯선 환경에 와서 처음 알게 된 사람이다.
30분 후에 그녀는 태도를 바꾸어 탁자 앞에 두 다리를 반듯하게 펴고 발꿈치를 붙인 채, 발끝은 정확하게 45도로 벌리고, 무릎은 단단히 붙인 상태로 서 있었다. 처음 만났을 때와는 완전히 다른 모습이었다.
30분 전의 그녀는 자기 사무실에서 나와 한담을 나누었다. 대학 주변에 산업 벨트를 조성하여 지역 인재를 모은 이야기, 아들은 런던에서 건축학을 공부하고 있어서 전도가 유망하다는 이야기 등, 능숙하게 자신의 일과 가정에서 뛰어난 부분을 짚어가며, 몇 가지 성공 경험을 내게 전수해주었다. 민영기업과 교류하고 협력하는 법, 아이에게 좋은 습관을 기르게 하는 법, 사춘기 자녀와 함께하는 방법, 외국 대학 입학을 준비하는 노하우까지……
옅은 화장에 단정한 단발머리, 양복, 브로치, 무릎까지 오는 몸에 딱 맞는 치마, 뾰족하고 굽이 높은 구두까지 모두 충분히 격식을 갖춘 차림새였으나 몸은 느슨하게 의자 등받이에 기댄 채 어깨를 약간 기울이고 손은 되는대로 늘어뜨린 모습이었으며, 깔깔 웃을 때는 허리까지 흔들었다.
이어서 비서가 정한 9시 정각에서 1분도 어김없이 나를 데리고 아래층으로 가서 또다른 문에 노크했다. 이 사무실은 더 컸는데, 그녀는 돌연 조심스럽게 변해서 발끝의 위치를 조정하고 몸을 긴장시켜서 앞으로 살짝 기울인 채 목소리를 낮추었다.

"서기님, 이분이 새로 임시직을 맡은 간부입니다."

'서기'는 이 기관에서 가장 높은 직위에 있는 사람이다. 그녀는 신속하게 자세를 바로잡고 그를 마주보았다. 고개를 숙이고 나 자신을 살펴보니, 두 발은 아무렇게나 벌어져 있었다. 아직 그렇게 자세를 바로잡는 데에 익숙하지 않았기 때문이다. 산시성(陝西省) 제7차 박사 봉사단¹의 일원으로 나는 이렇게 시안시 베이린구 위구정부(委區政府) 청사에 들어갔다.

2020년 봄에 산시성 위원회 조직부에서는 각 대학에 다음과 같은 공문을 발송했다.

> 섬조통자(陝組通字)〔2020〕 41호
> ……박사급 인재가 지역사회의 최일선으로 나아가도록 장려하고, 지방 경제 및 사회 발전을 촉진하기 위해, 우리 성(省)의 제7차 박사 봉사단 선발 및 추천 작업을 다음과 같이 진행한다……

내가 산시 과학기술대학교에서 문학과 미학 과목을 강의한 지 벌써 10년 가까이 되었는데, 매년 이와 비슷한 소식을 접했지만 진지하게 한 줄씩 꼼꼼히 읽어본 것은 이번이 처음이었다.

내 일은 소설과 시가(詩歌), 회화를 분석하여 마음속에 차오른 감동

---

1 '박사 봉사단(博士服務團)'은 박사학위를 가진 이들 가운데 지방 행정기관에서 임시직으로 근무하며 정무(政務)를 훈련하기 위해 선발한 인원으로 1999년부터 시험적으로 운영하다가 2001년부터 정식으로 선발하여 파견했다.

을 학생들에게 전하는 것이었는지라 대부분 글귀와 이론 속에서 시간을 보냈다. 이보다 즐거운 직업을 찾기는 어려웠으나 가끔 이런 생각을 하곤 했다.

'강의 외에 캠퍼스 밖에 나가서 이 사회를 위해 무언가를 할 수 있을까? 공무원 사회에 대해 아는 거라고는 소설이나 TV 드라마를 보고 상상한 게 다인데, 실제 각급 정부 기관은 어떻게 운영될까? 지방 행정기관은 어떤 식으로 시민들과 교류하지?'

이런 일들을 모두 체험해보고 싶은 흥미가 일었다.

정부 기관은 출퇴근 시간이 정해져 있고, 나는 아직 아이가 어렸기에 지금까지는 도전을 해볼 수 없었지만, 올해는 아이도 컸으니 더 바쁜 업무도 시도해볼 수 있다. 공문에 첨부된 표에 따르면, 우리집에서 겨우 2킬로미터 떨어져 있고 또 내 전공과도 맞는 기관이 있었다. 이렇게 적합하다면 더 기다릴 필요가 없어서 즉시 임시직 근무를 신청했으니, 시안시 베이린구 문화관광체육국 부국장 자리였다.

선별을 거쳐서 성 위원회 조직부에서 초가을에 명단을 발표했는데, 성 전체에서 50여 명의 박사가 정부와 국영기업의 농업과 교통, 의학, 항공, 에너지, 투자, 환경, 금융 등 각 분야에서 임시직으로 근무하게 되었고, 내가 있는 지역의 '문화, 관광, 체육' 부서도 포함되었다.

이 부서가 어떤 곳인지는 아직 모른다. 서기를 만난 뒤에 조직부장과 단독으로 면담했는데, 부국장 2명이 병가를 낸 상태라서 인원이 부족한지라 임시직 간부의 도움이 시급한 상태라고 했다. 그러면서 지도부는 단결이 중요하니, 병가를 낸 동료를 비판해서는 안 된다고 덧붙였다.

"우리는 당신을 전적으로 신뢰하고 있습니다. 이곳에 오신 걸 환영합니다. 마음껏 능력을 펼쳐보세요!"

이 청사는 시 중심에서 서남쪽에 자리해, 시안시의 랜드마크인 '종루(鍾樓)'까지는 수백 미터밖에 되지 않았다. 청사 입구 앞의 작은 거리는 '난위안먼(南院門)'이라고 하는데, 시안 시내에 이와 유사한 지명으로는 '베이위안먼(北院門)'과 '수위안먼(書院門)', '궁위안먼(貢院門)' 등이 있다. 자료를 찾아보니 '난위안먼'은 '남쪽의 아문(衙門)'이라는 뜻이었으니, 이 청사는 예전부터 관청이었던 셈이다. 스스로 우연히 직위를 골랐는데 쟁쟁한 역사를 지닌 관공서에 들어오게 된 것이다. 청나라 초기 천섬총독(川陝總督)의 행정 관서와 중화민국 시기의 산시성 의회, 국민당의 성당부(省黨部)[2]가 이곳에 자리했다. 중화인민공화국 건국 후에는 산시성 인민 정부와 중국공산당 시안시 위원회도 여기서 업무를 보았다.

이 청사의 외관 또한 그 역사와 어울려서 등나무 덩굴과 소나무, 측백나무가 가볍게 둘러싸고 은행나무가 푸른 잎을 팔락이고 있었다. 건물은 대부분 고풍스럽고, 회색 조각 장식이 크고 웅장한 지붕과 어우러져 소련 건축과 중국의 고대 건축을 합쳐놓은 것 같았는데, 1950년대에 설계한 것이라고 했다. 2011년에 시안시 위원회가 북쪽 교외의 펑청 8로로 이전하면서 이 보배로운 땅을 베이린구 위구정부에 주었고, 베이린구에서는 또 문화관광국을 청사의 입구에 배치했다.

부서에 간 첫날은 수십 쌍의 손과 악수를 했다. 복도의 마호가니 문을 차례로 열 때마다, 직원들이 책상에서 일어나 자신의 이름을 소개하며 손을 내밀었다. 젊은 직원들은 조금 더 환하고 자연스럽게 미소 지었고, 나이가 지긋한 직원들은 미소가 담백하거나 다소 경직되어 있

---

[2] 하나의 성을 관장하는 정당의 기관을 가리킨다.

었다. 50대로 보이는 한 남자만은 예외였는데, 그의 웃는 얼굴은 유독 공손하고 예의 바르게 느껴졌다. 나중에 알게 된 사실인데, 그는 사무실의 리(栗) 주임이었다.

리 주임을 언급하는 이들마다 빼놓지 않는 두 가지가 있었다. 첫째는 "5명의 국장을 모신 경력이 있다"는 것이었다. 이 말은 칭찬으로, 그가 이 일을 적어도 10년 넘게 해온 풍부한 경험자라는 뜻이었다. 그는 틀림없이 일을 빈틈없이 처리하고 상황 변화에 적절하게 대응해 새로 부임한 모든 상사의 신임을 얻음으로써 자리를 지켜왔을 것이다. 둘째는 "애석하게도 학력이 중등전문학교 졸업이고 노동자 신분인데, 그렇지 않았다면 진즉 승진했을 것"이라는 것이었다. 이는 너무 안타까운 사실이었다. 5명의 국장을 모심으로써 그는 이미 정부 청사 내 모든 사무실 주임의 모범이 되었으나 더 승진할 공간이 없었다. 이어지는 일 년 동안 나는 이 두 가지 사실의 의미를 충분히 알 수 있었다.

내 책상 앞에 앉았다. 등뒤로는 창이 있었고, 사무실 안에는 나밖에 없었다. 오른쪽에는 잡다한 물건이 가득 쌓인 일인용 침대를 캐비닛으로 가리고 있었는데, 연갈색 체크무늬 천으로 잡다한 물건들을 울퉁불퉁 덮어놓았다. 그것은 병가중인 부국장이 놓고 간 물건이어서 치워버릴 수 없었다. '문화관광체육국 부국장'이 처음으로 할 일이 무얼까 생각하고 있는데, 리 주임이 함박웃음을 지으며 들어왔다. 카키색 야전 침대 하나를 들고 와서 점심 시간 휴식은 이런 식으로 때울 수밖에 없다고 미안한 듯이 말했다. 그러고는 야전 침대를 펼치고 접는 방법을 시범해 보이고 식권과 열쇠, 마우스패드, WiFi 비밀번호를 차례로 건네주었다.

두번째 들어왔을 때 그는 몇 개의 서류철을 가져왔다.

"부국장님, 오늘 결재하셔야 할 서류들입니다."

결재? 제법 그럴듯한 일처럼 들렸다. 정말 예상하지 못했던 일이었다. 나처럼 낮은 공무원이 결재까지 해야 할 줄은 전혀 몰랐다. 빨간 줄이 쳐진 머리글이 있고 하얀 바탕에 까만 글씨로 적힌 정부 문서들이 내 책상에 가지런히 쌓인 채 나의 서명을 기다리고 있었다.

'서류 결재'는 '부국장'으로 출근해서 한 첫번째 일이었고, 이후에도 매일 아침 맨 먼저 해야 하는 일이 되었다. 모든 문서의 상단에는 리 주임이 적어놓은 몇 줄의 글이 있었는데, 글자도 멋졌다. 보통은 이렇게 시작했다. "○○ 부서의 일은 ○○ 방식으로 처리하시기를 건의합니다." 마지막 문구는 세 종류로 나뉘었다.

부국장님 열람 바랍니다.
부국장님 검토 후 처리 바랍니다.
부국장님 검토 후 지시 바랍니다.

'열람'이라는 어휘는 학생들의 숙제를 고쳐서 바로잡아줄 때 사용하곤해서 익숙했다. 그러나 '검토 후 처리'와 '검토 후 지시'는 완전히 낯설었다. 30년 남짓 된 내 어휘집에 이 두 용어는 없었다. 물론 글자는 알아볼 수 있으나 그 이면에 담긴 뜻은 전혀 몰랐다. 이 낯선 용어들을 근거로 이 서류들에 무슨 일을 해야 하지?

리 주임이 알려주었다.

"부국장님 성함에 동그라미를 그려주시는 게 가장 가벼운 것인데, 부국장님께서 이 일을 알고 계시다는 뜻입니다. '열람'이라고 쓰시면 강조하는 것으로, 부국장님께서 이 서류를 자세히 읽으셨다는 뜻입니다. '검토 후 처리'는 상급자가 부국장님께 지시한 사항이니, 구체적인 방안을 마련해서 회답하셔야 합니다. '검토 후 지시'는 하급 부서에서 부국장님께 지시를 요청한 것이니, 해당 부서에 구체적으로 어떻게 하라고 지시하셔야 합니다."

일을 전혀 몰랐던 나는 정확한 '결재'를 할 수 없었고, 처음 사흘 동안은 '처리'와 '지시' 모두 어떤 내용을 써야 할지 리 주임에게 가르침을 청해야 했다. 우선 부서장들의 얼굴을 익히고 그들과 이야기를 나눈 뒤에 다시 '결재'를 해야 했다.

문화과에 가려다가 몇 번이나 잘못 찾아갔다. 모든 사무실이 비슷했기 때문이다. 검붉은 책상과 의자, 검은 소파, 그리고 흰 벽에는 아무 장식도 없었다. 이전에 일했던 기관은 이렇지 않았다. 우리의 디자인 예술대학은 생기가 있었다. 각 층 복도에는 테마 색을 설정해서 3층은 연노란색, 4층은 연녹색이었다. 5층은 정확히는 기억나지 않지만 연한 자주색이었던 것 같다. 대학 사무실 벽은 학생들이 그래피티 작품으로 장식을 했고, 책상 위에는 토기 인형과 석고상이 놓여 있었다.

지금 나는 사무실 한 칸을 혼자 차지하고 있어서 내 마음대로 장식할 수 있었다. 영화 〈화양연화〉와 〈걸어도 걸어도〉의 포스터를 사다가 벽에 붙였더니 분위기가 한껏 부드러워졌다. 책장은 유리문을 통해 안에 있는 잡다한 물건들이 보여서 종이로 가리면 좋을 듯했다. 흰 종이는 분위기가 가라앉을 듯해 식물 무늬 주름지로 등롱에 바르듯이 붙였는데, 사실 보기 좋다고도 할 수 없고 심지어 사무실 분위기에 어울리지도 않았다. 하지만 너무 정갈하고 엄숙한 분위기가 여기 앉아 있는 내 기분에 영향을 미칠까봐 걱정됐다. 실내에 약간의 색깔만 더해도 분위기가 한결 부드러워지는데, 그렇지 않으면 딱딱하고 차가워진다.

국장이 내 사무실에 들어와서 영화 포스터와 무늬가 들어간 종이를 보고는 잠시 어리둥절한 표정이었으나 아무 말도 하지 않았다. 그래서 더 많은 물건을 들어올 수 있었다. 회분홍색의 꽃병이 하나 있었는데, 크기가 레몬보다 작고 주둥이도 콩알만해 꽃 한 송이만 겨우 꽂았다. 또 투박한 찻잔 하나를 장식품처럼 책상 위에 올려두었다.

지금 내 사무실에는 나만의 성격과 취향이 담겨 있다. 흑백 속의 이 약간의 색깔이 너무 유난스러울지도 모르지만.

베이린구 문화관광체육국에는 6개의 부서가 있는데, 나는 그중 문화과와 문화관, 관광과, 그리고 계획중인 도서관까지 4곳을 관리한다.

문화과와 문화관은 글자 하나만 다른데, 업무에는 무슨 차이가 있지? 문서상 정의에 따르면 문화과는 구(區)의 문화 건설과 문화산업, 문화재를 담당하며, 또한 '문화관과 도서관의 상급 주관부서'로서 조정 역할도 해야 한다. 이 추상적인 묘사만으로는 업무의 윤곽조차 그려지지 않아서, 내가 구체적으로 무엇을 하게 될지 알 수 없었다.

문화관 관장 펑윈(馮雲)은 이마에 잔머리 한 가닥도 없이 모두 가지런하게 뒤쪽으로 모아서 동그랗게 공 모양으로 묶었는데, 공이 부러울 정도로 컸다. 아이라인과 눈썹, 속눈썹 모두 풍성하고 온몸에 번쩍이는 게 달려 있었다. 귀걸이는 정교하게 조각한 나비 모양이었고, 살쩍에는 수놓아 만든 둥근 꽃 장식이 꽂혀 있었다. 손목에는 은실을 상감한 팔찌를 차고 있었는데, 나뭇가지에 작은 열매가 달린 디자인이었다. 4개 부서의 책임자 가운데 오직 그녀만이 지난달 업무와 다음달 계획을 조목조목 정리해두어 한 눈에 파악할 수 있었다. 또 그녀가 가져온 자료만 컬러로 작성되었는데 연과 칠현금, 전지(剪紙),³ 포호화(布糊畵),⁴ 채색 도용(陶俑) 등의 사진을 통해 무형문화유산(이하 '무형유산') 관련 활동이 문화관의 '소관'임을 보여주었다. 그녀의 옷차림에서도 이 일에 대한 애정과 친밀함이 느껴졌다.

관광과에서는 관광구를 주관했다. 우리 관할지에서 가장 유명한 곳이 비림(碑林) 박물관과 시안 박물원(博物院)—소안탑(小雁塔)—이니, 서예와 관련해 가르침을 청할 수도 있을까? 자주 전시를 관람할 수 있다든가? 나는 전시 관람을 좋아한다. 관광과 과장은 어색하게 웃었다.

"상상하시는 것과는 다른데, 나중에 아시게 될 겁니다."

도서관 관장은 이미 임명했으나 공사 현장은 아직 착공하지 못하고 있었다. 그녀는 '전(全) 지역 관광' 관련 문서 자료를 정리하는 일을 잠시 맡고 있었는데, 내게 개선 사항이 있으면 의견을 달라고 요청했다. '전 지역 관광'이라는 말의 의미는 알 수 없었지만, 서류는 분명히 눈에 들어왔다. 수십 개의 상자가 내 가슴 높이까지 쌓여 있었다.

결국에 무형유산만이 100% 명확할 뿐이고, 나머지 일들은 모두 어렴풋해서 2주는 지나야 분명해질 것 같았다. 그러나 과장들은 2주 가지고는 어림도 없다고 했다.

그들이 가져온 문서를 연구하면서 앞으로 무엇을 할 수 있을지 구상하고, 몇 페이지에 걸쳐 정리한 후 국장에게 보고했다. 무형유산은

---

3 종이를 오려 여러 가지 형상이나 모양을 만드는 공예이다.
4 천으로 스펀지를 감싸 아교로 조각들을 붙여서 만든 반(半) 입체적인 예술품이다. 주단(綢緞)과 능견(綾絹), 금사(金絲)와 은사(銀絲)를 주요 재료로 하고 구슬과 머리 장식 등의 재료를 보조 재료로 활용하는데 새기고, 자르고, 짜 맞추고, 수놓고, 상감하는 등의 기술을 정밀하게 조합해 사실적인 화면을 만들어낸다. 허베이성(河北省) 펑닝(豐寧) 만주족 자치현(自治縣)의 전통 예술로, 여진(女眞) 시기에서 기원했다고 한다.

이름만 있어서는 안 되고 실제로 활성화해야 한다. 역사 깊은 음식점들도 혁신이 필요하므로 요식업 품질 개선 육성과를 조직하고 베이징과 상하이, 광저우〔廣州〕의 전문 단체를 초청하여 경험을 설명하게 할수도 있었다. 공식 웨이보(Weibo) 계정의 언어가 생동감이 있어야 사람들의 관심을 끌 수 있으니, 위경저〔于賡哲〕5나 마보융〔馬伯庸〕6 같은 역사 분야의 대가를 초청해 강연하도록 건의했다. 관할 구역 안의 샹성〔相聲〕7 단체 '칭취서〔靑曲社〕'의 배우인 먀오푸〔苗阜〕와 왕성〔王聲〕이 업계에서 아주 유명하므로 그들과 협업해 행사를 늘려도 괜찮을 것이다. 비림 박물관 주변 지역은 이미 철거하여 확장중이니, 여세를 몰아서 거리의 상업 모델을 체계적으로 기획할 수 있을 것이다. 원래 있던 문방사보(文房四譜) 가게는 이미 상당히 성업중이므로, 여기에 서예와 회화 외에 칠현금과 바둑까지 더한다면 고대 문인들의 서재 미학이 더욱 완벽해질 것이다. 거기에 차와 꽃, 향, 식료품 가게를 배치하면 생활 미학과 조화를 이루어, 이 상업지역이 더욱 특색 있게 될 것이다. 비림 박물관에는 어린이 관광을 위한 특별 코스를 개발할 수 있는데, 단순히 외부 연구기관에만 맡길 것이 아니라, 내부에서도 어린이에게 적합한 교육 콘텐츠와 체험 프로그램을 자체적으로 기

---

5 산시사범대학 대학원 역사문화학과 교수로 CCTV '백가강단〔百家講壇〕' 프로그램에서 〈상관완아의 발견發現上官婉兒〉을 강의하면서 유명해졌다. 『당대질병의료사초탐 唐代疾病醫療史初探』 등의 저작이 있다.

6 2004년에 뉴질랜드 와이카토 대학(The University of Waikato) 경영학과를 졸업한 뒤로 작가로 활동하면서 『장안 12시진長安十二時辰』과 『현미경으로 본 명나라 顯微鏡下的大明』 등 다수의 저작을 출판했다.

7 민간의 설창(說唱) 예술로 일종의 만담(crosstalk) 형식이다. 명·청 시기에 화북(華北)에서 시작되어 지금까지 성행하고 있다. 1인, 2인, 다수의 형식으로 이야기 들려주기〔說〕와 흉내내기〔學〕, 우스갯소리로 약 올리기〔逗〕, 노래하기〔唱〕 등의 형식을 사용한다.

획해야 한다. 비석을 새기는 과정을 애니메이션으로 재현하고, VR(가상현실) 체험을 추가한다. 장애인에게는 가격 혜택 외에도 청각장애인을 위해 수어 해설사를 배치하고, 매월 한 차례 무료 박물관 해설을 진행하는 등의 특별 서비스를 제공하자고 건의했다.

국장은 미소를 지은 채 내 얘기를 끝까지 듣더니, 일에 대한 나의 열정을 칭찬하고 나서 이렇게 말했다. 내가 구상한 것은 모두 우리 소관이 아니고, 우리 부서에는 이런 권한이 없다는 것이었다. 우리 부서의 소관이 무엇인지는 며칠이 더 지나고 나서야 알게 되었다.

오후에 문화과 과장과 함께 외근을 나가 문화관의 '지역 서비스 센터' 현판 제막식에 참석했다. 난위안먼을 나와 왼쪽으로 돌아가니 멀지 않은 곳에 '더푸샹〔德福巷〕'이라고 새겨진 석조 패방(牌坊)이 서 있었다. 이 골목은 시안에서도 독특한 분위기를 가진 곳으로, 찻집과 술집, 커피숍이 모여 있어서 저녁이면 상당히 떠들썩하지만, 낮에는 사람이 별로 없었다. 더푸샹으로 들어가 한 번 더 방향을 트니 길 서쪽에 자리잡은 작은 건물이 보였다. 거기가 바로 지역 센터였다. 다리에 장애가 있는 센터 총무가 분주히 움직이며 길가의 현판에 붉은 비단을 덮고 있었다.

센터 간부는 나를 알아보지 못하고 흘끔 쳐다본 뒤 바로 고개를 돌렸다. 문화과장이 나를 소개해주었다.

"이분은 새로 오신 양 부국장님입니다."

간부가 황급히 손을 내밀어와 악수를 했다. 현판식이 시작되었는데 직원이 대여섯 명, 사진사가 한 명 있을 뿐 모인 군중은 없었다. 누군가 내게 준비된 연설 원고를 주었는데, 청중이 없었다. 이 연설에 무슨 의미가 있을까? 직원 대여섯 명을 향해 원고를 읽고 그들의 박수를 기다려야 하나? 아니지. 그럴 필요 없지.

"연설은 하지 않을 테니, 곧바로 현판을 거시지요."

사진사가 약간 어리둥절해하더니, 나더러 그리 서둘지 말고 우선 붉은 비단 근처에 손을 두고 있어야 자기가 초점을 맞추기 편하다고 했다.

"벗겨 내리실 때는 동작을 최대한 천천히 하셔야 합니다. 그래야 제가 여러 장 찍어서 잘 나온 것을 고를 수 있으니까요."

나는 그 말대로 붉은 비단을 천천히 벗겨 내렸다.

센터에는 어린이들을 위한 무료 만들기 수업이 있어서 자원봉사자도 늘 오지만, 매일 오후 6시면 문을 닫기 때문에 찾아오는 아이들이 별로 없었다. 도서실에는 몇 개의 책장이 있는데 야사(野史)가 중심이었고, 농업 재배나 건강 위생에 관한 책도 있었는데, 책등에 찍힌 글자가 어찌나 큰지 책을 뚫고 나올 것 같았다. 출판사 이름은 모두 내가 들어본 적이 없는 것들이었다. 특별히 아동서를 살펴보았는데, 『당시(唐詩) 300수』랄지 『안데르센 동화』 등의 제목만 봐서는 문제가 없었는데, 펼쳐보니 그림이 조악했고, 번역문도 삭제되거나 마음대로 고쳐져서 엉망진창이었다.

하지만 일단은 아무 말도 할 수 없었다. 이 일이 내 '소관'인지 아닌지 몰랐기 때문이다. 사실 지금도 내 직책과 지역사회의 관계를 잘 모른다. 태어난 이래 30여 년 동안 줄곧 학교에 있었기에, 내 삶 속에는 '지역사회'라는 조직 단위가 존재한 적이 없었다. 가도(街道)는 무엇이고 지역사회는 무엇이지? 어느 게 더 상위 조직이지? 문화관광국에서 지역사회를 관리할 수 있나? 당과 정부의 기층 조직에 관한 나의 상식은 너무나 부족했다.

이때 리 주임에게서 메시지가 왔다. 돌아오라는 것이었다. 청사 앞

분수대 근처에서 차를 타고 각 국의 국장들과 함께 비림 박물관 확장 및 철거 현장을 점검하러 가라고 했다. 살짝 당황스러웠다. 철거 이주는 내 소관이 아니라 주택건설국이나 환경보호국, 개발위원회의 일일 텐데 왜 내가 가야 하지?

청사로 돌아와 차에 탔다. 나는 문에 바짝 붙어 앉았고, 차 안에는 나에게 인사하는 이가 아무도 없었다. 어깨를 잔뜩 움츠린 채 창밖만 바라보았다. 정차할 때마다 머릿속이 복잡해졌다. 내가 먼저 내려서 문을 잡고 기다려야 하나? 아니면 가만히 앉아서 먼저 내리시게 해야 하나? 어느 쪽이 정답인지 확신할 수 없어서 그냥 모른 척 앉아 있었다. 몇 정거장이 지난 뒤에 총무가 내 옆자리에 앉았다. 그는 차문을 열어두고 먼저 내려서는 차 바깥에서 "내리시지요!"라는 의미의 손짓을 했다. 아, 이게 정답이었구나.

현장 풍경은 놀라웠다. 시 중심에서 불과 수백 미터 떨어진 곳에 이런 집들이 있다니. 눈에 들어오는 것은 철거중인 판잣집과 거미줄, 웅덩이, 부서진 서까래와 기와들이었고, 골목에 깔려 있는 부서진 벽돌들은 밟으면 '찍!' 하고 검은 물이 뿜어져서 멋진 구두를 신은 게 후회스러웠다. 창유리는 깨져 있고, 분홍 이불은 돌돌 말려서 나무판자로 만든 침대 위에 빽빽하게 쌓인 채 잿빛 솜을 드러내고 있었다. 풀숲 사이에 말리고 있는 헝겊 신은 누군가 이곳에 살고 있음을 증명했다. 중화민국 시기에 지어진 낡은 건물 하나는 빈 채로 방치되어 있어서 먼지가 발등을 덮을 정도였고, 뜨락에는 쑥대가 허리 높이만큼 자라 있었다. 벽돌에 새겨진 꽃무늬가 상당히 정교해서, 가까이 다가가 살펴보는데 돌연 누군가 말을 걸었다.

"이 집의 상황을 당신네 부서의 자료에 잘 기록해놓았습니까?"

이 집이 우리 부서와 무슨 관련이 있는지 전혀 몰랐던 나는 어린 시절에 숙제를 가져가지 않아서 선생님께 혼나던 기분이었다. 그를 쳐다보니 희끗한 수염은 깔끔히 면도도 되어 있지 않고, 표정도 권위적이지 않아서 그저 한담을 건네는 듯했다. 특별히 내 대답이 필요하지 않을 듯해서 비로소 약간 마음이 놓였다.

다른 국장들은 대부분 와이셔츠 차림이거나 깃이 달린 점퍼를 입고 있었는데, 그 사람만 진홍색 줄무늬 티셔츠와 청바지를 입고 있었다. 면도도 하지 않았고 손톱도 길었으며, 옷깃은 구깃구깃 주름이 져 있었다. 이런 모습으로 간부들 사이에 서 있으니 어울리지도 않고 적극적이지도 않아 보였다. 나이도 유독 많았으니 아마도 승진이 뜻대로 되지 않았을지도 모른다. 회의에서도 그는 그다지 목소리를 높이지 않고 그저 담담하게 말했다.

"이번주는 상황이 좀 나아져서 철거대가 주민들 집에 들어가면 물 한 잔이라도 따라줄 사람이 있겠군요."

오늘 차에 탔던 이들 가운데 오직 그 사람만이 적극적으로 내게 말을 걸면서 어디서 왔는지, 적응되지 않는 부분은 없는지 물었다. 약간 고마운 마음이 들어서, 나중에 다시 회의에서 만나면 내가 먼저 말을 건네리라 생각했다. 그는 직급의 차이에 신경쓰지 않는 듯했다. 공무원 사회에서 직급에 신경쓰지 않는 것은 학부모들 사이에서 아이를 과외 학원에 보내지 않기를 고집하거나, 대학에서 직무상의 칭호를 중시하지 않는 것과 마찬가지로 상당히 어려운 일이었다. 처음에는 당찬 기개가 있었을지라도 오랜 시간이 지나면서 세뇌되거나 배제당하거나, 혹은 이익에 유혹당해서 대중을 따르게 된다. 인적이 드문 길을 택해 공무원 사회에서 대중을 위해 온 힘을 다해 발언하고, 학부모들 사이에서 아이의 지식욕과 즐거움에 관심을 가지며, 대학에서 지식과 학생에게 전념하고자 한다면, 그만큼 마음이 굳세어야 흔들림을 이겨낼 수 있을 것이다.

내가 붉은 비단을 걷는 사진은 아주 신속하게 기사로 나왔다. 단체 사진에서는 내 직위가 가장 높아서 중간에 서 있었다. 기사도 내 이름으로 시작되었다.

양쑤추 부국장이 모모 현판식을 거행하여 우리 지역 공공문화 건설을 위해……

사진과 기사에서 비중 있게 다뤄주니 조금은 기분이 좋았다. 내 표정은 괜찮았나? 촬영 각도는 적당했나? 기사를 몇 번 읽으니, 내가 정말 '우리 지역 공공문화 건설을 위해' 공헌한 기분도 들었다.
그렇게 몇번째 읽었을 때 뭔가 잘못되었다고 느꼈다. 내 직위를 곱씹으며 단맛을 느끼고 있었던 것이다. 그 단맛에 빠져서 계속 곱씹다보면, 나중에는 자기 직위와 동선, 순위, 지위의 높이를 의식하고 권력에 대한 욕망으로 발전하고, 그것이 끊임없이 팽창하여 나를 삼키게 될 것이다. 이렇게 곱씹는 행위는 이미 내 미각을 손상했다. 나는 문학을 가르치는 선생인데 뜻밖에 언어 문자의 잘잘못을 구별하는 능력을 상실해버리고, '우리 지역 공공문화 건설을 위해' 어찌고 하는 복제된 말에 나의 어떤 실질적인 공적이 포함되어 있다고 여겼던 것이다. 그날 나는 그저 붉은 비단 하나를 젖혀 끌어내렸을 뿐이었다.
오후에는 문화관에 갔는데, 그곳에서는 마침 무형유산 기능인 양성을 위한 교육을 진행하고 있었다. 후문으로 들어가 잠깐 들어볼까 했는데 펑원 관장이 나를 보더니 얼른 앞쪽 무대로 데려가서 소개해주었다. 몇 번이나 사양했으나 실패하고, 그저 그녀의 말을 들을 수밖에 없었다.

"이분은 우리 부서에 새로 오신 지도자이십니다. 다들 환영해주세요!"

박수 소리가 터졌다. 분명히 내가 그들의 활동을 중단시켜서 귀찮게 했는데 오히려 박수를 받으니 어색한 기분이 들었다. 다들 나보다 나이가 많았는데, 이 순간 나는 중심에 서서는 안 된다는 것을 분명히 깨달았다. 허리를 숙여 인사하고 다시 뒤쪽으로 가서 섰다.

며칠 후 시에서 대규모 야외 행사를 거행하면서 각 국장들도 참석하라는 공지가 내려왔다. 우리 국장은 마침 일이 있어서 내가 대신 참석했다. 맨 첫 줄의 '지도자' 가운데 나만이 대리 참석한 부국장으로, 자리는 맨 오른쪽이었다. 사회자가 명단을 읽자 지도자들이 차례로 뒤쪽의 군중을 향해 돌아서서 허리를 숙여 인사했다. 내 바로 왼편에 앉은 롄후구〔蓮湖區〕 문화관광체육국 국장이 이미 일어섰으니, 다음은 내 차례일 터라 손바닥으로 팔걸이를 짚으며 일어설 준비를 했다. 그러나 사회자는 여기서 호명을 멈추었다.

"이어서 첫번째 프로그램으로……"

막 일어나려던 하반신이 다시 의자로 돌아갔다.

사회자는 왜 내 이름만 빼뜨렸을까? 내 직급이 다른 이들과 반 등급 정도 차이가 있어서 부적격했기 때문이었다. 약간 실망하면서도 한 가지를 깨달았다. 평소 행사를 보는 관중의 입장에서는 지도자들을 길게 소개하는 대목이 짜증스러우나 어쨌든 이 부분을 생략할 수는 없다. 왜냐? 오늘에야 깨달은 것인데, 지도자들이 이 부분을 좋아하기 때문이다. 자기가 소개되기를 바라는 것이다. 반 등급 때문에 '지도자'로 소개되지 못하면 아마 실망하게 될 터이고, 이어서 자기도 언젠가는 그 반 등급을 올라가서 소개받을 자격을 갖추게 되길 동경할 것이다. 관직이 덧붙여져서 소개될 때 자기 이름이 평소보다 더 듣기 좋게 되는 것이다.

공무원 생활을 시작하고 처음 한 달 동안 여러 장소에 가보았는데, '중시되는' 작은 즐거움과 '경시되는' 작은 실망을 모두 경험했다. 그것들을 떼어서 손바닥에 놓고, 그것들이 어떤 토양에서 생겨난 것인지 살펴보았다. 그 토양을 없애야 했다. 이후로 내 마음에서 더는 이런 버섯이 피어나지 않도록 해야 했다.

올해 함께 정부의 임시직을 맡게 된 박사 봉사단 멤버들은 서로를 '임시직 친구'라고 불렀다. 몇몇 '임시직 친구'들이 내게 똑같은 문제에 관해 물었다.

"그래도 선생님 직위가 있는데, 구현(區縣) 단위의 문화국 부국장 자리는 너무 저평가된 거 아니에요?"

그들은 직무와 직위, 고평가와 저평가를 염두에 두고, 아울러 다른 이의 조치를 민감하게 살폈다. 베이린구의 직급별 특징에 관해 리 주임에게 물으니, 부국장은 부처장급[8]이라고 하는지라, 비로소 주변 사람들의 반응을 이해할 수 있었다. 나는 이런 직급 구분이 항상 어려웠다. 대학의 강사와 부교수, 교수도 아주 많은 직급으로 나뉘는데, 나는 7급 부교수였던가? 아마 그럴 테지만, 어쨌든 나도 자세히는 기억나지 않는다.

나의 어리바리함으로 인해 얼마 후에 우스운 일이 벌어졌다. '고도

---

8 중국 공무원 체계에서 '부처급(副處級)' 또는 '부현급(副縣級)'은 '현처급(縣處級)' 서열 가운데 부직(副職)으로 '현처급'보다는 아래이고 '향과급(鄕科級)'보다는 위에 해당한다. 본 번역에서는 한국 독자들이 이해하기 쉽도록 '부처급'은 '부처장급'으로, '정처급(正處級)'은 '처장급'으로 통일해서 번역했다.

차성(古道茶城)'에서 서예와 그림 전시회를 열면서 우리 부서에서 참석해서 연설해달라는 요청이 들어와 부서원인 샤오취안(小全)이 원고를 써주었다. 보란듯이 A4 용지를 들고 연단에 올라가 낭독을 하고 난 뒤, 무대에서 기념 단체 촬영을 했는데, 그때까지 원고는 내 손에 있었다. 사진사가 내게 자꾸 손을 흔들면서 셔터를 누르지 않자, 샤오취안이 무대 아래에서 입 모양으로 '숨겨요, 숨겨!' 하고 말했다. 나는 이게 다 무슨 상황인지 전혀 몰랐는데, 알고 보니 '지도자'는 연단에 올라갈 때 두 손에 아무것도 지니지 않은 채 걸음걸이도 위엄이 있어야 한다는 것이었다. 원고는 작게 접어서 품에 숨겼다가 살며시 꺼내어 낭독했어야 하고, 사진을 찍을 때는 다시 숨겨서 손에는 아무것도 들고 있지 않아야 했다. 방금 전의 연설은 내 마음속에서 우러나온 것이라는 듯. 그런데 나는 원고를 들고 연단에 올라가서 그걸 든 채 사진을 찍으려 했으니, 무척 '교양 없어' 보였던 셈이다.

이렇게 두 번의 '교양 없는' 일을 저지른 것 외에, 부적절한 순간이 두 장면 더 있었는데, 모두 샤오취안이 알려준 것이었다. 첫째, 다른 지도자가 연설하고 있을 때 고개를 돌려 바라본 것은 부적절한 행위였다(예전에 학술대회에서 발표를 들을 때처럼, 그렇게 하는 게 진지하게 듣고 있음을 보여주는 거라고 여겼다). 둘째, 어느 지도자 앞에서는 '문화관'이라는 말을 꺼내지 말았어야 했는데, 서로 갈등이 있기 때문이라는 것이었다. 이 두 순간 모두 샤오취안이 재빨리 화제를 돌려버려서 나는 의식도 하지 못했다. 샤오취안은 몇 차례 입술을 깨물었는데, 분명히 조금 어이없어하는 듯했다. 그가 보기에 내 모습은 이방인 같았을 터이다. 내 언행을 바로잡아주고 싶어도 직급 때문에 조심스러워 곤란했을 것이다.

사실 그뿐 아니라 며칠 전에는 외부인도 나를 이방인으로 여긴다고 느꼈던 적이 있다. 그날 우리 부서에서 민박업체를 소집해 우수업체를 표창했는데, 잘 차려입은 업체 사장들은 복도를 유유자적 걸었다. 그러나 정부 회의실에 들어서자마자 자세가 엄청나게 반듯해졌다.

그들의 슬라이드를 보니 고양이와 개, 커피가 있고, 사방의 지붕들은 서로 엇갈리며 솟아 있고, 오래된 기와와 화초 사이에 알록달록한 치마가 펄럭이고 있어서 마치 투명한 유화가 가볍게 흔들리는 듯했다. 각자 5분 정도 자기 프로젝트를 소개했는데, 원고를 꺼내어 긴장된 목소리로 읽으면서 수시로 말을 더듬었다. 나는 평소에 대화를 나누듯이 편안하게 얘기하라고 했으나, 그들은 끝까지 원고를 읽었다. 나는 오늘 회의가 정말 신선했다고 얘기해주었다.

"성벽 바로 아래에 이렇게 멋진 숙소가 있는 줄 몰랐는데, 다른 시민들도 잘 모를 테지요. 좀더 자세히 설명해주시면 광고문을 쓰도록 도와드리겠습니다."

회의가 끝나자 그들이 내게 물었다.

"어디서 오신 분인가요? 말씀하시는 게 공무원 같지 않으십니다."

웃음이 났다. 사람들은 '공무원 어투'에 대한 판에 박힌 인상이 있으나, 사실 공무원 사회에서도 모두가 그런 어투를 쓰는 것은 아니다. 내가 만나본 사람들 가운데 시안시 문화관광체육국장이 바로 그런 사람이었다. 그는 진부하고 상투적인 말을 하지 않았다. 처음 그를 만난 것은 시 정부 회의실에서였는데, 그는 회의에 앞서 먼저 다정하게 인사말을 건넸다.

"상당히 오랜만에 뵙는데, 새로운 얼굴도 몇 분 보이네요."

이어서 우리를 바라보면서 차근차근 이야기를 계속했다. 눈썹은 가지런히 다듬었고, 화장은 한 듯 안 한 듯 했다. 손에 든 원고는 단한 순간도 쳐다보지 않았으나, 각 지역의 주요 요청 사항을 모두 분명하게 기억하고 군더더기 없이 핵심을 찔렀으며, 마지막에는 가볍게 고개를 숙여 인사하고 서둘러 다음 회의장으로 떠났다. 트렌치코트는 몸에 딱 맞았고, 다리는 길고 곧아서, 뒷모습이 그의 말투처럼 깔끔했다.

나는 어떤 직업을 시작하면 처음에는 내 본능에 따라 이야기할 뿐이었는데, 지금은 공무원이 회의에서 사용하는 말투를 유심하게 관찰한다. 그리고 절대 그런 말투를 쓰지 말아야겠다고 저항하며 자신을 일깨운다. 민박 심의회에서도 내가 이 일을 즐기며 기꺼이 하고 있다는 느낌을 전달하고 싶었을 뿐, 내 직위의 높낮이에 신경쓰게 하고 싶지 않았다.

때로는 나도 다른 이에게 배워야 할 부분이 있었다. 예를 들어서 특색 거리를 담당하는 탕〔唐〕 주임은 언제나 바로 앞에 연설한 이를 배려했던 게 기억난다. 그는 나를 슬쩍 보더니 이렇게 말했다.

"방금 양 부국장께서 세 가지를 말씀하셨는데, 모두 대단히 핵심을 꿰뚫으셨습니다. 거기에 제가 몇 마디만 보충하자면……"

이렇게 능숙하게 앞말을 이어받아 자기의 이야기를 해나간다. 반면 나는 늘 뜬금없이 말을 시작해서 주절주절 떠들고, 앞뒤 맥락이 없다. 아마도 이런 내 화법은 듣는 이들을 불편하게 할 수도 있을 것이다.

'하룻밤〔一夕〕' 민박의 사장은 발표자가 아니라 평가위원으로 방문했다. 갈색 앙고라 스웨터와 호박색 안경테가 잘 어울려 마치 총명하고 민첩한 들고양이 같았다. 그는 자기가 열었던 음악회와 토크쇼, 로큰롤 모임, 빈티지 살롱에 관해 얘기했는데, 말투는 빠르고 눈빛은 맑았으며, 업계에 대한 인식이 다른 동업자들보다 앞서 있었다. 다만 나에게 말할 때는 슬쩍 미소를 지으며 허리를 숙였다.

"저는 그냥 샤오화〔小花〕라고 불러주십시오."

이 남자의 닉네임은 기억하기 쉬웠다.

내 앞에서 말할 때의 태도가 본래 모습은 아닐 터이다. 샤오취안처럼 말이다. 샤오취안은 우리 부서의 25세의 젊은 간부였다. 복도에서 걸음걸이는 낮고 신중했으며, 말할 때 목소리는 차분했고, 모든 연장자에게 공손했다. 그러나 내가 그의 사무실 문을 열고 들어갔을 때 본 모습은 이렇지 않았다. 그는 컴퓨터 책상 앞에 있는 40세 '이모'의 등을 두드려주고, 50세 '엄마'의 손을 끌고 식당에 가서 줄을 섰다(그의 어머니는 마흔 남짓인데, 사무실 안의 중년 여성은 모두 그에게 '엄마'나 '이모'로 불렸다). 다만 나를 보면 즉시 허리를 숙이며 지나치게 예의를 차렸다.

그는 아마 마음속으로 나와 자기의 직위상의 거리를 계산했을 것이다. 사무실의 '엄마'나 '이모'는 직급의 차이가 없어서 편하게 담소를 나누었지만, 나는 경원시했다. 예전에 학교에 있을 때는 나를 이런 식으로 대하는 사람이 없었다. 학생들은 나를 보면 달려와서 손을 잡고 흔들기도 했고, 심지어 교수님이라고도 부르지 않고 '쑤추!' 하고 이름을 불렀다.

스승의 날이 다가오면 취업한 학생들은 화과차(花果茶) 같은 걸 보내오곤 하는데, 그들끼리 아는 사이가 아닌데도 같은 상표, 같은 맛의 '바이타오 우롱〔白桃烏龍〕'을 보내온 적도 있다. 30세가 넘었는데도 계속 새로운 우의를 쌓으니, 대학 교사라는 이 직업이 고맙다. 다른 직장에서는 냉정하게 경쟁하지만, 대학에서는 열정적인 아이들을 만날 수 있다. 자주는 아니지만 한두 해에 한두 명 쯤은 마음을 나눌 수 있는 친구가 생기기도 한다. 잣 열매가 어디 있는지는 모르면서도 포대를 들고 가을날의 숲에 들어가는 것처럼, 틀림없이 나를 기다리고 있을 잣 열매가 있음을 아는 것이다.

정부 청사에는 이런 잣 열매가 있을까?

두 사람의 도서관

베이린구 도서관 관장 닝〔寧〕아무개는 내 직속 부하로, 나는 그를 '닝 관장' 또는 '샤오닝〔小寧〕'이라고 불렀다. 그녀와 대화를 나누다가 베이린구에 지금까지 도서관이 하나도 없었음을 알았다. 몇 번이나 물어본 뒤에야 그게 사실임을 확인했다. 도서관이 전혀 없다는 사실은 다른 게 잔뜩 있다는 사실과 무척 대조적이었다. 베이린구는 시안시의 중심 지역이고, 시안은 13개 왕조의 도읍이었던 유서 깊은 도시이다.

더욱 경악스러운 것은 따로 있었다. 닝 관장이 가져온 계획서에 따르면 장차 내가 맡게 될 이 '시안시 베이린구 도서관 건설 프로젝트'는 도서관을 지하에 건설한다는 것이었다. 이것은 분명히 상식에 어긋나는 일이었다. 독서에는 자연 광선이 가장 좋기 때문이다. 그런데 왜 도서관을 지하에 만든다는 거지?

닝 관장의 말로는 원래 지하에 만들 계획은 아니었다고 한다. 두 해 전에 구 정부는 체육관과 문화관, 공문서 관리관, 도서관이 각기 한 층을 차지하는 대형 복합문화공간을 만들려고 계획했는데, 그 가운데 도서관은 1만 제곱미터가 넘는 규모였다고 한다. 그러나 이 프로젝트를 추진할 수가 없었다고 했다.

"부국장님도 아실 테지만, 우리 시안의 공사 현장에서는 늘 이런 일이 생기잖아요."

우리 시는 상당히 특수해서 토목 건설에서 조금만 방심해도 역사 유적을 발굴하고 만다. 다른 지역에서는 공주나 왕의 무덤이 인기 관광지가 될 테지만, 시안시에서 이런 묘지들은 그냥 골목에 있어서 콩깍지나 이불을 말리는 장소로 쓰일 정도로 조금도 희귀하지 않다.

최근에 모교인 산시사범대학을 지나다가 새로 조성한 유적지 공원 하나를 발견했는데, 내 기억에 그 부근에는 원래 흙 언덕이 있었다. 20여 년 전 대학에 입학했을 때 캠퍼스 남쪽에서 막 천단(天壇) 하나가 발굴되었는데, 당나라 황제가 하늘에 제사 지내던 곳이라고 했다. 그 말을 들으니 왠지 경건하게 느껴져 고개가 절로 숙여졌는데, 선배들은 깔깔 웃으며 내 환상을 깨뜨려버렸다.

"절대 보러 가지 마. 그냥 커다란 흙더미야. 아무것도 없어!"

그래도 혼자 그 풀이 우거진 흙더미 앞에 가보았는데, 늦가을이라 유난히 적막해 보였고, 황량한 풀밭과 마른 나뭇가지는 전혀 매력 포인트가 없었다. 이 도시에서는 이런 게 널리고 널려 경쟁이 치열하다 보니 이 흙더미는 오랫동안 '출세'하지 못한 채, 내가 석사과정을 마치고 학교를 떠날 때까지도 여전히 그냥 흙더미였다. 그러다가 여러 해가 지난 지금은 그래도 제법 점잖은 외관을 갖추게 된 셈이었다.

지금도 우리가 계획하고 있던 도서관 부지가 어떤 문화재와 마주쳤는지는 모르지만, 고고학 관련 각급 부서에서 문헌 조사를 진행하며 발굴중인데 2, 3년은 지나야 공사를 시작할 수 있으리라 예상한다고 했다. 다만 도서관 건립은 더 미룰 수 없었다. 국가 공공문화 서비스에서 규정한 조례에 따르면 2020년 말까지 구현 단위의 도서관이 반드시 건립되어야 했다. 이것은 연도별 심사에서 중요한 항목이므로 절대 착오가 있어서는 안 되기 때문에, 각급 지도자들이 책임져야 했다. 어

어쨌든 베이린구에서는 이미 있는 장소를 하나 골라서 임시로 과도기적인 도서관을 만들어야 했다. 조례의 요구에 따르면 최저 면적은 3천 제곱미터가 되어야 했고, 즉시 시작해서 기한 내에 완성해야 했다.

베이린구에서 적합한 '3천 제곱미터'의 장소를 찾기란 쉽지 않은 일이었다. 베이린구는 두 가지 측면에서 '최고'였는데 먼저, 면적이 2만 3천 제곱미터로 시안시에서 '최고' 좁은 지역이고 둘째, 상업이 번성하고 가게마다 장사가 잘되어서 시안시에서 단위 면적당 GDP가 '최고' 높은 지역이었다.

도서관 건물은 특히 하중을 잘 감당해야 하는데, 밀집된 서고의 하중은 보통 건물의 몇 배나 되므로, 건축계에서도 이를 위해 전문적인 기준을 정해놓았을 정도다. 내가 임시직으로 오기 전에 부서에서는 햇볕이 잘 드는 몇 곳을 선정했는데, 모두 하중 감당 기준에 맞지 않아서 결국 지하를 선정할 수밖에 없었다고 한다. 창문도 없는 임시 과도기의 구현급 도서관은 이렇게 해서 존재의 합리성과 긴박성을 획득한 채 내가 와서 건립해주기를 기다리고 있었다.

샤오닝은 내 앞에 서서 이런 경위를 설명해주었다. 그녀는 40세 무렵에 이 과장급 직무를 맡게 되었으니, 늦은 셈이었다. 사람들은 그녀에 대해 이렇게 말했다.

"그 사람은 황소처럼 우직하고 성실해요."

며칠이 지나도 그녀는 나와 인사할 때 여전히 조심스러운 미소를 지었으며, 과하게 친절을 떨지도 않았다. 늘 검은색이나 갈색의 넉넉한 스웨터로 몸매를 가렸으며, 지퍼가 달린 조끼로 한번 더 감췄다. 어쨌든 절대 눈에 띄려 하지 않는 사람이었다.

지금 그녀는 사무실 한 칸을 다른 이와 함께 쓰고 있는데, 도서관 내장공사가 끝나면 그곳으로 옮겨서 자기만의 독립적인 영지를 가지게 될 것이다. 나라면 무척 가슴이 설레서 머릿속에 갖가지 계획이 번뜩이고 있을 터이다. '산적 두목'으로 등극하는 거냐고 농담을 건네자 그녀는 눈살을 찌푸리며, 그런 노릇은 하고 싶지 않다고 했다. 자기는 결정 내리기를 좋아하는 성격이 아니며, 그보다는 다른 사람이 대신 결정해주기를 바란다고. 어떤 부서의 책임자도 되고 싶지 않고, 지난 여러 해 동안 남이 시키는 일만 하는 데에 익숙했다. 그러면 그다지 지나친 신경을 쓸 필요도 없고 위험도 없다. 하지만 지금은 곧 독립 법인이 되려는 참이라서 뭔가 문제라도 생길까봐 두려워했다. 이제는 문제가 생기면 혼자 책임져야 하니까.

그녀가 이 일을 감당하지 못할까 조금 염려스러웠다. 그녀는 학력도 높지 않고 전공도 달랐으며, 평소 독서 습관도 없었다. 내가 아는 다른 도서관장도 전공이 맞지 않는 경우가 있는데, 정부에서는 흔한 일인 듯해서 희한하다고 생각했다. 동생은 이렇게 분석했다. 도서관은 별로 챙길 게 없는 기관이니까 상부에서는 보통 비교적 성실한 사람에게 관리하게 하는데, 그다지 큰 성적을 낼 필요도 없고 그냥 진중하기만 하면 된다는 것이다.

나는 샤오닝의 성격을 전혀 알지 못했으나, 동료들이 '황소' 같다고 평가했으니 믿을 만한 사람일 테고, 어쩌면 이 일을 잘 해낼 수 있을 듯했다. 우리는 이미 상부에 5개의 직위 편제를 신청했는데, 내년 봄에 시험을 치르면 내년 연말에나 부임할 수 있을 것이다. 지금은 도서관 전체에 그녀 혼자뿐이어서, 휘하에 병사도 없는 외로운 장군이었다. 내가 주관하는 4개 부서 가운데 그녀만이 이렇게 고립무원의 신세여서 내가 조금 더 도와주어야 했으니, 이것은 우리 두 사람의 도서관이었다.

나는 줄곧 이 도서관을 상상했다. 아직 존재하지 않는 곳. 이미 만들어진 물체가 아니고, 내 손으로 개어서 진흙으로 만들어야 하는 물과 흙. 그 진흙을 주물러 모양을 빚고 무늬를 새겨야 한다. 나는 이 흙투성이의 설레는 작업이 몹시도 기다려진다. 책을 사랑하는 사람이라면 누구나 한 번쯤 도서관 사서를 꿈꿔봤겠지만 내가 하려는 일은 그보다 더 크다. 도서관 전체의 책을 선정할 수 있는 것이다! 우리에게는 도서 구매비 100만 위안이 있다. 하나의 도서관으로서는 적은 금액이지만, 한 명의 지식인에게는 정말 엄청난 거금이다. 이 귀중한 돈을 어떻게 쓸지 계획을 잘 세워야 한다.

나는 아직 현장에 가보지 못했다. 지하실의 어둠은 김빠지게 하겠지만, 다행히 한 층 전체를 차지하고 있어서 이웃한 가게가 없었다. 청결하고 넓은 지하 한 층이 오롯이 우리의 입주만 기다리고 있었다. 깔끔하게 세탁하면, 입을 만한 법이지. 긍정적으로 받아들이기로 했다.

햇살이 찬란하던 어느 날, 샤오닝이 현장에 가보자고 했다. 우리는 '펀샹〔粉巷〕'을 따라 동쪽으로 걸었다. '펀샹'이라는 이름의 유래는 꽤 재미있는데, 옛날에 밀가루를 팔던 곳이었다는 설도 있고, 황제가 비빈을 선발하는 곳이었다는 설도 있다. 나는 전자를 더 믿고 싶은데, '펀〔粉〕'이라는 글자는 아름다우면서도 기억하기 좋기 때문이다. 지금 이 거리에는 개성 있는 음식점이 가득 들어차서 훈훈한 분위기를 풍긴다.

이제 샤오닝과는 어색한 사이가 아니라서 내가 샤오닝의 팔짱을 끼면 샤오닝도 자연스럽게 팔짱을 끼고 걷는다. 이럴 때면 직장 상사와 부하 직원으로 느껴지지 않아서 좋다. 가을이 막 시작되어서 나뭇잎들은 아직 초록빛을 띠고 있고, 간혹 띄엄띄엄 노랗게 물든 게 보이기도 했다. 길가에 놓인 커다란 솥에 훈제한 곱창이 가득 담겨서 고기 냄새와 숯불 향이 함께 풍겨왔다. 평소에는 맡기 힘든 냄새다. 문득 반년 전쯤 코로나로 격리되어 모든 동네에 출입이 제한되었던 상황이 떠올랐다. 친구가 두꺼운 패딩을 입고 와서 철제 난간 너머에서 비닐봉지 하나를 건네주었는데, 그 안에 바로 이게 들어 있었다. 봉지를 열자마자 이 냄새가 났다.
"오랜만이야. 보고 싶었어. 밥 잘 챙겨 먹고, 건강 조심해!"
친구는 그렇게 말하고 떠났다. 그 곱창을 잘게 썰어서 조금씩 먹었다. 아까워서 한 번에 다 먹어버리지 못했다.
훈제한 곱창은 '빵빵러우〔梆梆肉〕'라고 부르는데, 옻칠한 듯 새까매서 외지인은 감히 맛볼 생각을 하지 못하는 시안 특유의 '시커먼 요리'이다. 나는 외지인이었으나 못 먹는 게 없었다. 먹는 얘기만 나오면 내 눈이 반짝인다는 사실을 친구들은 다 알았다. 일 때문에 이쪽으로 오게 되어서 보니, 먹거리가 정말 많았다. 삼거리에는 개업한 지 20년이 되는 수제 만둣집이 있어서 어느 해 동짓날에 가서 먹어보았다. 맞은편 옆쪽의 햄버거 가게는 쇠고기 패티가 알차서 매일 손님들이 줄을 섰다. 또 작은 골목의 소고기 탕을 파는 집도 가볼 계획이었다.
남쪽 큰길의 지하도를 지나 썬위안스예〔森源實業〕 빌딩 입구에 도착했다. 도로에 면한 매장 하나는 내장공사가 한창이었는데, 상서로운 붉은색으로 꾸미고 있었다. 맞은편 매장들은 아직 비어 있었지만, 이미 화장품 가게와 카페가 계약한 상태였다. 우리는 관리사무소 소장에게 열쇠를 받아 함께 지하로 내려갔다. 지하는 한 층 전체가 비어 있어서, 손전등 하나만으로도 멀리까지 비춰볼 수 있었다. 상황은 참담했다. 그냥 헌옷이 아니라, 여기저기 덕지덕지 기운 데다, 미처 기우지 못한 구멍에, 온갖 때까지 묻은, 누더기였다. 바닥조차 고르지 않았다.

입구 쪽은 타일을 깔았으나 안쪽은 거친 시멘트 바닥이었다. 거기에 커다란 배수로 같은 홈들이 여기저기 벌어져 있고, 그 속에서 이상한 콘센트들이 삐죽삐죽 고개를 내밀고 있었다. 천장은 패널 몇 개가 떨어져나갔고, 그리로 전선들이 어지러이 늘어졌다. 벽 색깔도 똑같지 않아서 이곳이 여러 구역으로 분할된 적이 있음을 알 수 있었다. 구역을 나누어 경영하다가 그대로 흔적을 남긴 채 떠나버린 것이다. 깔끔하게 떼어내지 못한 포스터와 어지러운 낙서, 그리고 기름때가 희미하게 옷 가게와 음식점의 윤곽을 나타내고 있었다.

"샤오닝, 여기가 우리 아지트야."

그녀는 입을 꾹 다물고 코로 한숨을 내뿜었다.

3천 제곱미터는 이런 모습으로 이제 정말 우리에게 주어졌다. 수중의 돈은 많지 않았다. 과도기 도서관이어서 때가 되면 바로 이사할 것이기 때문이었다. 그러니 내장공사를 호화롭게 해봤자 낭비여서 재무국에서는 내장공사 비용으로 180만 위안만 책정해주었다. 1제곱미터당 600위안인 셈이었다. 보통 일반 주택의 내장공사 비용도 1제곱미터에 보통 1,000위안이 넘는다. 그런데 우리는 공공구역이고, 또 소방 구역을 복잡하게 나누어야 한다. 소방 비용을 빼면 1제곱미터당 500위안 정도만 남게 되는데, 그야말로 허리띠를 졸라매려 해도, 졸라맬 허리띠마저 없는 지경이어서, 내장공사를 극한으로 간소화해야 했다. 보기 좋은 설계를 바라는 것은 사치였고, 그저 벽과 천장, 바닥을 깔끔하게 하고 평평하게 포장하는 것만으로 예산이 소진될 듯했다.

돈이 많았다면 아름다운 도서관을 지을 수 있었을 것이다. 우아한 외관에 커다란 유리창이 있고 창밖에는 나무, 그것도 수령이 오래된 나무가 푸른 잎을 살랑살랑 흔드는 도서관. 창가 자리는 인기가 많을 것이다. 그러나 지금은 창문도 돈도 없으니 그런 건 잠시 제쳐놓고, 책을 어떻게 사야 할지 다시 고민했다.

최근에 내 사무실은 상당히 북적거리는데, 각종 상인이 내게 명함을 건네고 있다. 상인들은 소식이 빨라서, 도서관을 건설한다는 공고가 정부 홈페이지에 발표되자마자 바로 찾아왔다. 한 사람이 소파에 앉아 나와 이야기를 나누고 있을 때 다른 누군가가 또 노크했다. 그들은 복도에서 기다리고 있다가 차례로 들어왔다.

내장공사 비용 180만 위안을 제외하고, 내게는 아직 도서 구매비 100만 위안이 있었다. 첫번째 상인은 100만 위안에 '8만 권'을 제안했는데, '8만 권'은 바로 내년 평가의 최저한도였다. 조금 신기했다. 이 사람은 어떻게 이런 세세한 숫자까지 잘 알까? 그는 웃으면서 자기 처남이 어느 지도자를 알고, 자기 동창도 무슨 비서이며, 어제 막 누군가와 식사를 함께 했다고 했다.

나는 '총 정가액'이라는 새로운 어휘를 배웠다. 책 표지에 적힌 정가에 권수를 곱한 금액을 뜻하는 말이다. 두번째 상인은 자기가 75% 할인해서 물건을 공급할 수 있으니, 100만 위안이면 '총 정가액' 400만 위안에 해당하는 서적을 살 수 있다고 했다. 그가 은밀히 말했다.

"지도자께서 점검했을 때 책이 많으면 부국장님도 제법 체면이 서지 않겠습니까?"

자신은 공무원들과 교류가 많은데, 나는 이제 막 와서 공무원 사회의 규칙을 잘 모를 거라며, 상부의 검사에 부응해서 체면을 잘 차려야 지도자도 기뻐할 거라고 했다.

"지도자 중 책을 일일이 펼쳐서 품질을 살펴볼 사람이 어디 있겠습니까? 중요한 것은 수량이지요!"

보아하니 그는 나보다 경험이 많고 '규칙'을 잘 알아서 이 풋내기를 자기 방식으로 다루려는 듯했다. 그러나 나는 이 모든 게 정상이 아니라고 생각했다. 세번째 상인이 들어왔을 때 나는 이미 대화할 준비가 되어 있었다. '8만 권'도 '총 정가액' 400만 위안도 거절할 생각이었다. 좋은 책일 리가 없기 때문이었다. 세번째 상인은 웃는 표정을 특히 잘 지었다.

"무슨 책을 원하시든 간에 저한테 다 있고, 목록도 다 만들어져 있습니다. 몇 분 안에 데이터를 맞출 수 있으니, 부국장님이 신경쓰실 필요가 없습니다."

학교 참고서의 매입가는 80~90%까지 할인되고, 통속 연애소설은 70~80%, 고급 도서는 50% 이하로 할인된다고 했다. 샤오닝과 상의해보니, 서적상의 적당한 이윤까지 고려하여 '총 정가액'을 35% 또는 40% 정도 할인해서 계산해야 좋은 책을 살 수 있을 것 같았다. 평가를 받으려면 '8만 권'이 합격선이지만, 평가는 내년 하반기에나 이루어지니 서두를 필요가 없었다. 내년 봄에 재무국에 다시 새해 도서 구매비를 신청하니, 올해 산 책에 내년의 분량을 더하면 8만 권을 갖출 수 있을 터였다.

샤오닝은 자기는 문외한이라 잘 모르니, 책을 구매하는 일은 모조리 내게 맡긴다고 했다. 우리는 경비 100만 위안에 '총 정가액'은 150만 ~160만 위안 사이로 하여 총 3만 권을 구매하기로 정했다. 동일한 책을 3권씩 갖춘다면 총 1만 종이 된다. 이 방안을 메일로 발송하여 모든 서적상이 이에 따라 각기 1만 종의 도서 목록을 보내게 했다. 나는 개중에 좋은 책을 골라야 하는데, 이건 내가 좋아하는 일이었다.

도서 목록이 계속해서 들어왔다.

대부분의 로맨스 소설과 장편소설은 제목이 사람을 혹하게 만든다는 게 공통적인 특징이었는데, 인터넷 서평은 보이지 않았다.

어쩌다 문학 거장의 작품이 있더라도, 정작 대표작은 없었다.

어쩌다 대표작이 있더라도 하필 좋은 출판사를 피해갔다.『세설신어世說新語』는 아무개 일보 출판사에서,『노인과 바다』는 아무개 여행 출판사에서 나온 것이었다.

아동서적에는 국제적인 상을 받은 작품이나 베스트셀러를 기록한 그림책은 전혀 없었으니, 이 또한 다른 의미에서 '심혈을 기울인' 리스트였다. 또 앞뒤로 '동지'도 없이 대뜸 제2권, 제5부 등이 홀로 리스트에 올라 있기도 했다.

상인들은 아마 내가 한 줄 한 줄 꼼꼼히 살펴볼 줄은 생각하지 못했을 테고, 나도 이 리스트에서 '보고', '직무', '시각'을 보게 될 줄은 생각지 못했다.

『아무개 현 정부 청렴 반부패의 대중 반응 평가 보고』
『고속철도 선로 작업차 기사의 직무』
『가치망 기업의 창업 성과와 손실 메커니즘 연구: 비물자(非物資) 자원 배치에 기반을 둔 시각에서』

'문집'과 '풍격'도 보였다.

『아무개 양조업 문집』
『아무개 사범대학원 학보 문화란 선집』
『낭송하는 소녀: 중화 우수 전통문화 음송 보급 지원자 아무개 선생을 기념하며』
『모모 정치협상회의위원의 직무 이행 풍격』

'학술'도 있었는데, 대학 교수로서 이런 명칭들에 익숙한 나는 이들의 정체를 안다.

『모모파 평론의 관점에서 본 노동 문학』
『핵심 소양에 기반한 대학 언어 교육』
『공통 주관성의 관점에서 본 중국 전통 음악 문화 교육』
『현대 대학생 윤리 교육 중 테마 교육 모델의 이론과 실무 분석』
『혁신 주도형 대학 서비스 교육 모델 연구: 모 대학 학생 사무관리 개혁의 이론과 실천』

이제는 이런 서적 리스트가 어떤 사연을 담고 있는지 안다. 서점에서 팔리지 않은 채 창고에 악성 재고로 쌓여 있는 책과, 독자가 없으리라는 것을 알면서도 자비로 출판한 책들을 모조리 내게 욱여넣은 것이다. 그제야 깨달았다. 어느 도서관의 책장은 왜 삼류 서적으로 가득 채워져 있는지를. 도서관은 공익 장소라서 이윤을 추구하지 않으니, '나쁜' 책을 욱여넣더라도 도서관의 '업적'에는 영향을 주지 않고 서적상의 이윤은 늘려주기 때문이다. 그래서 도서관은 일부 서적상의 재고를 덤핑 처리하는 곳이 되었다. 거리의 서점은 영리를 추구하므로 당연히 상품을 신중하게 고르고 판매량을 고심한다. 서점에도 판매가 부진한 책이 있지만, 그 양이 차고 넘칠 정도가 될 리는 없다.

내가 꾸릴 책장을 모두 삼류 서적으로 채운다면, 그 사이를 걸을 때마다 얼마나 풀이 죽을지 상상도 가지 않았다. 도서관은 성적만 올리려 해서는 안 된다. 독자들의 사랑을 받기 위해 이 첫번째 관문을 잘 넘어서야 했다.

다시 메일을 썼다.

안녕하십니까?

보내주신 도서 목록을 보고, 다음과 같이 수정해주실 것을 요청합니다. 최근 3년 이내에 출판된 신서는 각종 웹 사이트의 베스트셀러 목록을 참조하고, 고전 서적은 주해(註解)와 교감, 판본을 참조해주십시오. 자칫 잘못하면 큰 오류를 범할 수 있습니다. 고전 문학은 중화서국(中華書局)이나 상하이 고적출판사(古籍出版社) 위주로 고려해주십시오. 외국 문학, 특히 작가 사후 50년이 지나 판권이 소멸된 책들은 번역 수준차가 매우 크니, 상하이 역문출판사(譯文出版社)나 역림출판사(譯林出版社), 인민문학출판사 판본을 위주로 채택할 것을 당부드리며……

이번 메일은 답신은 받지 못했는데, 사무실에는 노크 소리가 끊이지 않았다. 메일을 받은 사람이 직접 찾아왔기 때문이었다. 다들 지금까지 정부에 상품을 공급할 때 이렇게 번거로운 적이 없었으며, 정부가 도서관을 어떤 식으로 꾸리는지는 자신들이 잘 알고 있다고 했다. 즉, 도서관은 서적상이 제시한 목록대로 바로 구매하는데, 이렇게 해야 일이 빠르게 처리된다고 했다. 내가 요구하는 책들은 구매가가 너무 높아 자신들에게 이윤이 남지 않을뿐더러, 내 요구에 따라 리스트를 수정할 여력도 없고 시간 낭비라고 했다. 내가 물었다.

"평소에 책을 읽으십니까?"

"아뇨. 우리는 실무자라서 주로 실무에 바쁜데 책 읽을 시간이 어디 있겠습니까?"

그들은 웃는 얼굴이었으나 나는 그들이 속으로는 나를 전혀 좋아하지 않는다는 걸 알았다. 하필 재수 없게 '규칙'도 모르고 도서 목록을 물고 늘어지는 이런 '임시직' 간부를 만나다니! 하지만 나도 답답하긴 마찬가지였다. 독서를 사랑하는 서적상이 한 사람도 나타나지 않다니! 책을 조금이라도 읽은 서적상이라면 내 하소연을 이해하고 리스트를 수정해줄 텐데.

내가 수동적인 입장이고, 그들이 계속 이런 식으로 나온다면 어떻게 내가 원하는 책을 선정할 수 있을까? 어쩌면 능동적으로 나서서 직접 적합한 공급자를 찾아야 할지도 모른다. 평소에 늘 책을 사던 인터넷 서점 중투왕〔中圖網〕을 떠올렸다. 가격도 합리적이고 책 품질도 훌륭했다. 도매 업무를 담당하는 곳에 전화를 걸자 중년 여성이 받았는데, 말하는 속도도 차분하고 온화하며 예의가 발랐다. 다른 서적상들처럼 절박하지도, 허락을 받아내려고 서두르지도 않았다. 내가 요구 사항을 제시하자 그녀가 말했다.

"네. 이해했습니다."

그녀는 메모한 내용을 나에게 다시 읽어주며 확인했다. 이 편안한 목소리 덕분에 나는 조금 더 희망을 가졌다.

회의

매일 오전 9시에 회의실 문이 열리는데, 그날 해야 할 일들 가운데 나는 절반만 알았다. 나머지 절반을 알기 위해서는 리 주임의 노크 소리를 기다려야 했다. 나는 이미 그의 노크 소리를 구별할 줄 알았는데, 힘도 적당하고 리듬도 비교적 일정했다. 그는 각종 회의 통지서를 차례로 주면서 오늘 내가 어느 방향으로 걸음을 내디뎌야 하는지 알려주었다. 하루에 4차례나 회의에 참석해서 그대로 날이 저문 날도 있었다. 이런 생활은 내가 통제할 수 있는 게 아니었다. 대학에서는 매주 강의 일정이 고정되어 있었고, 우연히 임시 회의가 열리더라도 하루나 이틀 전에 미리 알려주기 때문에, 매일 해야 하는 일을 미리 계획할 수 있었다. 그러나 여기서는 이런 무작위적인 일정에 적응해야 했다.

대학의 회의에도 테이블에 명패를 놓지만, 몇 개의 중요한 자리에만 놓는다. 이와 달리 정부 회의는 테이블이 온통 명패로 가득차 있다. 처음에는 왜 이렇게 번거로운 짓을 하는지 의아했으나, 얼마 지나지 않아 그 용도를 알게 되었다.

어느 날 아침 시 위원회 회의에 갔는데 회의실을 찾지 못했다. 그제야 잘못 왔다는 사실을 알았다. 그곳은 시 위원회가 아니라 시 정부였다. 시 정부는 '행정 센터' 전철역에서 서쪽으로 500미터 떨어져 있고,

시 위원회는 동쪽으로 500미터 떨어져 있다. 멍청한 짓을 한 나는 공용 자전거를 찾아 타고 동쪽으로 달렸다. 도중에 독촉 전화를 세 번이나 받았다. 우리 부서 사무실과 베이린구 위원회 사무실, 그리고 시안 시 위원회 회의단에서 차례로 걸려 왔는데, 갈수록 목소리가 매서워졌다. 회의실에 들어가니 한 자리만 구멍처럼 비어 있었다. 테이블 명패에는 '베이린구 문화관광체육국'이라고 또렷하게 적혀 있고, 벽에 걸린 시계는 내가 2분 지각했음을 보여주었다. 정부에서는 1분의 오차도 없이 정시에 회의가 열린다. 의장석의 지도자는 내게 앉지 말고 서 있으라고 하더니 매섭게 훈계했다.

또 하루는 '문화도시 건설 촉진회'가 열렸는데, 연단의 지도자가 몇몇 거리의 쓰레기 사각지대와 도로 시공의 문제점을 신랄하게 비판하면서 다른 부처에서도 함께 개정하라고 했다. 듣다보니 우리 부서와는 관련이 없는 것이었다. 우리가 담당하는 관광지와 호텔은 위생 목표를 모두 달성했으니까. 나는 휴대전화를 들여다보기 시작했다.

휴대전화를 만지는 사람은 나뿐만이 아니었다. 다들 손으로 가리거나 노트 아래 숨긴 채 몰래 보고 있었다. 나는 가리기도 귀찮아서 그냥 있었는데, 한 비서가 복도를 가로질러 와 내 팔꿈치를 툭 쳤다.

"구청장님께서 휴대전화 만지지 말라고 하십니다."

고개를 들었다가 의장석의 싸늘한 시선과 맞부딪혔다. 구청장이 노려보고 있었다. 회의가 끝나자 비서가 다시 다가와서 가지 말고 기다리라고 했다. 잠시 후 하얀 셔츠를 입고 얌전한 헤어스타일을 한 구청장이 다가와 집게손가락으로 내 테이블 명패를 가리키며 말했다.

"당신네 국장은 안 왔소? 당신은 누구요? 다음번에는 오늘 같은 일이 없어야 할 거요!"

이를 통해 테이블 명패의 용도를 알았다. 그것은 과녁이었다.

테이블 명패를 놓는 일은 시간이 많이 걸린다. 가장 중요한 지도자는 중간에 배치한다. 그런 다음 서열 2위의 자리는 오른쪽일까 왼쪽일까? 서열 3위는? 두 사람의 직급이 같다면 누구의 부서가 더 중요하지? 왼쪽은 누구고 오른쪽은 누구지? 같은 부서의 부처장급이 두 명이라면 자리를 어떻게 배열하지? 인민대회나 정치협상회의, 그리고 정부 부서의 선후 순서는 어떻게 되지? 우리 부서에서 회의를 주관할 차례가 되면 이렇게 번거로운 일은 리 주임에게 가르침을 청하는 수밖에 없다. 바구니 가득 담긴 인명 속에서 그는 회의 참가자들을 직위에 따라 세세히 나누고 명패를 배열한 뒤 우리에게 설명해준다. 하지만 다음 회의 때 우리는 또 잊어버리고 그를 불러야 한다.

회의에는 엄격한 규정이 있다. 한두 사람만 참석하러 갈 때는 관용차를 쓸 수 없다. 우리 부서의 관용차는 비상 안전용으로 분류되므로 중요한 일이 있을 때만 쓸 수 있다. 차를 쓰기 전에 관용차 사용 허가증을 써서 자세한 노선과 경유 도로, 정차 위치를 기록해야 한다. 모든 차는 GPS로 전체 노선을 설정하며, 배치 센터에서 수시로 감시하고 제어할 수 있다. 실제 주행 노선이 기재한 데이터와 차이가 있으면 서면으로 해명을 제출해야 한다.

회의에 참석할 때 나는 보통 스스로 구석으로 간다. 어느 날 좀 일찍 갔더니 많은 자리가 비어 있고, 비서가 바구니에서 테이블 명패를 뒤지고 있기에, 내가 우리 부서의 것을 집어들며 이렇게 말했다.

"제 자리는 신경쓰지 마세요. 저는 그냥 구석에 앉으면 돼요. 왼쪽이든 오른쪽이든 아무 차이도 없어요."

우리 둘은 함께 웃었다. 우리 문화관광체육국은 중앙에 앉은 적이 없었기 때문이다. 구석이 거의 고정 좌석이었다.

점차 우리 부서의 가련한 처지에 익숙해졌다. 국장 및 처장들과 함께 버스를 타고 시안 이공대학에 가서 차례로 발언하며 조사 연구를 위한 협력 가능성을 타진한 적이 있다. 회의가 끝난 후 대학 관계자들이 정부 각 부처의 테이블로 와서 서로 위챗을 추가했는데, 내 테이블에는 아무도 오지 않았다. 나는 멀뚱히 혼자 앉아 있었다.

몇 차례 더 회의에 참석해보고 비로소 알았다. 초상국(招商局, 투자유치국)과 경제 무역국, 투자 합자국, 개발위원회와 같이 GDP와 직접 연결된 기관은 통상적으로 앞쪽에 앉는다. 테이블 명패는 일종의 질서로, 이 위치를 통해 자기가 맡은 일이 정부에서 차지하는 지위를 직관적으로 알 수 있는 셈이다.

같은 회의에 참석한 간부의 직급은 대부분 비슷하다. 많은 회의에 참석하고 난 뒤, 청사의 국장과 부국장들을 모두 알게 되었다. 그들은 서로 인사했고, 나도 그들과 인사했는데, 늘 내 인사를 보지 못하는 사람들이 몇 명 있었다. 처음에는 우연이라고 생각했는데, 한두 번이 아니었다. 그들의 시선은 일부러 내 귀 끝만 스치고 지나갔다. 아, 나는 '임시' 부국장이니까, 기간이 끝나면 바로 떠날 사람이라는 뜻이구나.

점심때 식당 입구에는 줄이 길게 늘어선다. 그런데 그 많은 사람 속에 부처장급 이상의 간부는 한 사람도 없다. 내가 유일했다. 식당을 여는 시간은 한 치의 오차도 없이 12시 정각이다. 식당 직원이 작은 시계를 들고 시간에 맞춰 문을 열면, 우리가 우르르 몰려 들어간다. 그러고 십여 분 뒤, 부처장급과 처장급 간부들이 들어온다.

점심에는 쌀밥에 고기 2종과 채소 2종, 국 하나, 감자 하나, 요구르트 하나, 밀가루 음식 하나가 나온다. 북방, 특히 시안에서 밀가루 음식은 빠져서는 안 된다. 이 도시에 '찐빵의 도시〔饃都〕' '탄수화물의 도시〔碳水之都〕' 같은 별명이 괜히 있는 게 아니다. 〈산시의 맛있는 음식陝西美食〉이라는 노래 또한 그것을 증명한다.

이제껏 이탈리아의 무슨 마카로니는 먹어보지 못했어도
우리 치산(岐山)의 깐몐피(擀麵皮)¹는 맛있게 먹었지.
KFC 햄버거야, 비싼 값에 팔린다고 우쭐대지 마.
라즈러우자모(臘汁肉夾饃)² 하나면 네 생각은 나지도 않을 테니까.

이역 문화에 직면해서 이 노래는 먼저 현지 미식의 지위를 수호하고 있다. 이어서 탄수화물 부대가 다가온다. 굵은 것과 가는 것, 볶은 것과 삶은 것, 시큼한 국물이 있는 것과 소스를 얹은 것 등등등. 이 다양한 것들을 맛보려면 적어도 사나흘은 걸릴 것이다.

구운 만두와 녹두묵(涼粉), 절인 양배추(酸菜), 볶음밥, 춘권(春卷), 감주(醪糟), 싼위안 훈제 닭고기(三原熏鷄), 쏸탕 만두(酸湯餃子), 만둣국(灌湯包子)⋯⋯
양념 비빔면(油潑麵) 한 입 먹으면 짜릿한 향기 느껴지고
시금치 국수(菠菜麵)의 영양은 절대 허풍이 아니지.
허리띠 국수(褲帶麵)³는 목구멍에 덤빌 만큼 두껍고
뺭뺭몐(biangbiang 麵)⁴에 고기 없으면 정말 쫄깃하지.
장수이몐(漿水麵)은 국물이 있으니 반드시 입을 닦아야 하고

---

1 현지에서 위징펀(御京粉)이라고도 불리는 음식으로, 바오지(寶鷄) 치산(岐山)의 깐몐피는 2011년에 중국의 대표적인 간식에 선정된 바 있다. 당나라 때의 냉도면(冷淘麵)에서 유래한 것으로 쫄깃하고 부드러우며 시원하고 시큼하면서도 매운맛이 가미되어 사계절 언제나 어울린다.
2 빵에 고기와 고추 등을 넣어 만든 중국식 햄버거로 산시성 특유의 먹거리이다.
3 산시성 특유의 먹거리로 폭이 3센티, 길이가 1미터 정도 되며, 두께도 동전과 비슷한 것부터 매미 날개처럼 얇은 것도 있다.
4 산시성 중부의 전통 국수 요리이다.

치산몐(岐山麵)에 잘게 썬 고기 들어간 것은 역사가 유구하지. 쏸좐몐(蒜蘸麵)은 마늘 들어가서 조금 매우니 혀 조심하고 자장몐(炸醬麵)은 조금 태웠는데, 다 못 먹으면 싸 가야지.

마지막 압권은 단연코 파오모(泡饃)[5]이다. 처음 먹어보는 외지인은 당황할 수도 있다. 종업원이 큼지막한 그릇 하나와 찐빵(사실은 떡) 2개를 주는데, 이걸로 뭘 하라는 거지 하는 생각이 든다. 주위를 둘러보면 동네 어르신들은 느긋하게 대화를 나누면서 찐빵을 누에콩만한 크기로 뜯어서 그릇에 넣고 있다. 섬세한 사람은 노릇한 껍질과 하얀 속살이 고루 섞이도록 정성껏 뜯는데, 이렇게 해야 씹는 맛도 좋고 국물도 제대로 배어든다. 찐빵 하나를 뜯는 데 10분도 넘게 걸리는 건 예삿일이고, 찐빵 2개를 뜯고 나면 손톱이 아플 지경이다. 단골들은 한술 더 뜬다. 일단 찐빵을 집으로 가져가 다음날 아침 일찍 잘 뜯은 찐빵 조각이 담긴 봉지를 주방에 건넨다. 외지인이 놀란 눈빛으로 쳐다보고 종업원이 찬탄하는 가운데 가장 먼저 양고기 국을 받아 든다. 외지인은 이 기다림이 낯설고 손놀림도 능숙하지 않아서, 찐빵을 큼직큼직 뜯어서 건네곤 한다. 이렇게 대충 찢은 찐빵은 종종 요리사의 태만을 초래한다. 찐빵을 존중하지 않는 사람에게는 나도 대충 만들어 주지!

그러니 파오모를 먹을 때는 이 '의식'을 잘 치러야 한다. 찐빵을 얼마나 고르게 잘 뜯었는가는 파오모 전문가와 초보자를 구분하는 중요한 표지이다. 기계로 뜯은 찐빵은 '손으로 뜯기 원칙주의자'에게 비웃음을 산다.

---

5   중국 서북 지역의 음식으로 빵을 으깨어 양념한 다음 소고기나 양고기 국물에 말아서 먹는 것이다.

소고기 양고기 파오모는 우리 시안의 빼어난 전통
잘 먹으려면 실력을 갈고닦아야 하지.
찐빵을 스스로 뜯어 매운 장〔辣子醬〕과 마늘장아찌를 더하면
양념도 묵직하고 고깃국도 진하여 위를 따뜻하게 하는 효능이 있지.
주인장, 내 국물은 조금 많이 주시구려!

이 인기 품목은 정부 식당에서는 보기 드물다. 사람이 많아서 한 그릇씩 따로 국물에 적셔줄 수 없기 때문이다. 어쩌다 큰 솥에 끓여서 내놓으면 다들 앞다투어 퍼 간다.

"와, 오늘 파오모가 다 있네!"

그 큰 솥이 순식간에 바닥난다.

우리 식당에는 그래도 밀가루 음식이 다양해서 매일 바뀐다. 라면과 만두, 마스〔麻食〕,[6] 량피〔涼皮〕, 그리고 차거〔恰銘〕—메밀국수의 일종으로 국물에 겨자가 들어 있음—가 있다. 식당 요리사는 현지인인 게 분명하다. 고기에 쌀가루를 묻혀서 찐 펀정러우〔粉蒸肉〕는 매우 부드럽고, 식초를 넣은 배추 요리인 추류바이차이〔醋熘白菜〕는 아주 새콤해 입맛을 돋운다. 생선 요리는 실력이 조금 떨어진다. 나는 펀정러우를 한 국자 더 뜨고 싶지만 다른 동료들도 먹어야 하므로 참아야 했다.

몸을 돌려 라오셰〔老謝〕를 쳐다보았다. 베이린구 융합 매체 센터의 나이 많은 편집자인 그는 몸이 몹시 여윈 사람인데, 정년퇴직이 얼마 남지 않은 듯했다. 며칠 전에 리 주임이 그를 소개해주면서 그에게 글

---

6 마스〔麻什〕 또는 마스쯔〔麻什子, 麻食子〕라고도 불리는 서북 지역, 특히 산시성 시안시의 전통적인 먹거리이다.

을 좀 써주라고 했다. 그뒤로 라오셰는 나를 보면 농담을 걸곤 했다.
"부국장님, 아직도 직접 물을 받으러 오세요? 리 주임더러 받아 오라고 하세요! 리 주임은 눈치도 없이 뭐 하나?"
리 주임이 그를 흘겨보며 툭 쏘았다.
"물 다 받았으면 얼른 가보세요!"
라오셰는 보온 컵을 안은 채 눈을 활처럼 휘며 웃었다. 그 정도의 나이라면 누구와도 거리낌없이 농담을 나눌 수 있다.
오늘도 식당에서 나를 보고는 일부러 큰 소리로 말을 걸어왔다.
"아, 양 부국장님, 몸소 식사하러 오셨군요!"
"호호, 아니에요. 대신 먹어줄 비서를 구하러 왔어요!"
우리 주변에는 빈자리가 많았지만, 처장급 간부들은 식판을 들고 우리 곁을 지나 같은 직급의 사람들을 찾아 함께 앉아서 먹었다. 부처장급은 그들과 합석해도 되고 따로 앉아도 상관없었다. 나는 하급자들과 합석하기를 좋아한다. 국물을 마시면서 샤오취안이 실연당한 심정을 '이모'에게 하소연하는 걸 들었다.

아침에 깨어나 머리맡을 더듬어 휴대전화를 확인해보니 메시지가 와 있었다.

찬란한 여름을 보내고 단아한 가을을 맞이했네요. 선선한 바람이 부는 오늘, 안부 인사를 건넵니다. 날이 쌀쌀해졌으니, 옷 잘 챙겨 입으셔요.

단체 문자였다.

부국장님, 며칠 전에 뵀을 때 피곤해 보이시던데, 흰목이버섯 수프를 좀 챙겨 드셔보세요.

이것은 개인 메시지였다.

부국장님, 저한테 책을 사시면, 표면적으로는 50% 할인해드리고, 실제로는 70% 할인해드리겠습니다. 자세한 얘기는 위챗에서는 곤란하니 저랑 통화 한번 하시지요.

이것은 비밀 메시지였다.

모든 서적상 가운데 중투왕만이 이런 메시지를 보내지 않았는데, 그 온유한 목소리의 여성은 내 요구에 따라 두 번이나 리스트를 수정하면서도 번거로워하는 기색 한번 없었고, 아동서적 부분에서는 더욱 나를 만족시켰다. 칼데콧 상과 안데르센 상에 관해 얘기하는 걸 들어보니, 정말 책을 읽는 사람인 게 틀림없었다. 외부에서 그림책 읽기 캠페인도 하고 있었다. 나에게 보내는 리스트에는 중화서국과 상무인서관(商務印書館), 삼련서점(三聯書店) 등의 출판사에서 새로 나온 책을 알아서 보충하고, 펭귄 북스의 명작 대역본(對譯本) 구독을 추천해주기도 했다. 이렇게 몇 번 주고받다보니 애초에 내 방식이 너무 엉성했다는 생각이 들었다. 좀더 치밀해질 필요가 있었다. 내가 직접 이 지역 독자들에게 적합한 도서 목록을 작성해야 했다. 한두 주는 걸릴지도 모른다.

친구에게 부탁해서 베이징 하이덴구(海淀區) 도서관과 시안시 다른 구역 도서관의 도서 목록을 구해달라고 했다. 우리 도서관은 규모도 작고 책도 적은데, 조금이라도 잘못 구매하면 대량으로 방치될 위험이 있었다.

우선 지리적 위치를 분석해야 했다. 베이린구 도서관은 지하철 2호선 라인에 있는데, 이 노선에는 여러 개의 도서관이 있고, 다들 멀지 않았다. 남쪽으로 세 정거장을 가면 산시성에서 가장 큰 산시성 도서관이 있고, 북쪽으로 다섯 정거장을 가면 역시 규모가 작지 않은 시안시 도서관이 있다. 근방 5킬로미터 안에 있는 대학들 — 시안교통대학, 시베이〔西北〕공업대학, 창안〔長安〕대학, 시베이대학 — 도 모두 자체적으로 도서관을 갖추고 있었다. 비주류 분야의 연구자가 희귀한 전문 서적을 대출하고 싶다면, 위의 도서관들에서 빌릴 수 있을 것이었다.

우리 도서관은 규모가 작아서, 이런 전문 분야에서는 다른 도서관과 경쟁하기 어렵다. 방향을 바꾸어, 일반 대중의 독서 수요를 중심으로 목록을 구성해야 한다. 고전 서적과 베스트셀러는 모두 있어야 하나, 소수만 관심을 기울일 서적은 일단 제외하기로 했다.

이곳은 도심의 번화가여서 주말이면 아이들을 데리고 놀러 나오는 부모도 많으니, 문학 서적과 아동서의 비율을 높여야 했다.

전국에서 가장 큰 석비 박물관인 비림도 가까이 있다. 다른 박물관과는 달리 회화나 그릇, 보석 등이 아니라 '글씨'를 전시한다. 수많은 필획과 선이 면적과 부피를 가득 채우며 수십 개의 전시실을 이루고 있다. 비록 관람객이 그 문장의 심오한 뜻을 이해하지 못하더라도 한자의 형상이 지닌 아름다움만큼은 강렬하게 느낄 수 있다.

코로나 이전에는 늘 한국과 일본의 관광객이 비림에서 서예를 연구했고, 일본 슈비샤〔修美社〕와 비림은 여러 차례 함께 '국제 임서(臨書) 기념전'을 열기도 했다. 유감스럽게도 올해는 외국 서예가들의 임서 작품이 정상적으로 배송되지 못해, 온라인 전시로 대체할 수밖에 없었다.

스웨덴의 링크비스트(Cecilia Lindqvist)는 『한자 왕국Characters Kingdom』에서 비림을 이렇게 회고했다.

> 그곳을 거닐면 마치 숲속에 들어선 듯한 기분이 든다. 글자 위의 빛은 묵직한 회색 돌에서 찰나에 퍼져나온 듯하다. 그곳에는 시인과 황제들이 남긴 갖가지 필적이 있다…… 그것들은 그렇게 가까이 있어서 손을 뻗으면 만질 수 있다. 이 때문에 이곳은 중국의 지식 성지 가운데 하나가 되었다.

비림에서는 안진경(顏眞卿)의 〈안씨가묘비顏氏家廟碑〉와 유공권(柳公權)의 〈현비탑비玄祕塔碑〉가 가장 유명하다. 당나라 문종(文宗) 태화(太和) 7년(833)에 시작해서 개성(開成) 2년(837)에 완성된 〈개성석경開成石經〉은 진형이 방대한데, 마치 장병들처럼 도열해 있는 100여 개의 석비에 유가 경전 10여 부(部)가 새겨져 있다. 그곳을 지나갈 때 관광 가이드의 말소리가 들렸다.

"이게 바로 당 왕조의 공무원 시험 교재입니다."

관광객들은 폭소를 터뜨리면서 허리를 숙이고 자기가 아는 구절을 찾아보았다. 『시경』과 『서경』, 『예기』, 『역경』, 『춘추』 등의 책에서 몇 구절쯤 찾았을 것이다.

당·송 시기의 석비는 이미 유리로 덮어 보호하고 있다. 탁본을 뜨거나 손으로 만지는 것은 금지다. 근대의 석비 주위에는 작은 나무 사다리가 설치되어 있는데, 기술자들이 천으로 만든 둥근 탁포(拓包)에 먹물을 적셔서 비석의 글자를 종이에 찍어내고 있었다. 다들 그 주위를 둘러싸고 사진을 찍으면서 그 아름다운 글자가 종이에 떠오르는 모습을 감상했다.

비림 입구 앞에 있는 거리는 수위안먼제〔書院門街〕이다. 이런 이름이 붙은 것은 거리 중간에 오래된 '관중서원(關中書院)'이 있기 때문이다. 이 서원은 명·청 두 왕조에 걸쳐 섬서(陝西) 지역 최고의 교육 기관이었다. 지금 이 거리의 생계는 비림과 밀접하게 연관되어 있어서 붓과 먹, 종이, 벼루, 서재 관상용품, 서예와 그림, 옥기(玉器), 전각(篆刻), 액자 등을 팔고 있다. 거리에는 회백색 수염을 기른 '부채 형님〔扇子哥〕'이 부채에 전통 중국화를 그려주는데, 매일 6개만 그리며, 구경꾼이 적지 않다. 이 길을 걸어 들어가면 눈에 보이는 건 죄다 붓글씨뿐이다. 비첩(碑帖)과 탁본, 서예 족자를 파는 가게들이 거리의 태반을 차지하고 있다. 상점 간판은 모두 손 글씨이며, 길가에서 저렴한 팬시 상품을 파는 행상들도 상품 이름과 가격을 붓으로 써야 한다. 내 친구는 어렸을 때 붓글씨를 배우고 싶었는데 선생이 없어서, 방과 후에 서원 입구로 가 가게 주인이 글씨를 쓰고 새기는 모습을 그 뒤에서 지켜보았다고 했다. 모르는 사람에게 가르침을 청하기도 부끄러워 그저 소심하게 서 있었을 뿐이었다고. 작은 노점에서 그렇게 해가 질 무렵까지 서 있다가 고픈 배를 안고 집으로 돌아가, '사부님'의 운필(運筆) 방식을 떠올리며 종이에 써보곤 했는데, 그렇게 반년을 지켜본 뒤 마침내 어느 정도 쓸 수 있었다고 했다.

이곳은 우리 도서관에서 도보로 몇 분밖에 걸리지 않으니, 비첩 전문 코너를 크게 만들어서 특색으로 삼으면 좋을 것이다. 서예를 좋아하는 지역 공동체의 군중들이 좋아할 테고, 비림에 와서 충분히 보지 못한 외지의 관광객도 도서관에 앉아서 희귀한 비첩을 한 장 한 장 천천히 넘기며 여정을 계속할 수 있을 터이다.

또 외국 아동서 구역도 단독으로 만들기로 했다. 2018년 가을 시애

틀에 방문학자로 갔을 때, 숙소 근처에 자그마한 도서관이 있었는데, 문을 들어서 오른쪽으로 돌면 '중국어 아동서〔中文童書〕'라는 표지가 한자로 적혀 있었다. 내 아이는 그걸 보자마자 바로 달려 들어갔다. 나중에 시애틀의 다른 도서관에도 가보니 모두 중국어 아동서가 있었고, 책의 품질도 괜찮았다. '문외한'이 책의 수만 채우기 위해 가져다두었다는 느낌은 전혀 들지 않았다. 모두 최근 몇 년 사이에 나온 훌륭한 아동서들이었다. 작품을 누가 선정했는지 모르지만, 외국 도시에 이렇게 해놓으려면 틀림없이 큰 노력을 기울였을 터라, 누군지 모를 도서 선정인에게 감사했다.

아이는 거기서 왕안이(王安憶)가 편집한 『아이에게 들려주는 이야기』를 골랐는데, 거기에 수록된 위화(余華)의 「충수闌尾」[7]를 보면서 깔깔 웃었고, 왕쩡치(汪曾祺)의 「버터 라오빙黃油烙餠」[8]을 읽고 나서는 힘껏 입술을 깨물더니 돌연 울음을 터뜨렸다.

"너무 감동적이야! 너무 슬퍼서 두 번은 못 보겠어!"

영어 환경에서 우연히 중국어를 읽었으니 아이의 심리적 정서가 더 크게 작용했을 것이다. 베이린구도 외국인 인구가 많다. 그들의 자녀가 도서관에 와서 모국어로 된 이야기를 보면 내 아이와 마찬가지로 감동하지 않을까? 게다가 중국 어린이들도 외국어로 된 동화를 읽는다. '옥스퍼드 독서 나무(Oxford Reading Tree)' 시리즈와 '빅(Big)' 영어 시리즈, 외국어 교학과 연구〔外語敎學與硏究〕 출판사 시리즈 등 유명한 시리즈는 모두 들여놓아야 할 것이다. 일본어와 프랑스어, 스페인어, 아랍어와 같은 언어로 된 책도 구비해야 한다.

---

7 거짓말 때문에 맹장을 떼어낸 아이의 이야기를 그린 단편소설이다.
8 1960년대 '대약진운동(大躍進運動)'을 배경으로 샤오성〔蕭勝〕 일가가 굶주림의 시대를 걸어간 이야기를 그린 단편소설이다.

또 만화 전문 코너도 필요하다. 만화의 매력은 다른 이야기책들과 완전히 다르다. 나는 어렸을 때 이걸 깨달았다. 내 동생과 사촌 오빠는 집에서 '페가수스 유성권'과 '다이아몬드 더스트'9를 연마하거나 내게 "정의의 이름으로 널 용서하지 않겠다" 하고 외치곤 했다. 전권을 세트로 갖출 여력이 되지 않아서 둘이 가지고 있는 걸 교환해서 머리를 맞대고 읽던 장면이 눈에 선하다. 지금 내 아들도 만화에 푹 빠져 있다. 생일에 외삼촌이 풀 세트로 보내준 『드래곤볼』과 『나루토』, 벨기에 에르제(Hergé, Georges Prosper Remi)의 『땡땡의 모험Les Aventures de Tintin』 때문에 책더미 속에서 빠져나올 줄을 모른다. 나는 만화광의 세계에 진입하지는 못했지만, 그들의 애호를 만족시켜주고 싶다. 일본과 한국, 유럽, 미국 만화 외에도 더 찾아볼 수 있을 것이다. 북아프리카의 작은 도시이자 알제리의 수도 알제의 유대인 지역을 묘사한 조안 스파르의 『랍비의 고양이』라든가 아르헨티나 작가 끼노의 『마팔다』 같은 작품은 스타일이 독특해서, 아이들이 "이런 만화도 있구나!" 하며 감탄할 것이다. 중국의 고전 만화로 펑쯔카이(豊子愷)의 『호생화집護生畵集』과 장러핑(張樂平)의 『싼마오 유랑기三毛流浪记』도 들여놓아야 한다.

시애틀 도서관에도 만화 전문 코너가 있었는데 늘 사람들로 북적였다. 우리도 만화 코너를 잘 만들면 이 몇 개의 책장이 만화광 집결지가 되어서 주말이면 독자로 북적이지 않을까?

도서 목록을 만드는 일이 돌연 중단되었다. 다른 긴급한 일이 등장했다.

---

9   쿠루마다 마사미(車田正美)의 만화 『세인트 세이야』에 나오는 권법들이다.

'문화 도시 건설' 시찰단이 우리 지역을 방문하니, 모든 일을 중단하고 시찰단을 맞이하기 위한 일정을 관리 감독하라는 상부의 지시가 내려왔다.

관련 양식을 한 뭉치 들고 먼저 관광지로 갔다가 다시 호텔로 갔다. 관광지 입구에 '문화 도시' 홍보 포스터가 붙어 있는가? 전광판에 최신 버전 '문화 도시' 홍보 문구가 입력되어 있는가? 이것이 점검표의 앞쪽 항목들이다. 뒤쪽 항목들을 채우려면 타이머를 켜야 한다! 시계를 들고 문화 도시 홍보 문구가 '문자 방영 총시간의 40%'를 넘기는지 계산했다. 문화 도시 52초, 총 재생 시간은 120초. 120×40%=48초니까, 52초면 합격······

공무로 여러 차례 비림 박물관에 왔지만 비석을 감상할 시간은 없었다. 비림에서 내가 보는 것은 두 가지였다. 소화기와 화장실. 소화기 수량을 정확히 파악하고, 사용 기한이 지나지 않았는지 검사해야 했다. 화장실은 모든 칸의 휴지통과 구석구석 청결도를 체크하고, 세면대 위에 "물을 절약합시다"라는 표지가 눈에 잘 띄게 붙어 있는지 확인했다.

비림 입구에 흥미로운 포스터가 붙어 있었다. '고대 중국의 과거 시험과 여행 특별전.' 얼른 들어가 살펴보니 옛 선비들이 시험 볼 때 쓰던 물건들이 전시되어 있었다. 수옥(岫玉)으로 만든 붓걸이, 손으로 쓴 편지, 물고기가 용문(龍門)을 뛰어오른다는 의미가 담긴 과자 틀, 그리고 죽부인도 있었다. 그것은 대나무를 엮어 만든 속이 빈 둥근 기둥으로 '청노(青奴)'라는 애칭으로도 불렸다. 여름에 안고 자면 시원했다고 한다. 더 보고 싶었지만 다른 부서의 직원들이 너무 오래 기다릴 듯해 서둘러 나왔다.

우리 부서에서 비림을 '관리'하느냐는 질문을 받으면 나는 농담으로 이렇게 대답한다.

"비림은 우리 소관이 아니지만, 비림의 화장실은 우리 소관이지요."

행정 소관과 관할 지역 소관은 다른 개념이다. 비림 박물관은 행정적으로 산시성 문물국(文物局)에 귀속되므로 업무보고는 그쪽에 해야 한다. 그런데 지리적 위치는 우리 관할 지역에 속하므로 '소속 지역에서 안전을 관리한다'라는 원칙에 따라 비림의 소방과 위생, 문화 홍보 등의 잡무는 우리가 감독한다. 말이 감독이지 우리도 강한 발언권은 없다. 비림 박물관과 우리 부서는 상하급 관계가 아니기 때문이다. 둘 다 기관장이 처장급으로, 동급 기관이다. 우리는 서로 협조하여 사무를 처리한다. 간혹 순조롭지 않을 때는 서로 상의하면서 풀어나가야 한다.

마찬가지로 소안탑(小雁塔)의 시안 박물원은 행정적으로 시안시 문물국 관할이고, 성벽 관광지와 비림 주변의 개조 확장은 취장(曲江) 관리 위원회 소관이다. 베이린구 문화관광체육국으로서는 사실 조금 난처하다. 구역 내 유명 관광지들이 모두 우리 '관할'이 아니고, 우리 지시를 그다지 잘 따르지도 않기 때문이다.

처음 이 부서에 와서 작성한 미래 사업 구상을 보고 국장님이 헛수고라고 생각한 이유가 바로 여기에 있다. 당시 나는 행정 귀속과 관할 지역 귀속의 차이를 전혀 이해하지 못해서, 박물관에 청각장애인을 위한 수어 해설 서비스를 마련한다든가, 비림 주변의 경영 방식에 관해 자유롭게 계획했는데, 이 모든 게 우리 부서의 권한 범위를 벗어났던 셈이다. 나는 비석 사이를 걸으며 천천히 연구할 기회가 있으리라 생각했으나, 그런 달콤한 꿈은 완전히 내 일상 업무 밖에 있었다.

이날은 공무용 전동 카트를 타고 갔는데, 일반 자동차보다 이동이 수월하고, 뒷골목 아무 데나 주차할 수 있었다. 이 차는 처음 타보았는데, 깔끔한 작은 상자 모양에 창문은 컸다. 덕분에 시원스럽게 불어 들어온 바람이 그날 흘린 땀을 씻어주었다. 시동을 걸면 가볍게 미끄러지며 출발하는데 꼭 장난감 자동차 같아 재밌었다.

어제 '레이펑(雷鋒)[10] 배우기 서비스 코너'를 마련하지 않았던 한 호텔은, 오늘은 탁자 하나와 사람 한 명을 배치했으나, '레이펑 동지'가 붉은 완장을 차고 있지 않았다.

"얼른 차요. 안 차면 감점이에요!"

식탁에 붙은 '음식 남기지 않기' 캠페인 종이의 크기는 기준에 맞았으나, 공용 젓가락과 개인 젓가락의 비율이 1:2가 되지 않았고, 그 둘의 모양도 충분히 구분되지 않아서 한 종류를 바꿔야 했다. 엘리베이터 안의 소독액은 바닥이 보이는데도 보충되지 않았고……

호텔 직원은 최대한 예의바른 표정을 지으려 애썼는데, 나는 그가 초조함을 억누르고 있음을 눈치챘다.

'사실은 저도 평소에는 이렇지 않답니다.'

평소에 나는 건성건성 일하고, 강의 시간에도 출석을 거의 부르지 않는다. 집안일도 대충대충 하고, 허례허식은 견디지 못했다. 하지만 여기서는 부서 직원들과 함께 볼펜 한 자루와 점검표 뭉치를 들고 100여 가지 문항을 채점해 상부에 보고해야 했다. 지난 한 달 동안 우리는 여러 장소를 반복적으로 찾아가 조사하고, 점검표와 대조해 규정에 맞지 않는 부분들은 시정하게 했다. 이 어마어마한 점검표 때문에 나뿐만 아니라 관광지와 호텔 관계자들도 거의 기절할 뻔했다.

---

10 레이펑(1940~1962, 본명은 레이정싱雷正興)은 후난성(湖南省) 창사(長沙) 출신의 중국인민해방군 전사로 공무 수행 도중에 목숨을 잃었는데, 훗날 공산주의를 위해 사심 없이 분투하며 봉사하는 정신을 '레이펑 정신'이라고 부르면서, 그를 배우자는 운동이 전개되었다.

청사로 돌아와서는 다들 마지막 전투를 위해 거의 뛰듯이 서둘러 걸음을 옮겼다. 승리의 서광이 눈앞에 있었다.

청사 뜨락 중앙에는 은행나무가 연노랑 치마를 아름답게 흔들고 있었다. 하지만 애석하게도 지도자의 사무실과 너무 가까워서 감히 그리로 다가가 나무와 함께 사진을 찍으려는 사람은 없었다. 나무는 언제나 푸르렀다가 노랗게 물들고, 낙엽이 질 테지만, 감히 그 잎을 주워 공중에 뿌리거나, 잎사귀를 밟으며 그 바스락거리는 소리에 귀를 기울이는 사람은 영원히 없을 것이다. 빗자루에 쓸려 쓰레기통에 들어간 이파리들은 쓸쓸하지 않았을까?

이런 애수에 잠긴 감상은 그만두자. 왼쪽으로 돌아 첫번째 건물 1층 남쪽이 우리 부서이다. 건물 복도에 들어서자 샤오닝과 낯선 얼굴 몇 명이 내 사무실 입구에서 기다리고 있었다. 어제 온 사람들과는 다른 이들이었다. 방문객은 매일 바뀌었다. 이들과 얘기를 끝내자면 또 제시간에 퇴근할 수 없을 것이다.

오늘 글감을 하나 건졌다

샤오닝은 어찌해야 좋을지 모르겠다는 표정을 하고 내 사무실 문 앞에 서 있었다. 그녀는 3개월 안에 다음과 같은 임무를 완성해야 했다. 현장 내장공사 입찰 공고, 소방 시설 점검, 책상 및 의자 배치, 전기 시설 테스트, 도서 목록 업로드, 도서관 근무자 훈련 및 자리 배정. 내가 전에 100제곱미터의 집을 꾸밀 때도 얼마나 고심했는지 떠올려보니, 이 3천 제곱미터의 공간이 그녀에게 얼마나 많은 잡무를 만들어줄지 상상이 갔다.

그녀는 조수도 없는데, 행여 문제가 생길까 무서워 혼자서는 쉽게 결정을 내리지도 못했다. 그와 동시에 '지도자'인 나를 방해할까 싶어서 늘 한숨을 쉬었다. 최근에는 그녀를 찾는 사람이 많은데, 그쪽 사무실은 앉을 자리가 마땅치 않아서 이후로는 모두 내 사무실로 오라고 제안했다. 4개의 부서는 4명의 어린애이고, 그중 3명은 모두 껑충껑충 뛸 수 있는데, 도서관만은 아직 분만하지 않은 태아인지라 특별히 보살펴주어야 했다. 그것이 인지상정이었다. 나의 편애를 다른 부서에서 이해해주길 바랐다. 문 앞에는 가구상, 전기제품 판매원, 소프트웨어 판매원 등 상인 몇 명과 내장공사 책임자도 있었다. 그들에게서 상품 카탈로그를 받아, 비교해서 선택해야 한다.

나는 샤오닝과 한데 묶여 사무실에서 커다란 도면을 들고 끊임없이 들어오는 상인들에게 설명하고, 수정하고, 가격을 흥정했다. 결재를 받으러 온 우리 부서 직원들은 내 책상 앞에 오려면 늘 한 무리의 사람들을 빙 돌아야 했다. 소란한 말소리가 복도에 퍼질까봐 내 사무실 문은 감히 열어놓지 못했다.

일반 가정의 내장공사는 정부 공공건물처럼 이렇게 복잡하지 않다. 가정의 예산은 유동적이지만, 정부 예산은 고정적이어서 액수를 초과할 수 없다. 집에서는 물건을 잘못 사도 다시 사면 되고, 적게 사도 보충하면 된다. 하지만 정부 프로젝트에 필요한 모든 물품은 입찰 문서에 명시해야 하니, 크고 작은 것에 상관없이 주도면밀하게 고려해서 빠진 게 없어야 한다. 입찰이 끝난 뒤에 보충하려면 재무 감사 절차가 대단히 복잡하다.

입찰 과정에서 우리 갑 쪽은 도서와 가구, 전기제품, 시스템, 내장공사, 운영까지 총 6개 부분에 대해 요구 사항을 제시한다. 나는 도서에 대해서만 조금 이해할 뿐, 나머지 5개 부분에 대해서는 완전히 문외한이고 샤오닝도 마찬가지였다. 물론 다른 도서관 입찰서를 참고할 수도 있으나 경비와 면적, 지형, 건물 구조의 차이 때문에 설정을 뒤집어야 한다.

우리 둘은 먼저 상인에게서 최신 상품의 입찰 가격을 받은 뒤 쇼핑 사이트에서 같은 상품의 가격을 조사하고, 다시 즈후왕〔知乎網〕과 빌리빌리〔嗶哩嗶哩〕 사이트에서 리뷰를 검색하여 각 상표들의 특징을 비교했다. 상인을 완전히 믿을 수는 없었으므로, 스스로도 어느 정도 파악해두고 있어야 했다. 상품의 이윤이 너무 높으면 상인이 폭리를 취하고 독자가 손해를 보게 된다. 반대로 상인의 이윤이 너무 낮으면 아무도 입찰하지 않아서 유찰되는 상황이 벌어질 것이다. 상품의 품질이 떨어지면 독자가 사용할 때 불만스러울 것이고, 품질이 우수하다고 해서 특정 상표를 지정하면 입찰 규칙을 어기게 될 수도 있다.

나는 인터넷 자료를 조사하기로 하고, 샤오닝은 더 번잡한 일을 도맡았다. 즉, 상세한 매개변수를 작성하고 가격을 계산하여 양식을 채우는 것이었다. 특히 어려운 점은 3개 구역이 하나로 합쳐져 총 가격이 고정되어야 한다는 것이었다. 만약 우리가 A 구역의 상품과 예산을 늘린다면, B 구역과 C 구역의 예산을 줄여야 하고, 상품도 조정해야 했다. 게다가 A, B, C는 서로 다른 기업이어서, 샤오닝은 저울을 들고 무게를 재듯 수치를 더하고 빼면서 3개 구역의 이익률을 맞추려고 애썼다. 어느 쪽을 후대하고 박대해서는 안 되었기 때문이다. 그녀는 내 맞은편 책상에 엎드려 쉼없이 계산했는데, 한쪽을 누르면 다른 쪽이 튀어나오는 형국이었다. 안경이 흘러내렸지만 밀어올릴 겨를도 없었다.

우리는 자신의 집을 꾸밀 때 집에 들이는 모든 것을 애정을 담아 고르고, 대충 넘어가려 하지 않는다. 그러면 공공시설을 짓는 데에는 얼마나 많은 열정을 쏟아야 할까? 샤오닝과 이 일에 대해 직접 이야기해 본 적은 없다. 만약 편하게 하려 했다면 그녀는 매개변수를 상인에게 작성하게 하고, 최종적으로 제출된 결과물이 그럭저럭 괜찮기만 하면 된다고 생각할 수도 있었다. 하지만 내가 보기에 그녀는 도서관을 마치 자기 집을 꾸미듯 정성을 다해 설계하고 있었다. 처음 그녀를 알게 되었을 때는 그녀의 능력이 걱정스러웠지만, 이제는 그런 걱정이 완전히 사라졌다. 다들 그녀를 성실한 사람이라고 했는데, 그건 정말 적절한 평가였다.

우리 둘은 이제 팔짱을 끼고 함께 걷는 것이 습관이 되었다. 야근할 때 그녀는 내게 초콜릿을, 나는 그녀에게 말린 망고를 건넸다. 나는 말이 빠르고, 사소한 일에도 쉽게 기뻐하는 성격이라, 즙이 많은 오렌지를 샀다는 것만으로도 깔깔 웃었다. 그녀는 조용하고 차분하게 말하며, 나처럼 쉽게 들뜨지 않고 침착했다.

예전에 학생들과 얘기하던 학자다운 말투는 새로운 일 앞에서는 너무 밋밋할지도 몰랐다. 지금은 약삭빠르고, 흥정을 잘하고, 단호하게 결정을 내리는 '빅 보스' 역할을 해야 한다. 목소리를 높이고, 몸가짐도 조금 더 격식 있게 해야 할 텐데, 하이힐을 신어야 할까? 샤오닝은 말주변이 없고, 주머니 사정이 궁하고, 우물쭈물하는 '집사' 역할을 해야 한다. 사실 그렇게 연기할 필요도 없이, 이게 바로 그녀의 모습이다. '짜고 치기'는 필수였다. 나는 가벼운 웃음으로 상인의 수작을 까발리고, 그녀는 시름겨운 표정으로 살림살이의 어려움을 호소했다. 우리 둘이 찰떡같이 호흡을 맞추자 상인들이 점점 양보했다.

예전에 내가 읽은 소설이며 시집은 모두 '실용성'은 없었는데, 최근에 배운 새로운 지식은 지극히 '실용적'이었다. 예를 들어서 2차 소방의 면적 분할, 파티클보드·합판·원목 판의 가격 차이, JBL과 NOBLE 스피커의 기술 사양, 공공도서관의 조명 기준, 중장 초점과 단초점 스크린의 투영 효과 차이, 웹 사이트 등록과 웹 호스팅의 처리 순서, 전자 자료 열람실 이용자에게 SSD와 HDD 중 어느 게 더 적합한지, 무선 AP 하나가 몇 제곱미터를 커버할 수 있는지, 빅데이터 서비스 예산은 운영비인지 내장공사 비용인지, 텔레팩스 통합기에 복사 기능을 추가하면 견적이 어떻게 달라지는지, 경쟁적 협상과 경쟁적 협의의 입찰 절차에는 어떤 차이가 있는지와 같은 것들이다.

밤에 잠자리에 누웠는데 갑자기 이런저런 생각이 꼬리에 꼬리를 물었다. 내장공사 요구 사항에 중앙 에어컨 공기 통로덕트를 추가하는 걸 깜박했네. WiFi 특정 대역폭은 내일 전문가에게 자문해야겠어. 유아 구역은 성인 구역하고 분리해서 유리 벽을 설치하는 게 좋을까? 전기제품에 어린이용 정수기를 추가하는 건? 다른 도서관에는 어린이용 정수기가 없으니까 같이 하나 놓아줄까? 여기는 번화가니까 부모들이 아이를 도서관에 두고 자기는 나가서 돌아다니다 올 수도 있어. 아이를 돌봐줄 사람이 없으면 일반 정수기에 손이 닿지 않거나 뜨거운 물에 손을 델지도 몰라. 친구네 유치원은 물통 정수기를 쓰는데 통을 자주 갈아주어야 한다니까, 이건 일손이 부족한 우리 도서관에 맞지 않아. 침대에서 벌떡 일어나 인터넷에서 어린이 전용 자동 정수기를 검색했다. 높이가 낮고, 뜨거운 물 대신 미온수가 나온다면 훨씬 안전하겠지. 매개변수를 베껴놓고 나서 불을 끄고 누웠다.

그때 갑자기 휴대전화가 울렸다. 어느 상인의 전화였다. 그의 목소리는 낮보다 훨씬 부드러웠다.

"언제 시간이 되시는지요? 식사를 대접할까 해서요. 제가 나이는 좀 어려도 규칙은 잘 알지요. 틀림없이 보답하겠……"

나는 완곡하게 말했다.

"지금은 쉬어야 하니 일 이야기는 하고 싶지 않습니다. 먼저 끊어도 될까요?"

이때 그가 "누님!" 하고 부드럽게 불렀다.

"누님, 제가 잘못했습니다. 밤에 귀찮게 해드렸군요. 누님, 제가 이놈의 입을 때리겠습니다. 괜찮지요? 아니면 제 따귀를 때릴까요?"

잠시 멍해졌다. 이 전화의 당도는 기준을 심각하게 초과했고, 목소리의 부드러움도 마찬가지였다. 멜로드라마에서 전 남친이 옛사랑을 되돌리려고 애원해도 이 정도는 아닐 듯했다. 빅 보스인 여주인공이 넘어가기 일보직전이니 당장 구출해야 했다.

숨을 죽이고 더이상 대꾸하지 않았다. 가장 좋은 방법은 한 걸음 물러서서 '관찰자의 시선'으로 이 상황을 바라보는 것이었다. 전화를 끊고 휴대전화 메모에 이렇게 적었다.

　오늘 글감을 하나 건졌다……

　내장공사 일은 샤오닝과 상의해서 정했다. 도서 목록은 샤오닝이 전적으로 내게 위임했다. 최근 몇 년 사이에 출판된 책 중 비교적 독자에게 사랑받은 1만 권을 찾는 데에는 별다른 방법이 없었다. SNS에 의견을 구하는 공고를 내고, 나 자신도 도서 목록의 바다로 뛰어들었다.
　우선 친숙한 영역에서 시작해 문학 고전들을 하나씩 목록에 넣었다. 문학사 논저를 참고하여 『시경』, 『논어』, 『일리아스』, 『오디세이아』 등 고전 작품의 주석자와 역자를 선별하고, 판본을 정했다. 이건 그다지 어렵지 않았다.
　그런 다음 베스트셀러를 수집했다.

　　더우반〔豆瓣〕 홈페이지 분야별 베스트셀러 50 리스트
　　칭화〔淸華〕대학 도서관, 베이징대학 도서관, 산시성 도서관 등의 월별·연도별 대출 순위 리스트
　　인터넷 서점 실시간 매출 리스트: 아동서, 소설, 성공/격려, 관리, 청춘, 외국어, 건강

　이 베스트셀러 목록 가운데 위화와 류츠신〔劉慈欣〕, 무라카미 하루키, 히가시노 게이고, 조지 R. R. 마틴, 마거릿 애트우드는 자주 등장하는 이름이니 반드시 포함되어야 했다. 지역성을 고려하여 우리 산시성 출신의 작가인 자핑아오〔賈平凹〕와 천중스〔陳忠實〕, 예광링〔葉廣苓〕, 루야오〔路遙〕의 작품도 갖추면 좋을 것이다. 또 최근 몇 년 사이

등장한 신예 작가 천춘청〔陳春成〕과 쑤팡〔蘇方〕, 반위〔班宇〕, 위슈화〔余秀華〕, 천녠시〔陳年喜〕 등도 틀림없이 안정적인 독자층을 확보하고 있을 터였다. 자연과학에서는 우선 지식 공유 플랫폼 즈후왕 블로거의 추천 리스트 등을 참고하고, 우리 대학 이공과 교수에게 자문했다. 그중 공통된 추천 작품은 호프스태터의 『괴델, 에서, 바흐―영원한 황금 노끈』과 개빈 프레터피니의 『구름 관찰자를 위한 가이드』, 조지 가모브의 『1, 2, 3 그리고 무한』, 재러드 다이아몬드의 『제3의 침팬지』, 대니얼 리버먼 등의 『도파민형 인간·천재인가 미치광이인가』, 리처드 도킨스의 『눈먼 시계공』, 『이기적 유전자』 등이었다. 책 소개를 읽고 나니, 나도 이 저자들의 안내를 따라가며 수학과 회화, 음악이 서로 어우러지는 모습을 살펴보고, 하늘에서 시시각각 변하는 구름의 형상을 알고 싶어졌다. 이 낯선 영역의 이름은 마치 밀림 속의 비밀처럼 신비롭게 느껴지고, 그 속에서 푸르게 우거진 생명의 향기가 풍겨오는 듯했다. 도서관에 책이 도착하면 내가 제일 먼저 대출해야지!

아동서는 아는 사람에게 부탁해서 러러취〔樂樂趣〕 입체서 출판사와 푸푸란〔蒲蒲蘭〕, 제리〔接力〕 출판사, 신이〔信誼〕 출판사 등의 최근 몇 년 간 신간 목록을 입수했다. 기존 도서 목록은 그림책 위주라 9~12세 어린이에게 적합한 책이 많지 않았다. 사실 이 연령대의 어린이들은 기초 독서에서 벗어나 점점 더 깊이 있는 독서로 나아가는 시기이므로, 다양한 분야의 책을 접할 수 있다. 프랑스의 『앗, 이렇게 재미있는 과학이!』 시리즈는 나도 40~50권을 산 적이 있다. 이 책의 작가들은 어린이들이 좋아하는 것을 잘 알고, 특히 비유와 유머러스한 표현에 뛰어나다. 덕분에 아이들은 끝없이 웃으며 독서에 몰입하게 된다. 이 시리즈를 본 아이들은 자연스럽게 확률과 수열, 화학 원소의 분자식, 세균과 바이러스의 변이 같은 개념에 흥미를 가지고, 책을 덮자마자 집에서 막대와 작은 병을 가지고 지칠 줄 모르고 실험한다.

로알드 달의 『찰리와 초콜릿 공장』과 『멋진 여우 씨』도 모두 유명하다. 그가 쓴 10여 권의 책 중 평범한 작품은 단 한 권도 없다. 반복된 차별과 억압 속에서도 마침내 당당하게 성장하는 소녀의 이야기를 담은 『마틸다』는 모든 소녀가 읽어볼 만하다. E. B. 화이트도 감탄스러운 작가다. 원래 유명한 기자였다가 나중에 아동 문학 작가로 변신했다. 그의 『샬롯의 거미줄』과 『트럼펫을 부는 백조』, 『스튜어트 리틀』은 단순한 어린이 책이 아니다. 거미는 토해낸 실로 글자를 짜서 마법 같은 메시지를 남기며 친구를 구하고, 태어날 때부터 목소리를 낼 수 없던 백조는 트럼펫을 배워 사랑하는 이에게 마음을 전한다. 작가의 문장은 언제나 부드럽고 따뜻해, "복잡한 상황에 직면해도 즐거움을 유지한다". 그의 작품을 읽으면 마음이 편안해진다.

브리지트 라베와 미셸 퓌에슈의 『철학 맛보기』도 반드시 넣어야 한다. 나도 철학을 다룬 아동서를 여러 권 사봤지만 아이가 좋아한 건 이 시리즈뿐이었다. 이 책은 난이도가 적당하고 흥미로우며, 삽입된 만화도 상당히 재미있다. 어린이의 지적 능력을 결코 과소평가하지 않으며, 체계적으로 어린이와 함께 문제를 논의한다. 삶과 죽음, 사랑과 성, 공평과 불공평, 돈과 일, 성별과 차별, 육체와 정신 등 부모조차 쉽게 답하기 어려운 주제들이 이 책에서는 자연스럽고 깊이 있게 다뤄진다. 게다가 철학적 개념들이 이야기 속에 녹아 있어서, 등굣길 토론이나 학교에서의 장난스러운 대화 속에서 주인공들이 스스로 철학적 문제를 발견하고 해결해나간다.

퇴근길에 편샹의 '시안 구주〔古舊〕 서점'에 들러 잠시 살펴보았다. 이 도시에서 가장 오래된 서점 가운데 하나로, 그 전신은 1908년에 초기 동맹회(同盟會)¹ 회원들이 설립한 공익서국(公益書局)이다. 시안의 옛 사진을 보면 청나라 말엽과 중화민국 시기에 이곳은 도시의 상업 중심지였으며, 전당포와 소금 가게, 비단 가게가 모여 서북 지역 전체로 뻗어나가며 번영을 누렸다. 당시에 유행하던 민간의 노래에 이런 게 있다.

> 비단옷 입으려면 라오주장〔老九章〕에 가고
> 금은 장식품 차리면 라오펑샹〔老鳳祥〕에 가지.
> '스제〔世界〕'와 '우저우〔五洲〕'는 큰 약국이고
> 난화궁쓰〔南華公司〕에서는 서양 사탕을 먹지.

이 노래에 언급된 가게들은 모두 이 일대에 있었다. 당시 장쉐량(張學良: 1901~2001) 장군이 늘 이 서점에서 많은 시간을 보냈다고 한다. 서점 입구의 현판은 루쉰과 인연이 있다. 당시 루쉰이 초청을 받고 시안에서 강연할 때, 산시의 명사인 옌간위안(閻甘園: 1866~1942)과 깊은 대화를 나누었다. 1950년대에 옌간위안 집안의 서점이 구주 서점과 합병됐고, 이를 기념하기 위해 루쉰의 필적에서 '시안 구주 서점〔西安古舊書店〕' 여섯 글자를 따와 현판을 만들었다.

지금은 주변 가게들이 화려하게 단장되어 행인들이 이 소박한 검은색 현판을 쉽게 눈치채지 못한다. 더욱이 오른쪽 아래 조그맣게 새겨진 '루쉰'이라는 글자를 알아볼 가능성은 거의 없었다. 사람들은 그저

---

1   정식 명칭은 중국혁명동맹회로 중흥회(中興會)와 화흥회(華興會), 광복회(光復會)가 합쳐진 것이다. 1905년 도쿄에서 100여 명이 모여 창립 대회를 열었고, 훗날 쑨원을 중심으로 청 왕조를 무너뜨리는 신해혁명이 일어나서 중화민국이 성립되는 데에 중요한 역할을 했다.

바쁘게 지나칠 뿐, 서점으로 들어오는 이도 드물다. 1층 한쪽 벽은 원본 목판본 책들로 가득 채워져 있고, 고대 비첩과 현대 연환화(連環畵, 연속 그림책)도 각각 한 공간을 차지하고 있다. 지하 1층에는 오래된 외국 문학 작품과 할인 신간 도서들이 가득하다. 오늘은 손님이 적었는데, 두꺼운 모직 재질의 헌팅캡을 쓴 노신사 한 명이 책을 고르고 있었다.

도서 목록 작성은 상당히 느렸는데, 샤오닝의 일은 점점 속도가 나고 있었다. 하루는 잠들기 전에 배가 너무 고팠다. 저녁에 뭘 먹었기에 이렇게 빨리 배가 고프지? 한참을 생각하다가 그제야 저녁을 못 먹었다는 게 생각났다. 오후에 30분 정도 연장 근무를 했더니 청사 식당은 이미 문을 닫았고, 집에 돌아와서는 끊임없이 걸려오는 전화를 받아야 했다. 아래층 이웃은 천장에서 물이 샌다고 하고, 세입자는 배수구가 망가진 것 같다고 했으며, 관리실에서는 아예 바닥 난방이 망가져서 내일 바닥을 뜯어야 한다고 했다. 직원 A는 서류를 점검해달라고 하고, B는 온라인 여론을 처리해달라고 했다. 상사는 내일 절대 결근하지 말라고 당부했다. 상인 C는 입찰 서류에 문제가 있으니 수정해야 한다고 했고, D는 일부 도서는 너무 희귀하거나 절판되었다고 했다. 학과 조교는 내가 학생의 재시험 성적을 입력하지 않았다고 했다. 입찰 회사는 매개변수를 수정해야 한다고 했고, 연구 조교는 내가 보고서를 작성해야 할 프로젝트가 있다고 했다. MBA 학생은 시험 문제를 작성해달라고 요청했고, 편집자는 논문 제출 마감 기한이 얼마 남지 않았다고 일깨워주었다. 어머니는 전화로 순종 오골계와 잡종 오골계의 발가락을 구별하는 법과 식감의 차이를 설명해주었고, 동생은 오랜만에 철학 이야기를 나누고 싶다고 했으며……

"새벽에 황무지를 일군다〔晨興理荒穢〕"[2]라고 했는데, 도잠(陶潛)은 막 귀향했을 때 어떻게 해냈을까? 요즘 내 삶은 발밑에 온통 풀과 깨진 기왓조각뿐이라서, 호미로 조금씩 정리해야 하는 상황이다. 대학이 그립다. 그곳의 땅은 상대적으로 평탄하고 황무지도 없었다. 한 과목을 강의하는 것은 한 이랑의 꽃을 심는 것과 같아서, 규칙적으로 물을 주고 비료를 주면서 보살피면 되었다. 그러나 지금은 잡초가 우거진 이 어지러운 돌밭에서 언제 곡식을 심고 키워낼 수 있을지, 나도 모르겠다.

곧 입찰이 시작된다. 첫번째 입찰은 도서가 아니라 내장공사이다. '입찰'이라는 말은 무척 거창하게 들려서 마치 준비를 단단히 하고 적을 기다려야 할 듯한 기분이 들었다. 그런데 갑 쪽의 빅 보스, 그러니까 나는 아무 경험이 없다. 불안한 마음에 동생의 아내―수많은 밤을 지새우며 100개도 넘는 입찰 문서를 작성한 경험이 있는 철교회사의 직원―에게 전화를 걸었다.

"나는 뭘 준비해야 하지?"

"언니는 갑측 어른이니까 아무것도 준비할 필요 없어요."

"근엄한 표정을 지어야 하나? 웃어야 해? 무슨 말을 해야 하지?"

"갑측 어른이니까 마음대로 해요."

"말실수하면 어떡하지?"

"그런 걱정은 하지 마요. 거기에서는 갑측 어른의 말이 다 옳으니까요!"

그날 밤 나는 자다 깨기를 반복하며 커튼 사이로 날이 서서히 밝아오는 것을 지켜보았다. 조금 일찍 일어나서 머리를 감고 화장을 한 후,

---

[2] 도잠의 「봄날 교외의 즉흥시春郊卽事」 제5수에 들어 있는 구절이다.

하이힐을 신었다. 평소에 들고 다니던 천 가방 대신 가죽 가방을 들고 '갑측 어른' 역할을 하러 입찰 회사에 갔다.

회의실 안의 사람들은 모두 법정에서처럼 엄숙했고, 규정을 낭송하는 목소리는 낭랑했다. '찌익!' 입찰 서류가 든 봉투를 뜯는 소리마저 낭랑했다. 그리고 나는 정말로 아무것도 할 필요가 없었다. 그저 소품처럼 그곳에 앉아 있었다.

1차 자격 심사가 끝나고 한 회사가 퇴출되었는데, 은행 신용 증명서와 그 외의 유효한 자격도 없는 불법 회사라고 했다. 며칠 전까지 내 사무실에 제일 자주 찾아온 이가 바로 이 회사 사람이었다. 머리카락이 반질반질해서 마치 윤기 나는 조각품을 머리 위에 얹어놓은 듯 보였던 게 기억난다. 함께 온 디자이너는 비쩍 말랐고 웃지도 않았는데, 눈에는 풀 곳 없는 불만이 가득 쌓여 있었다. 그가 뭐라고 요구하면 그녀는 담담하게 알겠다고 대답했다. 반박해봤자 씨알도 안 먹힌다는 걸 이미 숱한 경험으로 알고 있는 듯, 자포자기한 모습이었다. 한쪽은 야심만만하고, 다른 한쪽은 암울한 표정으로 앉아 있는 걸 보니, 이 업무상 관계는 오래 지속되지 못할 게 틀림없다는 생각이 들었다. 처음 만났을 때 그가 내게 이렇게 말했다.

"이 일을 반드시 시안시의 간판으로 만들겠습니다."

나는 그의 말투가 마음에 들지 않아서 샤오닝에게 이렇게 투덜거렸다.

"옛말에 교언영색(巧言令色)하는 사람치고 어진 이가 드물다고 했지."

그래서인지 그가 퇴출된 게 전혀 놀랍지 않았다. 그의 패기는 실속이 없었고, 그가 제외된 것은 나도 바라던 바였다.

2차 경쟁적 협상이 끝나고, 상위 3개 회사의 명단이 나왔다. 나는 동료들과 꼬치를 먹으며 첫번째 입찰이 끝난 것을 축하했다. 다만 곧 2등이 1등을 고소한 사실을 알게 되어서 일은 또 미루어야 했다.

샤오닝의 시름이 깊어졌다. 첫걸음인 내장공사가 늦어지면 가구와 도서를 들일 수 없으니, 올해 자기의 임무를 완성할 수 있을지 염려스러웠기 때문이다. 나도 초조했다. 이런 잡무에서 벗어나 사무실 문을 닫은 채 책을 읽고 글을 쓰고 싶었다. 키보드로 도서 목록을 하나씩 입력하는 훨씬 단순한 작업을 하면서, 그러는 동안이나마 아무도 내 사무실 문을 노크하지 못하게 하고 싶었다.

이튿날, 온라인으로 구매한 불수감 열매가 도착했다. 매년 가을마다 사는 것이었다. 황금색 열매는 꽃잎처럼 여러 갈래로 나뉘어 있는데, 모양도 아름답고 향기도 좋았다. 긴 가지를 물병에 꽂으니 열매가 살짝 늘어져서, 마치 책상 위에 작은 탁상등을 몇 개 더 놓은 듯했다. 샤오닝에게 열매 하나를 나눠주었다. 상큼한 향기를 은은히 발산하니, 마음이 답할 때면 손에 들고 냄새를 맡아도 좋을 것이다.

지금은 수천 권의 도서 목록을 만들었는데, 너무 개인적 취향에 사로잡혀서 지나치게 편파적이지 않을까 염려스러웠다. 어쩔 수 없이 대학 시절의 스승이신 천웨〔陳越〕 선생께 여쭤보러 갔다.

모교를 떠나는 것은 어머니 몸에서 떠나는 것과 같다고 여기는 이들이 많을 것이다. 그러나 나는 아니다. 탯줄이 여전히 남아 있다. 모교인 사범대학 얘기만 하면 신바람이 나는 나를 보고 친구가 휴대폰 카메라를 들이밀었다.

"너 말하는 표정이 엄청 재밌어. 자자, 얼른 다시 얘기해봐. 내가 찍어줄게!"

모교에 대한 내 감정은 절대 "좋아요!"나 "사랑해요!" "그리워요!" 같은 말로 표현할 수 있는 게 아니다. 산시사범대학은 내 정신적 삶의 가장 깊은 부분이다. 젊은 시절부터 그것은 나라는 존재 자체를 형성해 왔다.

나는 15세에 산시사범대학 국문과에 들어갔다. 막 입학했을 때, 기초반 열람실에서 왕안이〔王安憶〕의 『작은 도시의 사랑小城之戀』을 읽고 느낀 전율을 지금도 생생히 기억한다. 그 모성애의 빛이 너무나 눈부셔서, 이 세상에서 가장 훌륭한 소설이리라고 생각했을 정도였다. 이후로도 그런 전율은 계속해서 나를 찾아왔다. 플로베르, 도스토옙스키, 왕양명(王陽明), 알튀세르(Louis P. Althusser)…… 다소 체계가 없이 뒤섞여 있는 듯 보이겠지만, 이것들이야말로 작은 도시에서 막 벗어나 아직 세상 물정을 모르던 내가 뒤뚱뒤뚱 내디딘 최초의 몇 걸음이었다.

훗날 나의 독서 방향과 글쓰기 습관은 모두 이때 만들어졌다. 그후 열 번이 넘게 이사했으나 아직 대학 시절의 과제 노트 몇 권을 가지고 있는데, 스승의 필적이 있어서 버리기 아까웠기 때문이다. 옌타〔雁塔〕 캠퍼스 도서관 밖의 그 빽빽한 담쟁이덩굴을 다른 곳에서는 똑같이 만들 수 없었다. 동기들과 함께 조용히 줄을 서서 두 손을 깨끗이 씻고, 비밀번호를 눌러야 하는 자물쇠 2개가 채워진 선본고(善本庫)에 들어가, 스승께서 손에 들고 한 페이지씩 넘기는 컬러 인쇄 선장본을 감상한 경험도 있다. 그 부드럽고 청아한 색깔을 평생에 그렇게 딱 한 번 보았다.

나중에 미국에 방문학자로 갔다가 귀국하기 전에 천 선생께 어떤 기념품을 가져갈까 하고 여쭈었더니, 칸트와 관련된 영문 서적 한 권이면 된다고 하셨다. 나는 영화감독 에른스트 루비치(Ernest Lubitsch)에 관한 책을 하나 번역했는데, 곧 완성될 예정이었다. 선생께서는 늘 그것을 염두에 두셨다.

"언제 출간하지? 평소에는 영화 관련 책을 읽지 않지만, 자네의 이 책은 꼭 읽어보겠네."

어느 경망한 노래 제목이 아무래도 잘 번역되지 않아서 가르침을 청하기도 했다.

"'girls, girls, girls'를 '소녀, 소녀, 소녀'라고 번역하니 멋이 없는데, '아가씨, 아가씨, 아가씨'라고 번역하는 게 더 나을까요?"

"'누나, 누나, 누나'는 어떤가?"

이번에도 도서 목록을 만드는 일에 관해 여쭈었더니, 즉시 출판사들의 홈페이지를 알려주시면서 이런 것들에 주목하라고 조언해주셨다. 베이징 스지원징〔世紀文景〕문화전파공사가 선정한 연도별 좋은 책, 위챗 홈페이지인 바오마〔保馬〕의 '매일 한 권', 상하이 화둥〔華東〕사범대학의 '6시의 책', 인민문학출판사에서 선정하는 이달의 좋은 책, 상하이 역문출판사에서 1만 명의 투표로 선정한 '역문 연선(年選)', 〈신경보新京報〉〈서평주간書評週刊〉의 연말 최종 도서 목록 등이었다. 나는 이 도서 목록을 양식에 입력했다.

천 선생께서는 일 년 내내 철학서를 번역하셨는데, 쓰신 글자 하나하나를 모두 존중하며 여러 차례 수정한다고 말씀하신 적이 있다. 학생이 짤막한 이메일을 보내면 편지를 쓰지 말고 전화하라고 하셨다. 짧은 답신을 쓰는 데에도 한 시간 정도 수정해야 하니 시간 낭비라고 말이다. 그분의 책상에는 늘 메모지 더미가 있는데, 자구를 달리 번역하는 방법을 연마하고 계셨다. 사모님은 감히 그것들을 건드리지 못하셨고, 그 메모지들은 하나하나 종이공처럼 구겨져서 휴지통으로 들어갔는데, 그제야 그 구절의 번역이 끝났다. 스승이 이렇게 완벽주의자이니, 그 제자인 내가 공공도서관의 도서 목록을 만들면서 조금 더 꼼꼼하게 따지는 것도 어쩌면 당연한 일이다.

　주말에 극장에서 시사(詩詞) 연구자 예자잉〔葉嘉瑩〕의 생애를 다룬 다큐멘터리 〈물속의 달을 손으로 뜨다掬水月在手〉를 봤다. 그녀는 일생이 순탄하지 못했다. 집안일도 많았으며, 남편이 폭력적인 데다가, 만년에는 큰딸이 먼저 세상을 떠났다. 그녀가 가장 존경하는 스승은 구쑤이〔顧隨〕 선생이었다. 구 선생이 2구절의 시를 남겼고, 예 선생이 이를 잇는 시를 지었으며, 다시 구 선생이 그 2구절을 바탕으로 또다른 시 한 편을 지었다. 스크린 양쪽에 이 시구들이 펼쳐졌고, 남성과 여성의 목소리가 겹쳐지며 낭송되었다. 예자잉이 스승과 시로 화답하고, 고전 시가에 호응하여 시를 창작하는 것은 어쩌면 그녀가 삶의 시련에 맞서는 근본적인 힘이었을 것이다. 나는 곧 마흔 살이 되니 더 열심히 일해야지, 집안일이 많다는 핑계로 학문에 태만해서는 안 될 것이다. 예 선생과 천 선생은 모두 나보다 훨씬 고생하셨다. 나태해지면 고개를 들어 그분들을 우러러야 할 것이다.

비판의 연속

 이번 임시직을 맡기 전에는 문화관광체육국의 일이 비교적 고상해서 그림처럼 아름답고 학자 분위기를 풍기는 장면이 펼쳐지리라 생각했다. 하지만 현실은, 위로는 도서 목록을 만들고 아래로는 쥐를 잡아야 했다.
 마침 '쥐 박멸' 운동이 추진되는 기간이었다. 주말에 전화가 걸려왔는데, 30분 안에 베이린구 부구청장과 함께 호텔의 위생, 특히 쥐약이 놓인 위치를 기습 점검하라는 것이었다. 나는 교외에서 열린 아이의 경기에 따라가 있었는데, 아이가 빗속에서 넘어져 온몸이 젖었기에 아이와 옷을 바꿔 입은 상태였다. 어린이 운동복 바지는 내게 짧아서 종아리가 드러났고, 신발에는 진흙이 묻어 있었다. 30분 뒤, 나는 이런 모습으로 5성급 호텔의 휘황찬란한 로비에 서서 부구청장을 기다렸다. 달콤한 장미 향이 콧속으로 들어왔다. 부구청장이 와서 의아한 눈으로 내 차림새를 훑어보았다.
 호텔들의 쥐약은 모두 규정에 따라 놓여 있었다. 나는 안쪽 주방으로 들어가서 수입 해산물이 있느냐고 물었다. 해외에서 들여온 생선은 신종 코로나바이러스를 옮길 위험이 있으므로, 재고가 있다면 여러 단계로 보고해야 했다. 하얀 모자를 쓴 주방장이 말했다.

"아뇨, 없습니다. 저희는 진즉부터 수입 해산물은 사지 않았고, 정부 규정을 절대적으로 준수합니다."

그는 구매 주문서를 보여주었는데, 회사 명칭이 적힌 칸에는 모두 국산이라고 되어 있었다. 왼쪽으로 시선을 돌려 상품 명칭을 훑어보니 '모모 꽃새우'라는 게 보였는데, 줄을 찍찍 그어 지운 부분에서 희미하게 '미국'이라는 글자를 알아볼 수 있었다. 글자를 잘못 써서 줄을 그은 거라는 해명이 돌아왔다. 꽃새우를 포장한 포대를 가져오라고 하자 더는 속일 수 없었다.

며칠 후 모 호텔에서 대규모 모임이 열린다는 신고가 들어왔다. 코로나 상황에서 이는 매우 심각한 규율 위반 행위였다. 우리 법 집행부가 즉시 조사하러 가니, 마침 직원들이 포스터를 떼고 탁자와 의자를 철거하고 있었다. 누군가 정보를 흘린 게 틀림없었다. 그러나 모임의 로고와 탁자에 붙은 명찰은 여전히 볼 수 있었다. 호텔측에서는 이렇게 해명했다.

"이건 저번 모임에 썼던 건데, 미처 철거하지 못하고 있었습니다."

거짓말이었다. 이전에는 지금보다 통제가 더 엄격해서 모임이 더욱 불가능했기 때문이다.

집행부의 친〔秦〕대장이 내게 말했다.

"이건 중대한 사안이니, 청사로 불러서 이야기해야 합니다."

'불러서 이야기한다'라는 것은 낯선 일이었다. 국장이 부재중이어서 내가 처리해야 했다. 나는 경험이 없는지라 무슨 얘기를 해야 할지 몰랐다. 자비와 위협 카드를 함께 써야 한다면, 어느 정도 너그럽게 대하고 어느 정도 엄하게 대해야 할까? 도무지 알 수 없었다.

친 대장이 내 옆으로 의자를 옮겨와 나란히 앉았다. 호텔 지배인은 우리 맞은편에 앉았다. 두 발을 약간 벌리고 무릎을 모은 채, 손가락은 허벅지 위에 올리고 미동도 하지 않았다. 200명 이상의 모임을 열려고 시도한 것은 이미 규정 위반이었다. 지배인은 잘못을 시인하려 여기 와서 앉아 있긴 했으나, 손가락에 담긴 감정은 분명히 승복할 수 없다는 것이었다. 코로나 상황이 반복되어 호텔 영업도 끊어졌다 이어졌다 하니 전혀 수익이 나지 않았을 것이다. 하지만 그는 입술을 굳게 다물고 마음속의 불만을 억눌렀다.

친 대장이 건네준 문서에 적힌 강경한 문구가 내게 힘을 실어주었다. "개인 방역 3대 의무를 위반했을 경우 징역 3년에 처한다." 그러나 이 구절을 읽고 나니 또 어떻게 매섭게 처리해야 할지 막막했다. 호텔에서 여러 해 동안 우리 부서의 업무에 협력해준 것을 인정하고, 코로나 기간에 그들이 겪은 어려움을 이해하며, 정부의 관심과 향후 기대를 전했다. 이러면 되나? 충분한 듯했다.

"그럼 이렇게 마치죠. 돌아가보세요."

그때 친 대장이 손을 들어 허공에 멈추더니, 지배인에게 말했다.

"잠깐, 부국장님 말씀이 끝났으니, 이제 호텔 입장을 밝힐 차례입니다."

아, 맞다! 역시 친 대장은 노련했다. 나는 정작 가장 중요한 걸 빠뜨렸다. 상대측 입장 표명을 듣지도 않고 그냥 끝내려 했다니. 나는 정말 '불러서 이야기하는' 데에 미숙했다.

나는 예전부터 기업들이 우리 부서, 특히 나처럼 엄격하지 않은 간부를 '겁내지' 않는다고 느꼈다. 예전에 공상국(工商局)과 연합해서 PC방과 호텔, 놀이공원을 검사한 적이 있는데, 다들 공상국을 두려워했다. 공상국에서는 문제를 지적하면서 웃지도 않고 딱딱한 태도로 조항을 읊었는데, 나는 제대로 알아듣지 못했으나 어렴풋이 '면허증'인가 하는 단어를 들은 듯했다. 가게 주인은 다급히 말했다.

비판의 연속 **91**

"시정하겠습니다. 당장 고치겠습니다!"

우리 부서를 대할 때보다 태도가 훨씬 공손했다.

기업이 규칙을 위반하면 정부는 어떻게 해야 할까? 온화하게 대하면 그들은 갈수록 심한 짓을 저지를 것이다. 그렇다고 엄하게 대하자니 '위세를 믿고 남을 멸시하는' 결과가 될까 걱정스럽다. 이런 난처한 일을 만나면 늘 몸을 빼고 싶고, 누군가 대신 나서주면 좋겠다고 생각한다.

반대로 정부에서 미흡한 점이 있어 사과해야 하는 경우에는 내가 기꺼이 맡았다. 저번에는 시에서 열린 광장 군무(群舞) 대회에 참가한 우리 지역 팀이 의상비와 공연비를 제때 받지 못했다. 우리 재무 프로세스의 문제가 분명했고, 공연팀은 종일 인솔자에게 불만을 토로했다. 인솔자가 내 사무실에 오자, 나는 일단 차를 한잔 따라주고 그의 이야기를 들었다. 그런 다음 의자를 옮겨 그와 조금 가까이 앉아서 말했다.

"난처하신 입장을 충분히 이해했습니다. 이건 저희 잘못입니다. 조금만 시간을 주십시오."

계속해서 그의 분풀이를 받아들일 마음의 준비가 되어 있었는데, 오히려 그는 즉시 나의 사과를 받아주었다.

이 직책에 있노라면 머리 아픈 일들이 계속 생긴다. 비림의 고대 석관(石棺)에 누군가가 '왔다 감'이라고 새겨놓았다는 투서가 내 책상으로 날아들었다. 관광지 입장권을 판매하는 사이트에서 환불이 실시간으로 이루어지지 않는다는 투서도 들어왔다. 12345 시민 핫라인을 통해 들어온 이런 불만 사항은 내가 일일이 확인해서 답변해야 했다. 가장 답하기 곤란한 서류는 정치협상회의 위원의 특별 의견이었다. 과장이 여러 차례 서면과 전화로 소통했으나 그의 태도는 한결같았다.

"당신들이 일을 잘못했고, 해명도 진심으로 안 보여서, 나는 마음에 들지 않습니다!"

정치협상회의 위원이 불만을 품으면 일이 번거로워진다. 설령 그가 멀리 펑둥구〔澧東區〕에 있더라도 나는 과장과 함께 그의 사무실로 가야 했다. 가는 길에 그의 반박에 어떻게 반응해야 할지 계속 생각했다. 사진들을 가져가 문화와 관광을 융합한 새로운 사례와 미래의 계획을 설명하면서, 아울러 우리가 부족했던 점을 인정했다. 그리고 우리의 내년 사업을 기대해달라고 청했다. 그는 진지하게 듣고 나서 마침내 고개를 끄덕였다.

"그렇게 말씀하시니 이해할 수 있겠습니다."

그리고 펜을 들고 '기본적으로 만족함'이라고 썼다. 나와 과장은 안도의 한숨을 내쉬었다.

아침에 소안탑 관광지로 가서 소방 훈련을 점검했다. 삐뽀삐뽀 경보음과 훈련용 가짜 연기 속에서 닝 관장의 메시지를 받았다.

친애하는 부국장님, 빨리 돌아오셔요. 세미나실 책상을 잊어먹었습니다!

며칠 전, 우리 둘은 세미나실 가구 목록에 작은 테이블이 달린 의자를 포함했다. 그런데 그건 갖추었으나 너무 바빠 정신이 없어서 큰 책상을 사야 한다는 걸 잊어버렸다. 적어도 앞쪽 두 줄에는 큰 책상이 있어야 회의할 때 물건을 놓기 편하다. 닝 관장은 책상의 길이와 폭, 높이, 색깔, 나무 재질, 디자인 모두 나에게 확정해달라고 했다. 그런데 입찰 문서를 다시 살펴보니 큰 문제가 발견되었다. 누가 매개변수를 변경했는지, 원목 책장이 철제 책장으로 바뀌어 있었고, 게다가 층수와 높이에도 편차가 있어서 즉시 전화를 통한 피드백이 필요했다.

현장에는 예전부터 남아 있던 부서진 석고 보드도 아직 치우지 않아서 건축 쓰레기가 난제였다. 지하실이라 대형 차량이 진입하지 못하니 인력에 의존할 수밖에 없어서 가격이 아주 비쌌다. 얼마나 들지? 이 돈은 누가 내나? 세 부분에서 각기 1명씩 파견해 협상하기로 했다. 내장공사를 맡은 쪽에서 건장한 청년을 보내고, 관리사무실에서는 건장한 여직원을 보냈으며, 우리 쪽에서는 몸무게 45킬로그램인 나를 출전시켰다. 내장공사 업체가 계산한 석고 보드 면적은 관리사무실에서 계산한 것보다 2배나 많았고, 관리사무실에서 제시한 목록에는 세금 항목이 빠져 있어 새로 작성해야 했다. 두 사람은 각자 자기 말이 맞다며 목소리를 높였고, 중간에 선 나는 내 목소리와 신장, 체중이 모두 좀더 늘었으면 하고 간절히 바랐다.

한밤중에 그들 둘과 가격을 흥정하는 꿈을 꾸었는데, 내가 날카롭게 외치는 소리에 놀라 깼었다. 꿈속의 나는 현실에서는 불가능한 모습이었으며, 무의식 속에서 그렇게 변하고 싶은 모습이기도 했다. 내가 문인 기질을 조금 줄이고 강호인의 기질을 늘린다면, 그들은 아마 내게 조금 더 많이 양보하겠지.

그 이후로 나는 싸우고 있는 A, B, C, D의 중간에 서 있는 경우가 아주 많았다. 그 언어들에서 치솟는 연기에 숨이 막혀, 그저 시간이 빨리 지나가기만 바랄 뿐이었다. 나는 확실히 현장에서 옥신각신하는 데에는 재능이 없었고, 오로지 책만 상대하고 싶었다. 서적상과 마주하는 건 나에게도 자신이 있었다.

자, 이제 다음으로, 전자책을 사야 한다. 한 회사에서 자기네는 수백만 권을 보유하고 있고, 연회비는 2만 위안밖에 되지 않는다고 큰소리쳤다. 그가 휴대전화를 내밀어 전자도서관을 보여주었다. 베스트셀러 작가인 '히가시노 게이고'를 입력하니 책이 없었고, '무라카미 하루키'

를 입력하자 한 권이 나왔는데, 그것도 그다지 유명하지 않은 작품이었다. 고전 작가를 검색해보니, 셰익스피어는 겨우 한 종류만 있었으며 산터우(汕頭)의 무슨 출판사였다. 휴대전화를 돌려주었다. 나와 그의 갈등은, '더 나은 삶에 대해 나날이 커가는 국민의 요구'와 '균형도 이루지 못하고 충분히 발전하지 못한 그의 전자도서관' 사이의 갈등이었다. 이는 당분간 해결될 수 없는 것이었다.

최종적으로 마음에 든 회사는 도서 목록은 풍부하지만, 연회비가 다른 회사의 5~10배였다. 닝 관장에게 가격을 협상해보라고 했다. 사실 우리는 이 회사를 선정할 생각이었으나 그들이 착각하게 만들어야 했다. 즉 우리는 그들에게 관심이 없다고, 우리를 찾아오는 회사는 많고, 비용도 훨씬 저렴하다고.

나는 닝 관장에게 이렇게 말했다.

"깎아서 후려쳐요. 저쪽에서 안 된다고 하면, 그냥 됐다고 해요. 가버려도 괜찮아요. 한 이틀 지나면 다시 찾아올 테니까요."

닝 관장이 눈을 찡그렸다.

"아이고, 저는 이런 일은 못해요!"

잠시 후 그녀가 달려 들어왔다.

"갔어요, 정말 가버렸다고요! 우리가 제시한 가격이 너무 낮다는데, 어쩌지요?"

사흘 후 그녀가 내 사무실 문을 노크하더니 고개를 들이밀고 웃었다.

"그 사람이 다시 찾아와서 가격을 내리고, 1년 동안 써보라고 전자책 리더기 6개하고 기계도 한 대 줬어요!"

거봐요, 당신이 해냈잖아요! 당신을 '흥정의 여왕'에 임명하겠어요.

가을비는 한바탕 병마 같았다. 나무는 하룻밤 사이에 대머리가 되었고, 형편없이 늙었다는 증거가 땅바닥에 가득했다.

어느 사무실의 아무개 처장이 서랍에서 검은 표지의 노트를 꺼내 글을 쓰면서 말했다.

"오늘은 2020년 모월 모일, 시안시 베이린구 문화관광체육국장과 부국장, 도서관장이 와서 도서관 건립을 보고했다. 나는 도서관을 지하에 건립하는 데에 반대했다. 우선 소방 안전 문제가 있고, 다음으로 채광이 부적합하기 때문이다."

그녀는 고개를 들어 우리를 힐끗 보더니 계속해서 고개를 숙이고 글을 썼다.

"지금 나는 노트에 내 입장을 이렇게 쓴다. '동의하지 않음.'"

그런 다음 그녀는 노트를 보여주었는데, 동의하지 않는다는 문장이 또렷하게 보였다.

그녀는 키가 크지 않았고, 처음 만났을 때 발목까지 내려온 니트 스커트의 부드러운 문양과 책상 위의 울창한 녹색 식물 때문에 성격도 온유하리라고 착각했다. 그녀는 안경을 추켜올리며 말했다.

"보세요. 지하 도서관이 세상 어디에 있습니까? 그런 예가 있으면 저도 납득할게요. 아닌데도 반드시 지어야 한다면, 나중에 무슨 일이 일어나든 저랑은 상관없습니다."

우리 셋은 나란히 앉아 있었다. 관장이 팔꿈치로 나를 쿡 찔러서, 나는 고개를 돌려 국장을 쳐다보았다. 어떻게 말을 받아야 할지 몰랐다. 국장이 웃으며 말했다.

"소방 문제는 저희도 이미 재차 확인했으니 허가해주십시오. 채광 문제도 이미 전문가 심의회를 열어서……"

처장이 말을 끊었다.

"설명은 됐어요. 나중에 문제가 생기면 상부에 제 노트를 조사하라고 하겠어요. 이건 모두 대화를 사실대로 기록한 거니까, 저는 책임을 면하겠지요."

그녀는 노트를 덮고 우리를 쳐다보았다.

"제 얘기는 끝났습니다. 더 하실 말씀 있습니까?"

청사를 나와 국장에게 물었다.

"처장님은 평소에도 이렇게 모지신가요?"

"아니요. 그런데 오늘 왜 이렇게 화가 나셨는지 모르겠네요."

국장과 처장은 서열로는 동급이었다. 부서로 돌아가는 길에 우리는 더이상 그 일을 언급하지 않았다.

이후, 비림 확장 공사 현장을 조사하고 있을 때였다. 다른 처장이 우리 부서의 문화재 사업을 비판하면서 새로운 방향을 제시했다. 나와 과장은 동시에 반응했다.

"예?"

비판받은 그 일은 옳고, '새로운 방향'이야말로 잘못된 것이기 때문이었다. 그러나 대놓고 반박하기는 어려웠다. 그녀는 문득 자기가 정책을 잘못 기억하고 있었음을 깨달은 듯 가볍게 헛기침했으나, 말을 바꾸지는 않았다. 이튿날 그녀는 공식적으로 문서를 발송하여 우리 부서더러 '항목을 대조하여 개편'하라고 했다. 내가 대조해보니 그 문서는 모두 옛 항목이었다. 틀림없이 우리가 이미 임무를 수행했다는 것을 알면서도 개편하라고 한 것이었다. 하지만 그럴 순 없었다. 이걸 어떻게 고친단 말인가? 말하자면, 내가 시험을 치르는데, 이미 적은 정답을 지우고 다시 쓰라는 요구와 마찬가지였다. 과장과 함께 국장에게 가서 어떻게 대응해야 하는지 물었다.

"개편할 필요 없어요. 그 사람이 이 문서를 보낸 건 그냥 스스로 빠져나갈 구실을 만들려는 거예요. 이 문서는 당신에게 보여주려고 보낸 게 아니라 주변 사람들 들으라고 보낸 겁니다. 어제 공개석상에서 비판한 게 틀린 게 아니었구나 하고 생각하게 말이지요."

며칠 뒤, 다른 지방으로 출장을 갔을 때였다. 한밤중에 닝 관장의 전화를 받았다. 우리 부서에서 전문가를 초빙해 사전 심의회를 열었는데, 상황이 그다지 낙관적이지 않다는 것이었다. 전문가는 내가 작성한 도서 목록을 비판했는데, 닝 관장은 이해할 수 없었으나 반박할 수도 없었다고 했다. 이후 지도자가 전문가들과 함께 닝 관장에게 질문했는데 그녀가 대답하지 못하자 지도자가 무척 화를 냈다고 했다.

"이틀 전에는 소방 시설이 좋지 않고 채광도 나쁘다고 하더니, 오늘은 또 책도 전부 잘못되었다고 하니, 이 도서관은 정말 내가 맡기 너무 버거워요. 힘들어 죽겠는데, 온갖 욕만 먹고 있네요."

그녀가 흐느끼는 소리와 함께, 어린 아들의 목소리가 들려왔다.

"엄마, 왜 그래?"

도서 목록에 대한 전문가들의 의견은 이러했다. 최근 3년 사이에 출간된 서적의 비율이 너무 낮고 7, 8년 전에 출판된 책은 목록에 포함되어서는 안 된다는 것이었다.

나는 전문가들이 단지 조례에 따라 우리의 도서 목록을 판단했을 뿐, 책의 품질을 자세히 살피지 않았다고 생각했다.

심사 규정은 구매할 도서의 '출판연도'를 중시했으나, 이는 신규 도서관과 기존 도서관의 수요에 차이가 있음을 고려하지 않은 것이다. 이미 여러 해 동안 운영해온 도서관이라면 기존에 갖춰진 책들이 있으니, 매년 구매하는 도서는 신간 위주로 하는 게 맞다. 하지만 우리는 완전히 새로이 설립하는 도서관이니 소장하고 있는 책이 없다. 최근 3, 4년 사이에 나온 책만 산다면 범위가 너무 좁을 수밖에 없다. 심지어 내가 작성한 도서 목록 가운데 최근 3년 사이에 출판된 책은 50%가 넘고, 최근 4년 사이에 출판된 책은 60%에 이른다. 내가 보기에 이 비율은 절대 낮지 않다. 전문가들이 지적한 '7, 8년 전에 출판된 서적'을 세어보니 모두 132종이었는데, 그 가운데 인민문학출판사 책 23종, 상무인서관 책 91종, 중화서국 책 4종은 특별히 선정한 것들이므로 차마 포기할 수 없었다.

규정을 쭈욱 읽어보니, 도서 품질에 대한 요구는 '정품'이라는 한마디밖에 없었다. 이 단어가 얼마나 많은 서적을 커버할 수 있을까? 그야말로 물고기 눈알을 진주에 섞듯이 가짜로 속이는 일을 피하기 어렵다. 도서 목록은 도서관의 영혼이다. 그러니 해당 규정은 책의 품질에 대해 자세히 구분해야 마땅하다. 내가 그 자리에 있었다면 이런 책을 선정한 이유를 설명할 수 있었을 것이다. 특히 이번 아동서 목록은 국제적인 상을 받은 그림책을 많이 선정했는데, 전문가들이 그 점을 눈여겨보았을까? 닝 관장은 이렇게 말했다.

"나이드신 분들이라 아동 도서는 잘 모르시는지, 그 부분은 아무 의견 없었어요."

심사 규정에서는 출판사 등급을 규정하지 않았다. 그렇다면 나중에 규정을 개정할 때 이 부분을 보충할 수 있을까? 물론 출판사 순위가 모든 서적의 품질을 대표하지는 않지만, 확률상 일류 출판사에서 양질의 책을 상대적으로 많이 출간할 것이다. 심사 규정이 그렇게 완고하지 않고 약간의 탄력성을 남긴다면, 상위 출판사의 책을 대량으로 선정하면서도, 소규모 출판사에서 출간한 양질의 서적을 위해서도 일부 공간을 남길 수 있을 것이다. 예를 들어서 이 입찰 문서에서 나는 "일류와 이류 출판사의 점유 비율이 80% 이상이어야 한다"라고 제시했다. 이것은 시험적인 방식인데, 전문가들은 어떻게 평가했을까? 닝 관장은 이렇게 말했다.

"그 조항은 없어도 된다고 했어요."

전문가들은 일 년 내내 대형 도서관에서 일하고 또 많은 논문을 발표했다. 나는 그들의 업무 수준을 절대 의심하지 않으나, 유감스럽게도 그들과 직접 교류하지 못했다. 성급(省級) 혹은 시급 도서관은 도서 구매 자금이 충분해서, 어쨌든 좋은 책을 살 수 있다. 하지만 구현급 도서관은 경비가 한정적이어서 저급한 서적으로 채우기 쉽다. 이런 상황에서는 도서 목록을 더 세분화해야 하지 않겠는가?

나중에 법학자 쑤리가 쓴 『송법하향』[1]에서 비슷한 견해를 읽었다. 조직 하부에서 일을 실행할 때는 발언권이 약해서 고위층에서 들어주지 않는 경우가 많다. 쑤리는 중국 농촌의 법정을 방문하여 인터뷰하면서 사법 연구에서 상층과 하층이 단절되어 있음을 발견했다. 서재 안의 법학자들은 법치의 실천적 문제를 단순히 관념의 문제로 바라보고, 원칙을 철저히 고수한다. 그들은 때로 민간에서, 하층에서, 그리고 지역사회에서 자연스럽게 형성된 지식을 간과하곤 한다.

나의 이런 생각은 규정에 그다지 부합하지 않고, 그다지 체계적이지도 심오하지도 않다. 다만 상부에 전달되어 아주 조금이라도 현실을 바꿀 수 있는 길이 있기를 바랐다. 도서관이 원활하게 평가를 통과할 수 있도록 하면서도, 나는 일부 도서 목록을 반드시 남길 것이다. 동생에게 이렇게 말했다.

"모두 최근 3년 사이에 나온 책으로만 사는 건 쉽지. 5분이면 서적상에서 목록을 짜줄 거야. 굳이 야근까지 할 필요도 없이. 하지만 이 도서 목록은 서적상을 위한 것도, 등급 평가를 위한 것도 아니야. 이건

---

[1] 蘇力, 『送法下鄕: 中國基層司法制度硏究』, 中國政法大學出版社, 2000.

국민을 위해 만든 거야!"
동생은 폭소를 터뜨리며 내 손을 세차게 흔들었다.
"누나, 누나! 방금 그 말은 공산당 교육과정에 넣어도 되겠어!"
나도 폭소했다. 내가 이런 말을 했다니, 이렇게 진지한 말을!

규정에 따라 도서 목록을 적당히 수정했고 곧바로 입찰이 진행되었다. 입찰 전날, 몇몇 서적상이 찾아와 내 기준이 어떤지 물었다. 나는 미리 정해둔 기준은 없었다. 공평한 경쟁일 뿐이었다.
중투왕에서는 부부가 왔는데, 은은한 꽃무늬가 들어간 얇은 린넨 블라우스를 입은 여자의 목소리가 귀에 익었다. 바로 전화 속의 그 부드러운 목소리였다. 남자도 상인이 아니라 학자처럼 보이는 소박한 차림이었다. 둘은 느리게 말하면서 서로의 말을 보충했는데, 말을 끊지도 가로채지도 않았다. 마치 뜨개질하는 두 개의 바늘처럼 왔다갔다하면서 상대방에게 가볍게 말머리를 건넸다. 10여 년 전에 그가 이 웹 사이트를 만들었는데, 지금은 이미 직원이 여러 명이지만 여전히 직접 출판사에 가서 책을 고르고, 책의 가치를 가려내는 일을 좋아한다고 했다. 또 창고에 가서 책을 나르면서도 피곤한 줄 모르고, 직원에게 화를 낸 적도 없다고 했다. 여자는 이렇게 말했다.
"이 사람은 가끔 화를 내더라도 저한테만 내요."
두 사람의 눈이 웃음으로 휘어졌다. 내 사무실을 떠날 때 남편이 아내에게 물었다.
"비가 오는데, 그렇게 입어서 춥지 않겠어?"
그는 아내의 등을 감싸고 가랑비 속으로 걸어들어갔다.
이렇게 편안한 느낌을 주는 중년 부부는 거의 만나보지 못했다. 두 사람의 얘기를 듣다보니 정말 책을 좋아하는 사람들이라는 게 느껴졌다. 이번 도서 목록은 서적상들에게 수정 원고를 받은 뒤에 내가 작성한 목록과 합친 것이었다. 중투왕의 도서 목록이 품질이 가장 높고, 수정 과정이 제일 세밀해서, 그들이 낙찰받을 수 있기를 바랐다.

이튿날 입찰이 시작되었다. 서적상의 서약과 서명이 들어간 페이지가 있었는데, 대부분 글씨가 삐뚤삐뚤하고 엉성했으나 오른쪽 아래의 한 줄은 글씨가 수려해서 특별히 눈에 띄었다. 중투왕의 글씨일 거라고 짐작했는데 과연 그랬다. 하지만 그들은 근소한 차이로 졌고, 나는 그 페이지를 한참 동안 쳐다보았다. 열심히 책을 읽고 정성껏 글씨를 쓰는 이가 승리하지 못해서 안타까웠다. 중투왕에 여러 차례 도서 목록을 수정하게 했는데, 이 순간 그게 모두 빚이 되어버렸다. 내가 만든 이런 목록 작성법은 공정하고 합리적일까? 서적상에게 미리 그렇게 많은 일을 시킬 권리가 나에게 있는 것일까?

그날 밤은 미안한 마음에 잠을 이루지 못했다. 반년 뒤에 두번째로 도서 목록을 작성할 때는 방법을 바꾸었다. 서적상에게서는 목록만 받고 번거롭게 수정을 요청하지는 않았다. 목록을 삭제하고 보충하는 모든 수정 작업은 나 혼자 했다. 여러 판본이 있는 책은 출판사와 역자, 주석자를 비교하고 ISBN을 찾아 하나하나 양식에 채웠다. 이것은 아마 과학적이거나 효율적인 방법이 아닐 테고, 일반화하기에도 적합하지 않을 것이다. 느리고 둔하게 입력했으나, 마음은 편안했다.

여섯 개의 입찰이 끝나고 업체가 정해져 위챗 단톡방에 모였다. 평소에 조용하던 채팅방이 어느 날 갑자기 폭발했다. 일전에 소방 업체에서 가구 업체에 책장 배치를 바꿔서 소방 통로로 쓸 넓은 면적을 비워놓아야 한다는 의견을 제시했고, 가구 업체는 수정된 도면을 단톡방에 올렸는데, 내장공사 업체가 이를 무시했다. 한 달 후, 가구와 전자

제품이 들어오려는데 천장의 전선 배치가 여전히 잘못되어 있었다.

"전원 단자를 미리 확보해주지 않으면 제가 컴퓨터를 어떻게 설치합니까?"

"열람 구역 두 곳의 위치가 바뀌었다고, 도면 수정된 거 이미 알렸잖아요!"

"더 뭐라고 하면 천장 전선 다 철거해버릴 겁니다!"

나는 주머니 속에 모아둔 '분위기 수습용' 어휘를 하나하나 꺼내 보였는데, 충분했는지는 모르겠다.

"기분 푸셔요." "전반적인 국면을 살펴야지요." "서로 포용해야 해요." "어쨌든 일은 계속 추진해야……"

내 개인 전화가 울렸다.

갑: "부국장님, 왜 저 사람 편만 드십니까?"

을: "부국장님, 왜 저 사람 편만 드십니까?"

병: "부국장님, 저야말로 제일 억울하고, 아무 잘못도 없는데……"

내장공사 업체에서는 내가 양보하기를 바라며 눈 가리고 아웅 하는 식의 속임수를 제시했다.

"소방 점검을 하는 날은 가구를 합법적인 자리에 배치하고, 점검이 끝나면 위치를 바꿉시다. 이러면 천장을 뜯고 배선을 다시 할 필요가 없지 않겠습니까?"

그러나 소방은 중요한 일이다. 안전을 위협하는 이런 조작은 절대 용납할 수 없었다.

나중에 발견한 사실인데, 이 단톡방의 발언은 매우 규칙적이었다. 다만 침묵 모드와 욱하기 모드 사이가 빈틈없이 전환되어서 중간 모드가 없었다. 그들은 서로 인력과 시간을 허비했는데, 모두 돈으로 환산되는 것인지라 옥신각신 다툼이 그치지 않았다. 마찬가지로 경비가 빠듯했기 때문에 내가 받은 설계 도면에서 벽면은 아무 장식도 없이 텅 비어 있었다. 그 초라한 모습은 마치 공사 현장에 임시로 지은 이동식 판잣집 같았다.

도면을 들고 한숨을 쉬었다. 어린이 구역에 오목하게 들어간 벽면이 10미터가 넘는데, 그렇게 휑하게 서 있으면 너무 단조로울 듯했다. 아이들을 위해 그림이라도 조금 그려주라고 하자 내장공사 업자가 말했다.

"그러면 돈이 더 들어갑니다."

벽을 따라 널찍한 나무 계단을 설치하고 방석 몇 개를 놓자고 했다. 아이들은 바닥에 앉아 노는 것을 좋아하니 단번에 앉을 자리를 늘릴 수 있을 터였다.

"그러면 돈이 더 들어갑니다."

결국에 그는 그림을 그리고 계단을 설치하는 데에 동의했으나, 디자이너를 부를 돈이 없어서 아주 간단한 형식으로 할 수밖에 없었다. 그는 사진을 몇 장 보내와 고르라고 했는데 숲에서 울트라맨이 튀어나오고, 사자와 곰이 어지럽게 뒤엉켜 싸웠다. 이렇게 요란한 건 놀이터에나 어울리지 책 읽는 곳에는 적합하지 않다고 했더니, 그가 말했다.

"저는 '책 읽는 곳에 적합한' 게 뭔지 모르겠습니다."

디자이너 친구의 도움을 받아 벽화 전문 사이트를 찾았는데, 차분한 소재가 많았다. 나무에는 새가 앉아 있고, 나뭇잎은 가볍게 살랑거렸다. 차분한 초록색과 앉기 편한 곳이 있으면 아이들이 신나게 '나무' 아래로 달려가 앉아 책을 읽을 수 있을 듯했다. 하지만 이 사진들은 일반적인 사이즈라서 10미터가 넘는 좁고 긴 벽에 적합하지 않았다. 비율을 바꾸려면 화초와 작은 동물 같은 요소를 직접 추가해야 했다. 내장공사 업자에게 실제 비율에 맞추어 조감도를 그려달라고 했더니, 그래픽 태블릿이 없어서 그릴 수 없다고 했다.

결국 내가 붓을 들었다. 내가 그린 것은 설계도라고는 할 수 없고 그저 스케치였을 뿐이다. 종이를 펴고 벽 크기에 따라 비례를 맞춘 뒤, 사슴과 토끼, 꽃과 풀 그림을 여기저기서 따 와서 연필로 베껴 그렸다. 그리면서 웃음이 터졌다. 너무 못 그려서 토끼가 고양이처럼 보였다.

계단 '디자인'도 결국 내가 해야 했다. 닝 관장과 상의해보니, 직각으로 만들면 너무 딱딱할 것 같아서 차라리 물결 모양으로 하는 게 낫겠다는 결론이 나왔다. 계단을 한 단으로 하자니 앉기에 부족할 듯하고, 두 단으로 만들자니 너무 넓어졌다. 그래서 약간 변형을 줘서, 기본적으로는 큰 물결 모양의 계단을 하나 만들고, 남쪽 부분에만 작은 물결이 번져나가듯 두번째 계단을 추가하기로 했다. 닝 관장이 보더니 마음에 들어했다.

"이거 좋은데요. 좋아요!"

하지만 어떻게 그리지? 겨우 두 단짜리 곡선 계단인데, 간단한 투시도조차 잘못 그렸다. 종이를 여러 장 구겨서 휴지통에 버리고 결국에 완성본을 만들었으나, 오른쪽 아래 계단은 여전히 삐뚤어져 있었다. 창피하지만 나로서는 이미 최선을 다했다. 세부적인 건 중요하지 않으니 이심전심으로 이해해주시길!

벽화 작업자가 현장에 와서 지켜보러 가야 했다. 색깔이 틀리면 안 되기 때문이다. 미대 재학생이었는데 잘 그리는지 어떤지는 알 수 없었다. 내장공사 업자가 말했다.

"부국장님, 이해해주십시오. 정말 돈이 없습니다."

노란색 투명 비옷을 입고 머리를 단단히 틀어올려 묶은 미대생의 발 옆에는 형광 초록과 흰색, 회색 물감통이 하나씩 놓여 있었다. 형광 초록이 눈이 부실 정도로 쨍했는데, 그녀가 이렇게 설명했다.

"흰색을 한 스푼 섞으면 옅어지고, 회색을 한 스푼 섞으면 부드러워져요. 회색을 너무 많이 섞으면 칙칙해지니까, 천천히 비율을 조정해야 해요."

그러고는 막대기로 통 안을 휘저어 섞은 뒤, 보들보들해 보이는 롤러를 들고 벽에 시험해보았다. 첫번째 초록색을 쓱 묻히고는 내게 물었다.

"진한가요? 너무 옅나요?"

재미있어 보여서 나도 롤러를 하나 들고 하얀 벽 여기저기에 찍으니, 눈 위에 찍힌 발자국 같았다.

멀찍이 서서 그 젊은 미대생의 뒷모습을 쳐다보았다. 우리가 바라는 초록색은 이미 안정적으로 만들어졌다. 처음에는 화려했으나 부드럽게 변했고, 그녀의 손을 따라 이 희뿌연 아지트에 마침내 색채가 더해지게 되었다.

신정 연휴 기간에 천웨 선생이 책임 편집한 책을 보내주셨다. 프랑스 철학자 자크 랑시에르의『무지한 스승』이었다. 선생께선 이렇게 말씀하셨다.

"자네는 틀림없이 이 책을 좋아할 걸세."

그 책을 다 읽고 나자 누군가가 내 등을 살짝 떠밀어주는 듯한 기분이 들었다. 랑시에르는 이렇게 말했다.

"누군가의 가르침을 받는 사람은, 반쪽짜리 인간에 불과하다."

그는 개인이 낯선 분야에서 스스로 학습할 수 있도록 이끌었고, 자기가 '읽을 수 없는' 책을 읽을 수 있고, '쓸 수 없는' 것을 쓸 수 있다고 굳게 믿으라고 했다. 책을 덮고 나자, 나도 앞으로 나아가고 싶어졌다. 새해에는 '만들 수 없는' 도서 목록을 스스로 만들고, '할 수 없는' 일을 해낼 수 있기를 바랐다.

며칠 후 벽화가 완성되었는데, 붓놀림이 아주 훌륭하다고는 할 수 없어도 처음의 하얀 벽보다는 나았다. 기술자가 목재를 들여와서 계단을 만드는 동안, 우리는 여러 차례 높이를 확인해서 아주 작은 아이도 앉을 수 있게 했다. 계단 가장자리의 접합 부분은 금속으로 감싸고, 들뜨지 않도록 작은 못을 박아 고정했다. 만져보니 평평하기는 했으나 조금 거칠어서, 여름이면 아이들의 종아리가 긁힐 가능성이 있었다. 다듬으라고 할까? 아니면 여름이 되어서 상황을 지켜보고 결정할까? 닝 관장은 다급히 말했다.

"그건 안 돼요. 만에 하나라도 아이가 다치면 어떡해요. 안전이 제일 중요해요."

그녀는 서둘러 투명한 안전 테이프를 사서 계단의 처음부터 끝까지 빠짐없이 붙였다.

닝 관장과 함께 방석도 골랐다. 어린이 구역에는 주로 아이들이 앉을 테지만 가끔 어른이 아이를 데리고 앉을 수도 있으니까, 크기가 너무 크거나 너무 작지 않아야 했다. 고객 센터에 여러 차례 문의하여 지름과 높이, 부드러움, 하중을 견디는 정도가 적당한 것을 골랐다. 장바구니에 넣었으나 결제 직전 마우스를 멈추었다. 닝 관장과 나는 서로 쳐다보며 웃었다. 그녀가 말했다.

"저는 다른 사람한테 돈 달라는 말은 못해요. 이 전화는 부국장님이 거세요."

우리에겐 방석 살 돈이 없었다. 경비는 입찰 프로젝트에 사용되어야 하는데 잔액이 없었고, 내장공사 업체에서는 방석값을 내려 하지 않았다. 나중에 추가한 것이라서 낙찰 계약서에 없는 항목이기 때문이었다. 그는 계약서 외에 이미 벽화와 계단을 만드는 바람에 큰 손해를 보앉다고 툴툴거리고 있었으니, 방석값은 어쨌든 다른 사람에게 넘겨야 했다.

혹시나 하고 가구업체에 전화해보았더니, 계약서에 없어도 방석 몇 개쯤은 사도 괜찮다고 시원하게 승낙해주었다. 도서관에 선물하는 셈으로 치겠다고 했다.

"50장쯤 사도 될까요?"

그는 두말없이 승낙했다.

계약서에서 어린이 구역의 책상과 의자는 아이들의 건강을 고려해 원목으로 정했으나, 디자인은 아직 정해지지 않았다. 가구 업체에서 팸플릿을 가져왔는데 마침 등받이 상단이 굽어 있고, 조그마한 귀를 쫑긋 세운 기린 머리가 조각된 작은 의자가 있었다. 거기에 좌석 부분은 초록색으로 장식되어 이게 딱 잘 어울렸다. 벽화도 초록색 배경에 사슴을 그렸으니, 의자와 찰떡궁합이었다.

의자를 들여와 내가 제일 먼저 앉아보았다. 다리가 굵고 들기에는 상당히 무거운 만큼, 정말 튼튼하고 귀여웠다. 다 똑같은 의자였지만 마치 뭔가 다른 게 있는 것처럼 여기저기 앉아보는데 저절로 즐거워졌다. 이 의자를 좋아한 사람은 나뿐만이 아니었다. 개관 후에 많은 학부모가 이 의자를 어디서 샀는지 직원에게 물었다. 자기 집에도 사다 놓고 싶다고.

설 연휴 전에 걸어야 할 마지막 전화는 관상용 녹색 식물에 관한 것이었다. 애초에 입찰 문서를 작성할 때 주도면밀하게 고려하지 못해서 이것을 까먹었으니, 이 항목에 대한 자세한 비용은 당연히 계약서에 없었다. 도서관에는 식물을 장식해서 생기를 더해줘야 하는데, 지하실에는 자연광이 들지 않으니 식물이 잘 자라기 어렵다. 최선의 방법은 꽃시장에서 임대하여 매달 교체하는 것이다. 그렇게 하면 도서관 안에 항상 초록색 깔개를 깐 기분이 들 것이었다. 3개의 상점에 문의하여 최저가로 깎았는데, 일 년에 1만 위안이었다.

이 돈을 누구에게 내게 하지? 선정 업체 중 도서 대출 시스템 업체가 가장 적합해 보였다. 그는 시안시에서 이 일을 거의 독점하고 있으니 이윤이 충분할 것이고, 게다가 개관 기념으로 도서관에 선물을 주겠다고 말한 적이 있었다.

닝 관장이 내 손을 잡고 좌우로 흔들었다.

"멋진 부국장님이 상의하셔요. 저는 못해요. 1만 위안은 너무 액수가 커서 승낙 안 할 거예요."

나도 그가 선뜻 승낙하지는 않으리라고 생각했다. 그가 가격 협상할 때 밀고 당기는 모습을 본 적이 있는데, 시안 방언으로 그것을 '그런다〔然〕'라고 한다. '그러는' 사람은 상대하기가 쉽지 않다.

랑시에르 선생님, '그럴 수 없는' 가격을 그렇게 해내도록 어서 내게 힘을 주세요.

상인이 '그러기'를 좋아한다면 차라리 식물을 임대하는 데에 1만 5천 위안이 필요하다고 해서, 그 사람이 충분히 '그러도록' 만들어주겠다고 작정했다. 첫째 날에 그는 이렇게 말했다.

"1만 5천은 어렵습니다. 저희 사장님께 여쭤봐야 합니다."

둘째 날은 이렇게 말했다.

"사장님께서 최대한 내더라도 1만 위안까지만 내실 수 있답니다. 나머지 5천 위안은 다른 데에서 구하시면 안 되겠습니까?"

전화는 스피커 폰으로 켜져 있었고, 닝 관장과 나는 입을 가리고 웃었다. 식물 문제는 이렇게 해결되었다.

오후에 기율위원회의 정기 순시가 있었다. 기율위원회가 어떤 모습인지 실제로 본 적은 없다. 드라마에서 본 거랑 똑같을까? 약간 기분이 들떴다. 반부패 청렴 장려 드라마 촬영장에 가는 것처럼 얼른 주인공의 모습이 보고 싶었다.

기율위원회에서는 2명이 왔다. 그들은 내 사무실에 들어와 몸을 돌려 문을 닫았다. 내가 물을 따라주려 하자 손을 내저으며 마다했다. 왼쪽의 양복을 입은 남자가 만년필을 꺼내어 기록하고, 오른쪽의 평상복을 입은 남자가 물었다.

"입찰에서 의도적으로 선정을 유도한 바가 있습니까?"

"아뇨."

"다른 회사가 참여하지 못하도록 까다로운 조건을 둔 적이 있습니까?"

"아뇨."

"독점 입찰한 을측이 있습니까?"

"들어보지 못했습니다."

"도서관장이 상인과 이익을 나눠갖지 않도록 어떻게 감독하셨습니까? 그런 사실은 어떻게 파악하십니까?"

겉핥기식 질문은 하나도 없었다. 그들이 많은 훈련을 통해 과녁을 조준하는 데에 익숙하다는 것을 알 수 있었다.

다음 질문은 더 세부적이었다.

"여기 지도자는 여러분이 매 분기에 한 번씩 공산당 수업을 받도록 했습니까?"

잠시 망설였다. 그런 적은 없으나, 뒤통수를 치고 싶지는 않았다.

"네."

"그럼 최근 수업 내용은 무엇이었습니까?"

엥? 이건 조금 지나치게 세부적인데? 이런 분위기에서 거짓 이야기를 만들어내자니, 평소 강의를 준비하는 것보다 훨씬 어려웠다. 다른 사람에게도 같은 질문을 해서, 내 대답은 거짓말이었던 게 들통나면 어쩌지? 형형한 두 쌍의 눈 앞에서 나는 천천히 수업 하나를 짜깁기해서, 내게 익숙한「옌안 문예 강화延安文藝講話」[2]를 토대로 현시대에 관해 서술했다. 조금 우스웠다. 내 앞에 거짓말 탐지기가 있었다면 바늘이 크게 흔들렸을 것이다.

마침내 그들은 노트를 덮고 나와 악수하고 떠났다.

---

[2] 1942년 5월 중국공산당 중앙이 개최한 문예좌담회에서 마오쩌둥이 발표한 연설이다. 1942년 5월 2일에 지은 서문과 5월 23일에 쓴 결론을 합친 것이다.

좁쌀죽은 약한 불로 끓이고

설 연휴가 막 지났고, 날씨가 아주 조금 따뜻해졌다. 점심 휴식 시간을 틈타 산책을 나갔다. 정부 청사를 나와 오른쪽으로 돌고, 다시 한번 오른쪽으로 꺾으면 몇 분 뒤에 시안의 유명한 먹거리가 모인 후이팡〔回坊〕에 도착한다. 처마가 치켜 올라간 패루(牌樓)를 걸어 들어가면 자동차 대신 전기 카트와 자전거, 행인으로 붐비는 또다른 공간이 나온다. 거기서 들리는 소리는 대부분 표준어가 아니라 방언인데, 단어마다 말꼬리가 떨어지는 속도가 시안의 다른 방언과는 또 달라서, 듣자마자 그들이 '이 동네 사람'임을 알 수 있다. 예전에 여기 살면서 글을 쓴 적이 있다.

이곳에서는 정말 사지 못할 게 없다. 기침 치료에 특효인 시큼한 석류와 신선한 쇠고기 안심 및 갈비, 여러 해 만에 보는 귀리로 만든 전통주〔燕麥仁酒〕, 분홍빛의 야들야들한 채소 절임〔泡菜〕, 집에서 만든 장미 소스와 계화(桂花) 소스, 참깨 소스. 오리알을 껍질째 구운 카오단〔烤蛋〕은 후추와 소금을 섞은 향료와 훈제 향이 섞여 있다. 하나에 1.2위안인데, 안주로 먹는다. 어머니가 친정에 갈 때 외할아버지께 수십 개를 갖다드렸는데 무척 감탄하셨다고 했다.

껍질을 까서 소금에 절인 오리알 노른자는 기름을 뚝뚝 떨어뜨리며 커다란 피라미드처럼 쌓여 있었다. 정말 너무나 호사스럽다! 입구에서 서성거리면서 잘못 찾아온 게 아닌지 확인했다. 사장이 손짓하며 나를 불렀다.

"이리 오세요. 우리집 맞아요. 세계적으로 유명한 라오진자단차이자모[老金家蛋菜夾饃] 오리알 햄버거!"

트럭 한 대가 짐칸에 칼을 가득 싣고 와서 파는데, 햇빛을 받아 눈이 부셨다. 군도, 식칼, 손톱깎이, 시짱[西藏] 칼, 몽골 칼, 잉지사[英吉沙]¹ 소도(小刀) 등 온갖 칼이 다 있었는데, 모두 하나에 1위안이어서 마음대로 살 수 있었다. 옆에서 누군가 소곤거렸다.

"기차역 보안검색대에서 압수당한 것들이겠지?"

설탕과 초를 넣어 만든 마늘장아찌 탕쏸[糖蒜]은 양고기 햄버거에 기본으로 제공되는데, 보통은 식당의 작은 접시에 두세 알씩 담지만, 여기서는 탕쏸 대부대를 만날 수 있다. 사람 허리 높이의 투명한 비닐 주머니가 길가에 새하얗게 줄지어 서 있는 걸 보고 깜짝 놀랐다. 언뜻 남자아이들이 옷을 벗고 줄지어 목욕하는 것처럼 보였다! 공기 중에는 새콤달콤한 냄새가 가득했는데, 나는 침만 삼키면서 감히 가격을 묻지 못했다. 근 단위로만 판다면 어느 세월에 다 먹겠는가!

자투리 천도 좋았다. 길모퉁이 깊숙이에 있는 계단에서 자투리 천을 10~20위안에 파는데, 잘 고르면 색깔과 무늬가 예쁜 게 있어서 침대 시트를 만들기에도 충분했다. 맞은편에는 철제 틀에 널빤

---

1 신장[新疆] 커스[喀什]에 속한 현(縣)이다.

지를 얹고 잘게 부서진 쇠고기와 양고기 조각을 파는데, 이 역시 10~20위안이었다. 또 모피 가게에서는 가죽 자투리 재료를 이용해 만든 어린이용 부츠를 팔았는데, 겉은 가죽이고 안에는 털이 있는 그 부츠는 아이가 신으면 발에 땀이 날 정도였다……

아주 오랜만에 이곳에 왔는데, 여름에 흔히 보이던 꼬치 구이는 보이지 않았고, 서리처럼 하얀 가루가 앉은 곶감은 서로 얼굴을 맞댄 채 상자 안에 가지런히 담겨 있었다. 장사가 잘되는 몇몇 가게에서는 곶감, 호두, 찰기장떡, 대추, 유차(油茶), 매실탕〔酸梅湯〕 등 없는 게 없이 다 팔았다. 곶감은 가짜가 많다고 해서 몇 번을 돌았으나 모든 곶감이 생김새도 똑같고, 황적색 위에 하얀 가루가 얇게 덮여 있어서 구별할 수 없었다. 골목 깊숙이 들어가니까 작은 가게에서 다른 건 없이 곶감만 팔고 있었다. 붉은 것, 흰 것, 뾰족한 것, 둥근 것까지 종류도 많았다. 한복판에 있는 못난 덩어리처럼 생긴 놈은 처음 보는 것이었는데, 겉에는 두꺼운 서리 같은 게 덮여 있고 모양도 규칙적이지 않아서 염전의 돌덩어리 같았다. 수염이 덥수룩한 사장의 설명에 따르면 물방울 모양으로 뾰족한 것은 '댜오빙〔吊餠〕'이라고 하는데 걸어서 만들었고, 납작하고 둥근 것은 '허얼빙〔合兒餠〕'이라고 하는데 평평하게 깔아서 햇볕에 말렸다고 했다. 하얀 가루를 입히는 방식도 화학 제품(가짜)과 밀가루(가짜), 냉장고에서 급랭과 해동을 반복하여 만드는 것(진짜), 자연 건조로 만든 것(진짜)이 있다고 했다. 그가 추천한 것은 못난 덩어리처럼 생긴 것이었는데, 가루를 입힌 시간이 오래되어서 부드럽고 쫀득하며 아주 달콤하다고 했다. 몇 가지를 사서 나의 녹색 유리 탁자 위에 늘어놓으니 상당히 보기 좋았다. 차례로 하나씩 먹어보았는데, 정말 그 매끈하게 생긴 것들은 못난 덩어리처럼 생긴 것보다 맛이 훨씬 덜했다.

먹을 것의 향기는 늘 사람들을 한데 모이도록 끌어당긴다. 문화관의 관장 펑위안도 이런 음식 문화를 이용해 홍보하기를 좋아한다. 정월 대보름에 문화관에서는 타이완 동포 가족을 초청하여 축하 행사를 열었는데, 공기는 촉촉하고 달콤하며 따뜻했다. 커다란 찜솥에서는 김이 솟아오르고, 광주리에는 황금색과 분홍색의 '꽃'과 '물고기', '생쥐' 모양의 찐빵이 쌓여 있었다. 다들 찐빵을 집어들고 한입씩 돌아가며 맛을 보았는데 자주색은 고구마 맛, 노란색은 호박 맛, 초록색은 시금치 맛이 났다. 아이들은 무형유산 도예 전승자를 에워싸고 주머니에 넣고 다닐 '위안샤오〔元宵〕'2 만드는 법을 배웠다. 아이들은 양손으로 점토를 잡아당겨 길게 늘어뜨렸다가 작은 알갱이 크기로 툭툭 떼어내 동그랗게 굴렸다. 그렇게 만든 녹두만한 크기의 '위안샤오'를 앵두만한 크기의 잔에 넣고, 다시 '위안샤오' 한 알에 작은 구멍을 살짝 뚫어서 까만색을 채웠다. 거기에 투명한 매니큐어를 몇 방울 떨어뜨려 응고시키니 막 깨문 검은 참깨 소처럼 반짝거리는 속이 드러났고, 심지어 국물이 흘러나온 것처럼도 보였다.

다른 테이블에서는 관중(關中) 지역 전통 의례용 찐빵을 만드는 전승자가 앞치마를 두르고 팔에 토시를 찬 채 밀가루를 반죽해서 모양을 만들어 대나무 찜기에 하나씩 올려놓았다. 아이들이 작은 밀대를 들고 두 가지 색의 반죽을 합쳐 둥글게 밀고, 꽃잎 모양으로 자른 다음 빗살〔梳齒〕로 고르게 눌러 작은 무늬를 새겼다. 그것들을 몇 겹으로 포개어 화려한 꽃송이처럼 만들었다. 나도 앞치마를 둘렀다. 줄곧 이

---

2 정월 대보름에 먹는 음식으로 작고 동그란 떡처럼 생겼으며, 각종 소가 들어 있다.

기술을 배우고 싶었으나 가르쳐주는 사람이 없었는데, 이번에 배웠으니 내년 설에는 집에서 만들 수 있을 터이다.

임시 공직 활동은 재미있었다. 공무원 일을 하면서 그 참에 요리 솜씨도 늘리고, 또 신선한 일들을 많이 시도할 수 있었다. 나는 연구형 먹보여서 말린 망고는 5종류를 사서 비교하고, 우유는 적어도 10종류를 평가한다. 친구들은 모두 생방송 쇼호스트로 딱 맞는다고 했으나, 애석하게도 대학에서는 기회가 없었다. 이곳에 와서 생방송 출연 기회가 생겼다. 얼마 전에 문화관과 현지의 유명 아나운서가 협력하여 무형유산 전승자들의 상품을 판매했는데, 나는 평원 관장에게 나도 꼭 불러달라고 부탁했다. 문화관에 도착하니 바다에는 온통 전선이 깔려 있어서 껑충껑충 뛰어다녀야 했고, 반사판과 보조 조명이 스튜디오처럼 세워져 있었다. 아나운서 곁에서는 10여 명의 인원이 각기 조명과 촬영, 상품 선택, 무대감독, 보조, 상황 통제, 고객 서비스 등의 일을 맡고 있었다. 첫번째 상품은 수제 호두모(虎頭帽)였는데, 무대감독이 건넨 종이에는 이렇게 적혀 있었다.

> 안감은 모두 면(棉)으로 되어 있고 수작업으로 수를 놓았으며, 토끼털로 주변을 둘렀음. 붉은색과 노란색 두 종류가 있으며, 성인 사이즈와 어린이 사이즈 모두 있음.

그것을 암기하고 나서 배경판 쪽으로 갔다. 둥근 전등이 정면에서 내 얼굴을 비추었고, 손 근처의 모자도 예쁘게 비추었다. 나는 네티즌들이 원하는 색깔의 모자를 하나씩 써 보였다. 두번째는 무연송화단(無鉛松花蛋)이었는데, 접시에 담아 가져올 때 이미 반으로 잘라놓아서 촉촉한 속 부분이 조명 아래에서 꿀처럼 보였다. 젓가락으로 한 조각을 집어서 카메라 쪽으로 다가가 먹어보았는데, 너무 맛있어서 나도 사고 싶었다. 펑원은 내가 카메라 앞에서 긴장하지 않는 걸 신기해했다. 나는 강의실에서 강의하는 것처럼 계속 얘기하면 그만이라고 설명해주었다. 어시스트가 컴퓨터 앞에서 판매량을 내보내고 있었는데, 계속 올라가고 있었다. 충분히 즐기지도 못했는데 어느새 다 팔려버렸다.

또하나 끝내기 아쉬웠던 일은 책더미 사이에 들어가 책을 고르는 일이었다.

우리가 주문한 서적은 기본적으로 다 구매되었으나, 품절되어 살 수 없는 책들도 있어서 다른 책으로 대체해야 했다. 닝 관장과 함께 창고로 가서 현장에서 구매하기로 했다.

뭉치로 묶인 책들이 크라프트지에 싸인 채 로비에 쌓여 있고, 안쪽에는 책장이 출판사별로 끝없이 늘어서 있었다. 바퀴가 달린 짐수레를 밀고 가 복도에 두고 혼자 책장 속으로 들어가면서 닝 관장에게 물었다.

"오늘 얼마치의 책을 살 수 있지요?"

그 숫자를 기억해야지. 너무 만족스러워! 평생 이렇게 사치를 부려본 적이 없었다. 부자들이 두바이에 가서 명품 가방을 사면 이런 기분일 테지. 중화서국? 사야지, 당연히 사야지! 가격은 따질 필요 없어. 외문연구 출판사? 어린이 대역본 목록이 괜찮군. 중학교 1학년부터 고등학교 3학년까지 풀 세트로 사자. 다른 방은 그림책 전문 구역이었는데 조명이 특히 아름다웠다. 옆쪽 선반에서 입체 책을 꺼내 펼치자 올록볼록한 성과 들판이 모습을 드러냈다. 예전에 내 아이에게 이런 책을 사준 적이 있는데, 가장 인상 깊었던 것은 『우주』였다. 둥근 종이판 한쪽의 종이 손잡이를 잡고 살살 돌리면, 책 페이지 사이에 끼워진

달이 손의 움직임을 따라 초승달부터 보름달로 바뀌었는데 무척 재미있었다. 다만 입체 책 한 권이 70~80위안이라서 당시에는 많이 살 수 없었다.

입체 책은 특수 부류에 속했다. 서점에서 아이들이 일반 아동서를 펼쳐 보고 사지 않더라도 뭐라고 하는 사람이 없다. 그러나 입체 책은 만질 기회가 없다. 외부가 비닐로 포장되어 있어서 뜯을 수 없고, 일단 뜯으면 사야 했다. 공공도서관에서도 입체 책을 사놓는 경우는 아주 드물었다. 가격은 비싼데 파손되기 쉬워서 타산이 맞지 않기 때문이다. 이렇게 되니 시 전체에서 정교하게 제작된 입체 책을 무료로 읽기란 거의 불가능했고, 중산층 가정의 전유물이 될 수밖에 없었다. 그래서 나는 파격적으로 이런 책을 많이 사고 싶었다. 독자가 읽어서 파손될까 걱정하지 않았다. 파손되면 내년에 다시 사면 되니까. 도서관은 빈부 격차를 해소할 수 있는 공간이 되어야 한다. 가난한 가정의 아이는 평소 입체 책을 접하기 어려우니 우리가 자리를 제공해서 그 아이들이 앉아 마음껏 책 안쪽을 만질 수 있게 해주어야 했다.

창고에서 책을 안고 왔다갔다하느라 하얀 부클 코트의 소매에 누렇게 때가 탔다. 그걸 보고 문득 어린 시절이 생각났다. 8~9세 무렵으로 기억하는데, 그때 어머니는 아버지를 수상하게 생각했다. 외출할 때는 옷이 깨끗했는데, 귀가하면 소매와 팔꿈치, 무릎이 모두 더러워져 있었다. 또한 집안에 책은 갈수록 많아졌는데, 돈이 줄어든 흔적은 전혀 없었다. 아버지가 이 일에 대해 입을 열려 하지 않자 어머니는 직접 나서서 사건을 해결하기로 결심했다.

어머니는 자전거를 타고 몰래 아버지를 뒤따라가서 어느 골목으로 꺾어 들어갔다. 아버지는 고물상 입구에 자전거를 세우고 곧장 뒤뜰로 들어갔다. 산 모양을 이루며 쌓인 헌책이 처마보다 높았는데, 아버지가 위로 올라가자 책들이 주르륵 미끄러져 내려왔다. 아버지는 '산' 중턱에 기대어 손으로 작은 구덩이를 헤집어 만들고, 그 안에 앉아 한참 동안 책을 골랐다. 미행해 온 사람이 있다는 사실은 전혀 눈치채지 못했다. 아버지의 사촌 여동생이 새로 연 고물상이었다. 아버지는 돈을 내지 않고 마음껏 책을 고를 수 있었다.

아버지가 책더미에 앉아 있었을 때의 즐거움은 내가 이 창고에서 느낀 즐거움과 같았으리라. 계산할 때 직원은 한 권씩 바코드를 스캔했다. '삐, 삐, 삐' 하는 소리는 전혀 무미건조하지 않았고, 마치 이 책들이 튀어올라 하나씩 줄지어 내 도서관으로 달려오는 것 같았다. 두 손은 먼지투성이가 되었고 수레는 가득차서 새로 한 대를 가져왔으나, 이것도 이미 무거워서 밀 수 없을 지경이 되었다. 이 일은 정말 돈을 주고도 할 수 없는 것이어서, 다음번에도 또 오고 싶었다.

봄이 오자 버들개지가 유유히 날렸다. 플라타너스의 작은 열매에는 털이 보송보송하고, 버드나무의 가는 솜털은 땅바닥에 굴렀는데, 이런 작은 것들 때문에 끊임없이 재채기하면서도 거기에서 생동감을 느꼈다. 하얀 솜털 공이 다른 솜털 공과 만나면 서로를 끌어당기고, 큰 것은 작은 것을 감싸고 앞으로 구르면서 금방 덩어리로 뭉쳐서 날아오르는데, 비눗방울처럼 경쾌했다. 그것들은 주차장 구석에 모여 친구를 부르고, 바람에 흔들려 울타리 틈새로 꾸역꾸역 빠져나가려 했다. 방과 후에 교문을 달려나가려는 아이들처럼, 서로 밀치고 재잘거리면서 우르르 몰려갔다. 그러다가 울타리를 벗어나는 순간, '펑!' 하고 터지듯 사방으로 흩어지며 마치 축하라도 하듯 춤을 추었다. 옆에 서서 그걸 보고 있노라니 웃음이 나왔다.

관중 평원은 점점 따뜻해졌으나, 산시성 북부 고원의 봄은 아직 소식이 없었다. 위린시〔楡林市〕푸구현〔府谷縣〕도서관에서 함께 교류하며 경험을 나누자고 우리를 초청했다. 차를 타고 북쪽으로 가자, 길가의 초록색이 점차 옅어졌다. 자주버들과 백양나무는 막 싹을 틔우고 있어서 전혀 무성하지 않았으나, 모래언덕에 넓게 자리잡은 면적은 산시성 북부의 나무 심기와 조림(造林) 성과를 입증해주었다. 차가 황하 지류인 우딩허〔無定河〕를 건너는데, 강 북쪽과 남쪽의 풍경이 확연히 달랐다. 남쪽은 농경지였고 북쪽은 목축지였다. 회백색 성 하나가 강둑에서 멀지 않은 곳에 우뚝 서 있는데, 바로 5세기에 흉노족이 세운 대하국(大夏國)의 도읍 통만성(統萬城) 유적지로, 중국에 현존하는 가장 완벽한 소수민족 도성 가운데 하나이다. 당시 흉노족 수령이었던 혁련발발(赫連勃勃)[3]은 천하를 통일하여 만방에 군림하려는 뜻을 세웠으므로 '통만'이라는 이름을 붙이고, 또 '용승(龍升)'이라는 으스대는 연호를 썼다. 흉노족은 유목 생활을 했음에도 그는 대규모 토목 사업을 일으켰다. 성을 건설한 재료는 모래와 생석회, 점토에 물을 섞어서 만들었는데, 생석회가 물을 만나면 열이 발생하여 수증기를 뿜으니, 사람들은 그것을 일컬어 '흙을 쪄서 성을 쌓았다'라고 했다. 혁련발발은 자기의 위대한 업적이 무너지지 않도록 하면서, 성벽의 견고함도 확보하기 위해 다음과 같은 검수 기준을 세웠다. 즉 송곳으로 찔렀을 때 한 치 이상 박혀서는 안 된다는 것이었다. 그 기준을 초과하면 작업자의 목숨을 보장할 수 없었다. 그는 국경을 끊임없이 남쪽으로 확장하여 한때 장안까지 바짝 접근하기도 했다. 그러나 겨우 20여 년

---

3 혁련발발(381~425, 자는 오운敖雲)은 문헌에 따라 혁련굴혈(赫連屈孑)이라고도 쓰며, 흉노 철불부(鐵弗部) 출신으로 호하(胡夏)의 개국 황제(406~425 재위)이다. 그는 북방을 점령하고 동진을 공격하여 부홍지(傅弘之), 주영석(朱齡石) 등을 격파하며 기세를 올리기도 했다. 시호는 무열황제(武烈皇帝)이고, 묘호는 세조(世祖)이다.

후에 대하국은 북위(北魏)에게 멸망했다. 당시 통만성은 "높은 귀퉁이는 해를 가리고, 가파른 성벽은 구름과 나란하며, 돌담으로 천지(天池)를 두르고, 구불구불 1,000리에 이어졌다"라고 하는데, 지금은 무너진 담장의 잔해만 남아 있다. 우리는 안에 들어가지 않고 유적지 발치에 서서 멀리 성 모퉁이의 누각과 '룽둔[龍墩]'이라고 불리는 돈대(墩臺)만 바라보았다. 바람이 팔에 스쳐 소름이 돋았다.

푸구현에 들어갔는데도 여전히 쌀쌀했고, 밤안개가 다리 위에 자욱해서 안개 속을 걸었다. 푸구는 작은 도시이다. 나도 처음 와봤지만, 어린 시절에 늘 이 도시의 이름을 들었다. 내가 태어나던 해에 푸구현에서 중국 최대의 탄전(炭田)인 선푸[神府] 탄전—선무[神木]와 푸구 두 지명을 합친 것임—이 발견되었다. 1990년대 지리 수업에서 선생님은 탄광을 나타내는 검은 사각형 표지를 우리에게 건네주며, 산시성 지도에서 정확한 지점에 붙이라고 하셨다. 그때부터 '산시성 북부의 이 작은 도시는 틀림없이 무척 부유해질 것'이라는 게 우리의 공통된 인식이 되었다. 실제로 푸구현은 전국 100대 현 리스트에 여러 차례 올랐으며, 2020년 이 지역의 평균 GDP는 전국 평균의 거의 2배를 뛰어넘었다. 같은 해에 산시성 유일의 현급 공공도서관인 푸구현 도서관은 중국 선전부와 국가 문화관광부, 라디오 및 TV 총국이 선정한 제8차 '전국 농민 봉사, 풀뿌리 문화 건설' 부문에서 선진단체상을 수상했다. 바로 이런 이유로 우리가 이곳에 특별히 방문한 것이다.

사전에 푸구현 도서관에 대한 이야기를 몇 가지 들었는데, 그곳에는 참신한 방법이 많이 도입되어 있다고 했다. 그중 하나가 농상은행 로비의 '신용 북 카페'인데, 은행 안의 책은 도서관 본관과 통합 운영되어, 두 곳 중 어디에서나 대출하고 반납할 수 있게 했다. 은행 방문객은 대기실 소파에서 마음대로 책을 읽는데 대출과 반납을 스스로 처리했다. 은행의 경비원은 그때마다 슬쩍 쳐다보기만 할 뿐이지만 책을 잃어버린 적도 없다고 했다.

또한 '마지막 1킬로까지, 농촌에서도 독서를' 시스템을 개통해, 푸구현의 외딴 마을에서도 책을 대출하기가 무척 편리해졌다. 온라인으로 신청하면 우체국에서 무료로 책을 집에까지 배달해주었다. 반납할 때도 마찬가지로 우체국에서 무료로 찾아와서 가져갔다. 이것은 실현하기 어려운 일처럼 들리지만, 사실 지나치게 많은 비용이 들지 않고 절묘하게 힘을 빌리는 것이었다. 이는 어느 '가족'에게서 나온 아이디어였다. 우체국장인 외삼촌과 도서관장인 조카가 어느 날 이야기를 나누다가 유휴 자원을 최적으로 이용할 수 있음을 발견했다고 한다. 중국 우체국은 다른 택배와는 달리 업무 범위가 농촌의 변두리까지 포괄하기 때문에, 우편물 수송 차량이 매일 각 마을을 돌면서 수발할 우편물이 있는지 확인해야 한다. GPS를 이용해 상부에 노선을 보고해야 하니, 요령을 부릴 수도 없다. 그러나 외딴 시골은 허탕을 치기 일쑤여서 기름과 인력을 낭비했다. 그렇다면 차라리 그 김에 책을 몇 권 보내서 농촌의 대중, 특히 농촌의 교사들이 책을 대출하기 곤란한 문제를 해결하자고 의견을 모았다. 일거양득인 셈이었다.

'그 김에'와 같은 이런 좋은 아이디어들 때문에 푸구현 도서관장에게 좋은 첫인상을 가졌다. 그는 머리를 쓰려 노력하고, 틀림없이 열정적인 사람일 터였다. 주변 사람들의 말에 따르면 천〔陳〕 관장은 열정적일뿐더러 다재다능해서 전통 중국화를 그리고 칠현금을 연주하며 기이한 수석(水石)도 수집하고, 특히 산시성 북부의 전통 연가(戀歌)인 '쏸취얼〔酸曲兒〕'을 잘 부른다고 했다.

차에서 내리자 이미 나와 기다리고 있던 천 관장이 맞아주었다. 그는 전형적인 산시성 북부 사람으로 보였다. 키가 크고 건장했으며, 두

툼하고 큰 손은 악력도 대단했다. 그는 나와 닝 관장을 푸구 도서관으로 안내했다. 여러 층으로 된 도서관은 거의 2만 제곱미터 면적에 장서도 20만 권이 넘었다. 푸구현 인구가 26만 명이라고 하니, 거의 한 명 당 한 권인 셈이었다. 그러나 우리 베이린구는 상주인구가 75만 명인데, 입고 예정 장서는 3만 권이니, 한 명 당……

닝 관장은 "쯧, 쯧, 쯧" 혀를 찼다. 우리는 이들과 차이가 너무 컸다.

4층은 '황하 문화' 특별 코너였다. 방금 스프레이로 그린 남색 물보라 전시판이 한쪽에 기대어 있고, 몇 명의 작업자가 나무판자를 톱질해 이어 붙이고 있었다. 무대를 설치하는 것 같았다. 이것은 천 관장의 새로운 계획으로, 수리(水利) 분야 서적과 문화재를 수집해, 황하 유역 수자원 관련 과학을 보급하기 위한 전시회를 준비중이라고 했다. 황하 연안 북방의 건조한 작은 도시에 '물을 아끼고 절약하며, 물길을 다스리는' 것을 홍보하는 것이다.

모퉁이를 돌아가자 『사고전서四庫全書』 특별 소장실이 나왔는데, 고급스럽게 장정한 책으로 가득차 있었다. 몇몇 독자가 앉아 있어서 큰 소리로 감탄조차 하지 못하고 그저 조용히 천 관장에게 물었다.

"이 많은 경비를 어떻게 마련하셨어요?"

이 값비싼 서적들은 경비로 마련한 게 아니라 기업가가 기증한 것이라고 했다. 푸구현은 광산 자원이 풍부해서 산시성 북부의 '탄전 사장'이 시안에 건물을 샀다는 소문이 늘 떠돌았다. 한번 손을 쓰면 건물 하나를 살 정도이니, 그런 사장이 도서관에 들어가서 한번 손을 쓰면 『사고전서』 한 세트 정도는 기증할 수 있었을지도 모른다. 천 관장이 말했다.

"어디 그렇게 쉬웠겠습니까? 술자리에서 내기한 결과입니다. 상대방이 큰 술잔에 술을 따라줄 테니 그걸 마시면 한 잔에 10만 위안을 기부하겠다고 해서, 제가 연달아 7잔을 마시고, 그 돈으로 『사고전서』 한 세트를 샀지요."

대단하다! 천 관장은 정말 '재주를 배워두면 도움이 되는' 전형적인 인물이었다. 나는 독자를 위해 도서 목록만 만들 줄 아는데, 그는 독자를 위해 많은 술을 마실 줄도 알았다. 베이린구 도서관은 지금 대형 세트로 된 서적이 없는데, '술 7잔=『사고전서』한 세트'라는 공식이 이처럼 매력적이긴 해도, 나는 두 잔에 취해버리니 어쩔 수 없었다. 닝 관장을 돌아보며 주량이 어느 정도냐고 물으니, 그녀는 놀라서 고개만 내저을 뿐이었다.

이튿날 천 관장은 200킬로미터 떨어진 오르도스(Ordos) 도서관으로 우리를 데려갔다. 오르도스도 에너지로 유명한 도시이고, 이곳 도서관도 여러 차례 표창받은 '1급 도서관'이었다.

차창 밖으로 황하가 돌연 굽어지며 마치 거대한 용이 몸을 비틀 듯이 산시성(山西省)과 산시성(陝西省), 몽골까지 세 지역을 갈라놓았다. 세 지역의 경계에는 지밍산(雞鳴山)이 있어서, 수탉이 산속에서 새벽을 알리면 세 지역의 주민이 모두 들을 수 있다고 했다. 진짜 수탉은 보지 못했으나 현지의 유명한 '푸핀지(扶貧鷄)', 즉 빈곤을 구제하는 닭은 보았다. 이것은 산꼭대기에 우뚝 세워진 조각상이었다. 산기슭의 QR코드를 스캔하고 10위안을 내면 '푸핀지'가 울었다. QR코드를 스캔한 금액은 현지 농가를 돕는다고 해서, 우리도 모두 스캔하며 놀았다. 그 닭은 즉시 "꼬끼오!" 하고 세 번 울었는데, 소리가 정말 커서 황하 맞은편에서도 들릴 듯했다.

산길 옆에는 낡은 솜옷을 입고 주름이 깊게 파인 노인 몇 명이 옅은 갈색의 물건을 주렁주렁 들고 앉아, 나더러 사겠느냐고 물었다. 그들의 방언은 잘 알아듣지 못했으나, 이것은 틀림없이 손으로 한 알 한 알

천천히 꿰어서 만들었을 터였다. 말린 과일이었는데, 쪼글쪼글하고 재가 묻어 있었으며, 무명실도 조금 지저분한 것을 보니, 처마 아래에 꽤 오래 걸려 있었던 듯했다. 말린 복숭아와 말린 사과, 말린 하이훙궈(海紅果)4는 모두 원래의 색을 잃었고, 기계로 말린 과일처럼 보기 좋게 균일하지도 않았다. 가격도 나을 게 없어서 한 꿰미에 10위안인 데다, QR코드도 없이 현금만 받았다. 맛을 보니 재와 먼지가 씹혔으나, 그렇게 많은 시간을 들여 만든 것임을 고려해서 현금을 빌려 조금 샀다. 그들 발치의 바구니는 크지 않고 물건도 많지 않아서, 전부 팔더라도 수입은 보잘것없을 듯했다.

오르도스 도서관에서는 천으로 정교하게 장정되어 유리 진열대에 전시된 몽골어 장편 서사시와 "당신이 책을 고르면 제가 계산합니다"라는 대출 양식을 보았다. 그것은 도서관 안의 작은 서점이었는데, 특이한 점은 독자가 마음에 드는 책을 골라서 프런트에 가져가되 돈을 내지 않는다는 것이었다. 직원이 '판매' 처리를 한 뒤에, 도서 목록에 등록한다. 독자는 그 자리에서 이 책을 대출해 집에 가져갈 수 있으며, 기한 내에 반납하면 되었다. 도서관 이용객들이 이 방식을 매우 좋아한다는 얘기를 듣고 닝 관장을 돌아보며 물었다.

"우리 도서관에서도 시도해볼까요?"

돌아오는 길에 닝 관장의 전화가 울렸다. 남편이 출장은 어떤지 이것저것 안부를 묻자, 그녀도 조곤조곤 대답해주었다. 그러자 차 안에 있던 이들이 모두 말했다.

"중년 부부가 아직도 이렇게 달콤하군요!"

그녀는 조금 수줍어했다.

---

4   북방의 건조한 지역에서 잘 자라는 서부해당(西府海棠)의 열매로, 크기는 일반적인 방울토마토와 비슷하고, 익으면 대개 붉은색이 된다.

"다들 마찬가지잖아요."

산시성 북부는 닝 관장 남편의 고향인데, 말이 나온 김에 그녀는 예전에 시가에 왔을 때의 이야기를 들려주었다. 시부모와 시누이와 함께 술잔을 나누고, 고기를 삶고, 마작을 한 일 등이었다. 내가 상상했던 대로 그녀는 시골에 가면 그곳 풍습을 따르니, 시댁 식구들과 사이가 좋았을 터이다.

천 관장이 산시성 북부의 민요를 부르기 시작했는데, 목소리에 가벼운 콧소리가 섞인 채 길고 느릿하게 이어졌다.

머리에 쓴 수건은 세 가닥으로 푸르지.
만나기는 쉬워도, 아아, 말 건네기는 어려워……

천 관장의 동료가 말했다.
"이런 거 말고 새콤한 걸 듣고 싶은데요!"
천 관장이 노래를 멈추고 우리에게 물었다.
"두 분이 괜찮으시다면 그런 걸로 바꿔서 한 곡 불러드릴까요?"
우리는 말없이 웃었다. 천 관장은 목소리를 가다듬더니 손을 공중에 휘저으며 박자를 맞추었다.

좁쌀죽은 약한 불로 끓이고
쏸취얼은 새콤한 맛이 나게 불러야지.
달콤한 사과, 싱싱한 배
적당히 새콤해야 인간미가 조금 있지.

큰길로 오지 말고 사잇길로 오서요.

대문이 아니라 담을 넘어서 오셔요.
남이 들을까 싶으니 신은 손에 들고
살그머니 더듬어 누이동생 문 앞에 왔지요.

누이동생, 부르거든 얼른 문을 열어줘.
서북풍이 불어 너무 춥다고!
하늘엔 별이 가득하고 달은 없으니
한밤중의 재앙이 개에게 덮쳤네……

내가 닝 관장의 손을 쥐자 그녀도 맞잡았다. 누이동생 문 앞에 왔으니 곧 19금 가사가 나올 텐데, 계속 들을 거냐는 뜻이었다. 천 관장은 우리의 은밀한 동작을 알아채지 못하고 계속 노래했다.

천천히 문을 열고 등불을 꺼요.
우리 얼른 구들에 올라가 할 일이 있지요.
누이동생을 와락 품에 안고……

나와 닝 관장은 웃음을 참으며 천 관장의 어깨를 쳤다.
"그만, 그만! 관장님, 여기까지만 부르셔요. 이다음은 상상에 맡겨요, 상상에 맡기라고요!"
이때 천 관장의 목소리는 이미 최고조에 이르러서 멈추려 해도 그럴 수 없었다. 그는 눈을 감고 오른손 손등을 왼손 손바닥에 힘껏 내리치며 마지막 구절까지 불렀고, 차 안은 웃음바다가 되었다.
시안에 돌아오니 도서관 공사는 이미 마무리 단계에 들어섰는데, 압연 공장에서 분쇄한 나무 부스러기 같은 나쁜 소식이 소음과 뒤섞여서 어지럽게 들려왔다.

전자 열람 구역은 네트워크 인터페이스를 남겨놓지 않아서 장비를 사용할 수 없었고, 정수기를 설치할 위치에 상수도관과 하수관을 미리 남겨놓지 않아서 연결에 문제가 생겼으며, 어린이 구역의 계단 모양에 편차가 생겼는데 이는 내가 손으로 그린 스케치만 있고 전문적인 도면이 없어서 작업자가 실수했기 때문이었다. 책장과 책상, 의자를 실은 대형 화물차가 이미 장시성[江西省]에서 산시성으로 이어진 고속도로를 달리고 있는데, 마루판을 까는 작업이 너무 느리게 진행되어서 지금은 가구를 들여놓을 수 없었다. 그것들을 어디에 보관해야 하고, 비용은 어떻게 해결해야 할지 몰랐다.

내장공사는 천을 재단하고 꿰매어 옷을 만드는 일과 같아서, 마무리 단계에서는 더욱 인내심을 가지고 작업해야 한다. 이음새끼리 정확하게 들어맞지 않으면 비뚤비뚤 찌그러져버린다. 닝 관장과 함께 업체들을 소집하여 상의했으나, 그들은 이음새를 맞출 생각은 전혀 하지 않고 서로 책임을 떠넘기기만 했다. 시끄럽게 다투던 와중에 내장공사 업체가 물러설 곳이 없어지자 내게 책임을 떠넘겼다. 화를 참으며 휴대전화를 꺼내서 내 결백을 입증할 채팅 기록을 찾고 있는데, '딩동!' 소리와 함께 위챗으로 마침 도서관 로고의 디자인 시안이 도착했다. 언뜻 보았으나 뭐라 평가할 수가 없어서 닝 관장에게 보여주었다. 그걸 본 닝 관장이 나와 시선을 마주쳤다. 하얀 바탕에 검은 글씨, 장례 분위기가 진하게 풍겼다.

그 기간에 내 전화는 자주 울렸고, 수화기 너머에서는 늘 닝 관장이 다급히 나를 불렀다.

"얼른 와보세요, 얼른요!"

서둘러 가보니 닝 관장이 말한 '물난리' 현장이 보였다. 벽은 흠뻑 젖었고, 위에서는 물이 똑똑 떨어지고 있었다. 위층의 소방 파이프에서 벌써 두번째 물이 새는데, 관리실에서는 뜻밖의 사고일 뿐이라고 했다. 책을 이미 들여놓았더라면 어떻게 망가졌을지 모를 일이었다.

또 하루는 닝 관장이 자기 쪽에 와서 냄새 좀 맡아보라고 소리쳤다. 그녀는 계단 어귀에 서서 얼굴을 찡그린 채 말이 없었다. 단번에 공기 중에 떠도는 썩은 음식물의 시큼한 악취를 감지하고 구역질이 나려 했다. 그녀는 곧장 나를 끌고 로비 뒤쪽으로 돌아가 벽을 손가락으로 가리켰다. 발목보다 높은 곳까지 배어나온 노르스름한 얼룩이 보였다. 하얀 타일 바닥에는 휘어진 자국이 남아 있고, 음식물 찌꺼기는 막 치워진 상태였다. 한 시간 전에 여기에는 오물이 가득차 있었는데, 벽 너머에 있는 유수 분리조(grease trap)가 밖으로 넘쳐서 차마 보기 힘들 정도였다.

우리 도서관은 독립된 건물이 없이 상가 지하를 임대해서 쓰고 있는지라 폐단이 너무 많았다. 1층 음식점의 유수 분리조도 지하에 있는데, 도서관 사무실 구역과 인접해 있었다. 이전에도 혹시 누출될까 염려스러워 들어가 살펴본 적이 있다. 기계실 안에는 대형 기계와 계량기가 윙윙 소리를 내며 돌아가고 있었고, 직원은 얼마나 훌륭한 스마트 시스템인지, 고체와 액체, 기름과 물을 어떻게 분리하여 오염수를 끌어올리는지 설명해주었다. 최첨단 장비여서 컴퓨터와 휴대전화에서 실시간으로 모니터링하고 있으며, 경계 위치에 도달하면 자동으로 경보가 울리고 전담자가 청소를 책임지고 있어서 절대적으로 깨끗하니, 결코 문제가 생길 일이 없다고 했다. 그러나 도서관 기초 공사가 끝나고 나자 이 기계실과 이어진 벽은 계속해서 표면이 일어나고 습기가 찼다. 우리의 보고를 받고 나서 그들이 방수 처리를 했는데도, 이날 최악의 사태가 터지고 만 것이다. 작업자의 부주의로 누출되어서 엉망진

창이 되어버렸다. 식당에서는 벽을 다시 칠해서 손해를 배상하겠다고 약속했으나, 닝 관장은 눈살을 찌푸릴 수밖에 없었다. 이런 사고는 단순한 해프닝으로 넘길 수 없었다. 개관한 뒤에 다시 터진다면 책 읽는 곳까지 오물에 잠길지도 모른다.

관리실의 누수와 식당의 기름 유출 위험은 신속하게 제거되어야 했다. 미래의 안전을 확보하기 위해 변호사에게 자문하여 내용을 추가한 계약서를 작성했다. 이어서 건물 전면에 걸릴 도서관 간판 디자인을 서둘러 설계해야 했다.

설 전에 시안 서예협회장 스루이팡[石瑞芳] 여사에게 우리 도서관의 이름을 써달라고 청했다. 그녀는 우리 도시에서 상당히 명성이 높고, 작고한 부친은 장안에서 현판 글씨의 대가로 명성이 자자한 스셴장[石憲章] 선생이었다. 전해들은 이야기에 따르면, 그녀는 5세 때 외삼촌을 따라가서 남조 양(梁)나라 때의 도사이자 서예가인 도홍경(陶弘景: 456~536)이 썼다고 하는 〈예학명瘞鶴銘〉을 새긴 비석을 본 적이 있는데, 어린 나이에도 거기에 매혹되어 손가락으로 따라 쓰면서 그 앞을 떠나려 하지 않았다고 한다. 그녀의 부친이 그 이야기를 듣고 무척 기뻐하며 늘 딸의 손을 잡고 비림 속을 거닐곤 했다고 한다. 젊은 나이에 일찍이 성공을 거두었고, 지금은 환갑을 바라보는데도 여전히 필력이 왕성했다. 그녀가 승낙할지 확신은 없었는데, 뜻밖에도 흔쾌히 승낙했다. 연휴 기간에 그녀는 '시안시 베이린구 도서관'이라는 글자를 여러 번 연습하고, 어느 조용한 오후를 택해서 서재 문을 닫아걸고 단숨에 썼다. 그리고 직접 도서관까지 가져다주면서 겸손하게 말했다.

"이 글씨들은 쓰기가 쉽지 않았는데, 괜찮게 썼는지 모르겠군요."

조심스럽게 화선지를 펼치자, 자리에 있던 이들이 일제히 감탄을 터뜨렸다. 글씨의 선과 결이 이어지며 우아하고 생동감 있게 빛났다. 친구들과의 채팅방에 올리자 내 박사 지도교수이신 왕야오〔王堯〕 선생이 '멋진 글씨'라고 하셨고, 후이팡에서 곶감을 파는 아저씨도 감탄했다.

"스셴장 선생 딸답게 글씨가 예사롭지 않구먼!"

이런 글씨는 소홀히 다루어서는 안 되니, 좋은 바탕으로 받쳐주어야 한다. 다만 여전히 디자이너를 쓸 돈이 없다는 게 문제였다. '하룻밤' 민박의 디자이너 샤오화에게 조언을 구하자, 그가 이렇게 건의했다.

"흰 바탕에 검은 글자를, 원목 격자 무늬 바탕에 조명 효과가 있는 글자로 바꾸고, 영문도 추가하십시오."

그는 몇 가지 디자인 예시를 보내왔다. 관리실에 건넸더니 모조리 거절당했다. 길가의 간판은 흰 바탕만 써야 한다는 엄격한 규정이 있다고 했다. 아울러 우리에게 주겠다고 한 간판의 위치는 저 높이 3층에 걸려 있는 좁은 곳이라고 알려주었다.

나와 닝 관장은 깜짝 놀랐다. 1층에는 도서관 입구와 마주한 커다란 자리가 빈 채로 방치되어 있는데, 줄곧 그것이 관리실에서 주기로 한 간판인 줄로 당연하게 여기고 있었다. 그게 아니라는 것을 이제야 알았다. 관리실에서는 이 글씨를 비율에 맞게 축소해 3층의 좁은 곳에 걸라고 요구했는데, 행인들이 애써 고개를 들어도 잘 보이지 않을 듯했다. 조만간 1층과 2층의 광고 자리가 팔려서 현란한 광고판들이 세워지면, 우리의 '시안시 베이린구 도서관' 간판은 더욱 눈에 띄지 않게 될 것이다.

공익을 위한 독서와 상업용 매장 가운데 어느 게 더 중요한지에 대해 관리실에서는 나름대로 답을 가지고 있었다. 화가 났다. 공공도서관의 간판을 높은 곳 구석에 배치한다는 게 적절한가? 이것이 시민의 편의를 도모할 수 있는가? 게다가 같은 건물에 저 식당의 간판은 분명히 컬러 바탕인데, 왜 도서관은 흰 바탕만 쓸 수 있다는 것인가?

관리실의 답변은 이러했다.

"그 식당 간판은 작년에 설계한 것이라서 해당되지 않습니다. 올해부터 모든 신규 점포는 반드시 흰 바탕을 써야 하며, 예외는 없습니다."

샤오화가 아이디어를 주었다.

"직접 관리실을 찾아가보세요. 담배 한 갑이면 될 일이에요."

담배 한 갑으로 될 일은 아니었다. 닝 관장과 함께 먼저 국장을 찾아가자, 국장은 구청의 투자합작국 국장을 중개인으로 불러 협상했다. 관리실은 투자합작국 국장을 보자 열정적으로 악수했다.

"예, 좋습니다. 반드시 베이린구를 위해 일을 훌륭하게 처리하겠습니다!"

최종 협상 결과 흰 바탕은 그대로 지키되 무늬가 들어간 재질을 써도 된다고 했다. 1층의 간판 위치는 무료로 제공할 수는 없으나, 투자합작국장의 체면을 봐서 일 년에 3만 위안으로 깎아주겠다고 했다.

닝 관장과 함께 투자합작국장에게 감사하고 도서관을 나와, 팔짱을 끼고 구 청사 동쪽의 정쉐제〔正學街〕로 갔다. 넓지 않은 이 골목의 가게들은 모두 광고판을 만드는 곳이었다. 하얀 바탕의 판은 '목화처럼 흰 것'과 '펄이 들어간 흰색', '은방울꽃 같은 흰색'이 있었는데, 결국 우리는 가벼운 재질의 흰색에 울타리 무늬가 들어간 것을 골랐다. 이렇게 하면 한 줄로 된 서예가 어쨌든 그다지 단조롭게 보이지 않을 터이다.

하지만 3만 위안은 어떻게 해결하지? 머리가 아팠다. 닝 관장이 납작한 흰 알약을 하나 주었는데, 의사인 남편이 자기에게 추천해준 약이라고 했다. 도서관 때문에 노심초사하느라 밤마다 잠을 이루지 못하는데, 분명히 나도 그럴 거라 짐작했다고 했다.

저녁 10시에 반 알을 복용하니 나른해져서 곧장 이불 속으로 들어갔다. 한밤중에 눈을 뜨고 시계를 보니 새벽 3시였다. 간밤의 잠은 죽음처럼 적막해서, 아무 소리도 없이 캄캄하고 거울처럼 매끄러워 드나든 흔적조차 없었으니, 꿈은 더욱 말할 것도 없었다. 그것은 진짜 잠 같지 않고, 몇 시간 동안 삭제 키가 눌려 지워져 체온과 호흡이 떨어졌다가 다시 재생 키를 눌러 부활한 것 같았다. 이런 감각은 마치 사이버펑크처럼, 피와 살의 감각이 기계화되었다. 다시는 이런 잠을 자고 싶지 않았다.

아침에 출근해 책상 앞에 앉아, 그 3만 위안을 생각하며 멍하니 고민에 잠겨 있었다. 그때 관광과의 저우원(周雯)이 노크하고 들어와 서류에 사인해달라고 하다가 돌연 이렇게 물었다.

"부국장이 되니 무척 바쁘신가 보네요?"

무슨 얘기인가 싶었는데, 그녀가 말을 이었다.

"처음 여기 오셨을 때는 긴 머리카락이 멋지게 찰랑거렸는데, 이젠 머리에 기름이 끼고 화장도 안 하시네요. 많이 변하셨어요!"

나는 창가로 걸어갔다. 몇 개의 스킨답서스 화분들 위로 거울이 걸려 있었다. 거울 속의 내 얼굴은 누렇게 떴고, 머리카락은 축 처져 있었는데, 내 모습이 이 모양인 줄도 몰랐다.

'14차 체전'과 딱 들어맞아요!

며칠 후 도서관 신입 직원 명단이 내 책상에 놓였다. 그들은 모두 원수〔雲書〕회사에서 왔다.

우리 도서관은 아직 공공기관 채용을 진행하지 않아서 잠시 외부 용역을 활용할 수밖에 없었다. 이전에 기업과 학교에 도서관을 지은 적이 있는 원수 회사가, 2021년 설 연휴 전에 실시한 입찰에서 낙찰되어 10명의 직원을 파견했다. 설 연휴가 끝나고 이들은 시안시 도서관에서 사전 교육을 받았으며, 최근 차례로 우리 도서관에 배치되기 시작했다. 또한, 원수 회사의 소개로 시베이대학 도서관학과와 우리 도서관이 실습 협약을 체결해서, 학부생 30~50명이 도서 목록 작성을 돕게 되었다. 그 덕에 닝 관장은 단번에 많은 도우미가 생겼다.

도서관은 아직 완공되지 않아서 닝 관장은 평소 청사의 사무실에서 일했다. 지난번 기름 유출 사고 때문에 도서관 내부 여러 곳의 벽이 엉망이 되었고, 구석의 노란 얼룩은 여전히 오물을 연상시켰다. 정수기 상수도관과 하수관, 컴퓨터 네트워크도 제대로 연결되지 않아서 출근하기가 무척 불편했다. 하지만 그렇다고 해서 상부의 결정이 바뀌지는 않았다. 닝 관장은 청명절 전에 도서관으로 이사하고, 현재의 사무실은 곧 부임하는 다른 부국장에게 주어야 한다는 것이었다.

그녀는 쫓겨나는 기분이라며 금방이라도 울음을 터뜨릴 것 같았다. 잠시 내 사무실로 이사하라고 했으나 거절했다. 책상 위의 서류를 힘껏 포장하느라 포장지에 테이프를 감는 소리가 유난히 크게 울렸다. 잠시 그녀의 등에 손을 얹었는데, 그녀는 눈이 붉어진 채 나를 밀쳤다.

"전 괜찮아요."

"오늘 여기서 마지막날이니 밥이라도 한 끼 사줄게요."

"아뇨, 못 먹겠어요."

그녀는 짐을 정리한 종이상자들 사이에 서 있었는데, 역광 속에서 뺨을 늘어뜨린 채 아주 조금도 즐거운 기색이 보이지 않았다. 내가 억지로 팔을 끌고 밖으로 나갔다.

성벽의 샤오난먼〔小南門〕 근처에는 특색 있는 먹거리가 모여 있는데, 수이펀양러우〔水盆羊肉〕로 유명한 오래된 한 가게는 곧 만원이 될 참이었다. 대각선 맞은편의 펀탕양쉐〔粉湯羊血〕 가게에도 길게 줄이 늘어서 있었는데, 그곳은 드라마 〈무대 설치裝臺〉의 촬영지여서 사람들이 많이 찾는다고 했다. 닝 관장은 기름진 음식은 못 먹겠고 담백한 것을 먹고 싶다고 해서 훈둔〔餛飩〕[1]을 먹으러 갔다. 송이버섯이 들어간 닭국물을 주문했는데, 황금빛에 윤기가 흘렀다. 그녀는 숟가락으로 국물을 휘저으며 오렌지색 동충하초를 이리저리 밀고 다니기만 할 뿐, 먹을 마음이 없는 듯했다.

"일이 힘든 건 무섭지 않은데, 단지 지도자에게 인간미가 조금 있었으면 좋겠어요."

그녀는 기어코 훈둔 값을 계산하고, 나와 나란히 자전거를 타고 부서로 돌아왔다. 10분간의 이 여정으로 기분이 조금 나아진 듯, 갈 때보

---

[1] '훈둔〔餛飩〕'이라고도 하는 중국식 만둣국으로, 들어간 만두는 크기가 상대적으로 작다.

다는 자전거를 모는 속도가 빨랐다. 오후에 그녀는 이사를 나가, 아직 완공되지 않은 '아지트'에 입주했다.

청명절 뒤에 새로 온 부국장은 내 사무실에서 관광과의 업무를 인계받았다. 이후로 나는 '관광'에는 관여하지 않고 '문화'에만 전념할 것이다.

닝 관장이 떠난 후 꽤 여러 날 동안 그녀에게서 소식이 없었다. 아마 지금 주변에 직원이 많아서 내가 그다지 필요하지 않은 듯했다. 그러던 어느 날 내 책상의 전화가 울렸는데, 그녀였다. 부들방석이 도착했으니, 내게 알려야 했다고 말했다. 역시 그녀는 나를 잘 알았다. 내가 식물 뿌리를 촘촘히 엮어 만든 이런 작은 물건들을 좋아한다는 것을 알고 있었다. 내 귀에 '부들방석이 도착했다'라는 말은 신선한 어휘의 조합으로 들렸다. 그 얘기를 듣자마자 당장 도서관에 가보고 싶어 엉덩이가 들썩였다.

도서관에 도착해 보니 세미나실 구석에 쌓인 원기둥 모양의 꾸러미는 아직 개봉 전이었다. 테이프가 단단히 감긴 채 서너 개가 함께 묶여서 타이어처럼 포개져 있었다. 몇 묶음을 안고 가서 가위 끝을 비스듬히 기울여 검은색의 질긴 비닐 포대를 긋자, 굵은 부들의 베이지색 결이 보였다. 마침내 비닐 밖으로 튀어나온 부들방석은 그 탄탄함과 크기가 바로 내가 바라던 것이어서, 마치 내 장난감 같았다. 세워서 높이 던지자 공중에서 빙그르르 돌며 떨어졌다. 두 손바닥을 모아서 받고 또 수평으로 멀리 던졌다. 그것들은 무게를 싣고 계단으로 날아서 '푹석!' 하고 벽을 스치고 떨어졌다.

어린이 구역의 물결 모양 2층 계단은 원래 매끈한 침묵의 공터였으나, 부들방석이 들어오자 오선지에 음표가 뛰듯이 생생한 재미가 생겼다. 어쨌든 도서관에는 사람이 적어서 원반을 날리듯이 그렇게 놀아도 누구에게 방해가 되지는 않았다.

닝 관장이 웃으며 내 가위를 거둬 갔다.

"자자, 됐어요. 몇 포대를 뜯었으니 됐어요. 꼭 어린애 같으세요."

새로 온 도서관 직원들은 나를 잘 알지 못해서 그저 멀리서 바라볼 뿐이었다. 그중 한 명이 다가와서 말했다.

"부국장님, 저는 장샤오메이〔張小梅〕라고 합니다. 원래는 이렇게 말을 건넬 만큼 과감하지는 않은데, 부국장님은 어떻게 이렇게 재미있게 노세요? 부국장 같지 않으세요."

장샤오메이는 요즘 보기 드문 헤어스타일을 하고 있었다. 하나로 굵게 땋은 머리를 허리께까지 늘어뜨렸고, 귀 근처에는 곱슬곱슬한 잔머리가 어지럽게 일어나 있었다. 새로 도착한 도서 처리는 어떻게 되었느냐고 묻자 나를 지방 문헌 구역으로 안내하더니, 그 안에 있는 마르고 키가 큰 젊은이를 가리키며 말했다.

"샤오뤼〔小呂〕가 담당하고 있어요."

이곳에는 깨끗한 바닥에 책이 가득 쌓여 있었다. 나는 조심스럽게 책들 사이를 돌아다녔다. 한쪽에 놓인 밀크티 색깔 천 표지의 양장본 『체호프 문집』이 보였다. 너무 아름다웠다. 우리집에도 사지 못한 책인데, 여기서 마주하다니. 다른 줄의 책은 붉은 와인 색깔의 책등이 두꺼운 책이었는데 멀리서 보아도 단정했다. 가까이 가서 보니 외국 문학 클래식 시리즈의 격자무늬 디자인이었다. 연한 금색의 격자무늬가 연한 올리브색 바탕에 찍혀 있어서 잘 어울렸다. 표지를 넘기자 반투명한 유리 같은 속지 너머로 은은하게 작가의 얼굴이 비쳤다. 종이가 가벼워서 손에 쥐기에 편했다. 또 내가 오래전부터 갖고 싶었던 '북웜(Book Worm)' 대역본 시리즈도 도착해 있었다. 윤기가 흐르는 짙은 녹색 표지에, 한 권 한 권 아주 얇아서 혼자 세울 수가 없어 다른 책에 비스듬히 기대어 놓여 있었다.

내가 본 책들은 도장을 찍고 바코드를 붙이는 일이 대부분 서적상의 손에서 끝나 있었고, 온라인 입력도 국가도서관 데이터베이스에서 공유 자료를 찾아 복사해 붙이면 돼서 어렵지 않았다. 하지만 산시성 지역 문헌과 우리 도서관의 특색 서적은 기존 데이터가 없으니 샤오뤄가 직접 만들어 입력해야 했다.

책을 옮기는 일은 막노동이다. 샤오뤄는 먼지가 묻지 않도록 헐렁한 작업복을 입었는데, 무릎 아래까지 오는 진한 남색 상의는 그의 몸에 너무 커 보였다. 어깨와 쇄골 부분은 옷이 툭 튀어나왔고, 허리 부분이 상대적으로 높아 보여서 그의 다리가 길다는 것을 알 수 있었다. 그가 내게 고개를 살짝 숙였는데, 짧은 머리카락은 깔끔했고, 안경 너머의 눈빛에는 약간 어색함이 묻어났다. 샤오뤄는 학부를 졸업한 지 일 년밖에 되지 않았으며, 문화산업을 관리해본 적은 있으나 도서 목록 작성은 처음이었다.

그의 이전 직업은 비교적 여유가 있어서 헬멧의 사양과 라이딩용 렌즈, 페달링 기술, 그리고 시안 주변의 '세 강과 하나의 산' 녹색길 조성 진행 상황에 관심을 가질 만한 시간이 충분했고, 거의 주말마다 친구들과 함께 교외로 자전거를 타고 다녀오곤 했다. 3월에 시안시 도서관에서 사전 교육을 받던 첫날, 그는 수업을 잘 이해하지 못해 초조했다. 닝 관장은 도서관 전체의 도서 목록 작성을 그에게 맡겼는데, 이 몇만 권의 정보를 관리하는 법을 배우지 못하면 아무도 대신해줄 수 없었다. 그렇다면 4월 말에 어떻게 개관할 수 있겠는가? 23세의 이 젊은이는 빠르게 자판을 두드리며 강의 노트를 작성했고, 일의 무게를 느껴 자전거를 잠시 놓아두었다.

이제 샤오뤼는 매우 능숙해졌다. 우선 크라프트지로 포장된 커다란 책 뭉치를 카트를 이용해 책상 앞으로 옮기고, 포장을 뜯고, 서적상이 제공한 주문 검수표와 대조하여 여러 차례 확인한다. 그런 다음 '시안시 베이린구 도서관 장서인'이라고 새겨진 사각형 도장에 붉은 인주를 묻혀서 각각의 책마다 철컥철컥 두 개를 찍는다. 하나는 속표지에, 다른 하나는 은밀한 위치에 찍는다. 이 은밀한 위치는 매년 달라서 도서관 직원만이 규칙을 아는데, 마치 태어날 때부터 아이 몸에 있는 모반(母斑)을 잘 아는 것이나 마찬가지다.

"이건 우리 거야. 틀림없어."

이어서 프린터에서 나온 긴 띠에서 우표 한 장 크기의 바코드를 떼어 속표지의 장서인 도장 아래에 붙이고, 그보다 조금 큰 투명한 직사각형의 필름으로 한 번 더 단단히 붙임으로써, 바코드가 손상되지 않도록 한다. 또 책을 뒤집어 뒤표지 안쪽에 정사각형의 전자 칩을 붙인다. 이어서 서적에 대한 간단한 소개문을 작성하고, 저작권 페이지를 펼쳐서 컴퓨터에 제목과 저자, 출판사, ISBN, 청구 기호 등을 입력한다. 때로는 독자가 검색하기 편하도록 100자에서 200자가량의 내용 요약도 작성해야 한다. 이런 일이 끝나면 책등에 청구 기호를 붙이고, 컴퓨터 시스템에서 바코드와 칩의 정확도를 검증한다. 우리 도서관의 서적은 일반적으로 3권의 복본이 있어서, 샤오뤼는 먼저 가장 작은 번호를 찾은 후 숫자 3을 더해 한 번에 3권의 도서 정보를 입력할 수 있도록 했다.

이렇게 도서의 '온라인 관리'를 마치면, 마지막으로 '오프라인 진열'을 해야 한다. 책장에 올리기 전에 서적을 전부 '사서 업무 스테이션'이라는 기계에 넣어 정보를 변환해야 하는데, 이는 도난 방지를 위해서이다. 꺼내면 다시 한번 도서의 수량을 점검하고 분류하여 카트에 실어서 A, B, C, D, E, F 등의 분류 번호가 붙은 책장으로 가 진열하기 시작한다.

나는 책이 책장에 진열되기 전에 이렇게 많은 절차를 거쳐야 하는 줄 전혀 몰랐고, 샤오뤼도 이전에는 마찬가지였다. 그는 도서관 사서가 그저 차를 마시고 미소를 지으며 바코드를 스캔하는 사람인 줄로 여겼었다.

샤오뤼와 이야기를 나누고 있는데 원수 회사의 사장 정(鄭) 선생이 들어왔다. 그는 4월 22일에 개관하자고 제안했는데, 4월 23일이 '세계 책과 저작권의 날'이므로 홍보에 유리하기 때문이라고 했다. 이제 몇 가지 준비 작업에 대해 나와 상의해야 하는데 도서관 홈페이지 등록과 웹 호스팅, 유선전화업무 등이 그것이었다. 마지막으로 무슨 어려움이 없냐고 묻기에, 가장 해결하기 곤란한 그 간판 임대료 3만 위안이라고 했더니, 정 사장도 곤란해하면서 돌아가서 부사장과 상의해보겠다고 했다.

이틀 후, 정 사장이 이 돈을 내겠다고 승낙했다.

좋은 소식이었다. 닝 관장과 함께 주위를 둘러보니, 더는 무슨 큰 골칫거리가 없는 듯했다. 이 '아지트'는 인테리어는 소박했지만 모든 게 신선했다. 책장의 도서는 반듯하고, 신문과 간행물은 네 귀퉁이가 깔끔하게 각이 맞춰져 있으며, 한 줄로 늘어선 데스크톱 컴퓨터의 화면은 깨끗한 빛을 반사했다. 벽에 그린 동물 그림은 생생하다고는 할 수 없어도 불빛에 비치니 그래도 조금 발랄하고 귀여웠다. 식물과 부들방석이 그 사이를 장식해 계단을 아늑하게 만들어, 찾아온 사람들이 앉고 싶은 마음이 들게 했다.

모든 도서를 책장에 진열하고 나면, 청소 전문 인원의 청소를 기다리고, '비첩 구역'과 '외국어 아동서', '만화 구역'이라고 된 3개의 원목 간판을 주문해서 만들고, "당신이 책을 고르면 제가 계산합니다" 구역에 완방(萬邦) 서점의 서적을 채우기만 하면 바로 신나게 개관할 수 있다.

개관식에서는 공연이 필요했는데, 정 사장이 유치원 한 곳에 연락해 아이들이 공연해줄 수 있을지 상의해보겠다고 했다. 공연 주제는 애국과 관련된 게 가장 좋을 것이다. 나는 시안와이스(外事) 대학의 칠현금 교사인 바이진(白金) 선생에게 〈유수流水〉 연주를 청할까 하고 생각했는데, 이 주제 역시 적합했다. 높은 산에서 흐르는 물이 지음(知音)을 만나듯이, 책장에 조용히 꽂혀 있는 도서들이 독자와 마침맞게 만날 수 있기를 바랐기 때문이다.

정부 행사와 관련된 공연은 주제가 매우 중요하다는 것을 지난 반년 동안 절실히 깨달았다. 작년 가을 '국민에게 베푸는 공연 시즌'에 상부에서 할당한 경비가 문화과에 내려왔는데, 시민에게 친창 공연을 10회 제공하되 주제는 낙관적이고 긍정적이어야 하며, 각 회당 1만 위안을 초과해서는 안 된다고 했다. 그날 하늘은 매우 맑았고, 우리는 친창 극단장과 함께 공연장을 살펴보러 갔다. 시안시 면벨벳 공장 옛 터는 지금은 젠궈먼(建國門) 라오차이창(老菜場)이라고 부르는 식료품 시장인데, 유명한 SNS 핫플레이스이다. 나도 진즉부터 얘기는 들었으나 아직 가보지 못했다.

순청샹(順城巷) 바로 옆에 문학적인 분위기를 풍기는 꽃집과 카페가 있고, 모퉁이를 돌면 분위기가 바뀌기 시작한다. 국숫집과 호떡집을 지나면 시장이 나온다. 확실히 멋진 시장이다. 공장 건물은 넓고 크며, 과일과 채소도 신선하다. 저우즈현(周至縣)의 키위는 청록색 안에 촉촉한 붉은 속살이 있는 품종이 가장 달콤하다. 린퉁구(臨潼區)의 석류는 알갱이가 껍질을 빵빵하게 밀어올렸는데, 반쯤 껍질을 벗기면 붉고 탐스러운 알갱이들이 촉촉히 모습을 드러낸다. 가을과 겨울에 가장 인기가 많다. 메인 건물 북쪽에는 통로가 있어서 비릿한 냄새를 막아주는데, 그 너머에서는 닭과 오리, 물고기, 게가 파닥거린다. 남쪽으로 가면 천으로 된 자루와 도자기 항아리가 있다. 자루 안에는 바짝 말린 목이버섯과 호두, 콩이 들어 있고, 흰 바탕에 푸른 무늬가 들어간 도자기 항아리에서는 짠지의 새콤달콤한 습기가 피어난다.

2층의 빈 공간에서는 마침 아방가르드 미술 전시회가 열리고 있었다. 벽 한 부분이 벽돌 쌓는 것을 잊어버린 듯이 이상하게 비어 있었는데, 그 자리에서는 종종 '플래시몹'과 그림자극이 공연된다고 한다. 3층의 좁은 철제 공중 통로를 지나면 평평한 옥상에 도착하는데, 어느 정도 수리가 되어 있었고 200~300명을 수용할 수 있는 넓이에, 사용료는 무료였다. 친창 극단장은 아주 만족스러워하면서 어떻게 무대를 세우고 음향 시설을 놓을지 고민하기 시작했다. 내가 한 바퀴 둘러보니 동쪽에는 그래피티가 그려진 지붕이 있었는데, 넓은 면적에 걸쳐 물감이 오색 깃발처럼 겹겹이 칠해져 있어서 회색 벽돌 지붕 사이에서 무척 눈길을 끌었다. 몇몇 젊은이들이 거기서 셀카봉을 길게 내뻗고 있었다.

과장이 친창 극단장에게 정부 규정에 따라 공연 내용은 '14차 체전'과 관련된 내용이 포함되어야 한다고 알려주었다. '14차 체전'의 정식 명칭은 '중화인민공화국 제14차 체육제전'으로, 2021년 9월에 시안에서 거행될 예정이며, 이는 시안 역사상 가장 높은 수준의 스포츠 행사가 될 것이므로 사전에 철저히 홍보해야 했다.

친창 극단장은 얼굴 화장이 고르지 않았고, 볼 터치는 너무 진했다. 담배를 한 대 피워 물었는데 목소리가 탁했다. 젊었을 때는 여주인공

배역인 단각(旦角)을 맡아 노래를 불렀다고 한다. 과장의 요청을 듣고 그녀는 두말없이 승낙하면서, 자기가 경험이 많으니 오늘밤 돌아가면 바로 극본을 쓰고, 운동과 관련된 시사(時事) 단막극을 만들겠다며, 노래와 대사는 물론, 운율까지 잘 맞추겠다고 호언장담했다.

바로 얼마 전에 나는 시에서 경비를 많이 들인 친창 공연을 관람한 적이 있다. 그런데 아무리 매화상[2]을 받은 명배우이고, 아무리 전통극인 〈세 방울의 피三滴血〉[3]와 몇 번의 무술 동작에서 실력을 뽐냈다 할지라도, 현대 개편극에서는 서사가 공허하고, 등장인물의 캐릭터가 빈약하며, 대사가 그저 구호만 외칠 뿐이라는 느낌을 숨길 수 없었다. 각색을 할 때는 현재의 삶에 담긴 비밀을 탐구하는 데에 쓸 시간이 없는 게 분명했다.

이 때문에 지금 이 여자의 호언장담은 내 염려를 떨치기 어려웠다. 1만 위안이면 어떤 수준의 극단을 부를 수 있지? 하룻밤 사이에 어떤 극본을 쓸 수 있을까? 대중에게는 어떤 유형의 공연이 필요할까? 정부가 대중에게 제공하는 '국민에게 베푸는 공연'은 잘못된 게 아닐까? 대학에서는 생각해본 적이 없었으나, 지금은 이런 문제들이 내가 서명해야 할 영수증 증빙 서류 안에 여러 차례 나타난다.

작년에는 '실크로드 영화제'의 개막에 맞추어 완다(萬達) 광장에서 퀴즈 대회를 열었다. 무대에 올라가 군중의 무관심한 표정 속에서 다른 이가 써준 "계화 향기 날리고, 뽕나무 그늘 드리우니(桂花飄香, 桑柘成蔭)"로 시작하는 개회사를 읽으면서 마음대로 몇 단락을 건너뛰

---

2 중국 연극계 최고의 상으로, 45세 이하만 수상할 수 있다.
3 친창 극작가이자 이쑤서(易俗社) 대표인 판쯔둥(范紫東)이 청나라 때 기윤(紀昀: 1724~1805)이 편찬한 『열미초당필기閱微草堂筆記』에서 소재를 취해 창작한 친창 연극이다.

고, 곧바로 영화 관람권 무료 배포를 시작했다. 아저씨, 아주머니가 앞다투어 받아 가서 홍보 임무는 순조롭게 완수되었다. 공연이 시작되고 '무형유산 계승자의 연주'가 있었는데, 뒷줄의 연주자가 몇 차례 박자를 맞추지 못한 게 분명했다. '학자풍〔書香〕'의 춤을 출 때는 배우들이 죽간(竹簡) 몇 묶음을 들고 있었는데, 5분 동안 공연하면서 유일한 연기는 죽간을 펼쳤다가 합치고, 또 펼쳤다가 합치기를 반복하는 것뿐이었다. '둔황의 정서〔敦煌情〕'라는 춤을 출 때는 젊은 남자들은 금빛이 찬란하고, 아가씨들은 알록달록 차려입었다. 음악이 울리자 박자에 맞춰 팔과 다리를 번갈아서 들어올렸는데, 둔황 같지는 않고 잠이 부족한 노동자가 직장 입구에서 출근 카드를 찍는 것 같았다. 도저히 앉아 있을 수 없어서 중간에 나와버렸다. 이것이 바로 내가 며칠 전에 서명한 2만 위안의 공연인가? 우리는 경비를 이렇게 써버렸다.

허난〔河南〕 위성방송에서 내보낸 무용 〈당궁야연唐宮夜宴〉은 여러 번 보았다. 궁녀와 당나라…… 시안에도 이런 요소들이 없지 않아서 영녕문(永寧門)과 대안탑(大雁塔) 옆에서 종종 이와 유사한 무용이 공연되지만, 모두 〈당궁야연〉보다는 조금 부족했다. 〈당궁야연〉의 장점은 서사가 뛰어나다는 데에 있다. 궁녀들은 화를 냈다가 또 기뻐 떠들며, 등장인물 하나하나 생동감이 있고 재미있다. 관객은 공연의 가치를 알아볼 줄 안다.

어쩌면 우리도 조금 더 양질의 공연을 위해 자금을 지원할 수 있을 것이다. 듣자 하니 일부 아동극은 『장자』의 이야기를 각색했는데, 허구와 사실이 서로 조화를 이루어 어른과 아이들이 모두 좋아한다고 했다. 메인 제작단이 바로 우리 구에 있는데, 각본가와 연출가 가운데 한 명이 크로아티아 사람이다. 당나라 때의 필기소설(筆記小說)을 현대 연극 개념으로 해석하여 아동극으로 각색한다면 아주 재미있을 것 같았다.

다만 이것은 정책을 보기 전에 품은 환상이었을 뿐이다. 2021년 공연에 대한 요구 사항은 7월 이전에는 '공산당 창당 100주년을 둘러싼 주제'로, 7월 이후에는 '제14차 체전을 둘러싼 주제'로 공연해야 지원금을 받을 수 있었다. 아동극단의 극단주는 몇 판을 바꾸면서 판마다 수천 자를 바꾸었으나 여전히 그 주제를 포괄할 수 없었다. 휴대전화를 들고 어떻게 답신해야 그녀가 실망하지 않을까 궁리했다. 결국에는 나도 그녀에게 말하지 못했다. 예전에 준비한 적이 있는 『유양잡조酉陽雜俎』[4] 안의 소재를 놓고 그녀와 마음껏 얘기를 나누고 싶었는데 말이다.

이후 토크쇼와 소극장, 실험극이 계속해서 내 사무실에 도착했는데 '주제를 둘러싸고' 있어야 한다는 규정을 안 뒤에는 모두 다시는 나타나지 않았다. 내 오랜 친구인 왕성은 시안 칭취서의 부단장인데, 파트너인 먀오푸와 함께 CCTV의 설날 만찬에 참석한 적이 있다. 시민들에게 그들의 프로그램을 구매해 보여준다면 분명히 좋아할 것이다. 그러나 왕성도 2021년의 주제에 부합하는 글을 쓰기 어려워했다. 그후, 도서관을 개관하고 나서 그를 초청해 핑수(評書)[5]를 한 판 공연하게 하고 싶었으나, 도서관의 연간 강좌 예산은 내가 정부 기관을 떠날 때까지도 책정되지 않았다.

홍보 부서에서 나더러 왕성에게 전화해 칭취서가 우리 지역을 위해 샹성을 몇 차례 공연하도록 부탁해달라고 했다. 정부 지원금이 나오는 건 아니니 무료로 해달라고.

4 　당나라 때 단성식(段成式: 803~863)이 854년 전후에 창작한 필기소설집이다.
5 　민간 문예의 하나로 쥘부채나 손수건, 딱따기 등의 도구로 분위기를 맞추면서 장편의 이야기를 강설(講說)하는 것이다. 핑츠(評詞) 또는 핑화(評話)라고도 한다.

"대중들이 좋아하니 무료로 한번 해달라고 해보십시오. 공익을 도모하면서 봉사 한번 해달라는 거지요."

그러겠다고 대답하기는 했으나 절대 전화를 걸지는 않았다.

왕성은 웃으면서 내가 자기네 극단의 '제일 높은 상사'라면서 '많은 지도'를 바란다고 했다. 그렇게 과분한 말씀을! 이곳에 있는 일 년 동안 나는 그에게 무언가를 '지도'하거나 무슨 일을 협력할 기회도 없었다. 하지만 다른 관점에서 보면 아주 틀린 말은 또 아니었다. 우리가 그들을 감독해야 하는 입장이었기 때문이다. 불법 도박, 성매매, 마약 단속, 코로나 방역 점검, 소방 안전 관리 등이 문화관광체육국 법 집행단의 일상적인 업무이고, 내가 그들과 맞닿는 유일한 접점이기도 했다.

시에서는 우리에게 7월 1일의 공연에 참가할 합창 프로그램을 선정하라고 했다. 몇 개의 부서를 돌아보았으나 평범한 의견들뿐이었다. 그러다 어느 교실에서 퇴직 교사들의 합창을 들었다.

나는 아직 옛날의 그 소년이야.
조금도 변하지 않았지……
say never never give up,
like a fire……

노인들이 부르는 〈소년少年〉[6]은 특별히 감동적이었다. 돌아서서 과장에게 말했다.

"이 노래로 합시다."

---

6 가수 명란(夢然)의 자작곡으로 2019년 싱글 앨범으로 발표되었고, 2020년 7월에 세계 중국어 가요 차트에서 1위를 차지했다.

여기는 시안 교통대학 퇴직교사 합창단인데, 비슷한 장면을 CCTV에서 본 적이 있다. 칭화대학의 나이 많은 교사들이 일제히 "나는 아직 옛날의 그 소년이야"라고 소리높여 노래할 때, 선창자는 껑충껑충 뛰었다. 무대 위는 백발이 새하얗고, 무대 아래는 눈물바다가 되었다.

영원히 젊고, 영원히 열정을 잃지 않는 것이야말로 창당 100주년의 주제에 딱 들어맞았다. 또한 그들은 이 노래를 부르기에 적격이었다. 영어 발음의 어려움을 다른 팀들은 단시간에 극복하기 힘들지만, 교통대학 교사들은 문제가 없었다. 이 프로그램이 시 전체의 공연에서 빼어난 면모를 자랑하리라 믿었다.

그러나 며칠 뒤, 이 프로그램은 거부되었다. 이유는 "규정된 200곡의 창당 관련 곡목에 들어 있지 않다"라는 것이었다. 소통을 시도했으나 상부에서는 예외를 허용하지 않았다.

그해에 내가 좋아했던 프로그램은 도움이 되지 못했다. 몇 가지 아이디어가 있었으나 써먹을 수가 없었다. 시에서 압력을 가했다.

"취장과 린퉁구는 모두 자체적인 대표 프로그램이 있는데, 당신들 베이린구에는 없소. 확실하게 실행력을 갖추고, 창의성을 발휘해서 현지 문화와 결합해 특색 있는 주제를 만들어야 하오."

취장에는 〈대당大唐 불야성〉과 〈오뚜기 아가씨不倒翁小姐姐〉가 있다. 린퉁구는 역사적, 지리적 강점에서 우리보다 훨씬 앞선다. 리산〔驪山〕 중턱에서는 몰입형 연극 〈1212 시안 사변〉이 공연되는데, 관객들이 극장을 나오면 근처 담장에서 1936년 12월 12일에 생긴 실제 총알 구멍을 만질 수 있다. 리산 자락에서 공연하는 가무극 〈장한가長恨歌〉는 매번 만원을 이룬다. 어둠의 장막이 내리면 산 북쪽 기슭에 별이 반짝이고 화청지(華淸池) 연못가에서는 비단 옷자락이 살랑인다. 천 년 전, 양귀비가 이곳에서 노래하며 목욕을 즐겼다. 공연 속 북소리가 땅을 울리면 관중은 꿈꾸듯이 황홀해진다.

베이린구에는 무엇이 있나? 이 문제를 아주 오래 생각한 후에 부서 회의에서 이렇게 보고했다.

우리에게는 비림이 있으니, 서예에 관한 연극을 한 편 만들 수 있습니다. 전국은 물론 세계의 서예 애호가들이 비림을 관람하고 나서도 아쉬움이 남으면 이 연극을 보려고 할 것입니다. 보고 나서 입소문으로 전해지면 성공하는 것입니다. 서예 역사에서 찾을 수 있는 많은 감동적인 이야기를 쓰면 됩니다. 위 부인(衛夫人)이 왕희지를 데리고 "점은 높은 허공에서 돌이 떨어지듯이, 가로획은 천리에 걸쳐 펼쳐진 구름처럼" 쓰는 모습을 구경하고, 왕희지는 거위가 물을 헤치는 모습을 좋아해서 자기의 서첩(書帖)을 거위 몇 마리와 바꿉니다. 안진경의 가족 이야기는 애국주의의 모범입니다. 〈안씨가묘비〉가 마침 베이린구에 있으니, 여기서 이 이야기를 공연하면 특히 의미가 있습니다. 그의 조카는 전쟁중에 나라를 위해 목숨을 바쳤으니 〈조카 제문祭侄文稿〉을 무대에서 천천히 풀어놓으면 틀림없이 인상적일 겁니다. 또 춤과 결합할 수도 있습니다. 타이완 지역의 윈먼(雲門) 춤이 현대무용인 〈행초行草〉를 각색한 적이 있는데, '영자 8법(永字八法)'의 첫 획인 '점'에서 시작되는 춤이 정말 멋졌습니다. 이것들을 모두 참고하여……

진즉 탈고했기 때문에 강의하듯이 쉬지 않고 설명했다. 기다란 회의 테이블 앞의 10여 개 구현(區縣) 부국장들은 의아한 표정으로 나를 쳐다보았다. 맞은편의 처장은 내 얘기를 다 들은 뒤에 입장을 표명하지 않고, 그냥 이렇게 말했다.

"다음 분, 발표해주십시오."

어쩌면 먼저 공연장을 찾아야 이 구상을 추진할 수 있을 것이다. 내 사무실에서 동쪽으로 100미터 떨어진 곳에 방치된 대강당이 하나 있다. 원래 시안시 위원회 강당이었는데, 최근에야 그것이 1952년에 유명한 건축가 훙칭(洪青) 선생과 둥다여우(董大酉) 선생이 공동으로 설계한 것임을 알았다. 훙칭은 중국 최초로 유럽에서 유학한 건축가로, 1920년대에 벨기에와 프랑스에서 공부하고, 이후 당시(唐詩)와 고대 문화를 좋아해서 시안을 선택했다. 그가 시안에서 설계한 많은 건축물은 여전히 아름답다. 베이다제(北大街)의 인민극장과 종루(鐘樓) 사거리의 시안 여우뎬(郵電) 빌딩, 신청(新城) 광장 옆의 인민 빌딩도 모두 아직 사용되고 있다. 내 눈앞의 이 오래된 강당은, 외관은 전통적인 팔작지붕을 얹었고, 처마에는 '조풍(嘲風)'이라는 신수(神獸)가 웅크리고 있다. 현대적인 철근 콘크리트 구조의 내부는 낡기는 했으나, 나무 바닥과 짙은 녹색과 붉은 색이 어우러진 채색 장식에서는 여전히 지난날의 정교함을 엿볼 수 있었다. 전문 부서에 문의해보니, 이 건물은 문화재라서 전문 복원 업체가 수리해야 하는데, 비용이 천만 위안이 넘는다고 했다. 수리하지 않고 단순 보강만 한다면, 꼭 서예 연극을 공연하지 않더라도, 이 예스러운 환경에 맞춰 몰입식 연극을 해도 되지 않을까? '즐거운 꽈배기(開心麻花)'라는 극단과 어느 시의 실험 극단도 찾아온 적이 있으나 모두 협상에 실패했다.

다른 동료들은 이 일에 관심이 없는 듯하다는 사실을 점차 깨달았다. 이 구상을 얘기할 때면 청중이 텅 비었다. 어쨌든 새로운 연극이 있고 없고는 연간 평가 지표가 아니었다. 나 혼자의 힘으로는 이 일을 해나가기가 무척 어렵고, 게다가 남은 임시직 기간도 많지 않아서 애초에 성대한 연극을 재촉하여 완성하기에는 부족했다.

잠시 내려놓고 다른 대중 예술을 보러 갈 수밖에 없었다. 린퉁구에서 교차 검사하면서 하루에 10여 개의 마을을 돌아다녔다. 마을 문화 센터에는 장대 다리 걷기에 쓰는 목봉이 아주 많이 쌓여 있었는데, 촌장은 이렇게 설명했다.

"버드나무만 쓸 수 있어요. 가볍고 질기면서 쉽게 부러지지 않지요. 이건 높은 편이 아니에요. 제일 높은 것은 2미터나 되는데, 창고에 들어 있어요."

나는 어리둥절했다.

"그렇게 높으면 어디에 앉아서 신고, 신더라도 어떻게 일어설 수 있지요?"

"담장 위에서 신지요!"

'와우, 촌장님, 제가 촌 위원회 담장에 올라가 신어봐도 될까요?'

한 세기 전에 이 마을은 관중 지구 전체에서 서훠[社火]7의 대표였다. 음력 2월 2일이면 싼위안현[三原縣]과 징양현[涇陽縣] 사람들이 마차를 타고 이곳으로 와서 서훠를 구경했다. 가장 유명한 것은 〈마답청기馬踏靑器〉로, '청기'는 자기(瓷器)를 가리키는 방언이다. 청기를 산처럼 붙여서 쌓고, 꼭대기에 소품으로 만든 말 한 마리를 놓는데, 아이가 말 등에 올라가 청기를 밟아도 부서지지 않는다. 다들 이렇게 이야기를 전하지만, 이 도구를 어떻게 제작하는지는 아무도 모른다. 1950년대부터 1970년대 말까지 30년 동안 서훠가 중단되어서 이런 장기를 부릴 수 있는 사람이 더는 없기 때문이다. 올해 93세인 어느 노인이 어릴 때 구경한 적이 있다고 했으나, 자세히 묘사하지는 못했다. 촌장은 이렇게 말했다.

---

7 명절을 축하하기 위한 놀이로, 사자춤과 장대 다리 걷기, 앙가(秧歌) 등이 포함되며, 지역에 따라 형식이 다르다.

"서훼는 해야 합니다. 매년 해야 해요. 실천을 통해 증명되었듯이, 군중을 하나로 묶는 가장 좋은 방법은 문화 활동입니다."

전체가 참여하는 이런 의식, 협력, 카니발은 삶의 윤활유이다.

광장에서 추는 춤도 마찬가지이다. 사실 나는 예전에는 그런 춤을 보지 않았다. 속되다고 생각했기 때문이다. 그런데 어느 날 돌연 이런 생각이 들었다. 헬스장에서 추는 에어로빅이 광장의 춤보다 멋져 보이는 것은 그저 우리가 그 장소와 코치에게 많은 돈을 지불했기 때문일 뿐이라는 것이다. 광장의 춤을 경멸한다면 더 비싼 개인 트레이닝을 받는 이들은 내가 받는 단체 트레이닝을 경멸할 게 분명하고, 부자 동네의 헬스장은 서민 동네 헬스장을 경멸할 게 분명하고⋯⋯ 돈이 만들어낸 차별과 체면 의식 때문에 나는 지나치게 고고해졌고, 타인의 진정한 즐거움을 이해하려 하지 않았다. 하지만 사람 사는 세상의 정취를 더 알아야지, 그렇게 오만하게 굴어서는 안 된다.

이제 광장의 춤을 보는 것은 나의 새로운 '업무 스킬'이 되었다. 구경뿐만 아니라, 심사위원까지 맡고 있다. 참가자들은 대부분 기교가 부족하지만, 감정은 매우 열정적이었다. 대회는 노천에서 진행되어 태양이 따갑게 내리쬐었다. 베일을 쓰고 선글라스와 챙이 큰 모자를 쓴 채 점수를 매기고 있는데, 뒤쪽에서 한 아주머니가 나를 끌어당겼다.

"이 대회, 언제 접수받았어요? 나는 왜 몰랐지? 지금 신청해도 돼요?"

어떤 팀은 진행 구성도 아름답고 리듬도 훌륭했다. 또 어떤 팀은 기차역의 소란스러움을 표현했는데, 아주머니들이 시골 아낙으로 분장해 커다란 부들부채를 부치면서 덥고, 땀 나고, 몸집이 큰 자신들의 모습을 춤으로 보여주었다. 서로 밀고 당기며, 쉼없이 떠드는 모습이 폭소를 자아냈다. 대회가 끝난 뒤에 그녀들은 너무 지쳐서 화단 가장자리에 주저앉았다. 나는 참지 못하고 찾아가 말을 걸었다.

"정말 너무 귀여웠어요!"

이 아주머니들의 춤에 뒤이어 수척한 노인이 혼자 〈홍안鴻雁〉이라는 무술을 선보였는데, 평온하고 느리면서도 힘이 담겨 있었다. 그의 다리와 몸통은 놀라운 난도를 보이며 공중에서 접혔는데, 일순간 비틀거리는 게 아니라 호흡이 충만한 채 이동하며, 동작을 하는 사이에도 표정과 호흡이 평상시와 같았다. 이 고요함과 느림 속에서 박수가 터져나왔다.

나는 감격해서 과장에게 메시지를 보냈다.

"오늘 안 오셨네요. 시 정부에 보고할 좋은 프로그램을 찾았어요. '14차 체전'과 딱 들어맞아요!"

개인영웅주의

개관식이 초읽기에 들어가자, 원수 회사에서 나더러 홍보 글을 쓰라고 제안했다. 우리 부서의 공식 플랫폼에 발표하려면 공문서 양식으로 써야 하고, 대형 미디어 플랫폼에 발표하려면 문체를 바꿔야 한다. 그들은 전자를 원했으나, 나는 후자를 택했다. 홍보의 목적은 더 많은 사람에게 알리는 것이지 임무를 완수하는 게 아니다. 나는 '도심에 도서관을 새로 건립하는 일'이라는 주제를 어떤 언어와 시각에서 써야 사람들이 읽고 공유하고 싶어할까 고민했다.

지난 반년 동안 나는 정부가 많은 일을 했으나 정작 대중은 알지 못하는 현상을 보았다. 이런 소식들은 딱딱하고 판에 박힌 행정 언어 속에 갇혀 있어서 사람들의 관심을 끌기 어려웠다. 마오쩌둥은 당팔고(黨八股)[1]를 반대했는데, 지금도 '당팔고'가 여전히 정부와 대중 사이에 장벽을 만들고 있다.

그래서 나는 최대한 유쾌하게 썼다. 서적상과 밀고 당기기를 펼친 일은 희극적이어서 글 앞쪽의 3분의 1에 해당하는 분량으로 배치했다. 당도가 기준치를 초과했던 그 전화 통화도 넣어서 독자들을 웃게

---

[1] 중국공산당의 형식적이고 교조적인 지시문이나 문장을 가리킨다. 1941년 기풍 정리 운동이 벌어졌을 때 마오쩌둥은 8가지 항목을 내세워 비판한 바 있다.

만들 생각이었다. 심의 규정을 개정해야 한다는 건의는 나중에 논쟁이 생길 수 있는데, 그렇다면 맞서는 수밖에. 엉터리로 그린 도면도 사진을 찍어 글에 삽입했다. 사람들이 내 결점을 보는 것은 두렵지 않았다. 이렇게 아무 경험도 없는 우리가 서툴게 도서관을 건립했다. 무미건조한 구호가 아닌 세세한 에피소드로 가득 채워서 대중과 진심으로 소통하고 싶었다.

이 글 외에 개관식 연설도 준비해야 했다. 처음에는 원고를 쓰지 않고 속으로만 구상한 다음, 현장에서 즉흥적으로 연설할 여지를 남길까 생각했다. 이것은 예전에 대학에서 강의할 때의 습관으로, 원고를 읽지 않고 자연스럽게 이야기하면 청중이 조금 더 편하게 들을 것이다. 하지만 여기서는 그런 행동이 허락되지 않았다. 상부에서 이렇게 말했다.

"정치적 오류를 방지하기 위해 연설은 반드시 문서로 작성해서 올려야 하고, 현장에서 즉흥적으로 해서는 안 됩니다."

그래서 연설 원고를 작성하고, '개관식 절차'의 초안도 작성하여 사방에 문의했다. '주석(主席), 주임, 처장, 국장, 교수' 가운데 개회사를 하고, 간판을 걸고, 시동 버튼을 누르고, 마무리 연설을 할 사람을 각각 누구로 정하지? 지도자는 펜으로 문건을 수정하며 직무와 절차를 일일이 배치했다. 마치 시험지에서 맞는 짝을 찾아 줄을 긋는 문제 같았다.

이 문제는 매우 중요했다. 연결이 잘못되면 누군가의 기분을 상하게 할 수도 있었다. 이 문제는 또 신기해서, 표준 답안이 없었다. 국(局)과 구(區), 시(市), 성(省)의 각급 지도자가 내게 준 의견은 완전히 다르고 각기 특색이 있었다. 그 의견들을 하나하나 반영하느라 모두 여섯 차례나 수정하고, 결국에 최고 직급의 지시를 기준으로 삼음으로써 내빈 가운데 누구도 기분이 상하지 않도록 확실하게 준비했다.

도서 목록에 관한 일을 보고하자 지도자는 이렇게 말했다.

"그건 중요하지 않아요. 도서 목록이야 좋건 나쁘건 마찬가지이니, 문제만 일으키지 않으면 돼요."

공공문화 서비스는 비영리적이라서, 한마디로 경제성이 없으니, 상부에서 우리에게 요구하는 바가 높지 않았다. 문제만 일으키지 않으면 그만이었다.

그런데 바로 다음날 '문제'가 생겼다. 〈정관貞觀〉 홈페이지에서 내 글, 「우리는 반년에 걸쳐서 시안시 중심에 유명하지 않은 도서관을 하나 건립했다」를 발표했다. 조회 수가 무려 6만 회로, 평소의 다른 글에 비해 크게 높았다. 편집부도 나도 모두 의외라고 느꼈다. 독자들은 왜 이 조그마한 도서관에 이렇게 흥미를 느꼈을까?

그날 점심때 남들은 다들 휴식중이었으나 나는 흥분되어서 잠을 이루지 못했다. 휴대전화를 들고 소파에 앉아 2분 간격으로 새로고침 하면서 독자의 댓글을 읽었다. 그들은 환호하면서 어서 빨리 도서관에 와서 책을 읽고 싶어했다. 정무적인 글도 이렇게 쓰면 독자들의 관심을 끌 수 있을 것 같았다. 한창 기분 좋은 상황이었는데, 지도자가 급히 불렀다. 내 글이 골치 아픈 상황을 야기해서 정부 내에서도 의견이 통일되지 않는다는 것이었다. 베이린구 구청장은 글이 아주 좋다고 했고, 시청의 문화관광국 국장도 괜찮다고 했으나, 다른 몇몇 처장들은 내가 "허튼짓을 벌여서 주제넘게 나섰다"라고 말했다고 했다. 그중 한 사람은 노발대발 전화를 걸어서, 내 글에 5가지 문제가 있다고 지적했다.

첫째, 다른 구현에서 불쾌하게 생각할 것이다. 베이린구 도서관의 도서 목록이 그렇게 훌륭하다고 허풍을 떨었는데, 그렇다면 반대로 다른 구현 도서관의 도서 목록은 모두 쓰레기란 말인가?

둘째, 전문가들이 불쾌할 것이다. 글에서 심의 규정의 문제점을 지적해서는 안 되었다.

셋째, 지도자가 불쾌할 것이다. 글에는 각급 지도자들에 대한 감사 표시가 없어서 지나치게 개인영웅주의적이다.

넷째, 도서관 도서 구매 과정의 불문율을 지적하지 말았어야 했다. 이는 정치적 입장과 거시적 관점을 고려하지 않은 행동이다.

다섯째, 혹시 부정적인 댓글이 달리면 어쩌겠느냐. 이렇게 많은 조회 수는 여론을 조성할 수 있으니……

나중에야 알았는데, 글이 발표된 뒤에 바로 위챗 '정부의 민정(民情) 조사방'에 포함되었다. 채팅방 멤버들은 리뷰에 부정적인 정서가 담겨 있는지 수시로 감시하고 제어했다. 다행히 모든 독자의 댓글이 긍정적이었다. 다만 정부 내에서 불쾌하게 여긴 사람이 있어서 친구들 사이에 이 글을 공유하지 못하도록 긴급히 통지하고, 이미 공유된 글은 삭제하도록 했다. 아울러 나에게 아무개 지도자에게 사과하라고 권했다.

"호호, 문제없어요. 지금 바로 가겠습니다. 글은 제 실명으로 올렸으니, 모든 책임은 제가 질게요. 여러분은 염려 마세요."

리 주임이 놀란 표정으로 나를 힐끗 쳐다보았다.

어쩌면 리 주임은 예전에 내가 위기에 처할 때마다 그랬던 것처럼 이번에도 내가 파란을 견뎌내도록 조언해주고 싶었을 것이다. 이 부서에 온 이래 여러 차례 '당 위원회 구성원 회의'에 참석했는데, 회의에서 우연히 의견 충돌이 생기는 일도 있었다. 그럴 때마다 리 주임은 어떤 반대 의견도 중간에 말을 끊지 않고, 상대방의 말이 끝날 때까지 기다렸다가 천천히 입을 열었다.

"방금 하신 말씀 잘 들었습니다. 미숙할 수도 있습니다만, 저도 한 가지 작은 건의 사항이 있습니다. 이렇게 하는 건 타당한지 살펴봐주십시오……"

그의 제안은 교묘하고 주도면밀했고, 심지어 4~5년 뒤의 미래까지 고려했다. 한결같은 짧은 머리에 짙은 남색 점퍼와 운동화 차림으로 국장 옆에 차분히 앉은 그의 모습과 침착한 말투는 회의 때마다 중요한 무게 중심이 되었다. 오늘은 그가 고개를 돌려 나를 바라보며 아무 말도 하지 않았다.

국장과 닝 관장도 나와 함께 상급 기관에 가서, 거창한 대오를 이루어 잘못을 인정하는 정성을 보였다. 처음 갔을 때는 지도자가 마침 외출하려던 참이어서 내 사과를 받아들이지 않고 곧장 지하철 입구로 향했다. 국장이 나를 이끌고 뒤따라가며 사과했다. 하이힐을 신은 국장이 힘겹게 따라가자 지도자는 담담히 말했다.

"지하철을 타야 하니 나중에 다시 얘기합시다."

두번째로 찾아갔을 때는 문제가 되는 단락 3곳을 표시해놓고, 글을 어떻게 고쳐 써야 하는지 지도해주었는데, 모두 대학에서 내가 작문을 강의할 때 섭렵해보지 못한 기법이었다. 지도자는 엄숙하게 말했다.

"당신의 정치는 유치해요. 글에서 겉으로는 정부를 비판하지 않았으나, 도서 목록에 대해 개인적인 의견을 제시했지요. 딴마음을 먹은 사람이 그걸 무기로 삼아 정부를 공격해서 당신의 정치생명과 학술 생애를 끝장내버릴 수도 있어요!"

예전에 누군가 이 지도자가 착실한 사람이고 평판도 좋다고 했는데, 눈앞에 보이는 과격한 반응과는 그다지 맞지 않는 평가였다. 지도자의 눈을 보며, 그녀의 분노가 한순간의 충동에서 비롯되었는지, 아니면 다른 이의 압력 때문인지, 알려지지 않은 어떤 일들을 두려워하기 때문인지, 혹은 정말로 나를 도와 바로잡아주려는 것인지 판별하고 싶었다. 그러나 판별하기 어려웠다. 그녀는 진지한 듯하기도 하고 지나치게 능숙한 듯하기도 하여, 그녀의 진짜 동기가 무엇인지 알 수 없었다.

내 마음은 평온했다. 공문서 양식에 맞지 않은 이 글에는 큰 잘못이 없다고 믿었다. 관행적인 도서 납품을 거부하고 국민을 위해 책을 구매한 게 잘못이란 말인가? 내 글에는 정의로운 마음이 담겨 있을 뿐, 어디에 내놓아도 두렵지 않았다. 나를 비판하는 이들은 공개적으로 문제 제기를 할 수는 없으니, 비공식적으로만 했다. 상관없지. 사과쯤이야 100번도 할 수 있지. 표정과 말투는 최대한 순종적으로 하고, 무대에서 사과하는 연기를 하는 배우처럼 하면 된다. 아무리 온유하게 행동하더라도 괜찮았다. 어쨌든 내가 대중을 위해 산 책은 이미 책장에 꽂혔고, 개관을 예고한 내 글도 이미 퍼지기 시작했으니, 내가 할 일은 다 했다.

"예, 예, 맞습니다. 지적하신 게 모두 맞습니다. 저는 정치가 유치하니 이제부터 시정하겠습니다. 이렇게 많은 말씀을 해주셔서 감사합니다."

공손히 이런 대사를 말하면서 이 일이 얼른 마무리되기만 바랐다. 마음속으로 그들의 말에 방어막을 치고 그 자리에서 물러나왔다. 감정이 흔들리지 않게 다잡고, 이튿날의 개관을 맞이하기 위해.

천만뜻밖에도 그날 저녁, 낯선 베이징 사람이 전화를 걸어오는 바람에 일의 방향이 바뀌어버렸다.

이날은 수요일이었다. CCTV 기자인 장다펑(張大鵬)은 비행기 좌석에 앉아 조금 초조해하며 휴대전화 안의 각종 애플리케이션을 계속 뒤적였다. 매주 토요일에 방송되는 CCTV 〈뉴스위크〉의 고정 코너로

'금주의 인물'이 있다. 세계 독서의 날을 앞두고 제작진은 독서와 관련된 인물을 찾아 인터뷰할 생각이었는데, 하필 이번주는 장다펑이 이 코너를 맡을 차례가 되었다. 하지만 여태 적당한 대상을 찾지 못하고 있었다. 상황이 골치 아파졌다. 일정상 아무리 늦어도 금요일에는 촬영하고 토요일에는 편집해야 했다. 타협의 여지가 없었다. 남은 시간이 많지 않으니, 어쨌든 허탕을 쳐서는 안 되었다. 팀원들이 각 정보 플랫폼에서 정보를 찾고 있을 때, 장다펑은 돌연 웨이보에 공유된 「우리는 반년에 걸쳐서 시안시 중심에 유명하지 않은 도서관을 하나 건립했다」를 발견했다. 몇 단락을 읽어보니 적당한 소재라는 감은 왔으나, 비행기가 곧 이륙할 예정이어서 전화기를 꺼야 했다.

구름 속을 비행하는 동안 그는 줄곧 걱정스러웠다. 글 후반부에 무슨 이야기를 했는지 모르지만, 과연 이번주의 주제로 삼을 수 있을까? 비행기가 착륙을 마치자마자 즉시 휴대전화를 켰는데, 뒤쪽 단락은 프로그램이 원하는 바에 더욱 들어맞았다. '도서 선정인'과 '도서 납품의 암묵적인 규칙'과 같은 소재는 뉴스 매체에 거의 등장하지 않았고, 그들이 무척 중시하는 '공공성'을 갖추고 있으며, 또 계속 깊이 파고들 수도 있었다. "시안시 베이린구 도서관이 4월 22일에 개관할 예정이니, 어서 오십시오"라는 마지막 문장을 읽었을 때는 이미 4월 21일이었다. 그는 베이징 공항 로비를 잰걸음으로 걸으며 팀원들과 연락했다. 지금 상의하지 않으면 늦기 때문이었다.

그날 저녁, 그는 자기가 CCTV 바이옌쑹〔白巖松〕 팀의 일원이며, 방금 내 글을 읽었는데 내일 우리 개관식을 촬영하러 오겠다고 했다. 나는 '내 정치생명을 파멸하는' 상황을 피하기 위해 그에게 먼저 정부 부서의 동의를 얻으라고 제안했다. 그는 공식 루트를 통해 정부와 연락해서 내 전화번호를 얻었으니 걱정할 필요가 없다고 했다. 나는 또

한 '개인영웅주의적 오류'를 피하기 위해 카메라맨과 소통하여 각급 지도자들과 많이 인터뷰하고, 내 분량은 최대한 줄여달라고 부탁했다. 그러나 그는 이것은 인물을 핵심으로 하는 특집 프로그램이므로 요점을 강조해야 한다면서 반대했다. 팀은 이미 개요를 작성했는데, 나와 닝 관장, 도서관 이용객을 찍을 예정이며, 각급 지도자들은 찍지 않을 거라고 했다.

이날은 롤러코스터 같았다. 방금 고개 숙이고 잘못을 시인했는데, 바로 이어서 인정을 받게 되었다. 낮에는 눈앞에서 비난받으며, 마음 속에 방패를 단단히 세운 채 창이 날아와 부딪히는 소리를 들었다. 그런데 저녁에는 등뒤에 갑작스럽게 버팀목이 생겨서, 뜨거운 물 한 방울이 얼음을 녹이듯이 돌연 나를 연약하게 만들었다. 전화를 끊자 눈가가 시큰해지며 코끝이 찡했다.

각급 지도자들도 이미 CCTV가 온다는 소식을 들었다. '바이옌쑹'이라는 이름에 다들 약간 긴장해서 내게 계속 확인했다.

"바이옌쑹이라고요? 긍정적인 보도인가요, 부정적인 보도인가요? '뉴스위크'인가요? 아니면 '뉴스 조사'인가요? '뉴스 조사'는 모두 부정적이니 잘 살피셔야 합니다. 함부로 인터뷰를 수락해서는 안 돼요!"

'긍적적인 보도'를 하는 〈뉴스위크〉에 들어간다는 것을 알게 되자 지도자의 말투가 누그러졌고, 출근하면 제일 먼저 홍보부에 가서 부장의 지시를 받으라고 했다. CCTV 카메라 앞에서 내가 할 수 있는 말과 해서는 안 될 말이 있는데, 이것은 정치적 입장의 문제이므로 규칙에 따라 일을 처리해야지 실수해서는 안 된다는 것이었다.

4월 22일 아침, 날씨가 선선했다. 반년 동안 바삐 움직인 끝에, 마침내 정식으로 개관하게 되자 마음속에 기대의 미풍이 살랑였다. 한편으로는 CCTV에서 갑작스럽게 인터뷰를 요청한 점에 대해 의아한 면도 조금 있었다. 이렇게 떠다니는 구름 속에서 비가 올지 어떨지, 나도 모르겠다.

평소보다 몇 분 일찍 출근하니 국장이 기다리고 있었다. 함께 청사 북쪽의 홍보부로 가서 부장을 만났다. 국장과 나는 서 있고, 앉아 있던 부장이 말했다.

"CCTV에서 오는 것을 우리는 무척 중시하고 있어요. 임시직 간부로서 당신은 낙관적이고 긍정적인 정서를 펼쳐야지, 사회를 비판하거나 암묵적인 규칙 같은 것을 폭로해서는 안 됩니다. '도서 납품'이라는 단어 자체를 꺼내지 않는 게 가장 좋습니다."

마지막으로 부장은 나와 악수하며 말했다.

"우리는 당신이 대국을 살필 줄 알 거라고 믿습니다."

부서로 돌아오니 복도는 평소처럼 조용했다. 몇몇 직원이 내 사무실을 찾아와 목소리를 낮추어 말했다.

"소식 들었어요. 잘된 일이에요. 이번에 부국장님 누명을 벗겨줄 테니, 오늘 카메라 앞에 서실 때는 반드시 멋진 모습이어야 해요."

나는 화장에 서툴러서 저우원이 자기 화장품을 가져와 아이라인을 그리고 속눈썹을 붙여주었다. 내 눈썹이 전혀 다듬어지지 않은 걸 본 그녀는 또 복도 끝 사무실의 리민〔李敏〕을 찾아가 '양 국장'의 눈썹을 다듬어주라고 했다.

리민은 체육과라서 내 담당 부서가 아닌지라, 얼굴이 익지 않았다. 셔츠를 즐겨 입는 이 여자는 매일 옷에 구김이 없이 반듯했고, 외출할 때는 한번 더 꼼꼼하게 다림질했다. 그녀는 눈썹을 깔끔하게 다듬었고, 볼 터치를 자연스럽게 발랐으며, 속눈썹의 마스카라도 뭉치지 않고 한 가닥 한 가닥 살아 있었다. 리민은 작은 칼과 눈썹연필을 가지고 102호로 갔다.

"양 국장님, 저를 찾으셨다고요?"

키가 크고 예전에 농구선수였던 양 국장은 의아해했다.

"내가 왜 찾아요?"

리민도 무척 의아해했다.

"음, 그러니까, 국장님께…… 눈썹 다듬어드려요?"

우리 부서에는 2명의 '양 부국장'이 있는데, 줄여서 '양 국장'이라고 불렀다. 한 명은 102호에 있으며, 체육 및 문화관광 분야 법 집행을 담당했다. 다른 하나가 바로 나인데, 내 사무실은 104호였다.

리민이 102호 양 국장 눈썹을 다듬어주러 갔다는 소문이 이 사무실에서 저 사무실로 빠르게 퍼졌고, 다들 101호에 있는 국장의 표정은 눈치채지 못한 채 폭소를 터뜨렸다. 화장을 그럴싸하게 하고 부서를 떠날 때, 국장은 다시 내게 일깨웠다.

"대국을 살피라는 부장님의 말씀을 명심하세요."

이 10분 거리가, 마치 내가 잘 아는 곳이 아니라 미지의 '대국(大局)'을 걷는 것 같았다. 난다제〔南大街〕의 나무는 이미 무성해지기 시작했다. 큰길 건너편에서 '시안시 베이린구 도서관'이라고 적힌 간판을 보았는데, 눈에 잘 띄는 위치에 걸려 있었다. 나뭇잎에 가리지 않고, 버스 승객과 도로의 행인들도 쉽게 볼 수 있었다. 애석하게도 작업자가 스루이팡의 붉은 낙관을 높게 배치했으나 수정할 시간이 없었다.

지하도를 지나 간판 아래에 이르자, 2명의 카메라맨이 기다리고 있다가 카메라를 들고 촬영하기 시작했다.

지하의 에스컬레이터까지는 사실 20미터밖에 안 되었으나 3개의 모퉁이를 돌아야 했다. 독자들이 찾지 못할까 싶어서 닝 관장에게 3개의 안내판을 만들게 했는데, 지금은 이미 모퉁이마다 세워져 있었다.

예서체의 글씨가 무척 또렷했다. 또 인조 대리석을 깐 바닥의 모퉁이마다 초록색의 커다란 화살표가 붙어 있는 것을 발견했다. 내가 부탁하지 않았으니, 닝 관장이 신경을 썼을 터이다.

닝 관장은 립스틱을 옅게 바르고 정장에 브로치를 달고 있었는데, 내 뒤의 카메라를 보더니 손사래를 쳤다.

"저는 찍지 말라고 하셔요!"

벌써 많은 독자가 와 있었다. 꽃바구니 몇 개도 데스크에 놓여 있었다. 앞쪽 몇 개에는 도서관 납품업체 명칭이, 뒤쪽 몇 개에는 내 제자들과 친구들의 이름이 보였다. 이건 내 개인적인 일이 아니라 공적인 일인데 왜 선물을 보내왔지? 몇몇 익숙한 얼굴들이 책장 뒤에서 걸어 나왔다.

"쑤추, 축하해. 완전 경사인데!"

그렇게들 말하니 나는 마치 시골에서 아들이 결혼하거나 손자가 태어나서 잔치를 벌이는 여주인 같았다. 동쪽 사랑채에서 서쪽 사랑채로 걸어가 손님들의 덕담을 모두 품에 담았다.

성과 시, 구현의 각급 도서관 책임자가 회의장에 들어와, 그들과 악수하고 인사를 나누었다. 그런데 그중 한 사람이 나를 무시한 채 굳은 얼굴로 곧장 자기 명패가 있는 자리로 걸어갔다. 당시에는 이상하게 생각했는데, 나중에야 다른 사람을 통해 알게 되었다. 나의 그 글이 말썽을 일으켰던 것이다. 그 관장은 내 글을 읽고 격노했는데, 글에서 납품 도서의 암묵적인 할인가는 80% 전후인데, 양질 도서의 할인가는 40% 전후라고 얘기했기 때문이었다. 지난 몇 년 동안 책을 사면서 그가 재정국에 보고한 비용은 줄곧 0% 할인, 그러니까 정가였다. 그는 재정국 사람이 그 글을 읽으면 과거의 장부를 조사하게 될까 걱정했다. 그로 인해 검열이라도 받게 되면, 내가 바로 '원흉'이 되는 셈이었다.

앞서 두 번이나 내 사과를 받은 그 지도자는 내가 직접 건넨 초청장을 받고 고개를 끄덕였으나 개관식에 오지 않았다. 누군가 그녀에게 CCTV에서 촬영하러 온다고 알려주자 돌연 참석을 취소했는데, 이유를 해명하지도 않았다. 전화를 걸었으나 휴대전화 발신음만 끝없이 울렸다.

개관식은 순조롭게 진행되었다. 칠현금으로 〈유수流水〉를 연주하자 도서관에 샘물이 졸졸 흐르는 듯했고, 어린이들의 시 낭송은 웃음을 자아냈으며, 내가 연설할 때 즉흥적으로 한 농담은 '정치적 오류'를 범하지 않았다. 지도자들은 착석한 자리의 위치와 연설 순서에 만족해했다. 어느 지도자가 나를 가리키며 가늘게 떨리는 목소리로 말했다.

"CCTV는 우리가 아니라 저 사람을 찍으러 왔어요."

닝 관장은 줄곧 카메라맨을 피하다가 결국은 승복하여 카메라 앞에 앉았다. 그녀는 계속 내게 손짓해서 자기와 마주보이는 자리에 앉아 있게 했다.

"부국장님이 가시면 저는 얘기하지 않을 거예요. 부국장님이 여기 계셔야 마음이 놓여요."

그녀는 무릎을 뻣뻣하게 붙이고 수시로 나를 보며 도움을 청했다.

"제가 이렇게 말하는 게 맞나요? 이 문제에는 어떻게 대답해야 하는지 좀 알려주세요."

그녀가 거의 나한테 찰싹 붙으려 하자 카메라맨이 내게 자리를 떠나달라고 눈짓했다.

그녀가 손을 뻗어 내 옷을 당겼으나, 나는 일어나서 떠났다. 고개를 돌려 바라보니 그녀는 겨우 몇 마디 하고는 눈물을 훔치기 시작했고, 티슈를 한 장 한 장 뽑다가 결국에는 얼굴을 감싸고 통곡하기 시작했다. 그녀가 왜 우는지는 몰랐으나, 또 알 것도 같았다. 로비 기둥에 등을 기대고 섰다. 그녀의 들썩이는 어깨를 차마 볼 수 없었다. 지난 반년 동안 그녀는 나보다 훨씬 큰 스트레스를 받았다. 그녀는 상하 직급 체계에서 제일 아래의 병졸이자 도서관 유일의 법인 대표였다. 내가 허둥지둥 일하면 그 위험은 내가 아니라 그녀에게 닥칠 수 있었다.

인터뷰 후 닝 관장이 내게 이렇게 말했다.

"PD에게 제 분량은 잘라내달라고 전해주세요. 저더러 도서관에 점수를 매기라고 했는데, 제가 60점을 줬어요. 제가 잘못 말했나요? 너무 낮게 줬을까요? 지도자께서 들으면 책망하시지 않을까요?"

약속이나 한 듯이, 나도 이미 그 질문에 대해 60점을 주겠다고 대답했다. 첫째, 경비가 쪼들려서 디자이너를 고용할 돈이 없어 도서관의 외관이 그다지 멋지지 않다. 둘째, 내가 작성한 도서 목록이 그다지 훌륭하지 않다. 이는 내 지식 구조에 큰 한계가 있었던 탓이다. PD가 '도서 납품'에 관해 여러 차례 물어서 몇 마디 답하긴 했으나, '대국을 살펴야' 했으므로 깊은 얘기는 할 수 없었다.

베이징에 있는 장다평은 이 프로그램의 제목을 '공공도서 선정인'이라고 지었다. 이렇게 작은 도서관이 왜 찍을 가치가 있는지 모르지만, 중요한 것은 도서 선정이라는 일이 공공과 관련이 있고, 모든 이들과 관련이 있다는 사실이다. 그는 밤새 원고를 쓰고 날이 밝자 편집하기 시작했는데, 애석하게도 관장이 몇십 분 동안 계속 울기만 해서 온전한 말이 거의 없었고, 방송에 넣을 수 있는 장면은 더욱 적었다. 그가 내게 물었다.

"닝 관장이 얼마나 억울한 일을 당했는지 말씀해주실 수 있습니까? 왜 이렇게 우셨던 건가요?"

나는 닝 관장의 마음을 잘 알 수 있었다. 멀리서 낯선 사람이 우리를 지지해주러 왔으니, 그녀도 나와 같은 감정이었을 터이다. 하지만 그녀는 여기에 소속된 사람이니 이러지도 저러지도 못하고, 하고 싶은 말도 감히 할 수 없으니 더 심하게 울 수밖에 없었다.

"그럼 제가 반드시 두 분을 보호하겠습니다."

그는 민감한 화제를 편집해서 다 잘라냈다.

4월 24일 저녁 10시 30분, 내 지인들은 CCTV 13번 채널을 켰다. 각급 지도자들도 모두 같은 채널을 켰다. 지인들은 열정적으로 프로그램을 공유했으나, 반대로 지도자들은 프로그램이 끝난 직후 모든 부서에 이렇게 통지했다. CCTV 링크 공유 금지!

"이 보도가 긍정적이긴 했으나 만일의 상황을 위해 조심해야 함. 어느 지도자가 보고 불쾌하게 여길 수도 있기 때문임."

단체 대화창에는 정적이 흘렀고, 몇몇 동료는 개인 채팅으로 내게 이렇게 말했다.

"닝 관장이 우는 걸 보고 저도 울었어요."

나는 닝 관장에게 장난을 쳤다.

"얼굴이 빨개질 정도로 울었으니, 시청자들이 보고 내가 닝 관장을 괴롭혔다고 여기지 않을까요?"

"그럴 리가요. 제가 울었던 과정은 부국장님만이 잘 알고 계시잖아요. 기자가 도서관 설립 과정을 말해달라고 하는데, 머리가 텅 빈 것처럼 아무 생각도 안 나고, 그저 울고 싶었어요. 그간 쌓인 눈물을 흘리는 것 말고는 어디서부터 무슨 말을 해야 할지 정말 모르겠더라고요. 부국장님은 제 정신적 지주예요. 그 과정은 우리 둘이 제일 잘 알고, 억울하더라도 우리 둘만 서로 위로할 수 있을 뿐이지요."

근로자의 날 휴가는 정말 말 그대로 휴가였다. 하루도 빠짐없이 착실하게 사흘 동안 쉬었다. 이것은 임시직을 맡은 이래 처음이었다. 이

전의 건국기념일과 신정, 설, 청명절에는 관광과 직원들을 데리고 관광지와 호텔을 점검해야 했다. 관광객들은 한가롭게 휴가를 보내고, 관광과는 관광지의 안전 상태와 관람인 수, 입장료 수입, 전년 동기 대비 증가율을 항목별로 보고했다. 지금은 해당 업무를 새로 온 톈 부국장에게 넘겼으니, 나는 훨씬 부담이 줄어들었다.

이날 아침, 나는 살금살금 자전거를 몰았다. 두 무릎은 최대한 안으로 모은 채, 이른아침 거칠게 몰아치는 출근족들의 물결 속에서 나는 출가하는 규수처럼 얌전했다. 벨벳 미니스커트를 입는 바람에 조금만 힘을 주어도 옆이 터질 수 있었기 때문이다. 내가 왜 그랬을까! 겉으로는 숙녀 흉내를 냈으나 속은 타고 있었다. 구내식당은 8시 20분이면 문을 닫는다. 콩국〔豆漿〕과 꽈배기〔油條〕, 시금치를 넣은 부침개, 샐러드와 푸주〔腐竹〕², 목이버섯, 당면, 갓…… 이 모든 걸 먹을 수 없게 되었는데도 이렇게 얌전하게 페달을 밟아야 했다. 다른 길로 가자. 펀샹의 러미피〔熱米皮〕³나 난광지제〔南廣濟街〕의 룽룽러우자모〔籠籠肉夾饃〕⁴를 먹자. 채소는 별로 없어도 그럭저럭 먹을 만하니까.

룽룽러우자모는 그냥 중국식 햄버거인 '러우자모'가 아니다. 파인애플이 '애플'이 아닌 것처럼. '찐빵의 도시〔饃都〕' 시안에는 천하의 유명한 햄버거가 다 모여 있는데, 그 이름에서 글자 하나만 달라도 모양과 맛이 달라진다.

'러우자모'는 구운 빵을 쓴다. 오래 발효시킨 반죽을 아오쯔〔鏊子〕라는 번철(燔鐵) 위에서 숯불에 굽는데, 표면이 희미한 호랑이 무늬를

---

2 얇게 말린 두부를 막대기 모양으로 말아서 자른 것이다.
3 산시성 한중〔漢中〕 지구의 특색 간식으로, 쌀을 갈아서 찐 뒤에 면처럼 길고 납작하게 썰고, 각종 조미료를 넣은 다음 채소를 곁들여 먹는다.
4 산시성 특색 간식으로 찐 고기를 얇은 쌀떡에 싸서 먹는 일종의 햄버거 모양의 음식이다.

띠고, 자르면 속이 층층이 쌓인 모습이라서 이 빵을 바이지모〔白吉饃〕라고 부른다. 중간에 끼우는 고기는 특제 간장 소스에 푹 졸인 라즈러우〔臘汁肉〕라고 하는 돼지고기인데, 큰 덩어리를 뚝배기에 넣어 푹 삶으면서 오향(五香)을 첨가해 느끼하지 않다. 이것을 도마 위에서 잘게 다져 칼 면에 올려 빵의 잘린 부분에 넣는다.

'룽룽러우자모'의 빵은 찐 것으로 만터우〔饅頭〕 즉 찐빵과 비슷한 방식으로 만든다. 먼저 잘 발효된 둥근 반죽을 적당한 두께로 밀어 반원형으로 접고, 중간에 얇게 기름을 발라 들러붙지 않게 한다. 가장자리는 눌러서 꽃잎 모양으로 만든다. 찜통에서 쪄내면 식감이 부드러워 허예빙〔荷葉餠〕 즉 연잎 케이크라고도 부른다. 중간에 넣는 고기는 매운 양념을 한 삼겹살인데, 쌀가루를 묻혀 찜통에서 찐다.

'룽룽러우자모'의 수레는 크지 않지만, 여러 개의 화구가 빽빽이 들어차 있다. 양념에 조린 달걀인 루딴〔鹵蛋〕과 그물 모양의 '화깐〔花乾〕'(일종의 두부)을 큰 솥에 담긴 짙은 갈색 국물에 넣어 삶고, 솥 옆에는 대나무를 엮어 만든 시루가 몇 무더기 쌓여 있다. 크기는 시루 하나가 손바닥보다 작아서 마치 아이들 소꿉놀이 블록처럼 차곡차곡 쌓여, 이 도시의 호방한 음식 문화에 약간의 익살을 더해준다. 한 줄로 늘어서 하얀 천에 덮인 허예빙에서는 김이 모락모락 올라온다. 가게 주인은 내게 고기만 넣을 건지 루딴과 화깐도 넣을 건지 묻는다. 그녀는 왼손으로 빵을 펼치고, 오른손으로 찜통을 내려 대나무 손잡이를 잡고 재빨리 뒤집는다. 작은 고깃덩어리가 공중제비를 넘으며 빵 속으로 들어가면서 향긋한 냄새가 피어오른다. 쌀가루를 입혀 찐 돼지고기는 군데군데 고춧가루가 박혀 있고, 매콤한 홍여우〔紅油〕가 바깥층의 쌀가루에 스며들었다. 살코기가 꽉 차 있고, 지방 부분은 반투명하여 식감이 부드럽고 쫀득할 듯하다. 그녀는 또 대나무 젓가락으로 바꾸어

들고 루딴과 화깐을 건져서 빵 안에 넣고 젓가락으로 살짝 으깬 다음, 마지막으로 짭짤한 육수를 한 방울 더한다. 으깨어진 달걀에 지방과 육즙이 섞인다. 한입 베어물면 고기, 두부, 달걀, 탄수화물이 한데 어우러진다. 우리 '찐빵의 도시'의 아침식사는 이처럼 강렬하다.

룽룽러우자모를 들고 청사에 들어가니 평소와 달리 조용했다. 지나가는 차도 없고 다급하게 출근하는 사람도 없었다. 눈앞은 마치 순수한 풍경화나 정물화 같았고, 화단의 소나무와 감탕나무가 아무 방해도 받지 않고 하나하나 또렷하게 보였다. 아뿔싸! 시간을 잘못 알았다! 근로자의 날 이후에는 출근 시간이 30분 늦춰졌다. 그러니 당연히 식당도 아직 열지 않았다. 무엇을 먹고 싶든 간에 시간이 충분했건만!

복도에서 102호의 양 부국장을 마주쳤다. 그는 땀에 젖은 티셔츠를 입고 대야를 들고 물을 받으러 갔는데, 어깨에는 수건이 하나 걸쳐져 있었다. 예전에 체육대학에 있을 때의 습관을 아직까지 유지해서, 매일 아침과 점심시간에 테니스를 친다. 쉰을 바라보는 나이에도 어깨와 허리가 여전히 반듯하고 날씬하다.

내가 막 이 부서에 왔을 때 사람들은 이렇게 말했다.

"양 부국장은 말할 필요도 없이 인품이 훌륭합니다."

나도 이곳에서 지내는 동안 체험으로 알 수 있었다. 휴가 기간에 당직을 설 때면 그는 내 시간표를 물어보고 나더러 먼저 고르라고 했고, 내 아이가 농구를 배운다는 얘기를 듣고 자기가 가르쳐줄 수 있다고 했다. 그는 눈동자가 맑고 목소리도 우렁차지만, 직위 높은 지도자만 만나면 돌연 말수가 줄어들었다. 회식할 때도 건배사를 하는 경우가 거의 없었고, 아첨하며 웃지도 않았다. 이 직위에 10년 동안 있었던 부처장급 간부답지 않게 언행이 지나치게 조심스러웠다.

이날 아침, 그는 나를 보더니 친절하게 물었다.

"위에서 더이상 비판하는 사람이 없지요?"

그는 아마 CCTV가 다녀간 뒤에 나에 대한 상부의 태도가 변했음을 눈치챈 듯했다. 조직부는 중앙 매체가 내 일을 인정한 것은 좋은 일이지만, 나의 개인영웅주의는 여전히 바로잡아야 한다고 했다. 내가 〈정관〉에 발표한 글은 사상이 '매우 미숙'하다고 했다.

"당신은 정부의 일꾼이니, 이후로는 민간 매체에 글을 발표해서는 안 됩니다. 민간 매체는 늘 다른 속셈이 있습니다."

이어서 상부에 내 입장을 표명하는 글을 새로 써서 보고하라고 했다.

지시에 따라 글을 썼는데, 이것은 내부 간행물에 실릴 예정이었다.

「임시직 업무보고」

양쑤추

얼기설기 뒤엉킨 정부 사업은 풀뿌리 민중과 소통하여 국민의 목소리에 귀를 기울여야 할뿐더러 상급 조직의 정책과 법규를 관철하여 시행해야 한다. 이것은 대학교수의 업무와 성격이 상당히 다르다. 예전에 나의 업무는 주로 자기의 학술 분야에 몰두했으므로 관심 분야가 작고 깊었으며, 사회와 접촉하는 일이 무척 드물었다. 그러나 새로운 직장에서 나는 관광지와 호텔, 문화재 조사 현장을 감독하고 검사하며, 풀뿌리 민중의 문예 프로그램 공연을 참관하고, 또 도서관 현장에서 건설 팀과 담판해야 했다. 업무 범위가 넓어지고 복잡성과 도전성도 높아졌다.

나는 임시직 훈련 기간에 대한 자신의 태도를 다음과 같이 종합적으로 요약한다.

1. 자기를 인지하고, 자기를 발휘했다.
지식인은 자기 전문 지식을 대중에게 널리 보급해야 한다.
......

도서 목록을 찾는 과정에서 나는 무의식적으로 새로운 지식을 얻었고, 아울러 지역사회 군중의 정신생활에 조금이나마 기여할 수 있어서 뿌듯했다.

임시직으로 근무하는 동안 나는 민간 매체에 문화관광 업무와 관련된 글을 2편 발표했다. 하나는 우리 지역의 민박을 홍보하고, 다른 하나는 도서관을 홍보하는 글이었다. 글을 쓰는 과정은 사실 하나의 실험이었다. 정무의 화제를 재미있고 사려 깊게 써서 독자의 마음에 깊이 파고드는 방법은 무엇인가?

마오쩌둥 동지는 '당팔고에 반대한다'라고 명확히 제시했고, 또 「옌안 문예 강화」에서도 이렇게 말씀하셨다.

"업무 대상 문제, 즉 문예 작품을 누구에게 보여주느냐 하는 문제에서, 우리 문예 종사자의 사상과 감정은 노동자, 농민, 군인 대중의 사상 및 감정과 하나로 어우러져야 합니다. 그러려면 대중의 언어를 열심히 배워야 합니다."

정부의 일꾼으로서 나는 이런 말을 반복적으로 복습해야 했다. 홍보 언어에 대한 높은 자각을 가지고 민중이 알아듣기 쉽고 또 감정적으로 공감할 수 있는 언어로 말해야 글과 정보를 더 널리 전파할 수 있다.

2. '초심'을 견지하고 지행합일을 추구했다.

대학에서 나는 문학과 미학을 강의했다. 미학에서는 '초심'과 '동심'이 인격의 완전성에 매우 유익하다고 설명했다. 시진핑(習近平) 총서기도 "초심을 잊지 말고 사명을 명심하라"고 했다. 그렇다면 '초심'이란 무엇인가?

구체적으로 내 업무에서는 초심이 민중의 진정한 문화적 요구를 세심하게 살피는 일이라고 생각한다. 이렇게 세심하게 살피는 일은 평가에 대처하기 위해서라거나 임무를 완성하기 위해서만이 아니라, 적극성을 끌어올려서 대중을 위해 더욱 많은 일을 하기 위해서다. 우리의 서비스는 끝이 없으니, 인력과 물자를 아끼지 말고 국민의 이익에 더욱 가까이 다가가야 한다. 임무를 실행하고 이어나가는 과정에서 자기의 단점과 오류를 깨닫고, 아울러 이후의 사업에서 바로잡을 수 있어야 한다.

내게 어떤 장기가 있다면 아마 일에 대한 열정이 유일한 장기인 듯하다.

……

좋은 도서를 확보하려면 양심적으로 일해야 한다. 초심을 잊지 않고 국민을 위해 책을 사면서 기준을 엄격히 하고 저질 책을 배제해야 한다. 이것은 반드시 견지해야 할 기본적인 사고 방향이다. 초심은 바로 그저 좋은 일을 시행하고 앞날을 묻지 않는 것이다. 초심은 바로 보답을 바라지 않고 온 마음을 바치는 것이다. 늘 이런 미학 이론을 강의했으며, 나 자신도 업무에서 이론을 실천하고 싶다. 그게 아니라면 성실한 지식인이 아니다.

……

임시직 업무에서 어느 정도 성과를 거두어서 각급 부서와 CCTV 매체의 긍정적인 평가를 받았으나, 나는 그저 전체 업무 과정에서 작은 나사못일 뿐이다. 대학과 정부 사이의 인재 교류는 각급 조직의 막힘없는 소통과 민주주의에 의지해야 한다. 비옥한 토양이 있어야만 식물이 뿌리를 내릴 수 있다. 봄과 밝은 햇살이 있어야만 꽃봉오리가 피어날 수 있다. 미래의 업무에서, 내가 어떤 직위에 있든 간에, 계속 서로 협력하여 국민을 위해 더 높은 문화생활을 함께 창조하기를 희망한다.

나는 글의 풍격을 조정하려고 노력했다. 이렇게 쓰면 충분히 '성숙'해 보일까? 확신은 없었다. 며칠 후, 시에서 우리 도서관의 '선진적인 건설 경험'을 찬양하는 문건을 발행하고, 나를 지명하여 '전형 사례 보고 자료'를 작성하여 회의에서 연설하라고 했다. 의장석이 있는 연단에 서자 무대 아래로 각 구현의 도서관장과 문화관광체육국 부국장들이 보였다. 그중에는 열렬히 경청하는 눈빛도 있었고, 시선을 피하거나 혹은 적대시하는 눈빛도 보았다. 어쨌든 '개인영웅주의'에서 비롯된 이 글이 일으킨 작은 풍파는 결국에 가라앉은 셈이었다.

진실한 의견

개관하고 보름쯤 지난 후, 도서관에는 아침과 저녁으로 뚜렷한 '러시아워'가 형성됐다. 아침 9시 개관 시간이 되면 '고시파'들이 먼저 나타나 에스컬레이터 입구를 둘러싼다. 부스스한 머리를 한 채 가방을 메고 물컵을 들고 서서 직원이 문을 열기만을 기다린다. 들어오면 각자 늘 앉는 책상을 찾아 공부할 자료를 꺼내어 대학원 진학이나 공무원 시험, 회계사 시험, 법률사 시험 등을 준비한다. 도서관 문을 닫기 한 시간 전인 오후 5시가 되면 '빨간 스카프' 무리가 어김없이 나타난다. 하루 중 이 시간만이 제일 걱정스러운데, 우리는 목을 길게 빼고 수시로 아동 구역을 살핀다. 마치 문어가 조용히 다리 몇 개를 뻗어 물속 구역을 탐사하듯이, 우리도 그렇게 아이들이 말썽을 부리는지 살펴본다.

초등학생 나이대의 아이들은 부모와 선생님을 떠나면 늘 조금 들뜨게 된다. 녀석들은 여기 와서 숙제하고, 스티커를 만들고, 학급에서 일어난 연애사를 얘기하다가 돌연 폭소를 터뜨리기도 한다. 도서관 직원이 입가에 검지를 갖다댔지만, 녀석들은 잠시만 조용할 뿐 또 폭소를 터뜨리기 시작했다. 사건의 발단은 그림책이었다. 책 속에 인체 그림이 있었는데, 남학생들이 그것을 웃음거리로 만들어 서로 돌려보았다.

이를 본 여학생이 화를 내면서 프런트에 와서 일러바치며 책을 압수해달라고 했다.

아이들은 프런트를 만능으로 생각하는 듯했다. 분쟁을 해결할 수 있을뿐더러 숙제를 도와주기도 하니 말이다. 문장을 지어야 할 때면 자오이〔趙怡〕 언니에게 묻고, 어려운 수학 문제는 자동으로 한양〔韓洋〕 형을 찾는다.

"닭과 토끼가 한 우리에 함께 있는데, 위에는 35개의 머리가 있고, 아래에는 94개의 발이 있으면, 닭과 토끼는 각각 몇 마리일까?"

수학과를 졸업한 한양은 카운터에 엎드려서 친절하게 설명해준다. 그런데 가십거리를 찾는 녀석들의 마음이 동한다.

"형 여자친구 있어요? 자오이 누나 솔로라고 하던데……"

결정적인 순간에 프런트는 민첩해야 한다. 어떤 엄마가 아이를 돌보지 않고 휴대전화를 보며 걷던 중에 아이가 에스컬레이터에서 발을 헛디뎌 넘어져버렸다. 한양은 즉시 뛰어가 아이를 안아올렸다.

그리고 어떤 학부모들은 프런트를 무료 돌보미로 여기는 듯하다. 언젠가 주말에 개관하자마자 엄마와 아들이 들어왔는데, 열 살쯤 되는 남자아이를 두고 엄마가 금방 떠났다. 점심때 아이가 책상에 엎드려 작은 소리로 울었다. 주차하고 곧 돌아오겠다던 엄마는 그때까지 돌아오지 않고 있었다. 아이는 엄마가 자기를 영원히 버린 걸까봐 걱정했다. 도서관 직원이 사다준 햄버거도 먹지 않았다.

"배 안 고파요. 고맙습니다."

직원이 "네 엄마가 사다주라고 한 거야"라고 속이자, 그제야 먹었다. 직원이 아이 엄마에게 전화했지만, 엄마는 오후 5시가 되어서야 나타났다. 깜빡 잠이 들어 '아이를 잊었다'면서.

아동 구역의 떠드는 소리가 너무 커서 다른 이용객들이 불만을 제기하면, 프런트는 양쪽을 오가며 해결해야 했다. 자오이가 바닥에서 음료수병을 차며 놀던 아이에게 주의를 주고, 불만을 제기한 이용객에게 거듭 해명했다.

"저희가 면적이 너무 좁아서, 소방 안전 문제로 아동 구역에 벽이나 유리 칸막이를 설치하는 게 허가가 안 나서요. 저희도 아동 구역을 조금 조용히 시키려고 노력하고 있으니 양해 부탁드릴게요. 아니면 제가 전자 열람 구역에서 조용한 자리를 찾아드릴 테니, 거기로 옮기시겠어요?"

장샤오메이(張小梅)가 있었다면 조금 수월했을 것이다. 그녀한테는 어떤 마력이 있어서, 아이들이 그녀의 목소리를 들으면 큰 소리로 떠들지 않아 아동 구역이 평화롭다. 그녀가 쉬는 날이면 여러 아이가 달려와 물었다.

"머리를 땋은 그 이모는 언제 와요?"

장샤오메이는 아동 구역의 질서를 유지하는 그녀만의 방법이 있었다. 초등학생들이 책상 앞에서 놀면 그녀는 우선 끼어들지 않고 근처에서 책을 정리하는 척하면서, 아이들이 무슨 얘기를 하는지 듣는다. 그런 뒤에 자리에 앉아 이야기에 끼어들어 모르는 척하고 무슨 문제를 던져서 아이들에게 가르침을 청한다. 그런 다음 과장해서 아이들을 칭찬한다.

"와! 너희들이 이렇게 많이 아는지 나도 몰랐네!"

사실 아이들은 다투는 게 아니라 무슨 이야기를 하다가 약간의 논쟁이 있을 뿐이다. 그러면 장샤오메이는 이렇게 묻는다.

"이건 무슨 이야기니?"

아이들이 왁자지껄 얘기하기 시작하면, 그녀가 이렇게 말한다.

"한꺼번에 얘기하니까 내가 제대로 알아들을 수 없잖아. 차례로 이야기해볼래?"

그래도 아이들이 따르지 않으면 종이 뭉치를 만들어서 제비를 뽑아 순서대로 말하게 한다. 그러면 목소리는 한결 작아진다.

한 여자아이가 예쁜 스티커북을 가져와 다이어리를 꾸미자, 장샤오메이가 이렇게 말했다.

"너 정말 대단하구나! 이렇게 멋진 장면을 많이 만들었네. 나도 좀 가지고 놀아도 돼?"

"안 돼요. 이건 한정판이라서 비싸요. 엄마가 밥값으로 20위안을 주시는데, 이게 한 권에 6위안이라고요!"

아이는 장샤오메이에게 줄 페이지를 찾으려고 이리저리 뒤적거리면서, 예쁜 것은 주기 아까워했다. 장샤오메이가 앞으로 넘겨서 별로 예쁘지 않은 것을 하나 골랐다.

"이 페이지를 줄래? 메모지로 쓰게. 네 이름하고 전화번호를 적어주면, 나도 내 전화번호를 적어줄게. 그럼 우리는 좋은 친구가 되는 거야."

여자아이는 바비인형 그림을 한 줄 찢어서 장샤오메이에게 주었다. 그녀는 그것을 자기 휴대전화에 붙였다. 여자아이가 말했다.

"이모는 정말 유치해요!"

"하나도 안 유치해. 네가 준 거니까, 이걸 보기만 해도 너를 떠올릴 거야. 다음에 도서관에 오면 나를 찾아. 우리는 좋은 친구니까. 자리가 없을 때 나한테 와도 되고. 직원들이 쓰는 작은 의자를 빌려줄게. 그럼 얼마나 좋겠어!"

그렇게 해서 많은 아이가 장샤오메이와 친구가 되었으니, 자연히 그녀의 말을 따라 아동 구역의 질서 유지에 협조해준다.

여기 오기 전에 그녀는 10년 넘게 유치원 교사로 일했다. 그때의 즐거움이 오색 비눗방울처럼 방울방울 떠올랐다. 어쩌다 앞머리 스타일을 조금만 바꿔도 눈썰미 좋은 아이들은 금방 알아차리고는 그녀의 다리를 끌어안고 종알댔다.

"선생님, 선생님, 오늘은 어제보다 100배 예뻐요!"

매일 이런 말을 들었으니 얼마나 달콤했을까. 다만 이런 달콤함은 너무 어린 아이들에게 나온 것이라 그다지 믿을 만하지는 않았지만. 아이들이 졸업하면 선생님을 기억하지 못하리라 생각하면 조금은 아쉬웠다. 그런데 한번은 거리에서 대학생으로 보이는 청년이 그녀를 부르며 다가왔다.

"선생님?"

그녀는 너무나 감격했다. 이렇게 오랜 세월이 지났는데도 여전히 자기를 기억하고 있다니!

도서관 프런트에서 일하는 느낌은 전혀 달랐다. 성인들은 달콤하게 아첨하지는 않지만, 어느 정도 우정은 품고 있다. 그 우정은 그다지 눈에 띄지는 않지만 쉽게 사라지지도 않고, 더 진실처럼 손에 잡힌다. 나이 많은 이용객들은 책의 청구 번호를 찾지 못하거나 도서 대출기를 조작하지 못하곤 한다. 그녀가 차근차근 해결해주면, 노인은 이렇게 말한다.

"고마워요, 아가씨. 이름이 어떻게 되나? 알려주면 다음에도 아가씨를 찾을 수 있지 않겠어?"

이런 부탁과 믿음 덕분에 그녀는 자기 일에 자부심을 느낀다.

주말에는 더 어린 아이들이 도서관을 찾는데, 귀여우면서도 골치가 아프다. 아이들은 대부분 얌전히 부모 곁에 붙어 앉아서 조용히 책 읽어주는 소리를 듣는다. 너무 어린 아이들은 도서관 직원의 지시를 잘 알아듣지 못한다. 다 본 책은 바구니에 넣어두라고 얘기하지만, 녀석들은 늘 한 무더기를 가져가서 몇 페이지만 보고는 바로 땅바닥에 방치하고 신경도 쓰지 않는다. 어떤 때는 책을 던지거나 찢어서 망가뜨리기도 해서, 아동 구역 책장을 담당하는 자원봉사자 쑤라이(蘇來)는 바구니와 책장 사이를 왕복하며 쉴새없이 바쁘다. 아이들이 실수로 입체 책을 망가뜨리면, 쑤라이는 파손된 책을 한데 모아서 조심스럽게 종이 조각을 이어 붙여 최대한 수선한다.

하루는 아동 구역 귀퉁이에 정체불명의 노란 액체가 있어서 장샤오메이가 닦으면서 냄새를 맡아보았는데 무엇인지 긴가민가했다. CCTV를 확인해보니 아이가 거기에 오줌을 쌌다. 카메라에 비친 아이 할머니는 아이가 사고 친 것을 발견하자마자 데려가버렸는데, 아무 조치도 취하지 않고, 누구에게도 알리지 않았다. 이런 일들은 화가 치밀게 한다.

아이들은 주말마다 '샤오린(小林) 언니(혹은 오빠)가 들려주는 이야기'를 좋아한다. 세미나실에서 이야기를 들려주면, 마음껏 떠들어도 외부의 다른 이용객들에게 들리지 않는다. '샤오린'은 특정한 어떤 사람이 아니라 '베이린구'에서 한 글자를 따 이름을 지은 것이다. 우리는 그림책을 읽어준 경험이 있는 사람을 '샤오린'에 등록하여 아이들을 데리고 놀게 한다.

놀이 주제는 미리 홈페이지에 발표해두며, 하루 전에 예약 인원에 따라 재료를 준비한다. 그림책 안의 캐릭터를 인쇄해서 오려 붙이고 색칠하고, 찰흙과 오색 리본, 풀을 준비한다. 또 모든 어린이의 이름을 미리 포스트잇에 적어놓는다. 아이들은 자기 이름을 중요하게 생각하기 때문에, 발언할 때 '저기 파란 옷을 입은 어린이'라고 불리면 무성의하게 말한다. 이름이 불리면 자기가 많은 이에게 알려졌다고 느끼고 기뻐한다. 어떤 아이는 수줍어서 목소리가 너무 작고, 줄곧 고개를 숙인 채 입술이 거의 마이크에 닿을 듯하다. 어떤 아이는 목소리가 너무 크고, 껑충껑충 뛰며 대답하고, 고개를 갸웃거리며 눈을 깜박이기도 한다. 우리 모두 알고 있는 한 남자아이는 분홍색을 특히 좋아해서, 매번 참가 신청을 한 뒤에 "저는 분홍색 이름표를 주세요"라는 댓글을 남긴다. 그리고 항상 웃으며 달려와 분홍색 사각형 이름표를 가슴에 붙였다.

단오절에는 찰흙으로 '쭝쯔〔粽子〕'를 만들고, 하지에는 함께 '수박'을 만들었다. 아이들은 또 많은 새 친구를 데려온다. 찰흙이 마르면 무척 못생겨지지만 그래도 귀엽다.

운영 상황을 이해하기 위해 도서관을 돌아다니다가 이용객을 만나면 몇 가지 간단한 질문을 하기도 한다. 젊은 직원들은 내게 너무 공손해서, 내가 길게 묻더라도 짤막하게 대답할 뿐이다. 마치 말을 많이 하면 적절치 못하다고 생각하는 듯했다.

내 친구 량랴오〔梁了〕는 요식업 마케팅 업계에서 유명한데, 자주 책을 대출하러 온다. 그녀는 우리 도서관 책들은 다 새것이고 입체서도 많은데, 다른 도서관은 이렇지 않다고 했다. 다만 홍보가 부족하다기에 내가 해명했다.

"직원들이 홈페이지 관리에도 신경을 쓰고 있어. 예를 들면, 면화가 국제 뉴스에서 이슈가 되면 때맞춰서 면화와 관련된 책을 추천하고……"

그녀가 말을 끊었다.

"그런 거 말고! 현장 체험이 제일 중요하지."

직업 특성상 그녀는 어딜 가든 먼저 그곳이 고객에게 어떤 신선하고 참신한 정보를 줄 수 있는지에 관심을 기울인다. 예를 들어서 식당을 운영하는 고객은 계절 요리 추천 포스터의 디자인을 정기적으로

의뢰하고, 네온 광고로 각종 세트 메뉴를 홍보한다. 그녀는 도서관에서도 입구 포스터를 자주 교체하거나 전광판으로 책을 추천하라고 제안했다. 이렇게 정보가 직접적으로 보이면 그 효과가 홈페이지보다 나을 거라고 했다.

"다들 휴대전화로 구독하는 홈페이지가 너무 많아서 다른 건 읽을 겨를이 없어. 너희 홈페이지 조회 수는 겨우 100~200이니까, 커버하는 면적이 너무 제한적이야."

'현장 경험'을 분석하고 나서 그녀는 한 걸음 더 나아가 우리의 '이용객 집단'을 분석했다. 그녀가 살펴본 바에 따르면, 진정으로 책을 많이 읽는 사람은 사실 도서관에 자주 오지 않는다. 이런 사람들은 소장한 책이 충분히 많아서 집에서 읽는 것을 더 좋아한다. 도서관의 '주류 고객'은 그와는 조금 다르다. 집에 책이 많지 않아서 원하는 책을 대출하러 오는 경우도 있으나, 어떤 때는 그저 아이와 함께 올 뿐이지 자기는 아무 목적이 없는 사람들도 있다. 간단히 말해서 그들은 독서에 대한 바람은 있으나 상당히 막연할 수 있다. 이런 고객 집단에게는 책을 추천해줄 필요가 있는데, 이것이 바로 도서관이 깊이 파고들어야 할 일이다.

"잘 알려지지 않은 좋은 책을 더 많은 사람이 읽게 할 수 있다면 안 할 이유가 있어? 나는 그래. 어떤 종류의 책이든 재미있으면 추천해줘. 예전에 추천해준 책들은 다 내 취향에 맞았어. 하지만 그것들 말고는 도서관에 갈 때마다 어떤 걸 대출해야 할지 모르겠더라고."

그녀는 도서관 내부 행사에도 이의를 제기했다. 일부 서화 전시회와 현지 작가들의 활동은 진정으로 독자의 수요에서 출발한 게 아니라는 것이다.

"독자는 바보가 아니야. 이런 행사가 누굴 위한 건지 다 알아. 최하류를 간신히 면한 작품을 꺼내서 행사를 벌이면서 자기 식구끼리 치켜세우는 거지, 외부에서는 보는 사람이 아무도 없어. 이런 행사가 소비자와 무슨 관계가 있어? 이런 행사에 참여할 소비자가 어디 있겠어?"

그녀가 주위의 독자들에게 물어보니 도서관에 가장 바라는 행사는 작가와의 만남이었다.

"어떤 책을 좋아하면 그 창작 배경이 궁금하고, 작가가 들려주는 뒷이야기를 듣고 싶지. 인터넷 시대는 더이상 베일의 시대가 아니라 리얼리티의 시대야. 누구나 아나운서가 될 수 있고, 다들 라이브쇼를 보고 싶어해. 소비자나 독자나 마찬가지야. 사용자가 뭘 원하는지를 파악해야 해."

량랴오는 자기의 말이 나를 불쾌하게 하지나 않을까 전혀 걱정하지 않았다. 사실 나는 이런 진실한 의견이 필요했다. 계속해서 더 많은 관찰자를 찾아 다른 사람의 의견도 들어야 한다.

도서관의 두 자원봉사자는 나와 상하 관계가 없으니 말하기가 더 편할 터이다. 퇴직한 수간호사는 옷차림이 수수하고 흰머리가 단정했다. 프런트 앞에 서서 정보 등록을 도왔는데, 그녀의 손 옆에 있는 볼펜과 공책의 위치는 늘 고정되어 있으며, 상대에게 밀어주는 속도도 일정했다. 간호사 출신임을 모르더라도 수척한 턱선과 기다란 손가락을 보면, 이 사람이 평생 질서정연하게 살아왔음을 알 수 있다. 도서관의 젊은이들은 감히 그녀 앞에서 밀크티를 마시지 못한다. 예전에 그녀가 밀크티의 성분과 열량에 대해 심각하게 설명한 적이 있기 때문이다. 아침에 직원이 물 한 통에 소독제를 희석하자, 그녀는 진지하게 배합 비율을 바로잡도록 도와주었다. 장갑을 끼고 걸레와 물뿌리개를 들고 책상과 의자를 한 줄 한 줄 닦았는데, 동작이 가벼우면서 여유로웠다. 매일 출근하는 것은 아니었고, 아들이 밥 먹으러 오거나 손자가 놀러 오면, 시장에 가서 장을 보고 집에 돌아가 식사 준비를 해야 했다. 물론 우리는 그녀의 상황을 잘 이해했다.

다른 할아버지 한 분은 매일 오시고 결석한 적도 없다. 나는 정식으로 감사 인사를 해야겠다고 생각했다.

"자원봉사를 하러 와주셔서 감사합니다!"

"아닙니다. 감사라니요. 오히려 제가 여러분께 감사해야지요!"

"네?"

"종일 집에서 나와 있을 정당한 이유를 갖게 된 셈이니까요. 아이고, 맙소사! 집에 있자니 너무 지겨워서 답답했는데, 드디어 나올 수 있게 되었지요. 감사합니다, 정말 감사해요!"

덕분에 웃었지만 그저 인사치레로 한 말일 거라고 짐작했다. 두번째 만났을 때 또 감사 인사를 하자, 그분은 또 단호하게 막았다. 이렇게 밀고 당기는 대화를 여러 차례 하고 나서 우리 둘은 깔깔 웃고 말았다.

"됐어요. 그만두지요! 이제 더는 감사 인사를 하지 않을게요."

그분은 우리가 제공한 공공 자원봉사 자리가 자기에게는 가장 좋은 곳이니, 이 일은 오히려 자기가 내게 감사해야 한다는 것을 내가 믿게 하려 했다. 그분은 〈정관〉에서 내 글을 보고 이곳이 개관했음을 알았고, 마침 자원봉사 할 곳을 찾으려 하고 있었다. 이곳은 그분의 집에서 5킬로미터도 떨어지지 않아서 통근 시간도 짧았다. 그분은 위구르족이어서 음식에 금기가 있는데, 마침 우리 도서관은 위구르족 거리에서도 멀지 않았다.

매일 도서관에서 신문과 잡지를 다 정리하고 나면 그분은 어린이책 바구니로 가서 구겨진 책 표지를 문질러 반듯하게 펴고, 정확한 위치를 찾아 꽂았다. 이 일은 스트레스가 없고 편하게 책을 볼 수 있으며, 이어폰을 끼고 음악을 들을 수도 있었다.

"나는 무슨 고상한 사람이 아니니까, 고상하다고 칭찬하지 마시구려." 그분이 내게 조용히 말했다. "내가 자원봉사를 좋아하는 건 그저 돈이 부족하지 않기 때문이지요!"

그분이 매일 출근할 수 있는 이유는 여태 어떤 집안일을 할 필요도, 누구를 보살펴야 할 필요도 없었기 때문이었다. 집안일을 하지 않으려는 태도가 강경할수록 더 많은 돈을 벌어 집에 가져가야 합리적이라고 생각했다. 그분은 자랑스러운 웃음을 머금은 채 눈을 가늘게 뜨고는, 자기가 이번 생에 그것을 해냈다고 말했다.

매일 아침 9시 정각에 출근하고, 11시가 되면 도서관 후문 직원 통로의 좁고 긴 계단을 통해 지상으로 올라간다. 그곳은 다른 정원으로, 접수실에는 그날 도착한 신문과 잡지가 놓여 있다. 신문과 잡지의 수량은 고정적이지 않으며 일간지와 주간지, 월간지가 있다. 가져오는 것은 두꺼울 때도 있고 얇을 때도 있는데, 그분은 그것을 분류해서 책장에 올린다. 손가락은 짧달막하고, 집게를 사용하는 동작도 그다지 민첩하지 않았다. 여태 무슨 육체노동을 해본 적이 없다고 했다.

"나는 손재주가 없는데, 여기 와서야 몸으로 하는 일을 배우고 있지요."

우리가 구독하는 간행물은 100여 종인데, 몇 층으로 나누어 진열한다. 첫째 줄은 〈신민만보新民晚報〉, 〈제일재경第一財經〉, 〈국방시보國防時報〉, 〈환구시보環球時報〉, 〈참고소식參考消息〉, 〈건강시보健康時報〉, 〈안전시보安全時報〉, 〈남방주말南方週末〉, 〈군사 마니아軍事發燒友〉이다. 이것들은 알파벳이나 획순(劃順)으로 배열된 게 아니고, 중요도에 따라 배열된 것도 아니다. 내가 규칙을 물으니, 그분은 자기가 관찰한 결과라고 했다. 이 간행물들을 읽는 사람이 가장 많아서 읽기 편하게 첫 줄에 놓았다는 것이다.

그분 이름은 쑤라이인데, 조상은 거간꾼이었다. 그분의 부친은 거간꾼이 투기하는 것을 보다못해 집안의 기풍을 바꾸기로 결심했다. 부친은 공부에 전념하여 교사가 되었고, 자녀들도 후대에 돈을 하찮게 여기기를 바랐다. 쑤라이가 어렸을 때 부친은 그분을 데리고 산시성 도서관에 가서 책을 대출했다. 입구에는 한약방에 있는 것처럼 작은 칸에 한 줄 한 줄 도서 목록이 적힌 카드가 줄지어 담겨 있었다. 작은 서랍은 완전히 뺄 수는 없었고, 당긴 뒤에 천천히 찾아서 작은 종이를 쥐고 창가에 줄을 서 있다가 사서에게 건네주었다. 쑤라이는 10권 가까이 되는 책을 찾으려고 목을 빼고 관리인이 나오기를 기다렸지만, 상대방의 손에는 한두 권만 들려 있었다.

"실망이야 했지요. 예전에는 서고에 들어가볼 기회가 없어서, 다른 이들은 갈 수 없는 곳에서 일하는 듯한 사서가 정말 부러웠지요. 그때는 정말 상상도 못했어요, 나도 나중에 이런 일을 하게 될 줄이야!"

성인이 되고 나서 쑤라이가 부친이 기대한 길을 걷지 않아 약간 문제를 일으키는 바람에 부친이 중병에 걸리고 말았다. 이후에 또 사업을 했는데, 부친이 눈에 거슬린다고 여겼던 바로 그 직업이었다. 교사가 되고 싶지는 않았다. 재미없다고 생각했기 때문이다. 사업을 하다 보면 정말 많은 사람을 만나는데, 상대방의 깊이를 첫눈에 정확히 파악해서 재빨리 승부를 가리고, 그런 뒤에 각자 강호의 낯선 길을 가야 한다. 그분은 습관적으로 첫인상을 통해 상대방의 배경과 성격을 판단한다. 내게도 아주 자신 있게 말했다.

"부국장님의 조상은 분명 지식인이었을 겁니다. 제가 잘못 보았을 리 없어요."

인생사는 늘 에둘러 가기 마련이다. 그분은 당시 사범대학을 다녔으니, 만약 교사가 되었더라면 퇴직한 뒤에도 왕래하는 학생이 있었을 테고, 또 베이린구 도서관에 자원봉사 하러 오지도 않았을 것이다. 지금 그분은 10여 개의 가게를 가지고 있어서 매년 상당한 임대료를 받는다. 집에 누워서 임대료만 받으니 아무 재미가 없고, 마음속의 공허를 달랠 방법이 없어서 또 책 속으로 들어갔다. 그분은 오로지 이 일을 잘해내려고 생각하고 스스로 다짐했다고 한다.

'반드시 잘해내자, 여기서 빈둥거리지 말고!'

내가 물었다.

"자원봉사는 덕을 쌓고 선행하기 위해서 하는 게 아닌가요?"

그랬더니 그분은 아니라고 했다. 자기는 그저 여유가 생길수록 겁이 나서, 인생과 돈의 의미를 계속 생각하게 된다고 했다. 자기에게 필요한 물질은 갈수록 적어지고, 필요한 벗도 갈수록 적어지지만, 그저 마음에 드는 게 있으면 반드시 해야 했다고. 자원봉사가 바로 그런 일이라고 여겼다.

"이건 국민을 위한 봉사도, 지역사회를 위한 봉사도 아니에요. 그렇게 높은 의미를 부여하고 싶지 않아요. 난 그저 이 일에서 마음의 평안을 얻을 수 있기만 바랄 뿐이에요."

그분은 이미 예순 살이 넘었으나, 부친 이야기가 나오면 느릿하게 회상하고 죄책감을 느꼈으니, 여전히 자식의 모습이었다. 지금 하고 있는 이 일로 인해, 독서를 좋아했던 그분의 부친도 아마 위안을 느끼시리라.

초여름의 오후는 나른해지기 쉬워서 그분은 책상에 엎드려 잠깐 선잠을 잤다. 나는 그분이 사무실 구역에서 점심 휴식을 취하도록 접이식 침대를 하나 마련해주려 했으나, 그분은 한사코 거절했다. 그것은 자신이 여기 온 목적에 어긋난다는 것이었다.

"아무도 나더러 오라고 강요하지 않았고 내가 자원했어요. 이 일이 집에 있는 것보다 훨씬 의미가 있어요. 여러분께 조금도 폐를 끼치고 싶지 않아요!"

밥을 먹을 때 내가 계산하려고 하면 그분은 거의 화를 내려 하면서, 틀림없이 자기가 나보다 돈이 많을 것이니 자기가 대접해야 한다고 했다. 그분의 자신감 있는 말투에서, 친구를 불러내 통 크게 한턱내는 그분의 젊은 시절 이미지를 복원할 수 있었다. 그분은 지금도 걸음걸이가 민첩하나 머리카락은 조금 성글어졌고, 더이상 접대하는 식사 자리에는 가지 않았다. 자기 나이에는 누구와도 억지로 관계를 유지할 필요가 없다고 뻘셈했다. 그분은 예민해서, 밥을 먹을 때 일단 상대방의 목적이 단순하지 않다는 것을 간파하면 이야기를 계속하려 하지 않았다.

그분은 말과 표정을 통해 상대방을 파악하는 데에 뛰어났다. 그분이 내게 물었다.

"왜 굽이 낮은 구두를 신지 않으세요? 키에 콤플렉스가 있나요?"

그러면서 그분은 아동 구역의 학부모에게는 두 가지 전형적인 모습이 있다고 지적했다. 하나는 아이에게 참을성 없이 강제하는 유형이고, 다른 하나는 아이를 너무 응석받이로 키우는 유형이라는 것이다. 그들의 표정으로 판단컨대, 이런 학부모들은 시안에 와서 분투하며 경쟁한 1세대임이 분명하다고 했다.

"제가 경험자 아닙니까. 한눈에 알아볼 수 있어요. 자기들이 엄청 고생했으니 자녀가 훌륭한 사람이 되기를 바라는 거지요. 교육의 척도를 제대로 파악하지 못하지요. 부모 자식 간에 서로 대하는 패턴이 아주 이상해요."

그분은 도서관 일은 장점이 많다고 했다. 일이 힘들지도 않고, 정해진 시각에 출근하며, 가정을 돌보는 일도 함께 할 수 있다는 것이다.

아울러 책임과 위험이 적고, 잘못을 저질렀다고 해도 기껏 책 한 권을 찾지 못하는 것뿐이다. 그래서 대우는 보통이지만, 지도자들이 여러 친척 아줌마를 도서관에 출근시켜주는 것이다. 이를 통해서 그분은 나와 같은 학자 스타일은 문화관광 시스템에서 견뎌내기가 무척 어려울 거라고 판단했다.

"문제의 핵심은 사실 부국장님의 능력이나 전공의 적합성이 아니라, 인간 관계를 어떻게 처리하느냐 하는 것이지요."

그분이 생각하기에 도서관의 위상은 문화관광국과 관계가 미묘했다. 경비는 전액을 국가 재정에서 지급하는데, 도서관은 그다지 시급하지 않은 일이라고 생각하는 사람이 많다. 다른 사람들도 아마 의문을 가질 것이다. 임시직 간부가 왜 그렇게 좋은 책을 사려 하지?

"부국장님은 임시직이니 대담하고 남에게 미움을 사는 것을 두려워하지 않아도 된다는 장점이 있지요. 곧 떠날 사람이니까요. 하지만 학자인지라 정치적 지혜가 없을 수 있다는 단점이 있어요."

예전에는 전혀 몰랐는데, 도서관에서 이 어르신은 나를 유심히 살피고 있었다. 그분은 나와 이야기를 나누지 않았을 때도 이미 내 직위에 담긴 깊은 의미를 대부분 파악하고 있었다.

그분은 우리 도서관의 심각한 상처는 환경이라고 지적했다. 유럽의 몇몇 도서관에 가보니, 거대한 나무에 가려져서 가까이 다가가서야 비로소 창문이 보였다고 했다. 안쪽은 나무 계단과 나무 바닥이어서 걸을 때 울리는 소리가 아름다웠고, 고개를 들어 창밖을 보면 정원과 잔디밭, 나무 그늘이 좋은 느낌을 주었다. 그분은 그것이 도서관이 응당 갖춰야 할 요건이라고 여겼다. 하지만 우리 도서관은 독립된 건물이 없고, 그저 전체 건물 가운데 아주 작은 간판을 빌렸을 뿐이다. 그리고 그 간판은 상업용 가게들에 둘러싸여 미관에 영향을 받고 있다. 여름이면 많은 사람이 도서관을 찾는데, 그중 대부분은 거리를 구경하다가 지쳐서 들어와 서늘한 바람에 더위를 식히거나 잠깐 자고 갈 뿐, 책은 전혀 읽지 않는다. 도서관에 나무는 보이지 않고, 위층은 식당이니, 그분이 보기에 이곳의 전체적인 주변 환경은 지적인 분위기가 부족하고 너무 저잣거리 같다고 했다. 게다가 지하실은 통풍이 부족하고 면적도 넓지 않다.

"도서관이 여기에 있는 것은 장기적인 계책이 아니지요."

나는 그분의 관찰에 감사했다. 사방에 흩어진 서적을 그분이 정리하여 책장에 올려놓았으므로, 사람들이 어떤 책을 많이 보는지도 잘 알았다. 그분의 얘기에 따르면, 아동 구역, 특히 만화 코너는 특별히 인기가 많고, 외국어 아동서 구역에는 사람이 많지 않다고 했다. 성인 구역에서는 근현대 소설에 흥미를 느끼는 사람이 많고 진융[金庸]과 루쉰의 작품을 읽는 빈도가 무척 높았다. 하지만 철학류 서적을 찾는 사람은 드물었다. 생활 가정과 의료 보건 분야는 중장년층이 즐겨 보았다. 심리학과 윤리학, 법률에 관한 서적을 읽는 사람도 많았다. 그러나 자연과학과 경제 분야의 책은 거의 찾는 사람이 없었다.

컴퓨터를 통해 도서 대출 데이터를 조사할 수는 있으나, 도서관 안의 독서에 관한 데이터는 확인이 어렵다. 그분의 관찰은 내게 대단히 의미 있는 피드백이었다.

우리는 오랫동안 이야기를 나누면서 국물을 더하고 많은 양고기를 먹었다. 식당을 나올 때 그분이 말했다.

"우선, 다음 식사는 내가 계산하겠어요. 둘째, 이후로는 굽이 낮은 신을 더 많이 신으세요. 작은 키도 아주 보기 좋으니, 조금 더 자신감을 가지세요!"

왜 도서관이 필요한가?

"'무료 대출과 독서', 이게 핵심이니까 글자 크기를 확대해주세요."
지역사회를 한 바퀴 둘러보고 돌아와서 내가 닝 관장에게 이렇게 말했다.

요 며칠, 내가 풀뿌리 민중과 단절되어 있다는 느낌을 깊이 받았다. 인구가 천만이 넘는 이 대도시의 주민들은 당연히 도서관이 무료로 개방된다는 사실을 알고 있으리라 생각했다. 그러나 현지 조사 결과는 예상 밖이었다. 도서관이 뭐하는 곳인지 잘 모르는 일반 시민이 아주 많았다. 5군데의 지역 서비스 센터에 가서 만나본 이들은 모두 근처에 새로 연 도서관이 있다는 사실을 들어보지 못했다고 했다.

"여러분, 도서관에 오셔서 책을 대출하거나 읽으세요. 언제든지 환영합니다!"

"도서관에 있는 책은 파는 건가요? 원가로 파나요, 아니면 할인해주나요?"

도서관에 돌아오니 어떤 사람이 문 앞에서 배회하면서 우리의 간판을 유심히 쳐다보고 있었다. 왜 들어가지 않느냐고 묻자, 그는 이곳이 시간에 따라 요금을 받을까 걱정했다.

"공공도서관은 모두 무료로 개방해요."

"예? 왜 무료지요?"

대중이 이해하지 못한다는 것은 우리가 홍보를 제대로 하지 못했다는 뜻이다. 이것은 내 실수인데, 늘 자기 경험을 토대로 타인에 대해 상상하기 때문이다. 베이린구에는 8개 거리에 98개의 지역사회 공동체가 있으니, 닝 관장에게 100여 장의 포스터를 인쇄하라고 했다. 문장은 길지 않고 간결하게 도서관 위치와 개관 시간, 장서 종류, 전화번호만 밝히면 되고, '무료 대출과 독서'라는 문구를 확대해 대중의 심리적 우려를 해소해야 했다. 포스터를 각 공동체에 배포하여 눈에 잘 띄는 곳에 붙이게 했다. 어느 정도 시간이 지나자 도서관을 드나드는 사람의 숫자가 입구의 스크린에서 육안으로도 알 수 있을 만한 속도로 상승했다.

독자와 이야기를 나누면서 각자의 취향을 알게 되었다. 문학과 예술을 좋아하는 20대의 량샤오추이(梁小錘)는 이 도서관의 도서 선정 스타일이 약간 청핀(誠品) 서점 같다고 했다. 좋은 소설이 모여 있고, 영화사와 미술사 관련 서적의 품질도 높다는 것이다. 30대의 언론인 아주(阿九)와 40대의 디자이너 바이항(柏航)은 서로 모르는 사이였는데, 같은 책인 『일본을 알자知日』를 대출했다. 『일본을 알자』는 시리즈로 고양이와 개, 다도(茶道), 화도(花道), 추리, 일기, 요리, 모리걸(森ガール),[1] 미니멀 라이프 등 일본 문화의 주제를 한 권에 하나씩 집중적으로 서술한다. 책값이 상당히 비싸서 그들이 평소에는 사지 못해 아쉬워하던 책이었다. 이 세트가 도서관에 나타나자 그들은 의외라고 여겼다. 도서관에서 이처럼 최신 유행의 도서를 선정하다니!

50대의 셰융샤(謝永霞)는 침구(針灸) 관련 서적을 유독 좋아했다.

---

1 투명하게 화장하고 천연 소재의 의류를 착용하며 채식을 즐기는, 막 숲속에서 나온 듯 자연스러운 여성이라는 뜻이다.

60대의 왕젠민(王建民)은 1940년대에 왕쩡치가 쓴 모더니즘 작품과 중화민국 시기에 린수(林紓: 1852~1924)가 번역한 문언문(文言文)으로 된 소설과 같은 '독특한' 작품을 주로 찾았다. 70대의 덩싱위(鄧興玉)가 대출한 책은 모두 같은 부류, 바로 비첩이었다. 그녀는 내게 이렇게 말했다.

"서예에 이렇게 여러 가지가 있고, 하나같이 다 좋아요. 얼마나 다양한지…… 여기 서서 보면 뭘 해야 할지 모르겠을 정도예요."

그녀는 캔버스로 만든 쇼핑백을 들고 와서 책을 가득 골랐는데, 대출증을 만들러 갔다가 한 번에 최대 4권까지만 대출할 수 있다는 사실을 알았다. 그래서 고르고 골라 소전체(小篆體)와 해서체(楷書體)로 된 것을 각기 2권씩 빌려 갔다.

내 제자인 스텅텅(石騰騰)이 물었다.

"베이린구 도서관에서 제일 유명한 게 뭔지 아세요?"

"모르겠는데, 뭐지?"

"호호, 『슬램덩크』예요."

그러면서 내친김에 어느 홈페이지 링크를 전송해주었다.

"출처는 여기예요."

그제야 인터넷에 뜬 목소리에 관심을 가졌는데, 아동서가 호평을 가장 많이 받았다.

"다들 꼭 와보세요. 여기 입체서가 아주 많아요."

"믿거나 말거나 이곳은 『슬램덩크』 전집이 있는 도서관이지요!"

비판도 없지는 않았다. 책이 너무 새것이라는 사람도 있었다. 그는 지난 세기에 출판된 오래된 책을 찾고 싶었으나 없었다고 했다. 우리 도서관의 책이 지나치게 전문적이어서 유명 작가의 명작은 수준이 너무 높은지라 감히 다가갈 수 없다는 사람도 있었다. 그는 대중적인 자기계발서나 성공 철학, 감성적인 힐링 서적을 좀더 많이 갖추어놓기를 바랐다. 반대로 어떤 독자는 우리 도서관의 책이 그다지 전문적이지 못하다고 하면서 의학 분야의 소아과와 산부인과 전문서, 법률 분야의 형법과 민법에 관한 소책자가 필요하다고 했다.

닝 관장은 최근에 비용 관련 서류 결재를 맡으러 청사에 갔다가, 소문을 들은 동료들이 찾아와 그녀를 '부자 아줌마'라고 부르자 연신 손사래를 쳤다.

"아이고, 헛소리 좀 그만 해요! 다들 나한테 돈이 많은 것만 보고 쓸 곳이 많다는 것은 보지 않으니, 너무 억울해요!"

2021년에 우리 도서관은 부서 전체에서 가장 많은 500만 위안의 예산을 할당받았는데, 다른 부서보다 몇 배나 많은 금액이었다. 이 소식은 복도의 동료들도 쉼없이 떠들뿐더러 청사 곳곳에 두루 퍼졌다. 부서마다 이에 승복하지 않고 상급자에게 의견을 제시하는 이가 있었다.

"도서관은 정부에 수입을 창출하지도 않으면서 그렇게 많은 정부 돈을 쓰는 겁니까?"

닝 관장은 사람들을 만나면 곧바로 해명하기 바빴다. 500만 위안은 결코 여유로운 금액이 아니고 현실적인 예산으로, 여기저기에 반드시 지불해야 하는 것이라는 이야기였다. 100만 위안은 책을 구매하고, 100만 위안은 외주업체를 고용하고…… 하지만 그녀의 해명도 질시와 의문을 막지 못했다.

"도서관이 무슨 쓸모가 있습니까? 이렇게 자금을 투입할 가치가 있습니까?"

이런 질문은 가까운 동료들뿐만 아니라 더 고위층에서도 나왔다. 산시성 문화관광청에 막 부임한 새로운 지도자는 예전에 도서관 사업에 대해 잘 알지 못해서, 한 가지 실제적인 문제를 지적했다.

"월요일부터 금요일까지 일부 도서관에는 사람이 상대적으로 적습니다. 이 공공문화 서비스의 역할이 그다지 크지 않고, 기능도 그다지 중요하지 않다는 것을 의미하지요. 그런데도 정부에서는 왜 그렇게 많은 자금과 인력을 이 분야에 투입하는 것입니까?"

그는 공공문화 서비스를 담당하는 처장에게 자신이 납득할 만한 대답을 달라고 했다. 처장은 우리 도서관에 와서 이 문제에 대해 어떻게 대답해야 하는지 내게 물었다.

"도서관이 왜 필요할까요?"

이 문제에 관한 교과서적인 답안은 유사하다. 즉 세 가지 전통적인 기능이 있다는 것이다. 첫째, 인류의 우수한 문명의 성과를 보존한다. 둘째, 교육을 홍보한다. 셋째, 군중의 독서 수요를 만족시키고 끌어올려서 공익성과 평등성을 최대한 실현하는 등…… 하지만 이런 추상적인 답안도 산시성청 지도자의 생각을 바꾸기 어려울 테니, 나는 실제 사례를 들어서 증명할 수 있기를 바랐다.

닝 관장이 전화를 걸어와, 어느 독자가 큰 상자 몇 개 분량의 서적을 기증했으니, 나더러 개중에 책장에 진열할 만한 것들을 선별해달라고 했다. 그 독자는 노인이었는데, 자발적으로 기증하겠다고 제안했다. 며칠 전에 샤오뤼와 몇몇 동료들이 차를 몰고 그의 집에 찾아가자, 상대방이 샤오뤼의 손을 잡고 떨리는 목소리로 이렇게 말했다고 한다.

"베이린구에는 줄곧 도서관이 없었는데, 이 지역을 위해 정말 좋은 일을 하셨소!"

노인이 도서관 때문에 이렇게 감격하자, 젊은 샤오뤼도 약간 감동했다. 예전에는 닝 관장도 도서관이 일부 시민들의 마음에 이렇게 큰 비중을 차지하는 줄 몰랐고, 자기의 평범한 직책이 대중에게 이렇게 신뢰를 주는 줄도 몰랐다. 노인은 자기가 가진 책을 하나도 남김없이 모두 기증하고 싶다고 했다. 자손들이 독서를 좋아하지 않으니, 이 책들이 공공구역에서 유통되는 게 최선이라고 했다.

7, 8개의 커다란 종이상자가 목록 작성실에 쌓여 있었는데, 샤오뤼와 동료들이 옮겨오는 것도 쉽지 않았을 터이다. 책은 상당히 낡았고, 대부분 오래된 통속서였다.『셜록 홈스 탐정집』은 우리 도서관에 더 최신의 더 좋은 판본이 있고,『컴퓨터 지식 100문』은 내용이 이미 시대에 뒤떨어졌고,『칭화대학 응시법』과『베이징대학 응시법』은 제목은 제법 흥미로웠다. 나는 오히려 수제 제작한 스크랩북 한 권에 관심이 끌려 한참 동안 천천히 살펴보았다. 신문에서 오려낸 장편소설『두번째 악수』[2]였다. 수작업한 사람은 제목을 띠 모양으로 자르고 바탕에 자동차의 실루엣을 넣었으며, 또 작가 장양의 이름이 들어 있는 줄은 삼각형으로 잘라서 특별히 오른쪽에 붙였다. 나머지 삽화도 윤곽선에 따라 단독으로 잘라서 위치를 어긋나게 붙였다. 이렇게 오랜 세월이 지났는데도 가장자리의 풀이 떨어지지 않고 여전히 얌전히 붙어 있었다.

나는 이 소설을 읽은 적이 있다. 1970년대에 이 소설은 필사본으로 지식 청년들 사이에서 비밀리에 유포되다가 나중에 금서로 분류되어 작가가 투옥되었다. 1979년에 이 장편소설은 누명을 벗고 〈중국청년보中國靑年報〉에 당당히 게재되었다. 지면의 4분의 1을 차지하고 매일 연재되어 인기가 뜨거웠다. 충분히 상상할 수 있었다. 신문을 인쇄

---

[2] 1979년에 중국청년출판사에서 출판한 장양(張揚)의 장편소설로 원래 제목은『귀환歸來』이었다.

하던 그해에 이 기증자는 한창 장년으로, 아마 농촌에서 막 도시로 돌아왔다가 자기의 지식 청년 시절을 함께했던 이 비밀 소설이 다시 태어난 것을 감격적으로 보았을 것이다.

> 푸른 갈매기표(seagull) 소형 승용차가 번화한 첸와이다제(前外大街)를 지나 으슥한 골목으로 들어갔다……

그는 매일 연재를 기다려 읽고, 또 이 글들을 정성스럽게 잘 보존해서 반복적으로 되새김질했을 것이다. 애석하게도 이런 스크랩북은 공공도서관에 비치할 수 없었고, 노인이 기증한 이 많은 종이상자 가운데 도서관에 남길 수 있는 책은 결국 10분의 1도 되지 않았다.

책을 선정하는 것은 확실히 어려운 문제이다. 한 사람에게는 보물일지라도 다른 사람에게는 지푸라기일 수도 있다. 책을 선정하는 직위를 감당할 수 있는 이는 어떤 사람일까? 데이나는 『도서관 입문』에서 공공도서관의 이상적인 도서 선정인의 형상을 수립했는데, 일단 책벌레로 학문적 소양이 풍부하여 아이들에게 좋은 책을 읽도록 이끌 수 있어야 한다. 다만 그 책벌레는 절대 책만 알고 세상사에는 어둡거나 지나치게 책에 빠져 있어서는 안 되고, 자주 밖으로 나와 활동함으로써, 사회적 약자들과 어울리지 않은 까닭에 저학력자들의 수요를 이해하지 못하는 지경에 빠지지 않은 사람이어야 한다. 2021년의 도서 구매 자금이 마련되자 닝 관장은 도서 목록 편찬 업무를 다시 내게 부탁했는데, 감당하기 어려울 것 같았다.

작년의 경험을 그대로 복제할 수는 없었다. 이것은 마치 유화를 그리는 것과 같다. 첫번째 층을 평평하게 깔려면 온화하고 두툼한 색이 필요하다. 두번째 층과 세번째 층의 색채는 점점 약동하게 할 수 있다.

우리 도서관은 이미 토대를 갖추었으니, 2년 차에 책을 구매할 때는 생각의 방향을 약간 바꿔서 근래에 출판된 새 책을 위주로 하고, 아울러 특색을 강조해야 한다. 작년에 처음 책을 구매했을 때는 주관적인 추측에 따라 각 연령대 독자들의 요구를 충족시켰는데, 개관 후에 독자들과 이야기하면서 나의 고정 관념을 깨뜨렸다. 사람들의 관심사는 차이가 너무 커서 나는 스스로 부족함을 느꼈다. 도서 목록을 편찬하는 일은 결코 나 혼자 완성할 수 있는 게 아니었다.

샤오뤼와 상의했더니 흔쾌히 승낙했다. 그는 마침 책을 고르는 법과 책의 좋고 나쁨을 선별하는 법을 배우려 하던 참이었다. 도서 목록 편찬자에게 이것은 매우 중요하지만, 그가 참여한 도서관 교육 과정에는 이 과목이 없었고, 다른 도서관에 있는지 없는지도 몰랐다.

도서 시장의 기복과 변화를 고려하면 책을 선정하는 방법은 통일된 기준과 규범 이론으로 갈고닦기는 무척 어렵다. 게다가 이 기술은 속성으로 익힐 수 없으며, 반드시 충분한 독서량으로 입문의 토대를 만들고, 실제 운영에서 경험을 쌓고 안목을 길러야 한다. 방대하고 번잡한 도서 목록을 마주할 때 민감한 후각은 절대 타고난 게 아니라 오랫동안 축적된 개인의 독서 경험과 심미관, 그리고 도서 시장에 대한 지속적인 관심에 의존한다. 샤오뤼는 내게 배우고 싶다고 했으나 사실 나도 가르칠 자격이 없으니, 그저 함께 모색할 뿐이었다.

샤오뤼는 컴퓨터 데이터를 옮겼는데, 개관하고부터 지금까지 대출 비율의 불균형이 내 예측을 뛰어넘었다. 대출 순위 300위 안에 포함된 서적 가운데 최소 250종이 모두 아동서, 특히 만화류였다. 상위권에 오른 나머지 수십 종의 성인 서적도 소설 위주였다. 그는 또 프런트에서 손으로 써서 등록한 〈독자 의견서〉를 가져와서 나와 함께 현존하는 문제를 정리했다.

1. 의학, 법률, 자연과학 서적이 너무 적다.
2. 무협류와 만화류를 찾는 목소리가 매우 높으니 보충해야 한다.
3. 세트 도서에 빠진 게 있어서 완전하지 않다. 예를 들어서 조지 R. R. 마틴의 『얼음과 불의 노래』는 제1권이 빠져 있는데 서적상이 품절이라고 알려왔다. 그러나 독자들이 여러 차례 강력하게 의견을 제시했다.
4. 비첩과 사진, 요리책, 꽃 가꾸기, 건강관리, 악기 입문과 같이 노년의 독자들이 필요로 하는 생활 관련 서적도 늘려야 한다.
5. 아동서 대출량이 도서관 전체 장서의 절반을 넘는다. 그림책이 가장 인기 많고, 교육부가 추천하는 도서 목록은 늘 동이 나므로 복본을 조금 더 늘릴 것을 건의한다.
......

자, 이제 몸에 맞춰 옷을 재단하고, 수요에 따라 물건을 주문하자. 출판사와 연락하여 유명 출판사의 최근 도서 목록을 구하면서 의학과 법률, 자연과학 서적을 포함해야 한다고 당부했다. 아주 신속하게 수백 페이지에 달하는 문서를 받았다.

낯선 영역에 직면하여 나는 온라인 서평에 따라 고전적인 도서 목록과 입문서 목록을 추려내고, 지나치게 좁은 테마는 빼버렸다. 가령 이런 것들이다.

『모 도시 중급 인민법원의 공개 재판에 대한 제삼자의 평가』
『모 도시 법치 건설 2018년 발전 보고』
『전자 분무 질량 스펙트럼 분석법의 원리와 한약 분석에서의 응용』

『세포병리학 자동 판독 핵심 기술』

『여드름 바이러스학 및 여드름 바이러스 실험 조작 지침』

『대규모 리튬이온배터리 관리 시스템』

『수자원 최적화 및 저수지 배치에서 Matlab의 응용』

『중국 약용식물 엽록체 유전체 지도』

『식품 균형 영양 산업화와 FOP 라벨링 시스템 구축』

모든 책의 제목을 꼼꼼히 살펴야 했다. 순간적으로 소홀해서 규정에 맞지 않는 책을 구매한다면 책장에 진열할 수도, 반품할 수도 없이 자금만 낭비하게 되기 때문이다. 예를 들어서 다음과 같은 '달력과 지도, 글자 학습용 글씨본'은 공공도서관 도서 구매 규정에 따라 모두 구매할 수 없다.

『2018년 달력』

『XX현 지도』

『당인唐寅과 함께 글씨를 쓰자(초등학생 글자 학습용 글씨본)』

또 어떤 작가들은 으레 그렇듯이 속에 숨어 있는데, 제목이 상당히 거창해서 대학 밖에 있는 사람들을 놀라게 할 수 있다.

『빅데이터 시대 대학생의 도덕 교육 탐색』

『신시대 대학 무용 교육 모델의 탐색과 실천』

며칠에 걸쳐 수천 권을 선별했으나, 이는 한참 모자란 수량이었다.

내가 무협과 만화, 비첩, 사진 촬영 분야의 책이 필요하다고 했으나, 그 분량에 맞춘 도서 목록을 만들어줄 출판사가 없었으므로, 개인적 친분을 통해 방법을 찾을 수밖에 없었다.

도서 목록을 편찬하는 데에는 많은 시간이 걸린다. 작년에는 그저 몇몇 스승과 친구들만 귀찮게 했는데, 올해는 조금 더 나은 도서 목록을 만들기 위해 몇 명을, 최소한 50명은 더 귀찮게 할 생각이었다. 휴대전화 연락처 목록에서 몇몇 전문가와 일반 독자가를 고르고, 또 고령의 독자와 젊은이를 함께 고려했다. 벗들의 시간을 너무 많이 빼앗지 않기 위해 그들에게 책 제목과 작가, 출판사만 알려달라고 했다. ISBN과 출판연도와 같은 나머지 사항은 너무 번잡하니 나중에 샤오뤼와 함께 처리하기로 했다.

요청받은 벗들은 대부분 흔쾌히 응했으나, 몇몇은 머뭇거렸다.

"내 수준으로도 괜찮다고 확신하니? 나야 물론 영광이지만!"

메일함이 답장으로 가득찰 테니 차분히 기다리기만 하면 되었다. 친구 50명의 지혜는 우리 책장에 모여 꽃을 피우고 잎을 흩날릴 것이었다.

5월 중순에 우리는 도서관의 제1회 문화 강좌를 준비하기 시작했다. 처음 꾸리는 강좌인지라 정신없이 바빴다. 도서관에는 손님을 접대할 예쁜 잔이 없어서 구다오차청〔古道茶城〕에 가서 다구(茶具)를 빌렸다. 닝 관장의 개회사는 엄숙하고 정통적이어서 나는 일상적인 말투로 바꿔야 했다. 도서관 직원이 만든 포스터는 하얀 바탕에 까만 글씨로 가득해서 너무 엄숙하고 경건했다. 디자이너 친구에게 색채를 바꿔달라고 부탁했다. 강좌 제목은 확대하고, 세로쓰기로 줄을 나누어 배열했다.

세상에 / 왜 / 도서관이 필요한가?

그리고 짙은 남색 바탕에 인물을 앉히고, 머리 부분에 홍보의 글을 얹었다.

한여름의 초대—명가(名家) 진비도(進碑圖) 시리즈 살롱

인터뷰 살롱을 만드는 것은 내 오랜 바람이었다. 내 박사 지도교수 왕야오 선생은 예전에 쑤저우대학에서 몇 년 동안 '소설가 강단'을 운영한 적이 있다. 내가 공부하던 시절에는 모옌과 위화, 한샤오궁[韓少功], 자핑아오, 비페이위 등의 모습이 학교 계단과 교실에 나타난 적이 있다. 모옌이 왔을 때는 저녁이었는데, 교실에 사람들이 꽉 들어찼다. 그의 커다란 체구가 막 문을 들어서자, 학생들은 일어서서 환호성을 질렀다. 비페이위는 강의를 마친 후 우리와 함께 캠퍼스를 거닐었는데, 저녁노을이 역광으로 그의 얼굴을 비추었다. 나는 감격하여 말했다.
"선생님의 『위미』에 들어 있는 몇몇 단락을 읽을 때는 꼭 이빨 사이에 옥수수즙의 맛이 느껴지는 듯했어요."
당시 우리는 숭배하던 작가와 만날 기회가 종종 있었는데, 그들이 올 때마다 우리의 심장은 격렬하게 뛰었다. 왕야오 선생은 당시 40대였는데, 매번 원고 없이 사회를 보면서 수시로 현장 상황으로 농담을 던져서 객석을 웃음바다로 만들곤 했다. 그들의 대담을 들으면서 우리는 자기도 모르는 새에 문학이라는 비밀스러운 나무 구멍 속으로 조금 더 깊이 들어갔다.
나도 도서관에서 그와 비슷한 일을 하고 싶었다. 임시직 기간이 아직 3개월 남짓 남아 있고, 다음달에는 산시성에서 일부 자금을 보내올

것이다. 그것은 '무료 개방 경비'라고 해서, 오로지 각종 행사를 여는 데에만 쓰일 것이었다. 돈이 생겼으니 일이 수월해졌다. 아마 〈정관〉을 통해 시인 천녠시와 연락할 수 있을 테고, 어쩌면 친구를 통해 시인 위슈화와도 연락할 수 있을 것이다. 이런 게 모두 성공하지 못하더라도 왕야오 선생이 작가 친구들을 알아봐주실 테고, 산시사범대학의 몇몇 선생도 도와줄 것이다. 몇몇 시인과 소설가의 작품을 다시 읽고 그들이 오기 전에 대화할 준비를 잘해놓으면 사회를 보면서 공허한 말을 남발하는 일을 피할 수 있으리라 생각했다. 이렇게 들끓는 환상들이 머릿속에서 보글보글 거품을 내뿜고 있었다.

닝 관장이 황망히 찾아와서 '시리즈'라는 단어를 빼야 한다고 했다. 이 단어에 얽매일까 두려웠던 것인데, 만약 이후에 다른 유명인이 오지 않으면 이 단어는 허위 광고가 될 테니, 상부에서 약점을 잡아 비판하면 어떡하느냐고 했다. 나는 유명인과 연락할 방법이 있으니 걱정하지 말라고 했다. '시리즈'라는 단어를 남겨두고, 연말에 자료를 모아서 하이라이트로 보고하라고 권했다. 후속 강좌를 마련하지 못해도 상관없었다. '시리즈'는 공식 문건이 아니라 그저 포스터에만 들어 있으니 상부에서도 붙잡고 늘어질 수 없고, 또 이게 무슨 근본적으로 시비를 따질 만한 것도 아니었다. 닝 관장은 마지못해 동의했으나 여전히 걱정스러운 표정이었다.

이튿날 또다른 사건에서 닝 관장과 의견 차이가 발생했다. 좌석이 한정되어 있어서 도서관에서는 강좌 예약자를 100명으로 제한했는데, 금방 예약이 꽉 차서 댓글이 계속 달렸다.

"좌석을 늘릴 수는 없나요?"

"강좌를 서서 들을 수는 없나요?"

이런 댓글들을 보자 신이 났다. 땔감을 모아 불을 지피면서 불꽃이 왕성하지 않을까 걱정했는데, 이제 활활 타오르고 있으니 정말 기분이 좋았다. 우리한테는 50개의 부들방석이 있으니까 그걸 가져와 바닥에 깔고 강좌를 듣게 해서 열기를 에워싸게 하면 어떨까? 그러나 닝 관장은 무척 걱정했다. 우선 바닥에 앉으면 가지런하지 않아서 홍보용 사진을 찍었을 때 비판을 받을 수도 있고, 또 의자에 앉은 사람의 발길에 부들방석에 앉은 사람이 채이면 말다툼이 벌어져 행사장이 소란스러워져서 잘못하면 파출소에 가야 하는 사태가 벌어질 수 있다고 했다. 이에 차근차근 분석해주었다.

"이건 공적인 회의가 아니니까 그렇게 가지런할 필요는 없어요. 사진에는 앉은 사람과 서 있는 사람이 섞여서 떠들썩해 보이는 게 오히려 보기 좋아요. 또 다들 적극적으로 신청해서 온 사람들이니까 부들방석 같은 자잘한 일로 다투지 않을 거예요. 어쨌든 모두에게 가장 큰 관심사는 강좌 자체일 테니까요."

닝 관장은 여전히 반대하면서 더 깊은 우려를 나타냈다.

"부국장님은 사람이 많이 오는 것을 좋아하시지만, 저는 그게 두려워요. 만약 상부에서 코로나 방역을 이유로 저를 징계한다면, 제가 법인이니 모든 책임을 져야 하잖아요."

당시 시안에는 새로운 코로나 환자가 생기지 않은 지 이미 오래되었고, 공공장소에 200인 이상 모일 수 없다는 정책도 한 달 전에 해제된 상태였다. 내가 알기로 산시 대극장 강좌에 200명이 예약했는데, 실제로 300명이 참석했지만 아무 일도 없었다. 정중하게 닝 관장에게 말했다. 인원수가 너무 많아 상부의 비판을 받게 된다면 내가 대신 책임지겠다고 말이다.

강좌 전날, 주말이라 집에서 쉬고 있는데 닝 관장이 전화를 걸어왔다. 나는 이전처럼 그렇게 긴장하지 말라고 웃으며 말했는데, 그녀는 단호하게 말했다.

"좌석은 추가하지 않고, 엄격하게 예약한 인원만 입장시키겠어요!"

그녀의 직위에서 줄곧 풍랑을 두려워하는 건 이해할 수 있으나, 문밖에서 거절당한 독자들의 실망을 어떻게 감당하나 걱정스러웠다. 전화를 끊고 아무리 생각해보아도, 그녀에게 억지로 명령하고 싶지는 않아서 이렇게 문자를 보냈다.

"부들방석을 까세요. 나를 믿어요. 아무 일도 없을 거예요."

짤막한 회신이 왔다.

"안 돼요."

이것은 우리가 상하 관계가 된 뒤 처음으로 그녀가 내 말을 강경하게 거절한 것이었다. 어쩌면 내가 평소 너무 제멋대로여서 부하 직원들이 나를 두려워하지 않는 듯했다. '은혜와 위엄을 함께 시행한다'라고 했을 때의 '위엄'을 나는 처음부터 끝까지 배우지 못했다. 개인적인 감정으로 소통했으나 효과가 없었으니, 설마 문화관광국 명의로 도서관에 "반드시 부들방석을 깔라"라는 공문이라도 보내야 할까? 이건 너무 우스꽝스러운 일이 아닐 수 없다. 하지만 이렇게 작은 일조차 나는 해결할 수 없었다.

일요일에 우리는 미리 도서관에 왔다. 샤오뤼는 마이크와 오디오, 프로젝터를 테스트하고, 장샤오메이는 프런트에서 건강 코드를 점검했으며, 한양은 세미나실 입구에서 예약 코드를 확인했다. 독자들이 계속 입장했는데, 40~50명이 될 때까지 당장은 아무런 의외의 상황이 일어나지 않았다. 산시성청의 처장도 "세상에 왜 도서관이 필요한가"라는 이 강좌의 주제에 무척 관심이 있다고 하면서, 어떻게 토론하는지 와서 듣고 싶다고 했다. 그녀는 미리 와서 관중석에 앉아 있을 테니, 사회자가 자기 신분을 소개하지 않도록 하라고 했다. 하지만 그날 그녀는 오지 않았다.

닝 관장은 시종일관 웃지 않았다. 강좌가 시작되기 10분 전에 내가 그녀와 함께 난다제로 가서 강연자를 기다리고 있을 때도 그녀의 미간은 여전히 찌푸려져 있었다.

"기분 좀 풀어요. 남들에게 이런 모습을 보이면 안 되잖아요?"

"방법이 없어요. 오늘 문제가 생기지나 않을까 걱정이거든요. 우리 지역 파출소 전화번호도 미리 저장해두었어요."

초대 손님이 와서 함께 지하실에 가니, 세미나실 밖에 긴 줄이 늘어서 있고, 안쪽 의자는 만석이었다. 독자들이 밖에서 소란스럽게 떠들자 손님이 손짓해서 들어오라고 했으나 도서관 직원이 막았다. 손님은 조금 답답하다는 표정을 지었다.

그와 대담할 자리에 앉아 있던 나는 평온한 척했으나 마음은 초조했다. 샤오뤄에게 귓속말로 지시했다.

"얼른 가서 부들방석을 가져와요."

샤오뤄는 잰걸음으로 나갔는데 한참이 지나도 돌아오지 않았다. 분명 누군가 중간에서 방해한 듯하니, 내가 나서야 했다.

행사가 시작되려 하는데 사회자인 내가 자리를 뜨자, 독자들이 곤혹스러운 표정으로 나를 보았다. 어쩌면 그들은 이렇게 무질서한 강좌 현장을 여태 본 적이 없을 것이다.

부들방석을 가져오던 샤오뤄는 과연 행사장 밖에서 직원에게 가로막혀 있었다. 나는 그를 끌고 함께 아동 구역으로 달려가서 부들방석을 몇 개 더 가져오고, 독자들에게 함께 세미나실로 가자고 청했다. 직원들은 내가 앞장서자 감히 막지 못했다. 행사장 밖에 줄을 서 있던 이들이 밀고 들어오자 뒤쪽 통로가 순식간에 가득 찼고, 앞줄도 사람들이 희희낙락 부들방석을 들고 빈틈에 끼어들어 앉으니, 발이 곧 강단에 닿을 듯했다. 한 어머니가 아이를 안고 맨 앞의 부들방석에 앉았는데, 초대 손님과 함께 커다란 온돌에 앉아 한담이라도 나누는 듯 무척 즐거워했다.

우리는 도서관의 3대 전통적인 기능에 관해 이야기했고, 내가 또 보충해서 설명했다. 그러자 누군가 월요일부터 금요일까지는 독자 수가 상대적으로 적은데 도서관이 정말 그렇게 '필요한지' 물었다. 초대 손님은 차라리 '준비해놓고 사용하지 않을'지언정 '사용하려는데 준비가 되지 않은' 일이 있어서는 안 된다고 했다. 초대 손님의 비행기 시간이 임박했으나, 강단 아래에서 많은 이들이 손을 들었다. 모든 질문자가 대답을 들을 때까지 문답 시간은 계속 연장되었다.

닝 관장은 줄곧 자리에 앉지 않고, 맨 뒷줄에 서서 우리를 쳐다보고 있었다. 오늘은 어쨌든 소란이나 다툼도 없이 순조롭게 진행되었고, 더욱이 파출소에 전화할 필요도 없었다. 그녀가 웃는 모습이 몇 번 보였는데, 아마 긴장이 풀린 듯했다.

그는 홀로 바닷물에 들어가려 했다

휴일에 도서관에는 '작은 자원봉사자'들이 나타났는데 모두 초등학생이었다. 왼쪽 어깨에서 오른쪽 허리로 비스듬히 붉은 리본을 걸고, 손바닥을 높이 들어 표지판을 가리키며 독자들에게 코드를 스캔해서 체온을 측정하라고 안내했다. 아이들의 표정과 애쓰는 모습은 직장인에 가까웠으나, 연약한 목소리는 감추지 못했다. 독자들이 종종 칭찬하면 친구들에게 고개를 돌리고 입술을 깨물며 웃었다.

웨러〔樂樂〕는 3학년인데, 이번에 두번째로 왔다. 아침에 교육받을 때 그 아이는 책등의 번호에 따라 책을 배열하는 법을 배웠고, 지금 하려는 일은 '책장 정리'였다. 이동식 책 반납 카트에서 책을 몇 권 집어 들고 낮은 소리로 번호를 읽고는 책장 앞뒤로 돌며 살펴보다가 까치발로 서서 책을 정확한 위치에 꽂았다. 잠시 후에는 카트 안에 있던 그림책에 매료되어 자기가 '관리자'임을 잊고 카트에 기대어 책을 읽더니, 또 엄마를 데리고 와서 읽어주었다. 책을 읽고 나서는 열람 구역으로 가더니, 마스크를 쓰지 않은 독자를 찾아내 마스크를 착용하라고 주의를 주었다. 그리고 의기양양 엄마에게 달려가서 말했다.

"내가 말하니까 사람들이 바로 마스크를 썼어!"

웨러의 엄마 판웨〔潘月〕는 딸의 성격이 외향적이어서 몸을 움직이는 일이라면 모두 기꺼이 참여하려 한다고 알려주었다. 도서관에 자원봉사 활동이 있다는 친구의 말을 듣고, 판웨는 서둘러 딸을 위해 신청해주었다. 남편은 아이에게 아무 '쓸모'도 없을 거라며 탐탁지 않게 여겼다. 하지만 판웨는 외출이 쉽지 않은 상황임에도 기어코 오려고 했다. 지하철도 세 번이나 갈아타고, 아이가 손을 잡고 이끄는 대로 따라와야 겨우 우리 도서관을 찾을 수 있었음에도 말이다.

판웨의 눈은 보통 사람과 다를 게 없어 보였으나, 앞에 있는 사람의 얼굴도 알아보지 못하고 그저 상대방의 머리카락과 얼굴 부분의 경계를 대충 판별할 수 있을 뿐이었다. 채소를 살 때 오이와 샐러리와 피망이 그녀의 눈에는 다 비슷한 초록색 물건으로 보여서 분간하기 어려웠고, 시들었거나 곯은 것은 친구들의 도움으로 가려냈다. 더듬거리며 요리는 할 수 있지만 익었는지 아닌지 제대로 볼 수 없는 데다가 자주 맛을 보려 하지도 않아서, 다른 기관의 감각에 주의를 기울이기 시작했다. 눈앞은 흐릿하지만, 촉각과 후각이 예민해져서 냄비 안의 채소가 풍기는 냄새의 차이를 구별할 수 있었다. 날것은 약간 떫고, 익기 시작하면 상큼하고 달콤하지만, 너무 익으면 일종의 느끼한 냄새였다. 이제는 어느 정도 익었는지 냄새로 판별하고 냄비에서 꺼내어 상에 올리는데, 입에 넣어보면 부드러운 정도가 입에 딱 맞는다고 했다.

그녀는 자신이 실내장식 디자이너였을 때 컴퓨터 앞에서 손으로 그린 도면을 기억했다. 선들이 깔끔하고 가장자리가 또렷했다. 당시에는 그게 그다지 소중하다고 여기지 않았으나, 지금은 아득히 멀어져 다가갈 수 없는 이상 속의 모습이 되어버렸다. 그녀는 잠시라도 다시 시야에 가는 선이 보이기를 갈망했다.

10세 때 그녀는 산둥성 르자오〔日照〕의 작은 어촌에서 친구들과 숨바꼭질을 하다가 밤눈이 잘 보이지 않아서 넘어지곤 한다는 사실을 깨달았다. 낮에 시력을 측정했을 때는 시력 검사판의 아랫부분 작은 글씨도 쉽게 알아볼 수 있었으나, 무심결에 이웃 테이블 아래의 보온병을 차서 넘어뜨린 일이 여러 번 있었다. 그녀는 확실히 그 보온병을 보지 못했으나 어른들이 믿지 않아서 난처했는데, 나중에는 아예 해명조차 하지 않게 되었다. 읍내의 의사는 측정기로 검사하고 나서 그녀가 망막색소변성증에 걸렸는데, 야맹증과 시야가 좁아지는 현상은 초기 증상일 뿐이고, 20세 이후에는 점점 심각해져서 결국에는 실명할 거라고 했다.

다른 의사는 그렇게 심각하지는 않다고, 더 심해지거나 실명하는 일은 없을 거라고 위로해주었다. 후자의 말을 믿고 싶어서 대학에서 디자인을 전공하면서 특별히 눈을 소중히 다뤘다. 사물의 명암과 윤곽을 관찰하는 것을 좋아했고, 스케치는 반에서 1등이었으며, 디자이너로 일할 때는 빠르게 팀장이 되었다. 야간에만 불편할 뿐이라 문제가 없었고, 진즉 방법도 모색해두었다. 하늘을 올려다보고 비교적 밝은 곳을 찾아 그 방향으로 걸으면, 혼자서도 길을 걸을 수 있었다.

나중에 가정에 변고가 생겨서 여러 날 울었더니 눈에 비친 책상과 의자, 소파의 윤곽이 비뚤비뚤해졌고, 딸의 분유를 타다가 뜨거운 물이 넘치는 일도 몇 번 있었으며, 버스 정류장 표지판의 글씨는 전혀 알아볼 수 없을 정도로 비틀려 보였다. 눈병이 악화하는 속도는 무척 빨랐다. 우선 간상세포(Rod cell)를 침범하더니 이어서 원추세포(Cone cell)를 침범하여 한쪽 눈이 완전히 실명했다. 이때부터 그녀의 세상은 급격히 축소되어서 집에 갇힌 채 출근도 하지 못했다.

주위 아이들이 그림책을 보고 있다는 소리를 듣고 이웃에게 사다 달라고 부탁해, 돋보기의 도움을 받아 딸에게 읽어주려고 애썼다. 반년 후에는 돋보기 아래의 글자조차 흐릿해졌다. 남편에게 읽어주라고 부탁했으나, 남편은 딸을 안고 휴대전화만 만지작거렸다. 딸이 학교에서 말썽을 피우자 그녀는 육아에 도움이 되는 책들을 읽고 공부하기 위해, 유료 오디오 콘텐츠를 구독하고 『창가의 토토』와 『긍정의 훈육』을 들었다.

나와 얘기하면서 판웨는 '책을 듣는' 것을 자기 인생의 중대한 변화로 표현했다. 『창가의 토토』를 통해 세상에는 아직 '도모에 학원(卜モエ學園)'[1]과 같은 학교가 있음을 처음으로 알았다. 그곳의 학생들은 집에서 싸온 도시락으로 '산의 맛'과 '바다의 맛'을 겨루었다. 그녀는 어린 시절 해변에서 소라게와 해파리를 잡던 즐거운 기억을 떠올렸는데, 도시에서 자라는 자기 아이는 이렇게 즐겁게 뛰놀 수 없었으므로 이런 생각을 품게 되었다.

'그럼 내가 도모에 학원 같은 곳을 만들 수 있지 않을까?'

몇 달 뒤에 그녀는 적합한 건물을 구해서 요리사와 교사를 초빙해 위탁반을 만들고, 『긍정의 훈육』에서 제시한 이론을 실제로 구현하려 했다. 애석하게도 그녀가 휴대전화 애플리케이션으로 들은 육아 서적은 발췌본이어서, 딸이 자원봉사하는 기회를 틈타 도서관에 와서 이 책을 처음부터 끝까지 읽어주는 장비가 있는지 알아보려 했다. 프런트 직원이 시각장애인 열람실로 안내했다.

반년 전에 시각장애인 열람실을 만들기 위한 예산을 책정할 때, 나와 닝 관장은 시각장애인에게 필요한 것이 구체적으로 무엇인지 잘 몰라서 산시성 도서관에 가서 자문했다. 그 도서관 입구에서 오른쪽으로 돌면 유리문이 달린 큰 방이 있는데, 바로 시각장애인 열람실이다.

---

[1] 일본의 교육가 고바야시 소사쿠(小林宗作)가 1937년에 설립한 유소년 학교로, 도쿄 대지진으로 무너져서 폐교되었다. 구로야나기 테츠코의 『창가의 토토』에 언급되면서 다시 유명해졌다.

그곳의 시각장애인 극장에서는 특별한 CD를 방영하는데, 원래의 대사와 배경음악 외에 또하나의 사운드트랙으로 스크린에 비친 화면을 설명한다.

멀리 갈색곰 한 마리가 나타나고, 나무 위에는 새들이 날아다니며, 나무 그늘 아래에는 어린아이가 잠들어 있습니다……

정기적으로 열리는 영화 살롱에는 몇 명의 시각장애인 독자가 빠지지 않고 찾아온다. 지팡이를 한쪽에 세워두고 고개는 스크린을 향한 채, 여러 개의 사운드트랙이 엮어내는 이야기에 빠져든다.

이 특수한 CD 외에도 직원은 휴대용 시각장애인 장비도 책상에 올려놓고 내게 보여주었는데, 시장 가격은 합쳐서 수십만 위안이었다. 그녀는 우리의 자금 상황을 물어보고 실용적인 몇 가지를 추천했다. 원터치 스마트 리더와 시각 보조 장치(visual aids)가 달린 복합기였다. 우리는 이것들을 일일이 구매 목록에 기록하면서 훗날 이 설비들이 그냥 방치되지 않고 정말 사용할 독자가 있기를 바랐다.

개관한 이래 '책을 들으려' 한 독자는 판웨가 처음이었다. 한양이 『긍정의 훈육』의 여러 판본을 찾아주며 어떤 걸 들을지 물었다. 그녀는 무척 기뻐하며 말했다.

"아무거나 괜찮아요. 들을 수만 있으면 돼요!"

그녀는 원터치 스마트 리더 아래에 책을 놓고 헤드폰을 썼다.

이날 그녀는 특별히 감격했다. 책을 들었을뿐더러 소프트웨어의 도움을 받아 컴퓨터로 인터넷에 접속하는 데에 성공했다. 이것은 오랫동안 하지 못했던 일이었다. 그녀에게는 시각장애인 친구가 없었고, 맹인학교도 다니지 않아서 점자를 읽을 줄 몰랐다. 실명한 지 몇 년 되지 않아서, 주위의 지인들 사이에서 자기 혼자만 시력이 좋지 않았다. 책을 듣고 인터넷에 접속하고 싶은 생각이 간절했는데, 다른 이에게 이런 요구를 호소해도 도움이 되지 못했다. 오래도록 마음속에만 도사리고 있던 이런 바람들이, 오늘 마침내 단단한 껍데기에 벌어진 틈으로 석방되었다.

그녀가 재빨리 내게 말했다.

"정부 부처에서 많이 홍보해야 해요! 도서관 내부에서 하는 홍보뿐만 아니라, 다른 채널을 통해 더 많은 시각장애인에게 이런 서비스들을 알려야 해요. 생각해보세요. 집에 갇힌 채 여기 이런 설비가 책을 읽고 인터넷에 접속하는 걸 도와줄 수 있다는 걸 전혀 모르는 사람들이 얼마나 많을지!"

그녀는 자기도 사고 싶다며 리더기의 제조업체와 상표를 물었지만, 가격이 1만 위안이 넘는다고 하자 그럼 됐다고 했다. 그녀는 제법 많은 유산을 물려받았으나, 그건 모친이 고생하여 번 돈이었다. 자기가 번 돈으로 시각장애인용 리더기를 사려 했는데, '도모에 학원'을 연 지 얼마 되지 않아서 조금 더 기다려야 했다.

두빈(杜斌)은 중러우난(鐘樓南) 버스 승강장에서 나를 기다리다가, 내가 부르자 정확히 내가 있는 방향으로 걸어왔다. 걸음걸이는 보폭이 크고 안정적이었으며 지팡이가 필요 없었다. 나는 그의 옷자락을 잡아당기며 말했다.

"우리는 지금 남쪽으로 가고 있는데, 아마 100미터쯤 가면 도착할 거예요. 저기 식당의 커다란 간판이 보이시나요? 이 근처에 빨간색 간판은 저기밖에 없어요. 꽃등도 몇 개 달려 있고요. 우리 도서관은 저 식당 바로 옆에 있어요."

그는 빛을 감지하는 감각이 약간 흐릿했다.

"아, 그렇군요. 이 식당 앞에 오니까 붉은색이 상대적으로 분명하게 느껴지네요. 다음번에는 어떻게 올지 알겠어요."

여기는 도서관의 지상 입구여서, 그로서는 지하까지 걸어가기가 쉽지 않았다.

"우리 도서관 정문을 바라보고 왼쪽은 조금 전에 보셨던 빨간색이에요. 커피 냄새가 나지요? 오른쪽이 카페예요. 자, 이렇게 하는 겁니다. 커피 냄새를 맡으면 두 계단을 올라가서 앞으로 몇 걸음 걸으세요. 그리고 또 두 계단을 올라갑니다. 그런 다음에는 유리문이 나오는데, 밀고 들어가면 정면에서 알록달록한 빛이 비칠 거예요. 맞지요? 이건 조금 전 그 식당의 꽃등하고 장식에서 나오는 빛이니까 들어가지 마시고 오른쪽으로 도세요. 그럼 또 커피 냄새가 날 거예요. 카페로 들어가면 안 돼요. 거기에서 왼쪽으로 돌아 5미터쯤 가서 더듬으면 에스컬레이터를 찾을 수 있어요. 함께 내려가시지요."

내가 두빈을 알게 된 것은 재작년이었다. 그는 맹인 마사지 가게를 열었는데, 손놀림이 섬세하고 정확해서 손을 댄 곳이 바로 내가 아픈 부분이었다. 내가 문학을 가르친다는 이야기를 듣자 그는 비페이위의 『마사지사』에 대해 이야기했다. 예전에 이 소설을 시각장애인 친구들에게 추천하고, 조그마한 독서 모임에서 함께 토론했다고 한다. 비페이위가 시각장애인의 세계를 그다지 정확하게 쓰지 못했다고 말하는 이도 있었지만, 두빈은 이렇게 말했다고 한다.

"작가에게 너무 많은 걸 요구하면 안 되지요. 비페이위는 이미 아주 섬세하게 썼어요. 그 사람은 시각장애인이 아닌데도 우리의 감정을 80~90%까지 그려냈으니, 정말 대단하지요. 나는 여러 번 읽었는데, 정말 감동했어요."

그는 또 내게 쩡궈판(曾國藩)과 '군통 삼총사'²의 일기, 그리고 펑파이(澎湃) 뉴스에 관한 이야기들을 했는데, 관점이 뚜렷했다. 여태 어디에서도 물리치료 카드를 만들지 않았던 나는 즉시 한 장을 만들었다.

두빈은 감자채를 잘 썰었는데 모친은 아들이 손을 다칠까 싶어서 하지 못하게 했다. 집안에 철거 보상금이 있어서 경제적으로는 힘들지 않았다. 모친은 그가 가게를 운영하는 게 힘들어 보여서 다른 일을 해보거나 아니면 조금 쉬는 것도 괜찮겠다고 권했다. 그의 형은 건강하지만 두빈처럼 바쁘게 살지 않는다. 형과 달리 두빈은 바쁘지 않고 집에 있는 재산에 의지해 산다면 인생에 무슨 의미가 있겠느냐고 생각했다.

그는 어린 시절 맹인학교에서 처음 점자로 된 책을 만졌을 때 손가락 안쪽의 두툼한 부분에 느껴졌던 미세한 느낌을 아직 기억했다. 조그맣게 튀어나온 그 작은 점은 손끝에 닿고 나자 즉시 하나하나의 소리로 변했고 또 성조까지 띠고 있어서, 감격하며 읽었다. 맹인학교를 떠난 뒤에는 점자책을 만나는 경우가 매우 드물어서 지식을 얻는 통로는 그저 듣기에 의존할 수밖에 없었다. 시각장애인의 청력은 보통 사람보다 예민한데, 그의 학교 친구 가운데 하나는 청력이 정말 놀라울 정도였다. 보통은 지팡이로 길을 두드려 길의 상태를 판단하는 법을 배우는데, 그 친구는 지팡이를 쓰지 않고, 마치 박쥐처럼 입으로 계속 휘파람을 불어 돌아오는 메아리를 통해 노면의 상태를 판단했다.

---

2 '군통(軍統)'은 중화민국 시대 국민당 특무기관 가운데 하나로 정식 명칭은 '국민정부 군사위원회 조사통계국(國民政府軍事委員會調査統計局)'이다. 당시 이곳에서 중요한 지위를 차지한 인물인 선쭈이(沈醉)와 쉬위안쥐(徐遠擧), 저우양하오(周養浩)를 아울러 '삼총사(三劍客)'라고 불렀다.

버스 승강장에서 오직 그만이 엔진 소리의 차이를 구별했는데, 차가 멈추기도 전에 그가 사람들을 불렀다.
"이 소리는 177번이야. 타라고, 틀림없어!"
두빈은 휴대전화로 뉴스와 책을 읽는 방법을 내게 보여주었다. 말의 속도가 아주 빨라서 나는 전혀 알아들을 수 없었다. 3배속이 평소 그가 듣는 속도였다. 그는 아이폰을 사용했는데, 비싸서 다른 브랜드를 써본 적이 있으나, 다른 브랜드는 시각장애인을 위한 배려가 그다지 세심하지 않았다.
"스티브 잡스의 회사에 무척 감사합니다. 시각장애인을 위한 소프트웨어가 특히 편리하고 인터페이스 조작 절차도 간단해서 단번에 배울 수 있어요."
그는 잡스의 전기를 듣고 그를 조금 더 좋아하게 되었다. 시각장애가 없는 사람들은 책을 읽고 메모해서 기억을 보충할 수 있지만, 그는 기록하기가 불편하니 몇 번 더 듣고 친구들에게 전기의 자세한 부분을 설명해주었다.
많은 일에서 그는 비장애인보다 몇 번을 더 해야 했다. 그의 가게에서 화장실이 무척 깔끔해 놀랐는데, 구석구석 얼룩과 물기 하나 없었다.
"아주 간단해요. 보통 방을 청소하는 데 30분이 걸린다면, 저는 90분을 쓰지요."
그는 걸레로 화장실 바닥을 조금씩 닦았는데, 눈이 보이지 않으니 어디가 더럽고 어디가 더럽지 않은지 확신할 수 없다. 그래서 구석구석을 모두 한 번씩 닦아서 손님이 이곳의 환경이 나쁘다고 생각하지 않게 했다.
나는 그의 가게인 '링항〔領航〕맹인 안마'에 여러 번 갔는데, 길가의 2층에 있었고, 엘리베이터의 '2'자 옆에는 볼록 튀어나온 작은 실리콘

덩어리가 붙어 있어서, 안마사들이 더듬기 편하게 되어 있었다. 물리치료실 옆은 주방인데, 요리할 때 외에는 모든 주방 기구와 식기, 젓가락을 찬장에 수납해 식탁 위쪽이 완전히 비어 있다. 가는 철사에 천을 걸어서 커튼처럼 그릇과 접시 앞을 가려놓았는데, 천을 걷어보면 세 칸으로 나뉘어 있고, 그릇과 접시가 위에서 아래로 큰 것부터 작은 것의 순서로 전혀 흐트러짐 없이 정리되어 있다. 그는 정리정돈을 나보다 더 잘했다. 모든 물건을 사용하고 나면 반드시 원래 자리로 돌려놓았다. 그렇지 않으면 시간이 지난 후에 찾지 못하기 때문이다. 다른 사람이 옮겨서도 안 되는데, 그러면 그가 찾지 못하기 때문이다. 일회용 종이컵은 다탁(茶卓) 아래에, 바닥을 쓰는 빗자루와 쓰레받기는 방의 남쪽 구석에, 손님의 머리를 묶는 고무줄은 탁자 위의 작은 상자에, 햇볕에 말린 침대 시트는 네 모서리를 맞추어 반으로 접고 또 반으로 접어서 소독한 수납장의 두번째 칸에 쌓아놓는다. 처음 그의 가게에 왔을 때 바로 알아차린 사실인데, 그가 침대 시트를 꺼내 돌아서서 시트를 털어서 펴고 침대에 까는 동작이 대단히 매끄럽고, 머뭇거리거나 더듬는 일이 없었다. 이때 그의 눈을 보지 않는다면 이 사람이 시각장애인이라는 사실을 깨닫지 못할 것이다.

  그는 점자책을 만지는 느낌이 특히 그립다고 내게 몇 번 말했다. 매일 책을 듣는데 왜 아직 책을 더듬고 싶어하는지 물었더니, 그 둘은 아주 다르다고 했다. 책을 듣는 것은 다른 사람이 물건을 한 무더기 내 품에 쑤셔 넣어주는 것과 같은데, 책을 더듬는 것은 바다로 걸어 들어가서 발등에 조금씩 차오르는 바닷물을 느끼듯이 자기가 적극적으로 책 속으로 들어가는 것이니, 그 감각이 너무나 아름답다고 했다.

  두빈은 이런식으로 문학적인 표현을 하곤 했다. 내 척추의 후종인대(後從靭帶)가 유난히 좁고 엉덩이의 편평한 근육인 이상근(梨狀筋,

piriformis muscle)에 경련이 있는 게 문제라거나, 자기 가게에서 기술이 가장 뛰어난 안마사는 여태 사장과 고객을 난처하게 하거나 '총애를 믿고 교만하게 군' 적이 없다거나, 요즘 아이들은 설을 쉴 때 휴대전화만 끼고 있으니 '정보 체계가 너무 단순'해서 그저 시각을 통해서만 정보를 얻는다는 등의 이야기도 했다. 그는 천성적으로 눈이 보이지 않았으나, 어린 시절에 굴렁쇠를 굴리고 폭죽을 터뜨리는 등의 놀이를 했다. 그 차가운 촉감과 철사가 굴렁쇠를 문지르는 시원한 소리, 폭죽 터지는 소리가 전하는 귀의 감각과 공기 중에서 느껴지던 불꽃과 연기의 냄새를 아직도 기억한다. 시적 정서와 그림의 의미가 담긴 점자책으로 보고 싶은 책은 큰 소리로 읽을 수 있고 음운도 훌륭한 그런 책이지, 무슨 양식(養殖) 기술이나 안마 기술 같은 책이 아니었다. 읽어서 소리가 좋지 않은 점자책들은 너무 재미없다고 했다.

그를 시각장애인 열람실로 안내했는데, 그제야 비로소 한 가지 문제를 깨달았다. 시각장애인 혼자서는 애초에 책장의 점자책을 고를 수 없다는 것이다. 책등에 인쇄된 제목은 점자가 아니라 일반 문자로 되어 있기 때문이다. 책의 앞뒤 표지도 모두 점자가 아니었다.

내가 하나씩 소리 내어 읽어주다가 그가 "스톱!"이라고 외친 책을 꺼내어 건네주었다.

그가 가장 만지고 싶은 것은 촉각으로 읽을 수 있는 세계 지도였다. 이전에 뉴스로만 들었던 나라의 이름들이 지금 처음으로 그의 손 아래에서 거리를 형성하며 형태를 나타냈다. 영토 면적이 큰 나라는 분명하게 더듬어 알기 쉬웠으나, 작은 나라는 매우 불편했다. 몇몇 작은 나라는 한데 모여 있는데 점자가 너무 커서 나라 안쪽에 표시할 수 없었으므로 그저 1, 2, 3, 4의 각주를 이용하여 페이지 아래쪽에 차례로 표시할 수밖에 없었다. 나조차도 힘들게 찾아야 비로소 하나하나 대응할 수 있으니, 그 혼자만의 힘으로는 제대로 식별하기가 절대 불가능했다. 남녀 유별에 신경쓰지 말고 그의 손을 잡고 각주와 내용이 대응하도록 차례로 더듬을 수 있게 해줄까 망설였다. 하지만 그렇게 해주었어도 그는 여전히 분명하게 알 수 없었다. 결국 포기할 수밖에 없었다.

'경도와 위도' 페이지에 이르자 그는 더욱더 오래 더듬어야 했다. 어쨌든 무엇을 '동경이나 서경, 남위, 북위'라고 하는지 이미 30년 동안 궁금증에 젖어 있었다. 그는 도저히 상상할 수 없었다. 둥근 지구에 이렇게 많은 선이 있는데, 그것들은 대체 어떻게 교차하는 것일까? 헝클어진 삼처럼 엉망으로 뒤엉켜 있는 선들이 이제 모두 볼록 솟아서 그의 손가락 끝의 볼록한 부분에 눌린 흔적을 만들고, 이전에 머릿속에 있던 어휘들과 연결되었다. 아, 알고 보니 이런 것이었구나! 하지만 그는 '북회귀선'과 '남회귀선'이 무엇인지 여전히 알 수 없었다. 나는 그의 오른손을 쥐어 태양으로, 왼손을 쥐어 지구로 삼게 했다. 그런 다음 그의 손을 공중으로 움직이게 하며 춘분과 추분에 태양이 어떻게 되돌아오고, 사계절이 왜 바뀌는지 설명해주었다. 그는 천천히 이해했다.

이날 점자책 열람실에 독자는 그 한 명밖에 없었다. 그는 스스로 『세계통사世界通史』를 찾았는데, 소리 내어 읽으려면 그럴 수 있었다. 그는 왼손 검지를 해당 줄의 맨 왼쪽에 누르고 있었는데, 아마 행 간격을 확인하는 듯했다. 오른손 검지는 일정한 속도로 움직이다가, 아랫줄로 옮기려 할 때는 왼손 검지를 아랫줄 왼쪽 끝으로 옮겨서 눌렀다. 오른손 검지가 재빨리 왼손 검지와 부딪쳐 교체를 완성함으로써 실수로 행을 잘못 보는 일이 없게 하면서 계속 더듬어 읽어나갔다.

은하계는 또 우주의 수백만 개 별들 가운데 하나일 뿐이며, 본서는 이후의 장절(章節)에서 인류의 경험을 거슬러올라가…… 최초의 생명은 바로 원생의 단세포 생물이었다. 인간은 역대로 이런 원시 생명과 무생물 사이에 실질적인 차이가 있다고 여겨왔으나, 오늘날 과학자들은 이미 생물과 무생물을 분명하게 나누는 이런 관점을 더는 받아들이지 않고……

그의 말처럼 이런 글귀는 낭랑하게 읽기 좋았다. 아득한 은하계와 미세한 단세포 생물이 뾰족하게 솟은 점이 되어 그에게 조금씩 만져지고, 다시 소리가 되어 그의 입에서 퍼져나왔다. 나는 휴대전화를 들고 그의 모습을 녹화해주었는데, 돌연 조금 슬퍼졌다. 그의 위챗 프로필 사진은 칭다오(青島)에서 찍은 것으로, 잊을 수 없는 그의 체험을 기록한 것이었다. 그는 카메라를 등지고 바다를 향해 서 있었는데, 바닷물에 그의 종아리가 위까지 잠겨 있었다. 그는 바다를 보지 못했으나 떠나기 아쉬워서 한참 동안 물속에 서 있었다.
나는 항상 생각했다. 그의 마음속에 있는 바다는 내가 본 것보다 더 웅장하고 넓으리라!

판웨는 집이 멀어서 다시는 도서관에 책을 빌리러 오지 않았다. 그녀는 내게 도서관에 한 가지 사실을 전달해달라고 했다. 시각장애인 열람실은 프런트에서 상당히 멀어서 시각장애인이 책 한 권을 다 듣고 다른 책으로 바꾸려 할 때, 주변에 도와줄 사람이 없다는 것이다. 그날 그녀도 그런 상황이었는데, 시각장애인 열람실을 나오니 눈앞에 오가는 사람의 모습으로는 누가 직원인지 분간할 수 없어서 말을 꺼내기 곤란했다고 했다. 실행할 수 있을지는 모르겠지만 한 가지 방법을 생각했는데, 즉 도서관도 병원처럼 시각장애인 열람실의 책상에 버튼을 하나 설치하여 알람과 연결하면 어떠냐는 것이었다. 필요할 때 버튼을 누르면 프런트에서 들을 수 있을 테니까.

또 자기 고향인 르자오의 해변에 놀러가자고 나를 초대했으나, 내가 시간을 낼 수 없었다. 며칠 후, 내게 50배 이상으로 확대할 수 있는 리더기를 찾아줄 수 있는지 물었다. 도서관에 있는 것처럼 그렇게 고급일 필요도 없고, 소리 내어 읽어줄 필요도 없이 그저 확대 기능만 있으면 된다고 했다. 자기 주변 사람들은 이게 어떻게 생긴 기계인지도 몰라서 내게 도움을 청할 수밖에 없었다고 했는데, 무척 미안해하는 말투였다.

웹 사이트에서 원근 겸용 시각 보조 장치를 하나 검색했는데, 100배 확대 기능이 있고 조작도 간편했으며, 가격도 5천 위안 미만이었다. 판웨는 그것도 비싸다고 생각했는데, 한 가지 좋은 소식을 들었다. 어느 지역사회 공동체에서 장애인을 위한 공익 행사를 여는데, 시각 보조 장치를 할인해서 살 수 있고, 게다가 일주일 동안 시험적으로 사용할 수도 있다고 했다. 나중에 가보니 그곳은 색소 결핍증을 치료하는 공익 기구였는데, 자원봉사자가 그녀의 휴대전화에 무료 소프트웨어를 설치해주었다. 그 역시 글자를 확대하여 독서를 도와주는 것이었다. 이 자원봉사자를 통해 몇몇 환자들을 알게 되었고, 베이징과 상하이의 임상실험에 대한 정보도 알게 되어, 유전자 검사와 약물 치료 대상자로 지원하여 시력을 개선하려고 준비했다.

그녀와 나는 아이 교육에 관해 이야기했는데, 웨러의 성적이 오르락내리락했으나 그녀는 걱정하지 않았다. 그 반년 동안 돋보기를 이용해 그림책을 읽어주자, 웨러가 독서를 무척 좋아하게 되었기 때문이다. 그녀는 딸이 독서를 좋아하기만 하면 나중에 천천히 나아질 거라고 믿었다. 그러나 그녀의 이런 관점은 가족이나 친구들과 무척 의견이 엇갈렸다.

"독서가 무슨 소용이야? 학원에 보내야 쓸모가 있지!"

주위 사람들은 그녀에게 늘 이렇게 말했다.

판웨가 설명한 이런 다툼을 나는 아주 잘 안다. 우리 도서관에서도 아이들이 '쓸데없는 책'을 보지 못하게 하는 부모를 몇 차례 본 적이 있는데, 그들은 아이 손에서 책을 빼앗으며 이렇게 말했다.

"이런 이야기책이 무슨 소용이 있어? 얼른 작문 책이나 수학책을 봐!"

거리의 서점에서도 아이에게 만화를 보지 못하게 호통을 치고, 억지로 4대 명저를 안겨서 집으로 돌아가는 부모를 본 적이 있다. 내가 돌아보니 그 아이는 겨우 예닐곱 살밖에 되지 않았다.

판웨는 책이 어떻게 사람을 바꿀 수 있는지 예를 들어주었다. 부모가 공사장에서 벽을 바르는 일을 하는 가정의 아이가 있는데, 그 아이가 그녀의 위탁반에 처음 왔을 때는 낮잠 잘 때 산이 울리듯이 침대를 흔들고 끊임없이 무언가를 중얼거렸다. 부모는 이 아이를 '훈육하기가 무척 어렵다'라고 했다. 하지만 『긍정의 훈육』에서는 이런 문제의 원인은 아이에게 있는 게 아니라 부모가 아이와 의사소통해서 지도해주지 않기 때문이라고 했다. 그래서 판웨는 이 아이와 이야기를 많이 나누었는데, 어느 날 아이가 얌전히 잠들었고, 깨어날 때 그녀를 '엄마'라고 부르면서 부끄러운 듯이 숨었다. 판웨는 이렇게 말했다.

"『긍정의 훈육』이 이처럼 쓸모가 있더군요."

두빈도 나중에 자기가 책을 빌리러 가는 것이 너무 어려우니, 점자로 된 소설을 몇 권 사다달라고 부탁했다. 인터넷 서점과 질의응답 사이트에서 검색해보았으나 소득이 없어 답답했다. 눈과 귀가 멀쩡한 사람도 이런 특수한 책을 사지 못하는데, 시각장애인은 또 어디서 살 수 있겠는가?

서적상에 부탁해서 점자책 출판사의 도서 목록을 구해 츠바이크와 체호프의 소설을 한 권씩 골랐다. 그런데 소포를 받아보니 사이즈가 맞지 않고 너무 작았다. 볼록한 점을 더듬어야 하는 점자책은 모두 크고 두껍기 마련이다. 포장지를 뜯어보고 나서야 발견했는데, 확실히 점자책 출판사였으나 이 두 권은 그저 글자만 배로 확대해서 고도근시인 이들만을 위해 만든 것으로, 두빈이 원하는 종류의 책이 아니었다.

몇 달 뒤에 마침내 정확한 '현행 점자'와 '통용 점자'로 된 책의 목록을 얻어서 두빈에게 읽어주었다. 책의 내용을 간단하게 소개해주자 그는 유발 하라리의 『사피엔스』와 『호모 데우스』, 아쿠타가와 류노스케의 『라쇼몽』, 페이샤오퉁(費孝通)의 『향토중국鄕土中國』, 샐린저의 『호밀밭의 파수꾼』, 헬레인 한프의 『채링크로스 84번지』, 마이클 돕스의 『하우스 오브 카드』, 위화의 『인생』, 류츠신의 SF 소설 『삼체』까지 9종을 골랐다.

나는 점자가 특별히 자리를 차지한다는 것을 안다. 점자 하나가 차지하는 면적은 한자 한 글자의 2~3배이며, 점자가 찍힌 종이의 두께도 일반 책의 4~5배나 된다. 종이가 두꺼워야 볼록 튀어나온 점이 충분하게 높아서 쉽게 인식되고 잘 마모되지 않는다. 또 점자책의 앞뒷면 글씨는 반드시 줄이 겹치지 않도록 엇갈리게 해야지, 그렇지 않으면 찍을 수 없다. 이런 몇 가지 요소가 합쳐지면 종이가 아주 많이 소요된다. 베이린구 도서관의 점자책 『삼국연의』는 16쇄로 8권으로 이루어져 있는데, 각 권의 두께가 5~6센티미터여서, 책장에 꽂으면 폭이 50센티미터나 된다.

하지만 나는 점자책의 무게는 과소평가했다. 두빈이 산 9종의 책은 2개의 거대한 종이상자를 가득 채웠으며 대략 50킬로그램은 되는지라, 나로서는 옮기지 못하고 다른 사람의 도움을 받아 그의 안마 가게로 가져갔다. 그는 손에 들고 있던 냄비를 다급히 내려놓고 부엌에서 나와 상자를 뜯고는 『채링크로스 84번지』를 안아 들더니, 손으로 더듬으며 읽었다.

뉴욕시 이스트 59번가 14번지, 1949년 10월 5일. 막스 앤드 코언 서점(Marks & Co), 영국, 런던 미드웨스트 2구역, 채링크로스 84번지.

그가 내게 물었다.
"편지 한 통으로 시작하는 건가요? 잘 모르겠는데, 이건 편지 봉투의 주소인가요?"
그는 갑자기 계산대로 돌아가서 좁고 긴 초록색 플라스틱판을 꺼냈는데, 그것은 두 겹으로 클립처럼 여닫을 수 있었다. 바닥 판은 온전한데, 위쪽 판은 사무실 창문처럼 촘촘하게 구멍이 뚫려 있었다. 모든 구멍은 모양과 크기가 같았고, '왕(王)'자의 윤곽처럼 6개의 작은 모서리가 뻗어나와 있었다. 그는 또 송곳도 가져와서 초록색 플라스틱판의 중앙에 광고지 한 장을 붙이고, 구멍이 난 곳을 통해 구멍을 뚫기 시작했다. 점자를 쓰는 것을 직접 본 것은 이번이 처음인데, 알고 보니 6개의 작은 모서리는 구멍의 위치를 고정하는 역할을 했다. 구멍 뚫기가 이렇게 위험한데도 그의 속도는 놀라웠다. 송곳은 재봉틀 바늘처럼 종이 위에서 쉼없이 타닥타닥 오른쪽에서 왼쪽으로 움직여서 순식간에 구멍 한 줄을 뚫었다. 그리고 종이를 떼어서 반대로 뒤집어 내게 주면서, 왼쪽에서 오른쪽으로 더듬어보라고 했다. 그제야 조금 전에 그가 왜 오른쪽에서 왼쪽으로 구멍을 뚫었는지 알 수 있었다. 손가락은 움푹 들어간 부분이 아니라 볼록 튀어나온 부분만 더듬을 수 있으니, 반대편을 더듬어야 하는 것이다.

내가 소리 없이 튀어나온 점을 한 줄 더듬자, 그가 말했다.

"내가 쓴 것은 이런 문장이에요. '양 선생이 가져다준 책을 받고 무척 기뻤어요, 마침표.' 중간에 빈 부분이 있는데 거기도 더듬어보셨나요?"

이 종이에는 이미 여러 줄의 바늘구멍이 있어서, 뭐라고 쓴 거냐고 묻자 노래가사라고 했다. 오늘 감동적인 노래 한 곡을 듣고, 그 참에 종이에 기록해두었다고 했다. 가게 직원이 끼어들어 두빈 사장이 노래를 잘 부른다고 하자, 두빈이 웃었다.

"뭐, 그럭저럭요."

이런 점자 가사를 그는 스스로 두껍게 만들어서 한가할 때 더듬어 외워두었다가, 노래방에 가면 유창하게 부른다고 했다.

그는 해보고 싶은 일이 아직 많다. 내가 보낸 이 책들을 읽어서 조금 익숙해지면, 오디오 콘텐츠 플랫폼인 히말라야에 올려서 다른 사람들에게 들려줄 생각이다. 다만 방금 보았던 우편 주소로 시작하는 소설 같은 것은 독자를 곤혹스럽게 하지 않을까 조금 걱정스러워했다. 또 괄호 안에 들어 있는 글자는 읽기 불편한데, 일단 말을 더듬으면 청중이 불편하게 여길까봐 걱정했다. 시력이 정상인 사람처럼 한눈에 괄호를 훑어보고 미리 준비할 수가 없기 때문이다.

내가 떠날 때 그는 자기 모친이 직접 만든 량피〔涼皮〕를 조금 담아 가라고 했다. 커다란 비닐봉지에 이미 가닥가닥 썰어놓은 노르스름한 밀가루 반죽이 뭉쳐져 있고, 유채씨기름의 은은한 향기가 풍겼다. 그는 다른 봉지에 콩나물과 오이, 글루텐을 담게 해주었고, 세번째 봉지에 소스를 담았다. 이렇게 많으니 며칠을 먹어야 할 듯했다.

'정답자'여, 함께 시를 읽자

우리 도서관에서는 고등학생의 모습을 거의 볼 수 없다. 나는 그들이 무슨 책을 읽고, 어떤 책을 읽고 싶어하는지 모른다. 두 명의 친구에게 고등학생의 일상에 관해 물었다.

톈진(天津)에서 고3 담임을 맡게 되면 게으름을 피울 수 없다. 7년 동안 왕옌밍(王彦明)의 알람 시계는 줄곧 오전 5시 20분에 맞춰져 있었다. 자리를 옮겨 고1이나 고2를 맡으면 조금이라도 편해지겠지만, 승인이 나지 않았다. 집을 나서기 전에 거울을 보고 옷차림이 깔끔한지 확인하고 면도한다. 운하를 따라 5킬로미터를 달리고 학생 기숙사 수돗가에서 얼굴을 한번 더 씻으면 벌써 7시가 넘는다. 백양나무 아래에서는 '추이화(翠花)'라고 불리는 개가 학생이 버린 치킨 뼈를 먹고 있다. 왕옌밍은 교실로 들어가 문 앞에 앉아서 학생들이 자습하는 모습을 지켜보기 시작한다. 그의 일은 '가르치는' 것이지만, 늘 자기가 경찰이나 보모 같다고 생각한다. 과거의 경험으로 보건대 학생들의 잘못을 방지하기 위해 반을 면밀하게 지켜보아야 한다. 사적인 대화에서 학생은 부모의 어두운 모순을 이야기하면서 은밀한 칼을 내보이기도 했다. 왕옌밍은 자기만의 의사소통 어조를 유지하며 손을 내밀어 그 날카로운 무기를 받았다.

학생들은 종종 지나치게 긴장된 집안 분위기에 처해 있으며, 집안에서 발효된 불안한 정서는 버스와 지하철을 거치면서 잠깐 흩어졌다가, 교실 안에서 다시 모인다. 그들은 대부분 고개를 숙인 채 글을 읽고 쓴다. 그러다가 고개를 드는 안경이 점점 많아진다. 누군가 우연히 말실수하면 나머지 학생들은 폭소를 터뜨리며 책상을 두드리고 발을 구른다. 복도에서는 머리채를 잡아당기고, 간식을 빼앗고, 빗자루를 들고 때리려고 쫓아간다. 이 소년들은 과장된 몸짓으로 지루하고 답답한 일상을 상쇄한다.

멀리 공군 훈련기지가 있어서 비행기가 자주 창밖을 스쳐지난다. 왕옌밍의 책상에는 시험지와 작문 노트가 산더미처럼 쌓여서 낮아졌다가 또 높아지기 시작한다. 붉은 사인펜이 한 자루 한 자루 소진되어 쓰레기통에 던져진다.

스무 살 때 그는 많은 시를 읽었다. 머나먼 길을 달려 낯선 사람을 만나듯이 마음이 열려 있었다.

조금 멀리는 페이밍[廢名]과 다이왕수[戴望舒], 창야오[昌耀], 하이쯔[海子], 구청[顧城], 그리고 베이다오[北島]를, 조금 가까이로는 위젠[于堅]과 한둥[韓東], 자이융밍[翟永明], 위누[余怒], 짱두이[臧棣], 왕샤오니[王小妮]를 읽었다. 기나긴 외국 시인의 명단을 죽 나열해주기도 했는데 이런 사람들이다. 릴케, 프로스트, 파울 첼란, 쉼보르스카, 안나 아흐마토바, 마리나 츠베타예바(Marina Tsvetaeva), 야니스 리초스(Yannis Ritsos), 잭 길버트(Jack Gilbert), 테드 휴즈(Ted Hughes), 카바피(C. P. Cavafy), 다니카와 슌타로, 개리 스나이더(Gary Snyder), 머윈(W. S. Merwin), 셰이머스 히니, 레이먼드 카버, 커밍스(Edward E. Cummings), 트란스트뢰메르(Tomas Tranströmer) 등······

그도 시를 썼다. 혀끝에 전해오는 그린파파야의 떫은맛, 봄과 여름이 맞닿는 끝자락, 소녀의 머리카락, 밤이 살짝 푸른 장막을 걷어올리면 쏟아지는 달빛, 떨어지는 계화(桂花), 서로 얽히는 물풀들. 겨울에 시든 초목을 볼 때면 그것들이 봄으로 가는 입구의 커튼을 펄럭이고 있다고 느꼈다. 자기의 감동을 학생들에게 들려주고 그들과 함께 일상에 담긴 시적 의미를 발견하기를 기대했다.

처음에 그는 약간의 개혁을 했으나, 가르치는 일은 전체 속도에 맞추어 운행해야 했다. 동등한 학년의 수업 진도와 모의고사 내용은 동일하다. 사실상 그와 교무실 동료 사이의 대화는 대부분 대학 입학시험의 새로운 동향과 수업 자료 작성 기준, 온라인 강의의 토론 절차, 강의 사례 업로드 방식 등의 내용이었다. 한 무리의 사람들이 이리저리 뒤적이며 출제자의 마음을 헤아렸다. 교사는 시험 문제를 둘러싸고 마치 끊임없이 맷돌을 돌리는 말처럼 말고삐가 하얗게 닳을 지경이었으나, 문학 수업은 문학 자체와 갈수록 멀어졌다. 교실 틈새에 진정한 문학을 끼워 넣으려고 애썼으나 적막한 반응뿐이었다. 더 많은 '정답자'와 그의 학부모는 더 '실용적인' 것을 원했다.

산시성 시안중학의 주니야(朱妮婭)도 똑같이 고3에게 문학을 가르치는데, 그녀의 느낌도 왕옌밍과 비슷했다. 대학 시절 그녀는 연극 동아리를 이끌며 아리스토텔레스의 '삼일치'[1]의 법칙과 러시아의 스타니슬라프스키(Konstantin Stanislavski)의 연기 체계를 갈고 닦고, 그리스 희극과 중국 원나라 때의 잡극(雜劇)을 연구하며, 친구가 베이징에서 가져온 CD 〈사랑에 빠진 코뿔소戀愛的犀牛〉[2]를 감동적으로 보

---

1 유럽 고전주의 희극의 3가지 규칙으로 시간과 장소, 줄거리의 일치를 의미한다.
2 랴오이메이(廖一梅)가 쓴 극본을 토대로 멍징후이(孟京輝)가 감독을 맡아, 궈타오

고 밤새도록 친구들과 토론했다.

"우리도 이런 거 하나 해보자!"

그녀는 우아한 『신데렐라』를 쓰고, 『백모녀白毛女』³의 원작을 해학적으로 개편하여 『대화백모녀大話白毛女』를 쓰기도 했다. 그녀의 이름이 포스터에 등장하자 800석의 캠퍼스 극장이 꽉 찼다. 기분이 좋으면 스스로 망토를 걸치고 출전하여 궁정의 사랑과 원한 이야기에서 여장군 역을 맡아 힘차게 전투화를 내디디며 중생을 오만하게 내려다보았다.

일하게 된 뒤로는 그녀도 왕엔밍처럼 바빴다. 아침 독서와 야간 자율학습을 지켜보느라 자기 아이를 보살필 수도 없어서, 집안일은 모두 시어머니에게 맡겼다. 두 딸의 옷차림을 볼 때면 늘 실소를 금치 못했으나, 시어머니가 이미 최선을 다했음을 알았다. 주니야는 연극을 끊을 수 없어서 학생들이 교과서의 연극을 연습하는 것을 열정적으로 도우면서, 더빙을 가르치고, 자기도 단역으로 출연하곤 했으나, 이 부분의 생활은 늘 주류 교육에 압도되어 희박해지고 말았다. 일반 배정에 따라 입학한 보통반(普通班)을 학년 전체의 일등반으로 만들어야 비로소 성적을 냈다고 인정받을 수 있었다. 그녀는 매번 전체 학년의 앞줄에 섰으나, 인생이 여기서 더 나아질 게 없을 거라는 기분이 들었다.

"수업이 괜찮은 편입니다."

이것이 바로 자기에 대한 주변 사람들의 가장 높은 평가였다. 그녀의 이 한평생이 시험 답안과 시험 문제를 강의하다가 지나가는 것인

〔郭濤〕 및 우웨〔吳越〕 등이 주연으로 연기한 애정극으로, 1999년에 처음 공연되었다.
3 '백모선고白毛仙姑'라는 민간의 이야기에서 소재를 취해서 시와 노래, 무용을 융합해 엮은 가극(歌劇)으로 1945년에 허징즈〔何敬之〕와 딩이〔丁毅〕가 극본을 썼다.

가?

나는 그녀의 수업이 재미있기를 바랐다. 그녀의 수업을 청강하러 갔을 때였다. 그녀가 학생에게 물었다.

"스님이 달빛 아래 문을 두드린다〔僧敲月下門〕'4라고 했을 때 '두드린다〔敲〕'라는 말을 무엇으로 바꿀 수 있을까요?"

"발로 찬다〔踹〕."

"뚫고 지나간다〔穿〕."

"내리친다〔砸〕."

이어서 깔깔 폭소가 터진다. 사춘기의 전형적인 폭력적 언어와 광란이다. 이어서 선생과 학생들은 이렇게 주고받는다.

"두드린다〔叩〕." 이에 대해 주니야가 비평했다. "고상하구나."

"비빈다〔蹭〕." "또 장난질이구나."

"쓰다듬는다〔撫〕." 선생이 입을 열기도 전에 아이들이 웃었다. "어우, 징그러워! 너 페티시즘 있어?"

"엿본다〔窺〕." 더 큰 웃음소리가 터졌다.

"닦는다〔拭〕." 학생들이 일제히 소리쳤다. "결벽증!"

"임한다〔臨〕." 누군가 작은 소리로 말했다. "신기(神氣)가 있나보네."

"잠근다〔鎖〕." "동작이 너무 얌전하잖아?"

"가린다〔掩〕." ……

한 학생이 '가린다'라고 말하자, 다른 학생들의 반응이 거의 일치했다.

"와, 너무 부드러워!"

주니야가 웃으며 말했다.

---

4 당나라 때 가도(賈島: 779~843)가 쓴 「이응의 은거지에 씀題李凝幽居」에 들어 있는 구절이다.

"온유하고 타당하기는 하지만 평측(平仄)이 맞지 않네. 오늘의 브레인스톰(brainstorm)은 다들 잘 표현했으니, 여기까지 합시다."

나는 맨 뒷줄에 앉아 함께 웃었다. 이 고등학생들은 평소 데리고 있던 대학생들보다 훨씬 시끌벅적하고 떠드는 힘도 정말 컸다. 이어서 주니야가 교과 외 독서 목록을 적어주자, 아이들은 고개를 숙이고 메모했다.

예전에 주니야에게 고등학생 때 무슨 책을 읽었느냐고 물어본 적이 있다. 그녀는 당시 읽었던 책들 가운데 특히 잊기 어려운 게 2권 있다고 했다. 알렉상드르 뒤마의 『몬테크리스토 백작』은 참을성 있게 역량을 축적하여 천천히, 냉혹하게 복수했는데, 이를 통해 서사에서 리듬을 통제하는 법을 배웠다. 보부아르의 『제2의 성』은 한 방의 강력한 펀치처럼 양성의 세계를 이해할 수 있도록 커다란 장막을 걷어주었다. 원래 여성은 천여 년의 역사를 통해 '제2의 성'이 되었지만, 알고 보면 그 과정에서 자신은 전혀 깨닫지 못했다. 이 책을 시작으로 그녀는 비로소 사회에 고착된 성별의 관념을 인식하고, 자기가 여성 개체의 해방 가능성을 보여줄 수 있으리라 상상하기 시작했다.

표면적으로 이런 책들은 대학입시와 무관했지만, 그녀의 글쓰기와 사고에 깊은 영향을 주었다. 지금도 그녀는 학생들이 지나치게 많은 목적을 품지 않고 자유롭게 책을 읽을 수 있기를 바란다. 사람마다 책과 공명하는 부분이 다르다. 어떤 책이 '유용'하고 어떤 책이 '무용'한지는 스스로 부딪쳐봐야 안다. 다른 사람이 대신 판단해줄 수는 없다.

학교에 도서관이 있어서 일주일에 한 번씩 자유로운 독서 수업이 있다. 동문들이 수백만 위안을 들여서 『사고전서』 영인본을 기증했으나, 읽은 학생은 아무도 없었다. 주니야는 학생들이 도서관에 들어가 '정답자'라는 신분을 내던지기를 진심으로 바라지만, 여전히 수많은 학생이 도서관에서 문제만 풀고 있다. 그들은 위쪽에 책을 한 권 펴놓고 아래쪽에는 몰래 시험지를 깔고, 사인펜을 숨기고 있다. 주니야가 돌아다니면서 살펴보면 학생은 책으로 시험지를 가리고 책의 페이지를 넘기는 척했다. 주니야는 학생들이 들고 있는 시험지를 거두고, 종일 문제만 풀지 말라고 충고했다. 머리는 긴장과 이완을 반복해야 하니, 재미있는 책으로 바꿔서 리듬을 조절해보라고 했다. 그러나 다음 주에도 학생들은 여전했다.

그녀는 반에서 '친구들에게 추천하는 책'이라는 캠페인을 시작했는데, 학생들의 추천 도서 목록은 겹치는 책이 매우 많고, 대부분 두 종류였다. 하나는 『명 왕조 이야기明朝那些事兒』와 히가시노 게이고, 무라카미 하루키, 장아이링(張愛玲) 등의 작품이었고, 다른 하나는 『로빈슨 크루소』와 『해저 2만리』, 『홍루몽』, 『삼국연의』와 같은 '중학생 필독서'였다. 이런 추천 목록은 조금의 신선함도 없다. 학생들의 독서 선택은 주로 시장의 영향을 받고 '필독서' 목록에 이끌려갈 뿐, 진정한 개인의 취미는 잠시 언급할 수 없다.

몇 년 전, 학교에서 빼어난 인재가 하나 나와 국내 역사학계의 주목을 받았다. 린[林] 아무개라는 이 학생은 서하(西夏)의 문자를 알고 문헌학과 목록학에도 정통했다. 17세에 이미 2권의 전문서를 출판하여 범중엄(范仲淹: 989~1052)과 송나라 인종(仁宗)의 경력(慶曆) 연간(1041~1048)의 정치 개혁, 그리고 도가사상의 정치적 실천과 한(漢) 제국의 발흥에 대해 논한 바 있다. 송나라 역사를 연구하기 위해 그는 사마광의 필기(筆記) 『속수기문涑水記聞』과 송나라 때의 승려 문영(文瑩) 등이 편찬한 필기체(筆記體) 야사(野史) 『상산야록湘山野錄』, 그리고 장방기(張邦基)의 『묵장만록墨莊漫錄』을 읽었고, 늘 반 친구들을 내려다보며 한숨을 쉬었다.

"너희는 공부만 할 줄 알지 연구는 할 줄 몰라."

그의 지식 창고는 놀라울 정도여서, 선생들은 장난삼아 그를 '린 선생'이라고 불렀다.

그는 베이징대학 및 미국 인디애나대학 중앙아시아 연구학과에 진학하기를 꿈꾸었으나, 대학입시를 석 달 남기고 우울증으로 목숨을 끊었다. 이 뉴스는 언론에서 폭발적으로 퍼졌다. 주니야는 옆 반의 둥근 안경을 낀 이 학생을 계속 떠올렸다. 그가 세상을 떠난 것을 안타까워하며 교육의 의미에 대해 고심했다. 학생 집단 안에는 심리 질환에 걸린 이들이 적지 않았다. 다른 반에서는 선생이 휴대전화를 압수한 데에 격분한 남학생 하나가 고층의 창문을 향해 돌진한 적도 있었다. 학우들이 달려들어 껴안아서 멈추게 했고, 그 덕에 대리 교사는 책임을 면했다. 이런 이야기를 들은 주니야는 자기 반 학생들을 돌아보며, 아이들에게 주는 스트레스가 너무 크지는 않은지 걱정했다. 우울증은 자기 반 학생들에게서도 발작할 수 있었다. 그 아이들이 돌연 사소한 일 때문에 무너지고, 나아가 자해하지는 않을까 걱정도 되었다.

학생들의 부담을 덜어주고 싶어서 그녀는 문학 성적이 전교 200등 안에 드는 학생들은 숙제를 면제해주었다. 200등 안에 드는데 무슨 숙제가 필요해? 하지 마. 숙제는 사실 너무나 지루한 일이다. 학생들에게 끊임없이 기억을 반복하게 해도 기껏 4~5점 정도 늘어날 뿐이다. 숙제를 하지 않으면 그만큼 시간이 생기니까 잠을 자거나 책을 읽을 수 있으니 얼마나 좋은가! 실제로 시행해보니 그 판단이 옳았음이 증명되었다. 숙제를 하지 않은 이 학생들의 성적은 줄곧 상승했다.

독서, 그녀는 여전히 독서를 강조하고자 한다. 정말 독서하고 싶은 아이에게 주니야는 좀더 수준 높은 작품을 추천했다. 한 반에 이런 학생은 기껏해야 두세 명밖에 되지 않는다. 그들은 사실 선생의 가르침이 필요하지 않다. 수업 시간에 그다지 귀를 기울일 필요도 없고, 자잘한 연습문제를 푸는 훈련도 불필요하다. 그들은 광범한 독서량에 의지해서 시험지 이면의 생각을 깊이 간파한다. 이런 학생들은 역사학과 사회학 분야를 특히 깊이 연구해서 늘 교사와 대화하고 토론하며, 글을 쓸 때도 치밀한 관점과 넘치는 논거가 있으니 전혀 걱정할 필요가 없다.

그러나 더 많은 학생은 이 길을 믿지 않고 더 '즉각적인 효과가 나타나는' 방법을 원한다. 사적으로 찾아와 초조하게 부탁하는 학생과 학부모도 있었다.

"어떤 책을 읽어야 작문 성적을 즉시 끌어올릴 수 있을지 추천해주세요."

그런 이들을 설득할 방법이 없음을 잘 아는 주니야는 시사(時事)를 늘 살피고, 당보(黨報)와 당의 간행물을 보라는 '지름길'을 알려준다. 문체를 수려하게 써서 채점자의 마음을 얻으려면 위추위(余秋雨)와 바오펑산(鮑鵬山)의 글을 읽으라고도 덧붙인다.

사실 이런 '특효약'의 효과는 매우 미약하다. 글 한 편을 쓰려면 여러 분야를 잘해야 하는데, 이는 오랜 노력이 필요하다. 서술과 논의를 함께 진행하는 글은 서사에 기복이 있고, 논점이 점진적으로 발전해야 하며, 예시를 들 때도 신중하게 퇴고하고 선별해야만 비로소 글이 생동감 있게 살아날 수 있다. 교사는 기껏해야 몇 가지 기술과 구조를 가르칠 뿐이다. 예를 들어서 첫머리를 어떻게 시작해야 하는가? 진부한 어휘를 피해야 한다. 마무리는 어떻게 지어야 하는가? 시구절로 주제를 요약해서 마무리하는 것이 좋다…… 하지만 이런 소소한 기술을 배운들 대학 입학시험에서 기껏 2~3점을 더 받을 수 있을 뿐이다. 나머지는 정말 구제불능이다. 실제로 글을 잘 쓰는 학생은 자기만의 스타일대로 쓰고, 잘 못 쓰는 학생은 그러지 못한다. 선생이 학생들에게 삶을 관찰하는 법을 가르쳐주는 것은 거의 불가능하다.

왕옌밍도 체험을 통해 이를 깊이 이해했다. 7년 연속 고3을 맡고 나자 그의 자신감은 곧 상실될 지경에 이르렀다.

어떻게 해야 좋은 글을 쓸 수 있는가? 우선 자기가 좋아하는 읽을거리를 찾아서 잘 읽어야 한다. 다음으로 삶의 경험을 쌓고 자연을 관찰하며, 예술을 음미하고, 세상사의 변화를 체험하여 자기의 감수성을 자극해야 한다. 이런 것들이 뒷받침되지 않는다면 교실에서 기교를 훈련하는 것은 부질없다. 어떤 학생은 작은 변화라도 이루기를 바라지만, 고3이면 이미 늦다. 그들은 몸을 사리고, 조금이라도 일반적인 규범에서 벗어나는 관점은 감히 표현하지 못하여, '내 마음을 그대로 쓴〔我手寫我心〕'[5] 용기가 없다. 그들은 식별 능력도 이미 혼탁해져서 훌륭한 작가의 영양가 있는 부분은 간파하지 못하고 오히려 미사여구나 군더더기 같은 어휘를 모범으로 삼는다.

왕옌밍이 보기에 '모범적인 글'의 훌륭한 어휘와 구절을 암기하여 자기 글에 채워 넣는 것은 잘못된 길을 가는 것이다. 글쓰기는 자기의 지식과 개성을 발산하고 개방해야지 '새로운 팔고문〔新八股〕'[6]이 되어서는 안 되며, 이것은 학생들의 심리와 감각을 바꾸는 데에서 시작

---

[5] 청나라 말엽에 이른바 '시계혁명(詩界革命)'을 주창한 황쭌셴(黃遵憲: 1848~1905)이 "나는 입에서 나오는 대로 쓴다〔我手寫我口〕"라고 선언한 바 있는데, 현대의 교육가 예성타오(葉聖陶: 1894~1988)가 작문에 관해 얘기하면서 여기에 "내 마음을 그대로 쓴다〔我手寫我心〕"라는 말을 덧붙였다.

[6] 1920년을 전후로 '백화문(白話文) 운동'이 일어났으나 대중에게는 여전히 난해했기 때문에, 이런 글을 '새로운 팔고문'이라고 불렀다. 일반적으로 형식적이고 내용이 없이 난해하기만 한 현대인의 글을 풍자하는 말이기도 하다.

해야 한다. 그는 만리장성과 정원, 병마용의 컬러 사진을 인쇄해서 조각 퍼즐을 만들었다. 뒷면으로 앞면으로, 다른 방향에서 이해하고 맞춰가면서 게임의 방식을 이용하여 학생들의 상상력을 회복하려 했다. 이에 내가 물었다.

"학생들이 교조적인 '팔고문'을 버리고 신선한 직관으로 돌아가게 할 책으로 어떤 게 있을까?"

그는 마페이(馬非) 등이 편찬한 아동 시집을 추천했는데, 언뜻 유치하게 읽힐지도 모르지만 정취가 있기 때문이라고 했다. 이런 시를 읽으면 학생들이 문득 깨달음을 얻을 수 있을 거라고 했다.

그는 또 메리 올리버의『시 안내서 A Poetry Handbook: A Prose Guide to Understanding And Writing Poetry』를 특별히 추천했다. 읽어보니 내 학생들에게 들려주기에 아주 적합한 말이 들어 있었다.

한 편의 시가 빈약하다면 시인이 꽃밭에 충분히 오래 서 있지 못했기 때문일 가능성이 크다. 그것은 시인이 신선하고 감동적이며 생동적인 방식으로 그 꽃들을 살펴볼 수 없었기 때문이지, 어휘에 대한 장악력이 부족했기 때문이 아니다.

눈앞의 삶을 시인처럼 느껴보시라. 프로스트는 구름을 보았을 때 마음이 얼마나 온유했던가!

하늘에 구름이 낮게 드리워
흐트러진 모습이
마치 눈앞에서 언뜻 흩날리는 몇 가닥의 앞머리 같았다.

도널드 홀(Donald Hall)은 청각을 접어서 시각으로 만들었다.

아이의 울음소리는 마치 칼날처럼 일어났다.

그리고 T. S. 엘리엇에게는 손발과 혀를 가진 안개가 있었다.

노란 안개가 창틀에서 등을 비비고 있고
노란 연기가 창틀에서 부리망(口籠)을 비비고 있는데
그 혀는 황혼의 구석을 핥고
배수구 웅덩이를 맴돌았다.
굴뚝에서 떨어진 재가 그의 등에 떨어져
발코니를 미끄러져
훌쩍 뛰어올라
이 온유한 10월의 밤을 보더니
집을 맴돌다가
잠자러 떠났다.

왕옌밍은 학생들에게 시는 소리 내어 읽으라고 가르쳤다. 구쑤이 〔顧隨〕 선생은 『전학傳學』에서 시의 형태와 소리, 정감을 특별히 설명했다. "슬프다, 저 동산의 노래7여, 아련하게 나를 애달프게 하는구나〔悲彼東山詩, 悠悠使我哀〕"라고 했을 때 '비피(悲彼, bēi bǐ)'는 초성의 자음이 같은 쌍성(雙聲)이고, '아애(我哀, wǒ āi)'는 전부가 모음

---

7 『시경詩經』「빈풍豳風」「동산東山」을 가리킨다. 이 노래는 주공(周公)이 동방을 정벌하면서 병사들이 3년 동안 고향을 떠나 있었는데, 돌아가는 도중에 고향을 그리며 지은 것이라고 한다. 인용된 시구절은 조조의 「고한행苦寒行」에 들어 있다.

이다. 이런 폭파와 리듬에 주의해야만 비로소 조조의 강인함을 느낄 수 있다. 그리고 영어로 된 시에서 똑같이 '돌'을 뜻하는 말이지만 rock과 stone은 운치가 다르다. 전자의 끝음절 'k'는 묵음인데, 그것으로 끝맺으면 마치 갑작스럽게 호흡이 막힌 듯이 모서리가 분명해져서 침묵이 흐르고 확실히 정해진다. 후자의 끝인 'ne'는 비음이라서 다 읽어도 여파가 남아 있고, 숨결이 부드럽고 잔물결처럼 일렁인다.

왕옌밍은 장뤄수이(江弱水)의 『8시간 시 강의詩的八堂課』를 무척 좋아했다.

"장뤄수이는 중국과 외국을 접목했는데, 아주 재능이 있어요. 현대의 시 연구자들 중에서 절대적으로 일류지요."

이 책은 '게임과 맛, 성문(聲紋), 결(肌理), 현묘한 생각(玄思), 색정(色情), 향수(鄕愁), 죽음'까지 8개의 차원으로 중국과 서양의 시를 분석했다. 장뤄수이도 "유랑[8]도 이미 봉래산(蓬萊山)이 멀다고 원망했는데, 당신은 만 개의 봉래산을 사이에 두고 있네요!〔劉郎已恨蓬山遠, 更隔蓬山一萬重〕"와 같이 소리의 미감(美感)을 강조했다. 첫 구절의 서글픈 절망이 다음 구절의 '갱격(更隔, gèng gé, 역시 쌍성임)'에서 발성의 저항을 받아 시인의 배회와 좌절을 더욱 어렵게 만든다. 이것이 바로 왕궈웨이(王國維)가 『인간사화人間詞話』의 미간행 원고에서 "일렁이는 곳에서는 첩운을 많이 쓰고, 리듬이 급한 곳에서는 쌍성을 쓴다〔蕩漾處多用疊韻, 促節處用雙聲〕"라고 했던 것과 같은 의미이다.

대학 입학시험에 이런 게 나오지는 않을 것이다. 왕옌밍이 학생들에

---

[8] 유랑(劉郞)은 남조(南朝) 송(宋)나라의 유의경(劉義慶: 403~444)이 편찬한 지괴집(志怪集) 『유명록幽明錄』에 수록된 「유신劉晨과 완조阮肇가 선녀를 만나다劉阮遇仙」에 들어 있는 '유신'을 가리킨다. 인용된 시구절은 당나라 때 이상은(李商隱: 813?~858?)의 「무제無題 · 온다는 말은 헛소리, 떠난 후 종적이 끊어졌네來是空言去絕踪」에 들어 있다.

게 이렇게 많은 이야기를 한 것은 그저 그들이 민감해져서 아름다움을, 시의 진정한 맛을 감상할 줄 알게 되기를 바랐기 때문이었다. 학생들이 왕 선생을 '조금 순진하고' '그다지 성숙하지 못하며', '아직도 약간의 열정적인 사랑을 지니고 있어서 눈시울에 뜨거운 눈물이 가득할' 사람이라고 평가한 것은 그래도 긍정적인 피드백인 셈일 터이다. 다만 외부에서 보면 이런 중년은 너무 '성공'하지 못한 듯 보이고, '영혼의 엔지니어'는 그저 하나의 이름일 뿐이다. 학부모들은 그에게 빌라와 고급 승용차를 자랑하고, 교육감과 구청장, 시장과 식사하고 술을 마셨다고 자랑하면서 이렇게 물었다.

"그 사람이랑 술 마셔본 적이 있습니까?"

이처럼 야유받을 때는 시를 읽는 게 효과적인 해소제가 되었다. 글과 사상을 마주하면 피난처에 숨어들어 안정과 공감을 얻은 기분이 들었다. 강한 마음이 그를 위로하니 외부의 비난과 경멸도 저절로 멀어졌다. 미워시(Czesław Miłosz)의 시 「선물A Gift」을 읽으면 그 미묘한 감각은 심지어 로맹 롤랑의 영웅주의적인 문장이 주는 격려를 넘어섰다.

너무 행복했던 어느 날
안개는 일찍 걷히고, 나는 정원에서 일했지.
벌새들은 인동덩굴꽃 위에 멈춰 있었지.
세상에서 내가 소유하고 싶은 건 아무것도 없었어.
내가 부러워할 만한 사람은 아무도 없음을 알았지.
어떤 악에 시달렸든, 잊어버렸어.
한때 내가 같은 사람이었다고 생각해도 당황스럽지 않았어.
몸에는 아무 통증도 느껴지지 않았지.

허리를 펴면 푸른 바다와 돛이 보였어.

A day so happy.

Fog lifted early, I worked in the garden.

Hummingbirds were stopping over honeysuckle flowers.

There was no thing on earth I wanted to possess.

I knew no one worth my envying him.

Whatever evil I had suffered, I forgot.

To think that once I was the same man did not embarrass me.

In my body I felt no pain.

When straightening up, I saw the blue sea and sails.⁹

요 몇 년 동안 그는 대학 시절만큼 자주 시를 쓰지는 않았다. 시는 억제되고 느린 글쓰기이다. 종일 불안한 입시 환경에서는 만족스러운 작품을 쓰기가 무척 어렵다. 그는 가능한 한 매일 밤 탁상등 불빛 아래에서 혼자만의 시간을 가졌다. 매주 한 편의 시 평론을 쓰고, 다른 사람의 언어 공간에 들어가 미묘한 응용을 경험하고 이해했다. 글을 발표하는 것도 시계의 동인(同仁)들과 행하는 일종의 교유였다.

톈진에서 열린 '망종시가절(芒种詩歌節)'에서 만난 연로한 시인 위젠(于堅)이 물었다.

"왜 이렇게 말랐나?"

보통의 인사말 한마디에 왕옌밍은 놀랐다. 선배가 아직 후배의 모습을 기억하고 계시다니! 왕옌밍이 거리에서 배를 살 때, 뒤에서 카메라

---

9 이 책에 실린 중국어 번역문 대신 원문을 찾아 번역했다.

를 들고 있던 위젠은 왕옌밍의 손가락과 배를 찍었다. 인화한 흑백사진에는 북방의 어떤 거친 느낌이 있었다. 그날 위젠이 낭송한 시는 고전적인 읊조림 같기도 하고 굿을 하듯이 천지와 소통하는 기원처럼도 들렸다. 위젠은 다성음악(Polyphony)의 방식을 써서 현장의 록 밴드가 즉흥적으로 창작하도록 자극했다. 북소리와 기타 소리, 낭송하는 소리가 에돌며 울려퍼졌다. 종일 같은 일만 반복하던 고3 교사인 왕옌밍은 그 순간 모처럼 해방감을 느꼈다.

2017년에 그는 시골에 교육 지원을 나갔는데, 가르치는 일이 상대적으로 홀가분해서 더 많은 시간을 흙과 식물과 함께 보낼 수 있었다. 그의 시집 『나는 눈을 열애하지 않는다我幷不熱愛雪』의 뒤표지에는 다음과 같은 몇 줄이 인쇄되어 있다.

지금까지 사랑하지 않았다면, 더는 사랑하지 마.
지금 모르는 사이라면 이후에도 그저 낯설 뿐이야.
아직 희망을 품고 있더라도 때로 실망할 수 있지.
우연히 강가에 가더라도 그저 물고기 한 마리가 사라지는 파문만 보고 싶어.
백지에 가득 써보려 해도 거짓말이 더 많지.
늘 자기를 찾지만, 사실 그림자조차 잊었어.
아직도 달리는 환상에 빠지지만, 그저 운전할 때만이지.
아직 시간을 볼 수는 있지만
꽃 한 송이와 진딧물을 키울 뿐이지. 그들이 서로 향기를 풍기고 물어뜯게 하면서.
現在还没有愛, 那就不再愛了
現在没有認識, 以後也只能是陌生了

還抱有希望偶爾也失望

還偶尔去河邊,只想看一尾魚消失的波紋

還試圖寫滿白紙,更多是謊言

總在尋找自己,其實影子都被遺忘

還在幻想奔跑,只在駕駛時

還能看到時光

餵養一朵花與蚜蟲.讓它們互相芬芳與咬噬

비첩도 외부에 대출해주는가?

덩싱위는 남동쪽 제2 순환 고가도로 한쪽의 단지에 살고 있다. 원래는 남편과 함께 바오지〔寶鷄〕에서 일했는데, 퇴직 후에 시안으로 이사해서 딸과 조금 더 가까운 곳에 살면서 서로 보살피고 있었다. 대략 10년이 되었는데도 이곳의 이웃들과 그다지 친숙하지 않다.

아침에 부부가 외출해서 산책하고 채소를 살 때면 광장에서 춤추는 사람들을 지나치지만, 떠들썩한 분위기에 익숙하지 않은 두 사람은 거기에 합류하지 않았다. 집에 돌아와서 덩싱위는 불려둔 오곡과 콩을 믹서에 넣어 콩국을 만들고, 다시 땅콩과 호두, 참깨를 냄비에 넣어 살짝 볶아 함께 갈아서 소스를 만든 다음 빵에 발라 먹는다. 오이를 짜서 즙을 내고, 완두콩 전분과 끓는 물을 비율에 맞추어 섞고 불을 끄면, 초록색의 영롱한 묵이 된다. 그런 다음 큰 대야에 밀가루를 반죽하고 발효되기를 기다린다.

지난 주말에 사위가 교외의 산비탈에서 몇 가지 나물을 캐 와서 흙이 묻은 채로 주었는데, 이제 그녀는 나물을 여러 번 깨끗이 씻어서 잘게 잘라 고기소에 섞고, 만두피를 밀어서 보리 이삭 모양과 소용돌이 모양으로 주름을 잡아 맛을 구분한다.

찬장에는 유약을 칠한 갈색 사발이 쌓여 있는데, 사발은 깊지 않고 주둥이가 크다. 이런 그릇은 산시성 관중 평원에서 설 연휴에 사랑받는 요리인 '정완[蒸碗]'을 만들기에 적합하다. 그녀의 집에서 '정완'은 계절에 상관없이 일 년 사계절 내내 필수품이다. 그녀는 고구마와 섞은 돼지고기 삼겹살 수육[紅薯蒸條子肉]과 무를 넣고 찐 양고기[蘿卜蒸羊肉], 국화를 얹은 쑤러우[黃花小酥肉], 여러 재료를 넣은 밥[八寶蒸飯] 등 각종 재료를 배합해 음식을 만든다. 그것들은 찜통에서 꺼내어 식힌 다음 랩으로 하나씩 싸서 냉동실에 가지런히 얼린다. 손자 손녀가 돌아오면 손에 잡히는 대로 꺼내 해동해서 데우면 금방 한 상 가득 차릴 수 있다.

남편과 함께 이런 일을 마치고 나면 종종 정오를 넘긴다. 남편은 설거지하고 방을 청소하면서 오디오 스위치를 켜서 젊은 시절에 익숙하게 들었던 군가를 듣는다.

우리 군인이 다른 점은 무엇일까?

그녀는 응접실과 베란다 사이로 갔는데, 거기에는 작고 네모난 탁자 하나가 있다. 앞쪽에서 햇빛이 들어오면 붓글씨를 쓰기에 안성맞춤이다. 베란다 왼쪽의 아치형 문에는 그녀가 쓴 대련(對聯)이 붙어 있다. 신중하고 반듯하게 전서(篆書)로 쓴 것인데, 필획이 돌아가는 도중에 약간 힘을 빼지 않은 부분이 있어서 초보자의 어색함이 보이기도 한다.

그녀는 스승이 없이 독학으로 서예를 배웠다. 나이가 들어서 다른 책을 보기에는 눈이 너무 힘들어서 비첩의 큰 글씨를 좋아하게 되었고, 집에서 베껴 쓴 지도 벌써 2년이나 되었다. 90세의 큰오빠 덩중[鄧中]도 예전에 서예를 배웠으나, 지금은 시력이 좋지 않아 더는 붓을 놀릴 수 없게 되었는데, 그녀가 글씨를 연습하기 시작했다는 말을 듣고 전화를 걸어 큰 소리로 말했다.

"내 책을 보내줄게!"

큰오빠는 귀가 어두워서 말할 때는 항상 이렇게 힘을 준다. 이 몇 권의 비첩들은 샤먼[廈門]에서 부쳐 온 것으로, 속표지의 필적은 큰오빠의 것이다. 일관된 형태로 가늘고 길게 '2012년 구매'라고 적혀 있었다. 안쪽의 종이가 약간 손상되어 있어서 여러 차례 베껴 쓴 흔적을 확인할 수 있다. 덩싱위는 손상된 부분을 풀로 꼼꼼하게 붙였고, 자기도 서예 자전 2권을 샀다. 모르는 글자는 사전에서 찾아 비교하고 대조하며 연습한다.

산시사범대학 문학원의 '세 가지 필체' 즉 펜글씨와 붓글씨, 분필 글씨는 사범대학생이 반드시 익혀야 하는 기술이다. 양궈칭[楊國慶] 선생은 이 과목을 이미 10년 넘게 가르쳐왔는데, 매 학기 해서에서 시작한 뒤, 학생들의 흥미를 돋우기 위해 다양한 체험 활동도 마련한다. 전서를 강의할 때는 전각(篆刻) 실습을, 예서를 강의할 때는 부채에 글씨를 쓰는 창작 활동을 진행한다. 서예 수업은 체육 수업처럼 반드시 몸으로 해야 한다고 생각했으므로, 매일 숙제를 제출하게 했다.

숙제: 펜으로 『서보書譜』의 글씨를 집자(集字)해서 임모(臨摹)할 것
요구 사항: 스스로 '집자'하되 매일 14자를 각기 10번씩, 총 140자를 베껴 써서, 사진을 찍어 업로드할 것

『서보』는 당나라 때 손과정(孫過庭: 646~691)이 편찬한 것으로, 원본은 초서로 되어 있다.

옛날에 글씨를 잘 썼던 사람으로 한(漢)나라와 위(魏)나라 때는 종

요(鍾繇)와 장지(張芝)가 빼어났고, 진(晉)나라 말엽에는 '이왕(二王)' 즉 왕희지(王羲之)와 왕헌지(王獻之) 부자(父子)가 절묘했으니……

夫自古之善書者, 漢魏有鍾張之絶, 晉末稱二王之妙……

이것은 서예사에서 중요한 이론을 담은 글로, 이 문장을 숙독하면 글씨를 연습할 때 틀림없이 실력을 끌어올릴 수 있을 터이다. 다만 초서로 된 원래 서첩은 기초가 부실한 학생들에게는 너무 어려웠으므로, 양귀칭 선생은 학생들이 '집자'의 방식을 쓰도록 방법을 마련했다. 즉 학생 스스로 다룰 수 있는 글자체로 『서보』를 쓰게 함으로써 글씨도 연습하고 서예 이론도 이해할 수 있게 한 것이다.

전자 서예 자전에서 '부(夫)'와 '자(自)', '고(古)' 등의 글자를 따로 검색하면 수많은 대가의 필적이 나타난다. 조맹부(趙孟頫)를 좋아하는 학생이라면 검색 범위를 '조맹부 해서'로 좁히고, 구양순(歐陽詢)을 좋아한다면 '구양순 해서'로 검색하면 된다. 마지막으로 수십 가지의 '부(夫)'와 '자(自)'의 글씨를 수집해서 스스로 비교하여 가장 친근한 것을 선택하여 10번 베껴 쓰라는 것이 바로 과제이다.

매일 140자를 쓰는데, 몇 분 정도면 끝낼 수 있을 것처럼 들리지만, '집자-선택-임모'라는 순서를 엄격하게 따른다면 140자를 쓰는 데에 최소한 한 시간이 걸린다.

이렇게 천천히 글씨를 쓰는 일은 대학생이 되기 전에는 해본 적이 없었다. 그해 여름, 그들은 대학 입학시험장을 뛰쳐나와 교과서와 중성펜을 내던졌다. 10여 년 동안 지친 손가락은 더는 한 글자도 쓰고 싶지 않았다. 초가을에 바라던 우편물이 도착해 부모와 함께 펼쳐보면, 세로쓰기 편지지에 오른쪽에서 왼쪽으로 깔끔한 붓글씨가 적혀 있다.

학생은 본교 중국어문학과 국가 장학 사범대학생에 선발되었습니다. 8월 21일부터 8월 22일까지 학교로 와서 등록하십시오.

붓으로 합격통지서를 쓰는 것은 산시사범대학의 오랜 전통이었다. 몇 달 뒤에 학생들도 붓을 들고 서예 과목을 수강하기 시작했다.

과제 점검 시간이 되어가자, 기숙사에서 가장 느린 그 녀석은 선택 곤란에 빠져서, 룸메이트 앞에 휴대전화를 내밀고 갈 '지(之)'자를 하나씩 그렸다.

"빨리 골라줘."

양궈칭 선생은 모든 글자마다 특징이 있다고 하셨다. 특징을 파악해야 글씨를 연습하는 효율이 높아진다. 갈 '지(之)' 자의 요점은 '첫번째 내각(內角)이 무척 좁아야' 한다는 것이다. 조금이라도 정신이 분산되어 내각을 크게 하면 못난 글씨가 되어버린다. 어떤 필획은 유파에 따라 차이가 있다. 구양순의 갈고리는 무척 평평하며, 비스듬한 바깥 갈고리〔斜鉤〕는 개성이 뚜렷하다. 저수량(褚遂良)과 안진경의 갈고리는 비스듬한데, 특히 안진경의 갈고리 획은 볼록 튀어나와 있으며 파임〔捺〕에는 또 갈라진 틈이 있고…… 이건 눈을 크게 뜨고 관찰해야 한다. 지난주에 한 남학생이 집자를 게을리해서 컴퓨터 서체를 쓰자, 양 선생이 바로 알아채고, 이건 분명히 컴퓨터 위에 종이를 대고 베껴 쓴 것이지 서첩을 보고 임모한 게 아니라고 웃으며 말씀하셨다. 이번주에는 아무도 감히 거짓으로 꾸미지 못했다. 양 선생이 성실한 학생에게 격려 선물을 준다고 하셨다는데 무엇인지는 알 수 없었다.

베이린구 도서관이 개관한 뒤에 덩싱위의 규칙적인 생활에 변화가 생겨, 새롭게 갈 곳이 하나 생겼다. 아래층에서 버스로 30분이면 곧바로 도서관에 도착할 수 있으므로, 다양한 서첩을 무료로 대출해서 집에 가져가면 누구의 글씨든 마음대로 연습할 수 있으니 너무나 편리했다. 도서관에서 4권의 서첩을 빌려와, 돋보기를 쓰고 작은 탁자에 엎드려 글자 형태를 연구하기 시작했다.

남편은 설거지를 마치고 침실로 돌아와 방송을 틀었다.

독일과 우크라이나 쌍방은 우크라이나 식량 수출에 관한 여러 항목에 합의했고⋯⋯ 튀르키예와 러시아, 우크라이나 대표단과 UN 대표가 우크라이나 식량 수출 문제에 대해 4자 회담을 진행했는데⋯⋯ 이 처방은 지금까지 600년 남짓 전승되었으니, 한약에서 꿀을 비방으로 제조하면 폐를 돕고 기운을 보충할 수⋯⋯ 중국 음식이 나이지리아에서 열린 국제 지속 가능한 음식 요리의 날 축하 행사에 모습을 드러냈습니다. 전시 부스 앞은 사람들로 붐벼 발 디딜 틈이 없었으며 마라탕과 중국식 햄버거〔六夾饃〕, 샤오룽바오〔小籠包〕, 보위몐〔撥魚麵〕,[1] 새우살 완자〔蝦球〕, 두부튀김〔炸豆腐〕, 연밥 수프〔蓮子羹〕 등 중국 특산 음식과 스낵이 모두 인기를 끌었고⋯⋯

글씨를 연습할 때 덩싱위는 집에서 들리는 소리에 신경쓰지 않았다. 방송의 광고와 뉴스를 들으며 그녀는 작은 그릇에 먹물을 따르고, 좋아하는 족제비 털로 만든 붓을 들었다. 이것은 도서관 책이므로 오염

---

[1] 밀가루와 돼지고기, 겨울 죽순〔冬筍〕, 달걀, 원추리 등을 주요 재료로 하는 국수이다.

되지 않도록 특히 주의해야 했다. 우선 화선지 한 장을 책장 뒤쪽에 끼우고, 다른 한 장을 손바닥 너비의 긴 띠로 접어 책의 하단에 덮었다. 연습하려는 몇 글자만 드러나게 하고 나머지는 모두 덮었다. 글씨를 연습하다보니 어느새 해가 지고 빛이 어두워졌다. 일어나서 베란다에 심어놓은 식물을 살펴보니, 고무나무는 언제나 그렇듯이 튼실해서 가지와 잎이 윤기가 났다. 월계화는 잎이 조금 말라서 비료를 뿌려주어야 했고, 자기 화분의 부레옥잠은 자주색 꽃을 피우고 있으니, 아마도 물을 조금 더 주어야 할 듯했다.

하루하루 베껴 쓰다가 반납 기한이 되었으나, 그녀가 대출한 책에는 사용한 흔적이 거의 없어서 새 책과 같았다. 그녀는 다시 도서관에 와서 비첩 구역으로 가 저번처럼 4권을 골라 캔버스 가방에 넣고 대출기 앞으로 가서 화면을 클릭했다. 그런데 뜻밖에도 이 책들은 모두 외부 대출이 불가능하다는 사실을 알고 놀랐다.

놀란 사람은 그녀만이 아니었다. 나는 이날 비첩 구역을 지나가다가 벽에 초록색의 직사각형 게시판 하나가 추가된 것을 발견했다.

모든 비첩은 외부 대출이 불가함

이 게시판이 언제 세워졌는지 나는 전혀 몰랐다. 개관할 때의 내부 규정은 정가가 150위안을 초과하는 책은 외부로 대출하지 않는 것이었는데, 지금 이 규정이 비첩 구역 전체로 확대됐으니, 내가 보기에는 불합리했다. 도서관의 비첩은 대부분 100위안 이내이고 희귀한 책도 아닌데 왜 외부에 대출할 수 없다는 것이지?

닝 관장에게 확인하니, 비첩은 우리 도서관의 특색 구역인지라 보호해야 하는데, 만약에 독자가 먹물을 떨어뜨린다면 보기가 좋지 않으므로 외부에 대출하지 않는다고 했다. 처음 대출했던 비첩이 오염되었느냐고 묻자, 아직 그런 일은 없으나 그저 미리 방지하는 것일 뿐이라고 했다.

내가 보기에 구립도서관의 도서는 주로 '사용'하기 위한 것이지 '소장'하기 위한 게 아니었다. 인도의 학자 랑가나단(S. R. Ranganathan: 1872~1972)은 1931년에 '도서관학 5법칙'을 발표했는데, 그 가운데 첫번째 조항은 '도서는 이용하기 위한 것'이다. 도서관이 책을 소장하는 가장 중요한 목적은 쓰고 활동하는 것이다.

어쩌면 닝 관장은 도서관 안에서 읽더라도 비첩의 역할을 잘할 수 있다고 여겼을 것이다. 그녀는 글씨를 연습하지 않았으니, 비첩의 특수성을 잘 몰랐을 수도 있다. 다른 책은 도서관 안에서도 얼마든지 읽을 수 있는 게 확실하지만, 비첩은 그와 달리 주로 베껴 쓰는 게 그 목적이다. 하나의 서첩은 한두 달 동안 계속 베껴 써야 효과가 있는데, 독자가 집에 가져가지 못한다면 비첩은 그 가치를 발휘하지 못하게 된다. 성과 시의 도서관에 가보니, 그곳에는 비첩이 많지 않았으나 모두 외부에 대출할 수 있었다. 우리 도서관은 비첩 구역을 특색으로 삼는데 오히려 외부 대출이 불가능하다면, 이 구역은 겉치레 행정이라고 웃음거리가 될 것이다.

내 말을 들은 닝 관장은 약간 동요하더니, 다른 방법을 제시했다. 독자가 정말 글씨를 연습하려면 몇 장을 복사해서 집에 가져가 베껴 쓰게 해주자는 것이었다. 아니면 전자 서예기를 구매해 도서관에 두고 체험할 수 있게 하자고 했다.

나는 그것은 재미삼아서 임시로 손을 놀리는 놀이일 뿐이지 진짜 붓과 먹, 종이, 벼루를 대체할 수 없다고 했다. 그녀가 난색을 표하기에 더이상은 말하지 않았다. 이 도서관은 우리 두 명의 문외한이 더듬

더듬 건립한 것인데, 둘 다 도서관 전공이 아닌지라 요령을 몰랐고, 의견 차이가 생기면 내가 자제해야 했다. 내 생각이 꼭 맞는 것도 아닐 테니 말이다.

양궈칭 선생은 비첩은 판본이 매우 중요하다고 했다. 예전에 골동품 가게에서는 비첩을 '검은 호랑이〔黑老虎〕'라고 불렀는데, 이것은 비첩을 소장하는 일은 '물이 무척 깊어서' 일반인은 속기 쉽다는 뜻이었다. 그가 처음 업계에 들어섰을 때도 위조한 고대의 묘지(墓誌) 몇 권을 만났는데, 살 때는 마음에 들었으나 돌아와서 책을 찾아보고 비로소 청나라 말엽에서 중화민국 시기 사이에 복제한 판본임을 발견했다고 한다. 다행히도, 가끔 그는 운좋게 귀한 물건을 싸게 건지기도 한다. 비림에서 〈대진경교유행중국비大秦景教流行中国碑〉는 세계적으로 매우 유명한데, 위쪽에는 고대 시리아어가 들어 있다. 1950년대에 비림을 정비한 뒤에 이 비석의 좌측이 담에 바짝 붙어 있어서 완전한 탁본을 뜰 방법이 없어졌고, 현존하는 완전한 탁본은 모두 중화인민공화국이 성립하기 전의 것으로 시가가 대략 7,000~8,000위안이다. 그런데 그분은 일본화를 파는 인터넷 상점에서 겨우 3,000위안에 샀다고 했다.

고대에 석경(石經)을 찍어 제작하는 과정은 여러 단계를 거쳤다. 먼저 비석에서 탁본을 뜬 다음, 다시 크기가 일치하게 자르고 나서 튼튼하게 장정(裝潢)하여 책으로 만들었다. 그분은 『개성석경開成石經』에 실린 같은 비석의 탁본 여러 종류를 사서 한 페이지씩 비교해본 적이 있었다. 청나라 때의 소책자 몇 권은 특히 정교하게 제작되었는데, 내부에 좀 벌레를 막는 '만년홍(萬年紅)'이라는 주황색 속지가 들어 있었다. '만년홍'은 광둥성 동남해 일대에서 발명됐는데, 대나무 종이에 사산화삼납(Pb_3O_4)이 들어간 첨가제와 고무 용액을 발라 그늘에서 말린 것으로, 좀벌레가 접근하지 못한다. 북방에는 이런 장정이 없고, 남방에서도 대부분 속표지나 안쪽 면에 2장 정도만 쓴다. 그런데 이 판본은 상당히 사치스러워서 모든 페이지에 만년홍이 한 장씩 끼워져 있어 보존 상태가 특히 완벽했다. 더욱 진귀한 것은 위쪽의 글자가 비림에 현재 남아 있는 글자와 완전하게 일치하지 않는다는 점이다. 명나라 때 대지진으로 일부 비석이 파괴되자, 관청에서는 손상되거나 없어진 글자를 모두 통일된 스타일로 보충해서, 경전을 외워 전하기에 편리하게 했다. 보충한 글자는 당나라 때 사람이 쓴 것은 아니지만 스타일이 비슷한데, 자세히 살펴보면 먹의 색깔에 약간 차이가 보인다. 그분은 서재에서 내게 이 '만년홍' 판본을 보여주었는데, 손가락으로 아주 조심스럽게 책장을 넘겼고, 애정어린 손길로 오래도록 어루만졌다.

 도서관에 많은 비첩을 사놓았으나 아직 부족해서 추가로 구매해 보충할 필요가 있었다. 그분은 저열한 판본을 사는 일이 없도록 도서 목록을 만들어줄 수 있다고 했다. 그분이 말해주지 않았더라면 탁본 기술자의 솜씨도 중요하고, 10명의 기술자가 탁본한 것이 모두 다르다는 사실을 전혀 몰랐을 것이다. 좋은 탁본은 섬세하고 글자 가장자리에 입체감이 있어서 두께를 볼 수 있고, 칼로 새긴 각도를 상상할 수 있다. 많은 비석이 이미 사라져서 세상에 전해지는 것은 탁본뿐이다. 이런 탁본들을 손에 쥐면 직관적으로 기분이 좋다. 내게 만져보라고 해 만져보니, 손에 닿는 감촉이 섬세했다. 그분이 말했다.

 "심각한 이론은 필요 없고, 그저 서예를 조금만 알아도 그 품질을 알 수 있지요. 정성껏 만든 물건은 언제나 좋아요. 세상에서 이런 게 갈수록 줄어든다고 생각하면 그저 아쉽기만 할 뿐이지요."

좋은 종이와 좋은 먹, 좋은 탁본 기술자가 함께 만나서 아름다운 물건을 만들어내는 것은 인연 덕분이다. 물질문화가 때로 후세에 전해지지 않는 것은 그런 종이와 먹이 없어지기 때문이다. 인터넷에 그렇게 많은 고해상도 사진이 있어도, 진귀한 탁본 전시회는 여전히 많은 관람객을 끌어들인다.

"아름다움에는 여러 층위가 있기 때문에 눈으로 보고, 냄새를 맡고, 손으로 만져보아야 하지요. 이런 감각적 미는 중국 서예가 지닌 독특한 특징이에요."

당연히 그가 보기에 비첩을 외부에 대출하지 못하는 것은 유감스러운 일이었다.

덩싱위는 책을 들고 가서 프런트의 직원에게 물었다.

"원래는 모두 대출할 수 있었는데, 지금은 왜 갑자기 대출이 안 되지요? 기계가 고장난 건가요?"

한양은 그녀를 알아보았다. 개관 첫날 비첩을 품에 안고 즐거워하던 모습이 인상적이었기 때문이다. 한양이 새로운 규정을 설명해주자, 그녀가 이렇게 말했다.

"먹물이 묻을까봐 그런다고요? 나는 절대 안 그래요. 나는 깨끗한 걸 좋아해서 책을 깨끗이 잘 보호해요. 관장님께 내 의견을 반영해달라고 해주겠어요? 비첩이라는 것은 연습을 위한 것이지 이야기책이 아니에요. 이야기책이야 저기 앉아서 보고, 다 보면 가면 그만이겠지요. 하지만 비첩은 한 번 보기만 해서는 아무 효과가 없어요. 비첩 한 권을 가져가면 여러 번 써야 해요. 왕헌지는 3년 동안 붓글씨를 배웠는데, 아버지가 왕헌지의 글씨 아래에 점 하나를 찍어주고 어머니에게 가져가 보여줬대요. 그랬더니 어머니가 왕헌지에게, 너는 이 점 하나만 아버지랑 비슷하고 다른 부분은 다 다르다고 했대요. 보세요. 왕헌지 같은 사람도 3년 동안 글씨를 썼어도 점 하나조차 제대로 배우지 못했는데, 내가 여기 도서관에 앉아서 보기만 하면 어떻게 배울 수 있겠어요? 절대 불가능해요!"

한양은 그녀를 도와주기로 하고, 소식이 있으면 바로 알려줄 수 있도록 연락처를 남기게 했다. 덩싱위는 책장으로 돌아가서 그 비첩들은 내려놓았다. 그래도 단념하지 않고 휴대전화로 사진을 찍었다. 집에 돌아가 휴대전화의 사진을 손가락으로 확대하여 그럭저럭 연습했으나, 아무래도 불편했다. 젊은이들은 전자 서예 자전을 빌려서 글씨를 연습할 수 있지만, 노인에게는 너무 어려운 일이므로 여전히 종이책이 필요했다.

덩싱위가 비첩 때문에 시름에 빠져 있는 동안, 나도 비첩을 외부에 대출할 수 있는지에 관해서 다른 사람들의 의견을 구했다.

멍쿤위〔孟崑玉〕는 이렇게 말했다.

"닝 관장의 염려도 이해는 가요. 일단 다른 도서관으로 안내해서 대출하게 하고, 서예 애호가들이랑 비림 직원이 같이 외부 대출 말고 더 좋은 체험 방식이 뭐가 있는지 이야기해보는 게 어때요? 먹물을 떨어뜨려 오염이 심하면 배상하게 하는 방법도 있을 테고요. 목이 메일까 봐 밥을 안 먹을 수는 없잖아요? 내 생각에는 필요한 경우에는 외부에 대출해주어야 한다고 봐요."

팡리밍〔方黎明〕은 이렇게 말했다.

"외부 대출이 아주 많으면 손상이 심할 테니, 제때 보충해서 업데이트하지 않으면 도서관 상태에 확실히 영향을 미치겠지요. 복사도 괜찮은 방법이니, 공익을 위해 저렴하게 복사해주면 이용자들도 편할 거

같아요. 그런데 외부 대출 양이 많지 않다면 사실 영향을 받지 않으니까 그냥 대출해주면 되겠지요. 어차피 어떤 책이든 파손될 확률은 있으니까요."

쉬옌루(徐燕茹)는 이렇게 말했다.

"관리하는 입장에서는 비첩을 외부에 대출하지 않는 게 비용이 가장 저렴하고 편하겠지요. 또 예산이 한정되어 있어서 관장은 그렇게 많은 문제를 만들고 싶지 않을 수도 있어요. TV에서 보니까 닝 관장이 스트레스를 너무 받아서 불면증에 시달렸다고 하면서 엄청 울던데, 잠재의식에서 가장 경제적인 방법을 선택한 거 아닐까요. 그리고 민원이 생길 경우, 구립도서관이니까 굳이 성급이나 시급 도서관을 참조할 필요는 없어요. 민원이 제기되면 합리적으로 설명하고 넘기면 되겠지요. 다만 비첩 구역의 외부 대출은 3개월 동안 시범적으로 운영한다고 공지하는 것도 좋을 거예요. 그 기간 동안 살펴보고 예상 파손율과 손실률이 용납할 만한 범위라면 그럭저럭 괜찮겠지요. 파손이 너무 심각하면 규정을 다시 조정해야지요. 예를 들어서 보증금을 올려서, 반납할 때 먹물 자국이 있으면 책값을 배상하게 하는 거지요."

창안구(長安區) 도서관장은 이렇게 말했다.

"모든 비첩을 한데 모아서 평가해 세부 목록을 작성해보는 방법도 있습니다. 진귀한 책은 외부에 대출하지 말고, 보통의 소장품은 대출해주는 겁니다. 우리 도서관에서는 이렇게 하고 있습니다."

이런 제안들을 모두 닝 관장에게 피드백해주었다. 나는 최대한 독단적으로 판단하지 않고 그저 참고 의견으로만 제공했다. 게다가 내가 정부 기관을 떠나 대학으로 돌아갈 날도 얼마 남지 않았다.

어느 정도 시간이 지나자 덩싱웨이가 다시 도서관 프런트에 와서 한

양을 찾았으나, 한양은 자리에 없었다. 도서관 북측 사무실로 가서 찾아보라는 말에 그리로 가니, 한양이 책상 앞에 앉아 기구를 들고 '삐빗!' 하는 소리와 함께 붉은빛을 번쩍이며 책 뒤표지의 바코드를 스캔하고 있었다. 이 젊은이는 안경을 꼈고 아주 점잖으며 줄곧 태도가 좋았다. 항상 천천히 목소리를 낮추어 노인들과 얘기했다. 덩싱위는 또 그를 귀찮게 하는 듯해서 미안한 마음이 들었다.

"샤오한, 도와준다던 일은 어찌되었나? 오늘은 대출할 수 있는가?"

한양이 고개를 들고 그녀를 보았다.

"이런! 죄송합니다. 아직 대출이 안 됩니다. 또 헛걸음하시게 했네요."

덩싱위는 키가 크지 않고 짧은 머리는 하얗게 세었으며, 소박한 무명옷 차림에 눈가에는 미소를 띠고 있었다. 한양도 그녀가 문제를 일으키기 좋아하는 사람이 아니고 그저 글씨를 연습하려 할 뿐임을 알았다. 덩싱위가 몸을 돌리고 떠나려 하자, 한양이 잠시 머뭇거리다가 그녀를 불러세우고 낮은 소리로 말했다.

"어르신, 어떤 책을 대출하실 건가요? 제가 방법을 마련해드릴게요. 책 뒤쪽에서 이런 형태의 바코드를 찾아서 사진을 찍어 제게 보내주세요. 마침 오늘 제가 시스템에서 책을 등록하고 있으니까, 제 권한으로 대출해드릴게요. 반드시 기한에 맞춰 반납해주시고, 다른 사람한테는 얘기하지 마세요."

이렇게 해서 그녀는 한양의 도움으로 성공리에 비첩을 대출할 수 있었다. 반납 기한이 돌아왔으나 아직 베껴 쓰기가 숙련되지 않아서 한양에게 문자를 보내 반납 기한을 연장할 수 있느냐고 물으니, 한양은 또 시스템에서 두 차례 연장해주었다. 그녀는 너무나 미안했다. 이 책들도 규정을 어기고 대출했는데, 이후로도 이 젊은이를 계속 귀찮게 할 수는 없었다. 그녀가 내게 말했다.

"한양은 좋은 아이인데, 괜히 나 때문에 혼나게 할 수는 없으니, 차라리 다시는 대출하지 않겠어요." 그러면서 이렇게 덧붙였다. "에휴! 난 아직도 이해가 안 돼요. 정부에서 이렇게 많은 돈을 써서 이걸 샀으니, 어쨌든 외부에 대출해줘야 하잖아요? 전자 임모대(臨摹臺)를 설치한다 해도 거기 앉아서 임모하면, 오가는 사람들이 다 쳐다볼 텐데, 거북스러워서 어떻게 쓸 마음이 생기겠어요?"

그녀는 다시 도서관에 와서 모든 책을 반납하고 자기의 도서관 카드도 환불하여 보증금 100위안을 돌려받은 후, 프런트에 가서 한양과 작별했다.

'미녀의 미용실'과 '잠은 심심해'

양궈칭에게 서예 관련 도서 목록을 작성해달라고 부탁하자, 그는 우선 어려운 전문서를 대부분 배제했다. 그는 전문적인 서예 연구자가 구립도서관에 와서 자료를 찾지는 않으리라 생각했다. 구립도서관은 고전적이면서도 일반 시민들이 좋아할 만하며, 게다가 최근 몇 년 사이에 절판되지 않은 책을 골라야 하는데, 이건 정말 쉽지 않은 일이었다.

장쉰(蔣勳)의 『한자 서예의 아름다움』은 통속적으로 이해하기 쉬워서 계몽에 적합하고, 저우루창(周汝昌)의 『영자팔법永字八法』은 조금 깊이가 있으나 더 정확하다. 『비림에 소장된 국보』와 같은 비림 자체의 서적에 관해서 독자들도 응당 흥미를 느낄 것이고, 캘리포니아 버클리대학의 미술사학가 제임스 케이힐(James Cahill)이나 프린스턴대학의 팡원(方聞), 보스턴대학 미술사학과 교수인 바이첸선(白謙愼) 등 해외의 예술사 전문가도 소개할 만했다. 바이첸선의 『푸산傅山의 세계Fu Shan's World: The Transformation of Chinese Calligraphy in the Seventeenth Century』는 그의 출세작이지만, 양궈칭이 보기에 대중이 읽기에는 『고대의 제자와 미녀의 미용실與古爲徒和娟娟的髮屋』이 더 적합했다. 많은 서예 이론은 일반 시민과 너무 동떨어져 있으나, 이 책은 일상에 녹아들어가 있다고 했다. 바이첸선은 평소 어디서나 볼 수 있는 간판, 즉 '공중화장실'이나 '미녀의 미용실', '왕샤오얼[王小二]의 다오샤오멘[刀削麵]' 등의 글씨를 쓴 사람은 전문적인 훈련을 받은 적이 없으니, 이런 간판의 글씨는 서예라고 할 수 없느냐고 문제를 제기했다. 보통 사람의 글씨와 고전적인 서예의 경계가 반드시 분명해야 하냐는 것이다.

바이첸선은 미국 대학에서 서예를 가르친 적이 있는데, 외국인이 한자를 쓸 때는 필획의 배치와 구조를 전혀 몰랐음에도 바이첸선은 그 괴상한 필획 속에서 글씨를 쓴 사람의 성격과 정서를 발견할 수 있었다. 귀국하여 여행하던 중에 우연히 '공중화장실'이라는 표지판을 보고는 가까이 다가가서 페인트를 칠한 속도와 비백(飛白)[1]의 관계를 추측해보았다. 시골에서 본 '미녀의 미용실' 간판에서도 '단순하면서도 토속적인' 역봉운필(逆鋒運筆) 속에서 잘 쓰려고 하는 작자의 노력을 관찰할 수 있었다. 그는 머릿속의 규칙에 자기를 가두지 않고, 전문가라고 티를 내며 장법(章法)을 내세워 이견을 억압하지 않았으니, 그야말로 '차별심이 없는' 놀라운 사람이었다.

'미녀의 미용실'을 통해 양궈청은 자기 아들 더우더우[豆豆]가 쓴 글씨를 떠올렸다. 아들은 4세 때 붓을 들고 아무렇게나 썼고, 때로는 비첩을 베껴 쓰거나 자기 마음속의 말을 쓰기도 했다. 어느 방학에 더우더우가 커다란 글씨로 '잠은 정말 지루해[睡覺眞無聊]'라고 써서, 양궈칭이 친구들 채팅방에 올렸더니 다들 재밌어했다. 당시 아들은 겨우 6세였고 그것은 자기 마음의 소리였는데, 글씨를 시작하는 붓놀림부터가 중심을 못 잡고 휘청거렸고, 획을 마무리하는 데도 온통 피곤

---

1 먹물을 적게 하거나 운필(運筆)의 속도를 빨리하여 필획 안에 하얀 줄이 생기게 만든 것을 가리킨다.

함이 묻어났다. 특히 '요(聊)'자는 마치 담 모퉁이에 주저앉아 입을 벌리고 대꾸하기도 귀찮아하는 아이 같았다. 글씨의 그런 운치는 양궈칭도 써낼 수 없다고 스스로 탄식했다.

어린아이의 창작은 이처럼 틀에 박히지 않고 질서를 초월하여 재미있는 것을 만들어내기 쉬운데, 이런 무의식적인 창작을 누구나 어린 시절에는 할 줄 알았다가 자라면서 잃어버린다. 친구들은 모두 더우더우를 칭찬했고, 칭찬을 받은 더우더우는 더 신이 나서 바닥에 엎드린 채 한 장 한 장 글을 써서 응접실 동쪽에서 서쪽까지 늘어놓았다. 아들은 그것을 무척 즐겼고, 미친듯이 글씨를 쓰면서 기쁨을 느꼈다.

2학년이 된 뒤에 더우더우는 글씨 쓰기가 퇴보했는데, '빨리 쓰기'와 '잘 쓰기' 사이에서 하나를 선택해야 했기 때문이었다. 학교 선생님은 속도를 중시해서 늘 빨리 쓰라고 재촉했다. 그들은 더우더우의 글씨가 이미 매우 깔끔하므로, 글자가 예쁜지 그렇지 않은지에 더이상 신경쓸 필요가 없다고 여겼다. 선생님이 조금 참을성 있게 아이에게 예쁜 글씨를 쓰도록 했다면 이후에도 점점 예쁘게 쓸 수 있었을 텐데, 그렇게 할 수 있도록 허락하지 않음으로써 서예에 대한 아이의 열정을 꺾어버렸다.

이제 더우더우는 붓글씨를 그리 자주 쓰지 않고, 규범을 너무 의식하는 바람에, 서첩을 베껴 쓴 글씨는 어렸을 때처럼 '내 마음대로 쓴' 게 아닌 상태로 변해버렸다. 양궈칭은 아들에게 이렇게 말했다.

"그런 규범들은 생각하지 마."

하지만 더우더우는 그러지 못했다. 어릴 적 문명사회의 격식에 물들지 않았던 그런 천진함은 점점 줄어들었다. 양궈칭은 '천진함'의 소멸을 유감스럽게 생각했다. 아들의 변화는 현대인이 서예를 연습하는 보편적인 상황 같았다. 즉 서예가 일상생활, 천진한 정감과 점점 소원해지고 있다는 것이다.

옛날에는 생동적인 정감을 담은 필적이 아주 많았다. 왕희지의 〈봉귤첩奉橘帖〉에는 친구에게 진귀한 과일을 선물하고 싶은 마음이 담겨 있다. 장욱(張旭: 675~750)의 〈두통첩肚痛帖〉은 격렬하고 거칠게 휘몰아치는데, 보기만 해도 고통이 전해진다. 안진경의 〈조카 제문〉은 나라를 위해 목숨을 바친 조카를 추모하는데, 고쳐쓴 먹자국마다 그의 깊은 슬픔이 가득 담겨 있다. 필묵(筆墨)에 고삐가 풀리면 복제할 수 없는 신묘한 작품이 나온다. 그러나 현대인이 글씨를 연습할 때는 종종 자기가 쓴 글이 아니라 기존의 시구절을 베껴 쓸 뿐인지라, 정감이 여러 겹으로 격리되어 있어서 운필이 시원스럽고 품격이 빼어난 글씨가 되기는 매우 어렵다.

캉여우웨이(康有爲: 1858~1927) 등은 북위(北魏)의 '궁벽한 시골 아녀의 조각상'에 정신이 약동하며 흥미가 가득하다고 크게 칭찬한 바 있다. 옛 물건에 새겨진 전각(篆刻)은 글자를 모르는 장인(匠人)이 내키는 대로 새긴 것일지라도 모두 선명하고 아름다운 기운이 담겨 있다. 쥐옌〔居延〕과 둔황〔敦煌〕 등지에서 출토된 한나라의 죽간(竹簡)과 목독(木牘)은 대부분 현지에 파견되어 주둔했던 관료들이 쓴 서신이다. 죽간에 붓으로 직접 쓴 글은 유파에 얽매이지 않아서 그 필적들은 오히려 '옛날에도 없었고 지금도 없는' 발랄한 모습을 지니고 있으며, 어떤 때는 심지어 서예가보다 뛰어나다.

갑골문이 출토되자 금방 배우는 사람이 생겼다. 둔황의 문서가 다시 세상에 나타나자 역시 많은 추종자가 베껴 썼다. 규칙에 얽매이지 않은 고대의 필적은 현대에 높이 추앙되는데, 현대의 '미녀의 미용실'과 어린아이가 쓴 글씨는 서예계에서 배척당한다. '미녀의 미용실'이 고대의 것이고, 둔황의 경전 두루마리 속에 섞여 있었다면, 사람들이 진귀한 작품으로 여겼을까?

바이첸선은 이 문제를 제기하고 또 답을 내놓았다. 현대 서예계의 미적 기준은 다른 하나의 사슬과 밀접하게 연결되어 있는데, 그건 바로 전시회와 심사 표창, 작품집 출간, 글씨 팔기 등이다. '미녀의 미용실'과 어린아이의 글씨가 시스템 안에 포함된다면 그것은 재미 싸움에만 그치는 게 아니라 몇몇 사람들의 이익에 직접 도전하게 된다. 오늘날 아카데미즘의 글씨는 옛사람처럼 '훌륭하게' 쓸 수 있다. 서예학과 전문가들은 기술적으로 이미 정밀하게 연구하여, 세세한 부분에도 거의 차이가 없다. 하지만 그들에게 재미있고 독창적인 작품을 써보라고 한다면 곤란해할 것이다.

양궈칭도 이런 곤경에 처해 있다. 서첩을 임모할 때는 책을 읽는 것처럼 아주 편안하다. 글자들 속을 거닐면서 환상 속에서 작자에게 다가가며, 위대한 사람과 같은 길을 걷는 게 자기로서는 영광이라고 느낀다. 그는 무수히 많은 비첩을 사서 진품과 위조품에 모두 익숙해졌다. 학생들의 과제에 담긴 글씨를 임의로 하나 꺼내더라도 그는 어느 대가가 어떻게 쓴 것인지 모두 알 수 있다. 반복적인 단련으로 비첩의 양분이 골수에 스며들어 있는데, 그것을 방출할 때는 붓을 들고 먼저 대가가 어떻게 썼는지 상상한다. 사람들은 그의 소해체(小楷體)가 "너무 잘 써서 인쇄한 것 같다"라고 평가한다. 사실 이 말은 그를 초조하게 했다. 인쇄품과 같다는 것은 너무 틀에 박혔다는 뜻이기 때문이다. 비첩의 영향을 버리고 아무 바탕 없이 창작하여 온전히 소박하게 자기의 뜻을 표현하자니 약간 어색한 기분이 들었다.

그는 서예 대회에 거의 참가하지 않는다. 대회에 참가하려면 끊임없이 연마하여 하나의 작은 원고를 무수히 여러 차례 연마하고, 대가에게 조언을 구하고, 수정해야 한다. 현재의 예술 경기는 바로 이러하기 때문에, 한 폭의 글씨도 여러 종이의 글씨에 시도해서 종이 가득하게 자기 능력을 남김없이 드러내고, 글자와 글자 사이의 관계를 연구하여 모든 필획을 의도적으로 배치해야 한다. 그도 시도는 해보았으나 중도에 포기했다. 이런 방식은 자기가 처음 좋아했던 서예의 맛과는 조금 멀어진 듯하기 때문이었다.

그도 서너 살 때부터 붓글씨를 쓰기 시작했다. 조부의 집이 타이위안〔太原〕의 '만저우펀〔滿洲墳〕'에 있었는데, 수백 년 전에 그곳에는 만주족의 무덤이 가득했었다. 이후 묘지가 황폐해지자, 그곳은 유랑민의 집결지가 되었다. 1980년대에 그곳은 오늘날처럼 이렇게 변화하지 않았고, 거리에는 '불량소년'들이 돌아다녔다. 노인은 손자가 밖에 나가면 괴롭힘을 당할까 싶어서, 집에 데리고 있으면서 "청명한 시절에 비는 부슬부슬 내리고〔清明時節雨紛紛〕"라든가 "포도로 빚은 좋은 술 야광 술잔에 담겼구나〔葡萄美酒夜光杯〕"[2] 같은 구절이 들어 있는 2편의 시를 커다란 종이에 적어주었다. 그는 그것을 가지고 놀면서 암송하고 글자를 써보기도 했다. 매일 오후에 조부에게서 "오늘 꼬맹이가 큰 글씨와 작은 글씨를 각기 한 장씩 베껴 쓰는 것을 완성함"이라고 쓴 쪽지를 얻어 들고 부친이 데리러 오기를 기다렸다. 이 쪽지가 있어야 집에 돌아갈 수 있었다고 한다.

7세 때 조부가 돌아가시자 더이상 그에게 글씨를 가르치는 사람이 없었다. 집에 온 친척들이 이 아이가 예전에 얼마나 글씨를 잘 썼는지 개탄하자, 부친이 이렇게 말씀하셨다.

"안 쓴 지 오래됐어요. 아버님이 돌아가시고 나자 아무도 살펴주지 않았지요."

---

2 전자는 당나라 때 두목(杜牧: 803~852)의 「청명淸明」에, 후자는 역시 당나라 때 왕한(王翰: 687~726)의 「양주사涼州詞」 2수 가운데 제1수에 들어 있는 구절이다.

이 말이 가슴을 찔러서 그를 괴롭혔다. 회계사인 모친이 칭다오로 출장 가면서 무슨 선물을 사다줄까 묻자, 그는 서첩 한 권만 사다달라고 했다. 모친은 〈구성궁예천명九成宮醴泉銘〉[3]을 사 왔는데, 30여 년이 지난 지금도 그는 그 표지를 기억하고 있다.

당시는 서첩 한 권도 그렇게 희귀했다. 지금 사람들은 글자 익히기가 매우 편리해서 휴대전화 애플리케이션에 글자 하나를 입력하면 역대의 서체를 볼 수 있으나, 100년 전에는 이런 걸 상상조차 할 수 없었다. 핑야오〔平遙〕 표호(票號)[4]의 젊은 직원은 쉬지 않고 손으로 명세서를 써야 하는데, 잘 알아볼 수 있도록 또렷하게 써야 했다. 그들은 기술을 열심히 연마하려 했으나 서첩을 가지고 있지 않았다. 그러니 어떤 사람이 글씨를 잘 쓴다거나 어느 명인이 거실 정면에 거는 넓고 긴 족자를 사 오면, 즉시 얇고 투명한 종이를 가지고 먼길이라도 찾아갔다. 다른 사람의 집에서 베껴 써서 잘 제본하고, 집에 돌아와 천천히 익혔다. 중화인민공화국이 성립된 뒤에 그들은 자연스럽게 은행 회계사가 되었다. 그 가운데 한 명이 1980년대에 양궈칭의 첫번째 서예 선생이 되었다.

그것은 업무용 명함을 주고받다가 우연히 일어난 일이었다. 양궈칭의 모친은 외부 기관의 회계사가 '중국서예가협회'의 회원임을 알고는 즉시 아들을 대신해서 자문했다.

성이 리〔李〕인 그 회계사는 시사(詩詞)를 좋아해서, 양궈칭에게 『당

---

3 당나라 정관(貞觀) 6년(532)에 위징(魏徵: 580~643)이 글을 짓고, 서예가 구양순(歐陽詢: 557~641)이 해서(楷書)로 쓴 작품이다. 비석에 글씨를 새긴 사람의 이름은 알 수 없고, 지금은 산시성 리여우현〔麟遊縣〕의 비정(碑亭) 관광지에 있다.

4 표장(票莊)이라고도 하며, 옛날 산시성 상인이 경영하던 개인 금융 기관의 한 가지이다. 주로 환어음을 취급했다.

시별재집唐詩別裁集』5을 쓰게 했다. 한 수를 쓰면 시의 예술적 경지와 글자의 구조에 관해 설명해주었다. 한가할 때면 리 선생은 밀가루로 풀을 쑤었다. 그러고는 분무기로 글자의 뒷면에 살짝 물을 뿌리고 큰 붓으로 풀을 골고루 발라서 배지(配紙)에 붙인 다음, 종려나무 털로 만든 솔로 천천히 쓸었다. 어린아이가 보기에 이렇게 글씨와 그림을 표구하는 것은 무척 재미있어 보여서 같이 하고 싶어했다. 그들은 함께 인주를 고르고 돌 도장을 새겼다. 양귀칭은 옛날 책과 돈, 자기 등을 파는 골동품 시장 구경을 좋아하기 시작했다. 고대 문자가 들어간 것이라면 무엇이든 연구하고 싶어했다.

서예에 관심을 가졌다가 서예 주변의 물질문명에 관심을 가지게 된 것이 그가 어렸을 때 걸었던 길이었다. 지금 그는 서예를 가르치고 있으나 서예를 종이에 국한하고 싶지 않고, 학생들을 데리고 서예가 탄생한 원래 환경으로 가고 싶어한다. 고대의 서예는 어떤 기물에 새겨졌는가? 함께 박물관에 가보자.

비림 박물관에서 학생들은 이 글자들이 어떻게 새겨졌는지 궁금해했다. 안진경이 〈안씨가묘비〉를 썼을 때는 이미 70세가 넘었으니, 비석에 엎드려 쓸 수는 없었다. 그러면 장인은 어떻게 그의 글씨와 똑같이 새길 수 있었을까? 장인은 먼저 반투명 종이를 원작의 뒷면에 붙이고, 붓에 주사를 적셔서 글자의 윤곽선을 그린다. 그런 다음 비석 전체를 검게 칠하고 얇게 밀랍을 바른 뒤, 윤곽선을 베껴 그린 종이를 비석 위에 덮어 주사를 비석 표면에 묻히고 나서 주사의 흔적에 따라 조각한다. 이 과정은 두 번 복사하는 것과 같다. 비석의 글씨가 원작과 차이가 생기는 것을 방지하기 위해 장인은 비석을 거꾸로 뒤집어 새김

---

5 청나라 때 심덕잠(沈德潛: 1673~1769)이 편찬한 당시(唐詩) 선집으로, 270여 명의 시 1,900여 수를 체제에 따라 분류하여 수록했다.

으로써 자기의 고유한 글씨 습관에 방해받지 않도록 하기도 한다.

바오지시 청동기 박물관도 한번 가볼 만하다. 거기에는 많은 주기(酒器)와 고(觚), 치(觶), 각(角), 작(爵) 등의 술잔들이 규칙적인 음계(音階)처럼 유리 진열장 안에 우뚝 서 있다. 정교함의 이면에는 엄숙함이 있으니, 그 조형은 관직과 일일이 대응한다. 주나라의 예의 제도는 무척 번다해서 자기 신분에 어울리지 않는 술잔을 드는 것은 중대한 잘못이다. 직위와 존엄은 절대 마음대로 넘어서서는 안 된다. 『주례周禮』의 등급이 학생들의 눈앞에 이렇게 분명하게 펼쳐져 있다.

대형 청동기에는 종정문(鐘鼎文)[6]이 있는데, 학생들이 글자를 새긴 칼의 흔적을 분명히 볼 수 있다면, 이 고풍스러운 문자가 어떤 정보를 설명했었는지, 어떤 형태와 체재가 전해졌는지 알 수 있을 것이다. 문자는 더이상 서예 수업에서 베껴 쓰기 위해 제공된 부호가 아니다.

> 창힐(蒼頡)이 문자를 창조하자 하늘에서 좁쌀이 비처럼 쏟아졌고, 귀신이 밤에 통곡했다.

이처럼 문자의 발명은 천지를 뒤흔들었다. 주나라 때 대형 청동기는 정치에 종사하는 가문의 부귀를 상징했는데, 광물을 채집하고 제련하기란 어려운 일이었으므로 오직 귀족들만 그것을 소유할 수 있었다. 문자는 대부분 관방(官方)의 목적을 위해 새겨졌다. 박물관 전체에서 가장 눈에 띄는 문자는 '중국(中國)'인데, 이 박물관에 소장된 유물 가운데 가장 귀중한 보물인 '하준(何尊)'의 몸체에 들어 있다.

1960년대의 비가 갠 어느 날, 산시성 바오현(지금의 바오지시 천창

---

6 종이나 솥 등의 청동기에 글자를 새긴 것이다.

구陳倉區 자춘진賈村鎭)의 어느 농가 뒤뜰에 얹혀살던 농부 천(陳) 아무개가 집을 나섰는데, 맞은편 산비탈에 무언가 햇빛을 반사하여 반짝였다. 다가가 보니 빗물에 씻겨 금속덩어리 하나가 드러났는데, 연장을 가져와서 파보았더니 뜻밖에 커다란 식기였는지라, 뜰에 가져와서 깨끗이 씻었다. 이 식기는 두껍고 묵직했으며 안이 넓어서 즉시 목화와 곡식을 저장하기 좋은 곳으로 활용되었다. 이듬해에 농부 천 씨는 고향인 구위안(固原)으로 돌아가면서 그 청동기를 다른 사람에게 맡겨 보관하게 했다. 얼마 후 보관자는 형편이 궁핍하여 그 청동기를 팔아버렸다. 이후 그것은 극적인 운명을 맞이하게 되었다.

그것은 높이가 한 자(尺) 남짓이고 무게는 28근(斤)이었는데, '구리'라는 보통의 신분으로 현지의 위취안(玉泉) 고물상에 들어갔다. 무게에 따라 가격을 정산하여 그 농부는 30위안의 만족스러운 수입을 챙겼다. 당시에 그것은 먼지투성이여서 고물상에서도 대수롭지 않게 여기고 낡아빠진 완구 더미에 아무렇게나 던져두었다. 나중에 문화재를 아는 어느 간부가 그 고물상에서 그것을 발견하고 청동기임을 알아채서, 구매하여 박물관에 넣었다. 하지만 그때도 여전히 보통의 소장품으로 취급되었다. 1975년에 그것은 외벽의 무늬가 정교하고 아름다워서 일본에 전시할 문화재로 선정되었는데, 상하이의 전문가 마청위안(馬承源)이 손으로 그 내벽을 문지르다가 울퉁불퉁한 문자가 있는 듯하여, 이 기물이 매우 특별하다고 추측했다.

천 년 동안 쌓인 구리 녹을 씻어내자 그 바닥에서 122자의 명문(銘文)이 나타났는데, 낙읍(洛邑)을 건설하여 주나라를 성립시킨 일을 상세히 기록한 것이었다. 가장 놀라운 것은 '이 중국에 집을 지어(宅玆中國)'라는 구절이었는데, 이것은 지금까지 발견된 가장 오래된 '중국'이라는 어휘였다. 이때부터 '하준'은 일약 중국의 보물이 되어서, 가장 밝은 스포트라이트 아래에 놓였고, 프로젝터를 통해 '중국'이라는 글자를 배로 확대했으며, 아름다운 명문은 휘날리는 깃발처럼 전시장 안에 떠 있게 되었다.

양궈칭이 보기에 문화재를 관람한 경험은 서예에 대단히 유익하며, 서예류 서적 목록도 서예 내부에만 국한되어서는 안 되었다. 서예와 관련 있는 예술도 역사적 상황 속으로 환원하여 물질문명과 연결해야 했다. 쉬진슝(許進雄)의 『한자와 문화재 이야기漢字與文物的故事』와 장광즈(張光直)의 『미술, 신화, 그리고 제사美術、神話與祭祀』가 모두 이런 책이고, 양즈수이〔揚之水〕 선생의 문집은 고대의 가구와 장신구, 『시경』 속 사물의 이름과 형상까지 언급하고 있다. 이렇듯 생활 속의 아름다움을 연구하는 것도 서예 연구에서 대단히 훌륭한 시각이다.

어린 시절에 양궈칭은 박물관에 가서 진품을 볼 기회가 없었다. 중학교 때 우연히 동창 외조부의 필적을 보고 무척 경탄했다고 한다. 이 외조부는 자오톄산(趙鐵山, 원명은 창셰昌燮: 1877~1945)의 제자였다. 남방에는 우창쉬(吳昌碩, 원명은 쥔俊: 1844~1927)가 있고 북방에는 자오톄산이 있다는 명성이 자자했으므로, 양궈칭은 격동하여 그 동창에게 편지를 써서 찾아뵙고 싶다고 청했다. 그 '외조부'는 80세가 넘어서 원래 이미 문을 닫아걸고 학생을 받지 않았는데, 편지의 글씨를 보고는 답장을 써서 다음주에 오라고 하셨다. 그는 버스를 타고 아주 먼 길을 가서 그 '외조부'의 집에서 자오톄산이 직접 쓴 글씨를 볼 수 있었다. '외조부'가 그에게 물었다.

"이 글자, 이런 필법의 원류가 어디에서 나왔는지 아는가?"

양궈칭은 대답하지 못했다. 그 작은 서재에서 노인은 고대의 금석문과 비첩을 펼쳐 보여주었다.

"우리 함께 이 글자의 뿌리를 찾아보세. 뿌리에서부터 배워야 해."

이분이 바로 그의 두번째 서예 선생님으로, 그에게 전서와 비첩을 가르쳐주었다.

10여 년 후, 그는 박사과정을 마치고 월급을 받았는데, 가장 하고 싶은 일은 탁본을 사는 것이었다. 지금 그의 서재는 조금 어지러운데, 두루마리와 탁본이 함께 쌓여서 커다란 책상과 책장을 가득 채우고 있다. 남은 것은 모두 꽃병 안에 말아넣어서 상자 안에 가득 채워 놓을 수밖에 없었다. 그는 나무상자를 넘어가서 서랍을 열고 자기가 좋아하는 수제 송연묵(松煙墨)을 하나 꺼내서 벼루에 갈았다. 수십 차례 먹을 갈자 색이 아주 진해졌고, 갈린 먹물은 묵직한 비단처럼 빛나면서 청량한 향기를 풍겼다. 학생에게 선물할 때는 이렇게 좋은 먹을 써야 한다. 써보면 막힘이 없다. 행서는 필치가 빨라서 자칫 정성이 부족해 보일 수 있으니, 해서와 예서를 조금 천천히 각기 두 폭씩 써주었다. 그는 그것을 가장 잘 쓴 학생이 아니라 가장 진지한 태도를 보이는 학생에게 주었다. 학생이 글씨를 익히는 태도는 첫 획에서 마지막 획을 쓰는 와중에 숨길 수 없다. 좀 못나게 쓰더라도 열심히 쓴다면 상을 받을 만했다. 이번 학기에 그는 200여 명의 학생을 가르치는데, 기말이 되면 100폭의 선물을 줄 것이다.

"글씨 한 폭을 선물하면 그 안에 조금이나마 인정이 담겨 있게 되지요. 학생도 아마 선생님이 선물까지 주었으니 열심히 써야겠다고 생각할 테고요."

어린아이든 학생이든 간에 그는 글씨를 쓸 때는 너무 목적의식을 가지지 않기를 바랐다. 굳이 서예가가 될 필요는 없는 것이다. 일상이 무료할 때, 또는 인생의 가장 암담한 시기에 붓글씨를 쓸 수 있다면, 이것이 바로 마음을 기대는 행위인 셈이다.

그는 비첩의 목록은 웹 사이트의 베스트셀러 순위에 따라 선택해서는 안 되며, 특히 너무 싼 판본은 피해야 한다고 특별히 내게 당부했다. 고대의 비첩은 판권이 없어서 지금은 누구나 마음대로 인쇄할 수 있다. 그런데 소형 출판사는 너무 엉망으로 인쇄하기 때문에, 원래 비석의 탁본이든 아니면 번각(飜刻)한 것이든 제대로 살펴보지도 않고 아무렇게나 가져와서 인쇄해버리는데, 이것은 가장 해로운 행위이다. 모르는 사람들은 종종 이런 것을 사는데, 가격이 저렴하기 때문이다. 또 어떤 출판사들은 아주 좋은 저본(底本)을 찾았는데도 엉망으로 인쇄해서 결국에 서예 애호가들을 만족시키기 어렵게 되기도 한다. 예전에는 베이징 류리창〔琉璃廠〕의 룽바오자이〔榮寶齋〕와 상하이의 둬윈쉬안〔朵雲軒〕, 난징의 스주자이〔十竹齋〕 등과 같이 비첩과 문구를 파는 유서 깊은 가게가 많았고 평판도 아주 좋았다. 그런데 지금은 대부분 '문화재 상점'으로 격상되어 규모가 변하면서 물건은 갈수록 비싸지니, 일반인은 엄두를 내지 못하게 되었다. 실용적인 관점에서 보자면, 근래의 그 '다훙파오〔大紅袍〕' 세트, 그러니까 상하이 서화출판사(書畵出版社)의 『중국비첩명품中國碑帖名品』의 품질이 매우 안심할 수 있어서 전체 세트를 구입할 만하다고 했다. 그가 학생들에게 추천하는 것도 바로 이 '다훙파오' 세트였다.

    나는 그의 수업을 청강하러 갔다. 강단에는 커다란 통에 먹물이 담겨 있고, 머리 위에는 몇 개의 카메라가 다양한 각도로 설치되어 있었다. 학생들의 책상에는 모니터가 내장되어 있어서, 붓을 쥔 선생님의 손가락이 확대되어 동시에 나타났다. 양궈칭이 강단에서 글씨를 쓰면, 학생들은 자기 책상 위에서 또렷하게 볼 수 있었다. 선생님 엄지손톱의 반달 모양과 족제비 털로 만든 붓 끝에서 살짝 고개를 든 말 안 듣는 잔털 한 올까지도 말이다. 학생들은 그가 준 선물을 희희낙락 받아

갔다. 다른 학생들은 "와!" 하고 함성을 질렀다.
"선생님, 저도 갖고 싶어요, 저도요!"

무협 소설 쓰는 아기 아빠

아침에 잠에서 깬 리량[李亮]은 휴대전화를 들어 화면을 보았다. 7시 반? 이럴 수가! 아들이 태어나고 요 몇 년 동안 그는 처음으로 이렇게 늦잠을 잤다. 리아부[李阿不]라는 이 아이는 딩크(DINK)[1] 계획을 '파괴'해서 아빠의 글쓰기에 차질을 빚고, 밤중에는 늘 보채기까지 했다. 저녁이면 아빠의 커다란 손은 반드시 아이의 허리에 놓여 있어야 했고, 조금이라도 떨어지면 아이가 잠에서 깨 아빠의 어깨에 올라타는데, 보들보들한 뺨을 아빠의 목에 빈틈없이 딱 붙인다. 리량이 한 번도 깨지 않고 잠을 자는 것은 천지신명께 감지덕지할 일이었다.

아이가 생겨서 많은 작품을 쓰지 못해서 후회되지 않느냐고 묻자 그가 웃으며 이렇게 말했다.

"어떻게 후회할 수 있겠어요? 아이가 얼마나 예쁜데요. 녀석 때문에 제 머리카락이 한 줌이나 빠지더라도, 그만한 가치가 있지요!"

한때 그는 자녀를 원하지 않았다. 어린 시절에 만났던 밉살스러운 어린 깡패가 마음에 남아 있었고, 실업고등학교 교사로 있을 때 만났던, 아이도 어른도 아닌 녀석들이 양떼처럼 분란을 일으켜 그를 골치

---

[1] 'Double Income No Kids'의 약자로, 아이를 낳지 않는 맞벌이 부부를 의미한다.

아프게 했다. 게다가 아이는 자기의 글 쓰는 시간을 빼앗을 수 있었으므로, 절대 원하지 않았다.

글쓰기는 매력적인 일이어서, 그는 일찍부터 이 일에서 즐거움을 얻었다. 중학교 시절에는 SF를 써서 〈SF 세계〉라는 잡지에서 진행한 전국 공모에서 두 번이나 1등을 차지했다. 대학 시절에는 무협 소설을 써서 나중에 〈금고전기今古傳奇·무협판武俠版〉이라는 잡지가 창간된 이래 발표 작품 편수가 가장 많은 작가가 되었다.

1990년대에는 무협 소설을 읽는 게 열풍이자 반란이었다. 거리의 서점에는 한쪽 벽면 전체가 "하늘까지 이어진 눈발 속에서 흰 사슴을 쏘고, 책을 비웃는 신묘한 협객은 푸른 원앙에 기대어 있는〔飛雪連天射白鹿, 笑書神俠倚碧鴛〕²" 상황이었는지라, 무협 소설을 읽지 않으면 거의 낙오자가 되었다. 그러나 캠퍼스 안에서는 이런 작품들이 금서였다. 교수님은 무협 소설 속의 형제들이 보여주는 의기(義氣)는 해로운 사상이라고 하면서, 발견되면 즉시 몰수했다. 그래서 다들 책상 속에 숨겨놓고 학우들과 몰래 교환하는 수밖에 없었다. 리량은 폐품 가게에서 불완전한 『천룡팔부天龍八部』 하나를 사 왔는데, 앞부분의 3분의 1밖에 되지 않았다. 남주인공 단예(段譽)가 대리(大理)로 돌아오는 부분에서 이야기가 끊어졌다. 몇 년 뒤에 그는 다른 집에서 하룻밤을 묵었다가 완전한 세트를 발견했다. 하룻밤에 다 읽을 수가 없어서 곧바로 마지막 권만 읽었는데, 이상하게도 단예의 종적은 묘연하고, 소봉(蕭峰)이라는 인물만 여기저기 뛰어다녔다. 그런데 그가 어찌된 영문

---

2 원주: 이것은 진융(金庸)의 『월녀검越女劍』을 제외한 14편 소설의 제목 첫 글자를 합쳐서 만든 구절로 해당 작품은 각기 『비호외전飛狐外傳』, 『설산비호雪山飛狐』, 『연성결連城訣』, 『천룡팔부天龍八部』, 『사조영웅전射雕英雄傳』, 『백마소서풍白馬嘯西風』, 『녹정기鹿鼎記』, 『소오강호笑傲江湖』, 『서검은구록書劍恩仇錄』, 『신조협려神雕俠侶』, 『협객행俠客行』, 『의천도룡기倚天屠龍記』, 『벽혈검碧血劍』, 『원앙도鴛鴦刀』이다.

인지 아직 이해하기도 전에 커튼 사이로 이미 햇빛이 비쳐들었다.

2001년에 CCTV에서 〈소오강호〉를 방영하면서 진융의 소설은 대륙의 TV 드라마 시장에 진출했다. 같은 해에 〈금고전기·무협판〉이 창간되어 엄청난 판매량을 기록했다. 당시 대륙에서 신무협(新武俠) 소설은 흡사 분출하듯이 쏟아졌고, 리량은 이 물결에 뛰어들어 BBS 논단에서 동료들과 실력을 겨루었다.

여러 해가 지난 후, 나는 그가 새 책을 출판하고, 강의하고, 출간 기념 사인회를 열었다는 소식을 연달아 들었다. 당시 나는 먼 곳에서 있어서 그 자리에 참석할 수는 없었으나 이따금 TV 채널에서 그의 이야기를 듣고, 그가 여태 취미를 바꾸지 않고 창작을 무척 즐기고 있음을 알았다. 독자들이 내게 베이린구 도서관에 무협류 서적을 늘릴 수 없느냐고 물었다. 당연히 가능했다. 그에게 도서 목록을 작성해달라고 할 수만 있다면 최선일 터였다. 그는 아주 긴 목록을 주고, 또 아주 오랫동안 통화하면서 사람들이 잘 아는 진융과 구룽(古龍) 외에 특별히 몇몇 작가를 추천했다. 샤오돤(小椴)은 언어가 우아하고 예스러우며, 창웨(滄月)는 각종 재료를 이용하여 맛있는 요리를 할 줄 알며, 펑거(鳳歌)는 이야기를 들려주는 데에 푹 빠져 있고, 부페이옌(步非烟)은 당나라 때의 문언소설(文言小說)인 '전기(傳奇)'의 껍데기를 활용하여 연쇄 살인 사건을 묘사했으며, 스웨이한(時未寒)의 소설은 아직도 연재가 끝나지 않았고…… 그는 이 작가들과 잘 아는 사이여서, 이 작품들 덕분에 어느 잡지는 한 달에 70만 부가 넘게 팔렸고, 아울러 1억 위안 이상의 영화 및 TV 판권료 수입을 챙겼다고 감개무량하게 말했다. 하지만 지금은 무협 소설의 호시절도 이미 지나버려, 이 작가들도 많이 쓰지는 않는다고 했다.

진융의 소설조차 거의 읽어본 적이 없는 나로서는 무협 소설의 흥망성쇠를 전혀 몰랐으므로 그의 이야기를 들어보고 싶었다. 나는 그의 청록색 하이칼라의 가을옷을 기억한다. 옷깃은 헐렁하고, 황토색 외투 등쪽에 묻은 손바닥만한 크기의 파란색 잉크 자국은 깨끗이 지워진 적이 없었다. 그는 대학 4년 내내 거의 이 옷만 입었다. 수업은 빼먹고 식당 2층 창가에서 원고지를 펼쳐놓은 채 맥주를 마시고 땅콩을 씹었다. 그가 쓴 소설의 여주인공은 모두 이름이 같았는데, 바로 그가 멀리서 바라보기만 할 뿐 다가갈 수는 없는 여자였다. 나중에 그는 일반고등학교가 아니라 실업고등학교 교사를 택했는데, 글을 쓰기 위한 시간을 낼 수 있는 직업이 좋은 직업이라고 생각했기 때문이었다.

예전에 우리는 같은 연극 동아리에 있었는데, 영화 〈소오강호〉의 주제곡인 이 노래를 그가 부른 뒤에는 아무도 부르지 않았다.

> 창해의 웃음소리, 도도한 양안의 물결
> 파도 따라 부침하나 그저 오늘 아침만 기억하나니……
> 滄海一聲笑, 滔滔兩岸潮,
> 浮沉隨浪, 只記今朝……

그의 목소리는 그다지 뛰어나지 않았으나, 미친 척하는 그 모습은 적절한 운치가 있어서 누구도 비견할 수 없었다. 정신 나간 캐릭터를 만나면 반드시 그를 찾아야 했다. 『홍루몽』의 공공도인(空空道人)을 연기하면서 그는 엉덩이뼈를 이용하여 온몸을 앞으로 움직이면서 어깨를 으쓱거리고 머리를 흔들었다.

> 세상 사람들 모두 신선 좋은 줄은 알지만
> 공명을 추구하는 마음만은 잊지 못하네.

고금의 장군과 재상들은 지금 어디 있나?
황량한 무덤은 풀숲에 묻혀버렸다네……3
世人都曉神仙好, 惟有功名忘不了.
古今將相在何方, 荒塚一堆草沒了……

그는 또 기둥에 묶인 프로메테우스를 연기했는데, 몸에는 누렇게 변색된 시트를 걸치고 있어 몰골이 말이 아니었다. 누더기가 떨어져내리자 그는 얼굴을 드러내며 관객을 힐끗 바라보고, 타이밍을 재듯 천천히 가슴 앞쪽의 커다란 변발을 뒤로 넘겼다. 그 칠칠치 못하고 경망스러운 모습에 남학생들은 휘파람을 불고 여학생들은 비명을 질렀다. 다른 학교에 교류하러 가면 다른 이들은 모두 판에 박힌 목소리로 얘기했으나, 오직 그만이 다섯 손가락을 활짝 펼쳐 공중으로 높이 들었다가 내리고는 책상을 어루만지며 이렇게 대사를 읊었다.

"이번에 우리는 거창한 일을 하나 벌이려 하는데……"

그러면 다들 힘껏 박수를 쳤다. 그는 마치 진짜 위대한 협객 같았다.

나는 그가 취직한 후에 가뿐히 많은 추종자를 얻으리라 예상했으나, 전혀 그렇지 않았다. 그는 흥미로운 지식으로 학생들을 끌어들이려 했으나 실패했다. 교실에서 진행한 열린 토론은 난잡한 장터가 되어서 치고받으며 상스러운 욕을 퍼부어댔으며, 요구르트병이 공중을 날았고, 서로 바지를 찢고, 피를 흘리고, 눈물을 쏟았다. 주먹다짐으로 인해 그는 사춘기 청소년을 더욱 배척하게 되었다. 학생들과 '야오자신 살인사건'4에 관해 이야기를 나누었는데, 학생들은 자기 차로 사람을 쳐

---

3 이것은 『홍루몽』 제1회에 들어 있는 〈호료가好了歌〉의 앞부분이다.
4 원주: 2010년 10월 20일에 산시성 시안시의 모 고등학교 학생 야오자신〔葉家鑫〕이 운전하다가 사람을 치고 나서 부상자가 자기 차의 번호판을 봤기 때문에 귀찮은 일

도 그렇게 했을 거라고 말했다. 그는 오싹했다. 이런 학생들을 어떻게 가르치지? 교조적인 주입은 학생들이 위화감을 느끼게 할 테니, 이야기 안에 포장하면 그 아이들이 볼 수도 있지 않을까?

그는 이 소년들이 사실은 독서를 무척 좋아해서 이삼일이면 수백만 자의 웹 소설을 다 읽을 수 있다는 데에 주목했다. 다만 그런 소설들은 가치관이 의심스럽고, 작가는 '쿨'한 줄거리를 위해서 오로지 이기적인 욕망만 부추기고 그릇된 풍조를 뒤섞었다. 사춘기에 이런 것들을 읽으면 혼탁한 생각이 미래에 영향을 줄 수도 있다. 자기의 소년 시절 가치관을 회상해보니 일부는 독서를 통해 얻은 것이었다. 책 속의 협객들은 상당수가 피동적이었고, 어려운 문제에 직면하면 선량한 본능에 따라 선택할 뿐이었는데, 그런 선택이 하나하나 쌓이면 높은 곳에 이르게 되었다. 어린 시절의 그는 도덕이 한 단계씩 올라갈 수 있다면 보통 사람도 그들을 모방할 수 있으리라 어렴풋이 생각했다. 이것이 아마 무협 문학이 그의 사춘기에 미친 영향일 터였다.

그는 실업고등학교 학생들의 독서 분위기를 바꾸고 싶었다. 이에 의협심 강한 캐릭터를 계속 창작해서 한 가닥 희망을 품게 함으로써 독자(특히 학생들)에게 위로 나아갈 힘을 주고 싶었다. 이런 창작 동기는 남들이 보기에 약간 고리타분하겠지만, 그는 그저 미약한 영향밖에 미치지 못하더라도 시도해보고 싶었다.

14년을 쫓아다닌 끝에, 먼발치에서 바라만 보던 소녀는 그의 청혼을 받아들였고, 둘은 아이를 갖지 않기로 약속하여 남들이 부러워하는

이 생길까 싶어서 살인멸구(殺人滅口)의 못된 마음을 품었다. 그는 부상자를 칼로 8번이나 찔러 사망에 이르게 한 뒤에 현장에서 도주함으로써, 일반적인 교통사고를 고의적인 살인사건으로 만들어버렸다. 이후 체포되어 2011년 6월에 사형이 집행되었다. 이 사건은 전국적으로 윤리와 도덕에 관한 논의를 불러일으켰다.

자유를 누리고 있었다. 만원 지하철에 있으면서도 저녁이면 그저 어서 제5 순환도로 바깥의 집에 돌아가 컴퓨터를 켜고 키보드를 두드리고 싶은 생각뿐이었다. 나는 잉크로 인쇄되어 나온 결과물에서 그의 업적을 보았으나, 그는 책 속에 남모르는 고충이 담겨 있다고 했다. 운동도 하지 않고 늘 앉아 있다보니 호리호리하던 몸은 뚱뚱해졌고, 혈중지방과 혈압이 올라가서 질병과 노화를 두려워하기 시작했다는 것이다. 고향을 떠나 베이징을 떠돌며 내몽고에 있는 부모를 돌보지도 못하고 아이도 없으니, 아무리 둘러봐도 목숨이 공중을 떠도는 듯해서 삶과 죽음이 거듭 사색의 대상이 되었다. 그의 소설 『냉혈한反骨仔』은 겉으로는 사문(師門)에 반대하는 강호의 이야기지만, 실제로는 자기의 첫 직장에서 겪었던 마찰과 생존을 위한 몸부림이었다. 『묘법묘천墓法墓天』은 도굴 장면에서 이야기가 시작된다. 살아 있는 사람 하나가 얼마나 많은 죽은 자들과 싸워 이겨야 비로소 행복을 얻을 수 있는가? 책의 핵심은 죽음에 대한 그의 두려움이었다.

우리는 책 속에 담긴 자기의 투영에 관해 이야기했는데, 그는 무협소설을 쓰는 것은 실제로 두 가지 의미가 있다고 했다. 하나는 독자(학생)이고, 다른 하나는 작가 자신의 딜레마라는 것이다. 작가는 늘 실제의 삶에 먼저 대응해본 뒤 종이 위의 캐릭터를 만든다. 당시 그는 중단 없이 계속 쓰고 싶어했으며, 더욱이 하나의 새로운 생명이 이런 생활의 리듬을 깨뜨리리라고는 상상하지도 못했다.

그러나 삶의 고단함을 해소하지 못하면 창작에도 종종 지장이 생긴다. 그 반년 동안 그는 아무것도 쓰지 못한 채 초조하고 분노하고 낙담했다. 아내는 그렇게 무력한 그의 모습을 보고 미국의 저명한 시나리오 작가 로버트 맥키(Robert McKee)가 중국에서 개설한 스토리텔링 강습반에 몰래 등록해주었다. 강단의 맥키는 등이 약간 구부정했다.

"우리는 왜 이야기를 쓰지요? 안 쓰면 어쩌지요? 인성에 대한 진정한 통찰을 쓰기 위해서입니까, 아니면 기량을 자랑하기 위해서입니까?"

맥키는 이런 문제들을 제기하면서 '사랑'과 '진실'을 외쳤다. 이어폰 속에 들리는 동시통역사의 중국어 어투는 약해졌으나 여전히 힘이 있었다.

"이야기를 쓰세요. 시간이 빠르게 흐르고 상전벽해의 변화가 생겨도 이야기는 늘 우리를 처음의 처음으로 돌아가게 해서, 지친 우리의 마음속 깊은 곳에 균형을 잡아줍니다."

이 말을 듣고 리량은 자기의 '처음의 처음'을 떠올렸다. 소년 시절에 버스에 매달린 둥근 손잡이를 잡고 이리저리 흔들리며 구룽의 소설을 읽었고, 기숙사 탁상등 아래에서 말레이시아 출신의 홍콩 작가 운스위오안(溫瑞安)의 전집을 책표지가 말릴 때까지 뒤적였고, 『천룡팔부』를 읽던 밤에는 커튼의 색깔이 점점 밝아졌던 일들이 떠올랐다.

강습반에서 돌아와 그는 뜻밖의 결정을 하나 내렸다. 즉 담임을 맡아 아이들 속으로 섞여 들어가기로 한 것이다. 이전에는 이 일만은 피했으나, 이제는 일부러 이런 생활에 뛰어들었다. 더이상 퇴근하고 집에 돌아가려고 서두르지 않고, 남아서 아이들과 이야기를 나누었다. 이 건방진 소년들은 피를 흘리며 패싸움하고, 사랑에 울고, 아르바이트해서 피해를 보상하고, 사이가 깨졌다가 다시 만나는 등 사연이 많았다. 그들은 평소 글쓰기를 싫어했는데, 정말 쓸 줄을 몰라서일까? 글쓰기의 본질은 무엇일까? 그는 학생들을 해방하는 데에서 시작해서 함께 글쓰기의 원초적 충동으로 돌아가려고 시도했다.

작문 과목에서 작은 반란을 일으켰다. 아이들에게 자기가 정말 쓰고 싶은 걸 1만 자까지 마음대로 쓰라고 했다. 판타지와 수도(修道), 우여

곡절의 애정사까지, 제출할 수 있는 것은 모두 환영했다. 작문을 고쳐주다보면 불가피하게 학생들의 깊은 내면을 건드리게 된다. 리량은 수정 작업을 멈추고 그들의 얼굴을 떠올리고 나서 다시 글을 읽었다. 약간 오만한 가면 아래로 취약함이 드러나서 그를 감동하게 했다. 이 무리에 호감을 품기 시작했다. 강단에 서서 그는 학생들의 표정과 언어를 자세히 관찰하고, 학생들이 말다툼하는 시시콜콜한 내용들을 즐겁게 기록해두었다. 그는 이 반을 모델로 청춘 소설 한 권을 출판했는데, 그 아이들에게 주는 졸업 선물이었다. 학생들은 그를 껴안고 환호하고, 책을 펼쳐서 서둘러 이야기 속의 자기를 찾았다.

무협 소설 시장이 점점 위축되어간 것도 이 무렵이었다. 서점과 인터넷의 대중소설 코너는 판타지와 수도, 팬픽션 소설이 점령했다. 창웨의 소설을 개편하여 TV 드라마를 제작할 계획이 세워졌으나 스타들은 '무협은 이미 유행이 지났다'라는 이유로 출연을 거부했다. 게다가 리량의 『묘법묘천』은 도굴하는 장면이 들어 있어서 출판과 영상 제작에 모두 지장이 생겼다.

나는 무협 소설이 왜 쇠퇴하게 되었는지 잘 모른다. 그는 아마 리듬 때문일 거라고 했다. 장무기(張無忌)는 산골짝에 추락하여 여러 해를 보내며 점점 성장하고, 영호충(令狐冲)[5]은 낡은 검을 들고 들판을 거닌다. 이런 리듬은 농경사회의 것이다. 현대 독자들은 직장에서 야근하고 밤새우는 과부하를 짊어지고 있으니, 이런 줄거리를 견뎌내고 싶어하지 않는다. 한 사람이 산골짝에 떨어져서 오랫동안 변하지 않는 것은 읽기가 불편하다. 그러나 판타지 소설의 캐릭터는 며칠이면 새로운 기능을 습득하니, 독자는 그에 따라 편안하게 공감한다. 남에게

---

5 장무기는 진융의 소설 『의천도룡기』의 남주인공이고, 영호충은 『소오강호』의 남주인공이다.

괴롭힘을 당했으니 즉시 복수해서 속이 시원해지기를 바란다.

무공이 비교적 현실적인 '저무(低武)'에서 초능력급 무공 세계인 '고무(高武)'로 변한 것은 독자의 인내심의 변화를 반영한다. '저무' 세계의 소이비도(小李飛刀)[6]는 일단 칼을 날리면 그 순간 이미 적에게 꽂혀 있는 듯한, 마치 물리학의 제로 타임 같은 느낌이다. 다만 한계가 있어서, 혼자서 많은 무리의 적을 상대하기 어렵다. 현실과 초능력 중간쯤에 있는 '중무(中武)'의 '원신(元神)'은 세속 세계에 대항할 만큼 강하다. '고무'에 이르면 시공(時空)이 역전되어 불로장생하며, 육신으로 핵무기도 가볍게 막아낸다. 독자들은 마치 동영상의 타임라인을 빠르게 이동시키듯, 흥미진진한 장면을 빠르게 찾아 최대한 강렬한 쾌감만을 즐기고 싶어하는 듯하다.

어느 웹 사이트에서 소용녀(小龍女)가 벼랑으로 뛰어내렸을 때 양과(楊過)는 16년 동안 기다렸는데,[7] 당신이라면 그렇게 기다리겠느냐는 주제로 투표와 토론을 벌였다. 그러나 '기다린다'에 투표한 사람은 5%에도 미치지 못했다. 약속을 천금처럼 귀중히 여기고, 자기를 알아주는 사람을 위해 목숨을 건다는 식의 이야기를 다들 믿지 않게 되었다.

그런데도 계속 무협 소설을 써야 하는가? 리량은 자기가 낸 책들을 둘러보았다. 그것들은 한 아이가 이 세상에 올 수 있는 기회를 희생했으나, 그것들의 무게가 그(또는 그녀)의 희생 앞에 떳떳한지는 의심스러웠다. 원래 굳건했던 신념이 흔들리기 시작했고, 그는 무엇을 보더라도 아직 존재하지 않는 그 아이를 연상했다. 부모가 아이를 학대했

---

6 1970년에 출판된 구룽의 무협 소설 『다정검객무정검多情劍客無情劍』의 남주인공 이심환(李尋歡)의 별명이다.
7 진융의 무협 소설 『신조협려』에 등장하는 남녀 주인공이다.

다는 뉴스를 보고 그는 분노 외에 질투심이 더해졌다.

"왜 저런 인간쓰레기에게도 아이가 있는데 나한테는 없지?"

자연 다큐멘터리에서 달리는 동물도 갑자기 그를 괴롭게 했다.

"적자생존이라서 우월한 쪽은 생존하고 열등한 쪽은 소멸하기 때문에, 나는 이렇게 대자연에서 도태된 건가?"

설 연휴에는 외지인들이 고향으로 돌아가 베이징의 거리가 텅 비어버려서 우정과 가족애도 평소에 비해 옅어졌는데, 거기에 다른 일까지 겹쳐서 유달리 힘들었다. 무협 소설의 아우라는 암울했다. 그렇다면 아예 완전하게 사직하고 시나리오를 써서 돈을 벌까? 그러나 TV 드라마 제작사측의 까다로운 요구는 끊임없이 그의 글쓰기 관념을 방해하니, 계속하기도 어려워 보였다. 더 곤란한 것은 아이를 낳을지 말지였다. 이 문제는 차일피일 미루다가 여러 번 터져서 이미 그와 부모, 아내의 사이가 완전히 갈라질 판이었다. 이런 일들 모두 결단을 내려야 할 때가 되었는데, 결단하기가 무척 어려웠다.

편집자는 그에게 묵가(墨家)의 이야기로 『전국쟁명기戰國爭鳴記』를 써서 묵가의 기관술(機關術)이 신묘했음을 보여달라고 요청했다. 자료를 준비하고 철학사와 문화사, 『좌전』, 『사기』를 읽었으나 쓸 수 없었다. 스스로 분석해보니, 반골 기질도 있고 유약했다. 연약한 협객을 묘사해서 그가 결국에 무슨 일을 할 수 있는지 탐구해볼까? 묵가는 절대 평등의 겸애(兼愛)를 주장했는데, 이 연약한 협객이 사랑을 만나면, 한 사람을 사랑하는 것과 많은 사람을 사랑하는 것 사이의 모순을 어떻게 처리할까? 결단을 내리지 못하는 협객은 친밀한 관계 하나도 감당하지 못하는데, 그가 결국에 천하를 감당할 수 있을까?

바로 이때 그의 삶에 중대한 전환이 생겼다. 아내가 임신했다는 사실을 알게 된 순간, 8년 동안 '딩크' 생활을 하던 그는 지하철에서 눈물을 참지 못했다. 아들이 태어난 뒤에는 젖병을 물리고 기저귀를 갈았으며, 심각한 수면 부족으로 편집자에게 거듭 사과하며 원고를 미루었다. 일고여덟 번 반복해서 수정하고 대여섯 가지의 서사 관점과 서너 가지의 스타일을 바꿔보았으나 순조롭게 이루어지지 않았다.

새로 태어난 아이는 리량과 부모 세대 사이의 관계를 점차 변화시켰다. 이전에 그에 대한 부모 세대의 사랑은 너무 포화 상태여서 이미 높은 압력이 되어 감당하기 어려울 지경이었다. 이제 아이가 생기자 결국에는 갑문을 열고 막힌 물을 소통시킬 수 있게 되었다. 나중에는 윗세대와 아랫세대가 아이를 키우는 데에 대한 관념의 차이로 마찰이 생기면서 두 세대 사이에 또 새롭게 거리가 벌어졌다. 아랫세대는 윗세대에 대한 의존을 극복하고 독립적인 생활 리듬을 이루면서 미지의 난제를 맞이했다. 그 고단함 속에서 그는 지난날 윗세대가 자기를 키우면서 겪었을 고난을 몸소 이해했고, 문득 새로운 창작 아이디어가 떠올랐다.

예전에 그는 주인공의 반항성을 유난히 의식하여 독립적인 '나'를 만들고, '나'의 감수성과 요구를 고수하면서 주위 환경과 타협하지 않았다. 주인공은 종종 구원자나 수호자 역할을 하며 작은 태양처럼 외부로 풀어냈고, 다른 사람들이 주인공인 '나'를 어떻게 사랑하는지 돌아보는 장면은 매우 적었다. 작품에서 이런 것들을 생략한 까닭은 바로 자기 자신도 줄곧 '사랑받는 것'을 부담스럽게 여겼기 때문이었다. 어려서부터 성인이 될 때까지 부모님은 그에게 아무것도 강요하지 않았는데, 이 사랑은 너무 무거워서 보답할 방법이 없었다. 부모님을 사랑하고 싶었으나 방법이 없었고, 여러 해 동안 손자를 안겨드리지 못해서 그분들을 괴롭게 했다.

그러나 지금은 개운해졌다. 아이를 사랑하므로 자기에 대한 부모님의 사랑을 편안하게 받아들일 수 있었다.

"사랑의 물길이 잘 흐르게 되었어. 아이가 생기니까 비로소 알겠더라고. 가장 큰 '겸애'는 바로, 다른 사람을 사랑할 때 다른 사람이 자기를 사랑한다는 걸 더 잘 느낄 수 있다는 거야!"

다시 한번 삶이 글쓰기의 응어리를 녹였다. 그는 『전국쟁명기』에서 정사(正邪)라는 단순한 이원적인 설정을 뒤집어서, 처음으로 아비가 되었을 때의 자비심으로 바꾸겠다고 결심했다. 인터넷 접속이 되지 않는 원고 작성 전용 컴퓨터를 들고 카페에 가서 꼬박 하루 동안 글을 쓰고, 집에 돌아온 뒤에는 또 아들을 목욕시키고 옷을 갈아입히고, 얼러서 잠재우고 새벽까지 글을 썼다.

20년 전에 그는 오랫동안 길렀던 어지러운 머리카락—무대 배역에 필요했는데—을 말끔히 깎아버리고, 공연을 코앞에 둔 시점에서 무대에서 완전히 물러난 적이 있었다. 또 큰길에서 달려와 연극단의 친구를 꽉 껴안고 지난 일에 대해 사과하기도 했다. 당시 그는 말수도 적고 사교도 좋아하지 않아 목을 약간 내밀고 홀로 캠퍼스를 거닐었다. 지금은 분유 상표와 아동서, 완구를 연구하며 손자를 데리고 나온 노인들과 정원에서 인사하고 잡담을 나눈다.

작은 아기는 늘 '아부, 아부' 하고 말하는데, 마치 영어의 'Oh, No' 같기도 하고, 『냉혈한』의 반항 같기도 했다. 아이는 어른들에게 익숙한 환경 속에서 새로운 사물을 찾아서 옹알거리고, 만지고, 냄새를 맡고, 울었다. 리량은 그에 반응하기 위해 아이의 시선을 따라가야 했다. 산책하고, 마트에 가서 쇼핑하고, 채소를 사는 등의 일들을 할 때도 아들과 '응응, 그래, 그래' 하면서 소통해야 했다. 그러면서 리량은 기이한 발견을 했는데, 예전에는 보지 못했던 삶의 세세한 부분들이 이제는 푹푹 뿜어져나왔다. 이런 느낌은 담임을 맡았던 그해에 학생들 속으로 침잠하여 글쓰기의 열정을 새롭게 얻었을 때와 조금 비슷했다. 그리고 이해에 아들 리아부의 눈을 통해 그는 사물을 둘러싼 또다른 평행우주를 열었다.

4년이 지난 후 그는 55만 자의 『전국쟁명기』를 출판했는데, 이것은 이전의 글쓰기 속도보다 훨씬 느린 것이었다. 하지만 이 4년 동안 그는 또 이제 몸무게 20킬로그램이 된 리아부를 키웠다.

우리는 함께 앉아 차를 마셨는데, 그는 정수리가 약간 성글어졌고 머리카락도 희끗희끗해졌다. 그의 나이에는 조금 일찍 머리가 센 셈이었다. 하지만 그는 늙는 게 더이상 무섭지 않다고 했다.

"아들이 내 목숨을 틔어서, 내 시간을 더 멀리까지 연장해주었지. 이제 나한테 늙는 건 아무 문제도 아니게 됐어. 흰머리가 난들 뭐 대수야? 나한테는 아들이 있잖아! 인류가 천년만년 추구해왔던 불로장생이라는 건 알고 보면 줄곧 존재해왔어. 다만 이름만 바꿨을 뿐이야, '출산'이라고 말이지!"

그는 진융과 구룽, 윈스위오안 등의 도서 목록을 계속 추천했다. 그가 보기에 진융은 인간을 묘사했다. 주인공은 물론 무공이 높지만, 결국에는 여전히 '그 여자의 엄마는 나를 좋아하지 않아'라든가 '누굴 사랑해야 하지?'라는 문제에 직면한다. 윈스위오안은 사당(祠堂)을 묘사한다. 관아의 4대 명포(名捕)와 조정의 통제를 받는 무림의 방파(幇派)가 그것이다. 구룽은 강호를 묘사한다. 무림인은 분위기가 달라서 눈보라 속에서 홀로 거닐고, 자금성 꼭대기에서 검을 뽑아 결투한다. 그는 '악인'에 대한 진융의 관용은 특히 음미해볼 만하다며, '요녀(妖女)'와 악역이 종종 편애받는다고 했다. 그리고 구룽의 사상은 약간 현대적이어서 미천한 인물을 존중한다. 남녀 주인공은 가장에게 얽매이는 단점도 있으나 운명에 적극적으로 맞선다. 『다정검객무정검』의 남주인공 이심환은 매화(梅花) 때문에 몰래 입관(入關)했고, 『육소봉전기陸小鳳傳奇』의 주인공 육소봉은 무림의 안위를 위해 유령산장(幽靈山莊)에 잠입했으니, 협객은 모두 자기의 사회적 책임을 짊어진다.

다만 무협은 그저 겉옷일 뿐, 결국에는 사람의 마음에 관한 이야기이다. 농경사회에서 무협은 악질 지주나 관청의 통제에 반대하는 일종의 민간 자치 문화를 형성했다. 오늘날은 독자의 요구가 변해서, 사람들이 반항해야 할 대상은 자본과 기타 권력이다. 가끔 리량도 이런 걱정을 한다. 리아부와 같은 현대인은 이후에 더 고독해지지 않을까? 종일 VR 헬멧을 쓰고 가상 세계에서 틀에 박힌 의리나 받아들이지 않을까? 그들도 뜻밖의 설렘이 생길 수 있을까? 16년 동안 한 사람을 기다리는 행위의 의미를 이해할 수 있을까?

리량은 믿음을 완전히 잃지는 않았다. 2023년 2월에 〈금고전기·무협판〉이 정간(停刊)되자 그는 언론 인터뷰에서 이렇게 말했다. "쇠락한 무협의 빈 성을, 찬란히 빛나는 무협의 이상국을 지키고 있겠습니다." 어느 시대에나 약자를 돕고 환경의 속박을 타파할 필요가 있으니, 이것이 협객 정신의 본질이다. 이런 정신은 영원히 낡은 종이 더미에 들어가지 않을 테니, 그는 계속 써갈 것이다.

지방 속에서 근육 찾기

공문을 읽는 것은 내 필수과목이다. 어쩌면 이 일은 너무 무겁고 지루하기 때문에 괴로울 것 같다고 여기는 사람들이 있을지도 모르지만, 사실은 다르다. 정말 괴로운 것은 문장의 군더더기다. 중복된 같은 의미들 속에서 진정한 취지를 추출하는 것은 마치 겹겹이 쌓인 지방 속에서 유한한 근육을 찾는 것과 같다. 원고를 쓴 사람은 쓸데없는 삽질에 힘을 쓰고, 읽는 사람은 다시 시간을 허비함으로써 하나의 비효율에 또다른 비효율이 겹치게 된다. 내 눈은 매일 이런 문장 구조 속에서 배회한다.

황하 문화를 잘 보호, 전승, 홍보하기 위해 황하 문화의 창조적인 변화와 참신한 발전을 추동하고, 황하 문화의 고품질을 위해 전력을 다하도록 추동함으로써 예술적 방식으로 황하의 이야기를 진술하도록 노력하며, 나아가 도시 문화의 내용을 풍부하게 하면서 문화의 깊이와 폭, 영향력을 확장하고, 문화관광 소비 시장을 확대하여 우리 시의 문화와 활력, 유행, 매력의 지수를 제고함으로써 시민과 관광객이 문화의 매력을 느끼고 황하 문화의 분위기를 체험하도록 이끌기 위해 모년 모월 모일에 '황하의 흐름〔黃河之行〕'

이라는 민간 예술 회고전 행사를 열 예정이며, 행사 계획은 다음과 같이 제정한다.

1. 지도 사상

신시대 중국 특색 사회주의 사상의 지도 아래 황하 유역 생태 보호와 고품질 발전에 관한 중요한 연설의 정신과 '황하 문화의 보호와 전승, 홍보'의 필요를 전면적으로 관철하여 시행하고, 사회주의 선진 문화의 전진 방향을 확고하게 파악하여 창조적 변화와 참신한 발전, 시민 중심의 창작 방향을 견지하며, 황하 문화에 내재된 시대적 내용을 깊이 파고들어 '황하 이야기'를 잘 설명함으로써 역사적 문맥을 이어가며……

이것은 샤오리〔小李〕가 내게 제출한 문건이다. 지금 보는 이 페이지에는 핵심적인 요점 주위에 큰 단락의 사설이 둘러싸고 있고, 단락과 단락 사이의 높이가 비슷하며, 어휘와 구호를 서로 복제하고 있다. 짙은 안개처럼 피어오른 공허한 의미가 초목과 건물을 감싸서 그 모습을 흐릿하게 만든다. 나는 한 줄 한 줄씩 훑어보면서 엄청난 힘을 쏟아 수건의 물기를 짜내야 비로소 마른 수건을 얻을 수 있다.

틀에 박힌 말이 왜 이렇게 유행할까? 윌리엄 진서는 『글쓰기 생각쓰기』에서 이렇게 말했다.

관리자가 일단 일정 높이의 직위에 오르면 그에게 간단한 진술문의 아름다움을 지적해줄 사람이 다시는 없어진다.

'글의 아름다움을 모르는 것'도 어쩌면 원인 중 하나겠지만, '일부러 현묘한 듯하며 허황한 글을 쓰는 것'은 아마 더 깊은 심리적 원인에서 비롯되었을 수도 있다. 현묘하지만 허황한 글일수록 허점이 쉽게 눈에 안 띄므로, 더 안전하다. 이 점에 대해서 영화 평론가 메이쉐펑〔梅雪風〕은 분명하게 말했다.

상투적인 말의 핵심은 바로 책임지지 않는 것이다. 어떤 실질적인 문제도 감히 지향하지 못하며, 그저 영원히 언어 자체의 미궁 속에서 스스로 번식하면서 일종의 힘찬 공전(空轉)을 행동의 증거로 삼는다.

나는 샤오리가 쓴 이 두 단락을 서너 구절로 압축하고, 이어서 닝 관장이 제출한 몇 가지 문건을 수정했다. 첫째는 닝 관장이 지도자를 위해 작성한 연설 원고이다.

저는 오늘 주로 세 가지를 이야기하고자 합니다.
첫째, 정치적 위상을 높이기 위해…… 우선…… 다음으로…… 이어서……
둘째, 서비스 조치를 성실히 이행하기 위해…… 우선…… 다음으로…… 이어서……
셋째, 안전한 생산을 확보하기 위해…… 우선…… 다음으로…… 이어서……

수년 전 여름에 나는 군부대의 관사에 살았는데, 주력 부대는 외지에서 특수 임무를 수행하고 있어서 차오〔曹〕 아무개라는 부연대장과 몇몇 보초병만 관사에 남아 있었다. 부연대장은 얼마 후에 군인 아내들을 모아 사상 인식 교육을 했다. 그는 커다란 강당의 높다란 연단에 홀로 앉아 있었고, 군인의 아내들은 아이들을 데리고 연설을 들으러 왔다. 연단 아래에서는 엄마들이 아이에게 젖을 먹이고, 뜨개질하고, 수십 명의 아이가 의자 밑으로 왔다갔다 기어다니면서 시끌벅적했다. 보초병이 질서를 유지해보려 했으나 소용없었다. 아이들은 앙앙 울어대고, 군인의 아내들은 아이 엉덩이를 찰싹찰싹 때렸다. 부연대장은 화가 나서 목소리가 갈수록 높아졌다.

"이제 제4항의 여섯번째 조목을 얘기할 테니, 다들 필기하시오!"

닝 관장에게 이 이야기를 들려주었더니 웃으면서 나를 툭 밀치고는, 그러면 그 '우선, 다음으로'라는 몇 구절을 삭제하라고 했다.

닝 관장이 제출한 다른 문건은 "당신이 책을 고르면 제가 계산합니다"라는 행사를 홍보하는 포스터였다. 그런데 500자 정도의 분량이어서 포스터치고는 좀 길다보니, 효과적인 정보를 돋보이게 하기가 어려웠다. 나는 행사 시간과 장소, 구체적인 규칙 등 필요한 부분만 남기고 행사 취지는 불필요하다고 생각돼 삭제했다.

행사 취지:
시민의 독서 열정을 자극하고 전 국민이 독서하기 좋은 분위기를 조성하며, 도시 문화의 품위를 한층 높이기 위해 참신한 탐구를 통해 도서관 서비스와 독자의 요구가 모두 이익을 얻는 훌륭한 모델을 찾기 위해 노력하며, 독자층을 확대함과 동시에 도서관의 사회적 영향을 끌어올리며, 나아가 수준 높은 비림을 건설하는 사업을 추진하여……

닝 관장이 말했다.

"이 부분을 정말 빼도 된다고요? 확신하세요?"

그녀는 감히 삭제하지 못했다. 예전에 내가 그녀의 원고를 수정했을 때는 학생의 논문을 수정하듯이 사정을 두지 않고 상당히 단호했다. 나중에 발견한 일인데, 내가 펜을 들고 그녀의 공무원 특유의 틀에 박힌 말을 삭제할 때마다 그녀는 고공에서 안전띠가 풀린 듯한 표정을 지었다.

"괜찮을까요? 정말 괜찮을까요?"

나는 망설였다. 너무 심하게 수정해서 다른 사람들과 전혀 어울리지 않게 되면, 그녀가 난처해질 수도 있었기 때문이다.

이것은 그래도 짧은 글일 뿐이었으나, 어느 날은 긴 원고를 써달라는 요청을 받고 더 자신 없는 표정을 지었다. 전국도서관 합동 회의에서 동료들에게 도서관 건립 경험을 공유해달라며 그녀에게 대표 연설을 요청했다. 회의의 등급이 비교적 높아서, 출발하기 전에 여러 번 원고를 고쳤다. 솔직히 그녀는 예전에 비해 확실히 발전해 핵심을 명확히 썼다. 우리 도서관의 특징을 분명히 밝히고, 도서 선정의 어려움을 나열했는데, 문장의 진행이 분명하고 간결했다. 하지만 견실한 도서관 건립 경험에 관한 몇 부분 외에도 그녀는 습관적으로 이런 문장을 덧붙였다.

> 공공문화의 '1법, 1조례'[1]를 심화 관철하고 공공문화 체계 건설을 개선하기 위해 공공문화의 균등화와 고품질화 발전을 적극적으로 추진하며…… 산시성 문화관광청과 시구(市區) 문화관광국의 지지와 성과 시 도서관의 지지 아래, 우리는 현장 조사를 적극적으

---

1 〈중화인민공화국 황하 보호법中華人民共和國黃河保護法〉과 〈산시성 웨이허 보호 조례陝西省渭河保護條例〉를 가리킨다.

로 실시하고, 업무 학습을 조직하며, 실전 훈련을 강화했으며······
정부의 기능 변화를 더욱 촉진하여 현대적인 공공 서비스 체계를
완비해 공공 서비스의 총체적인 목표를 실현하기 위해, 우리 도서
관은 건립 과정에서 기능의 완벽화와 도서의 고품질화, 서비스 우
량화라는 이념을 견지했으며, 도서관 장서의 배치 분야에서는 독
자 안내 데스크와 셀프 대출기, 아동 열람실, 시각장애인 열람실,
전자열람실, 정기간행물 열람 구역, 그리고 일반 열람 구역 등을
마련하면서 대중에게 고품질의 다양한 공공문화 서비스를 제공
하기 위해 최선의 노력을 기울였으니······

균등화와 고품질화, 완벽화, 우량화, 다양화 등의 표현을 보면서 나는 우리 도서관의 위상을 높이려는 그녀의 노력은 이해할 수 있었으나, 또 애석하기도 했다. 학자 장뤄수이〔江弱水〕가 이야기했던 '문장의 의수(義手)와 의족(義足)'이 진정으로 가치 있는 단락을 가려버렸기 때문이다. 같은 회의장에서 수십 명의 도서관장이 계속해서 발언하는데, 만약 다들 이렇게 말한다면 사람들은 당신이 무슨 말을 했는지 기억할 수 없을 것이다.

결말 부분에서 나는 그녀에게 너무 그렇게 정중하고 엄숙한 표현만 쓰지 말고 '학자풍〔書香〕'이랄지 '너무 즐거워서 돌아가는 것도 잊는다〔樂而忘返〕'랄지, 활발하고 율동미가 넘친다는 등의 문학적인 어휘를 넣어보라고 권했다. 아니면 인간적인 느낌이 나도록 소박하고 간곡한 말을 해보라고 했다. 윌리엄 진서는 공문을 따뜻하게 만드는 방법은 바로 "잃어버린 '자아'를 찾는 것이다. '자아'는 모든 이야기 가운데 가장 재미있는 요소이다"라고 했다. 나는 닝 관장에게 거의 모든 사람이 '인간미'를 환영하고 틀에 박힌 말은 싫어한다고 이야기해주었다.

틀에 박힌 말을 쓰거나 그것으로 강연하면 즐겁나요? 아니지요? 그럼 독자나 청중은 어떻게 즐거울 수 있겠어요? 독자나 청중을 편안하게 해줄 방법을 생각해야지, 자기 개성이 드러나는 것을 두려워해서는 안 돼요.

군대 관사에 살 때 리〔李〕아무개라는 연대장의 연설이 군인 아내들에게 매우 인기가 있었는데, 그는 원고를 가져오지 않고 모두 일상적인 이야기로 사람의 마음을 따듯하게 해주었기 때문이었다. 우리도 그와 비슷한 말로 회의 분위기를 조절하여 청중을 편하게 해줄 수 있지 않을까?

"여러 선배님 앞에서 베이린구 도서관은 아직 어린아이일 뿐이어서 옹알거리며 말을 배우고 뒤뚱뒤뚱 비틀거리며 걸음마를 익히고 있으니……"

닝 관장은 줄곧 신중했다. 확실히 정부에서는 규정을 무시하는 느슨한 때가 잠시라도 있을 수 없다. 얼마 전 어느 저녁에 시 정부는 북쪽 교외의 체육공원에서 노천 공연을 열었는데, 쉬〔徐〕부시장은 첫째 줄 중앙에 앉고, 나는 그의 오른쪽에서 멀지 않은 곳에 앉았다. 내 뒤쪽의 의자는 군중으로 가득찼다. 현장은 사방에 줄을 둘러서 막았지만, 어쨌든 뚫고 들어와 떠들썩한 모습을 구경하려는 아이들이 있어서 경비원에게 제지당했다. 부시장은 아이들 쪽을 몇 번 보더니, 왼쪽의 처장에게 귓속말했고, 처장은 경비원에게 가서 줄을 풀고 아이들을 들여보내라고 했다. 그러자 현장 바깥에 있던 다른 처장이 달려와 막으면서, 아이들이 들어오면 질서가 어지러워지니까 안 된다고 했다. 첫번째 처장이 몸을 돌리며 부시장을 가리키자, 두번째 처장은 반신반의하면서 여전히 줄을 손에 쥐고 있었다. 부시장이 일어서서 손짓하며 말했다.

"내가 그러라고 했어요. 아이들을 내 앞에 앉히세요."

러닝셔츠와 반바지, 스커트를 입은 아이들이 우르르 몰려와서 부시장의 발치에 둘러앉았다. 프로그램이 시작되고 시멘트 바닥은 아직 조금 뜨거워서, 아이들은 도무지 조용히 있지 못하고 이리저리 뛰어다녔다. 부시장의 옆모습에는 빙그레 웃음이 피어났다.

종일 공손한 분위기에 쌓여 있었으므로 나는 어쨌든 상황이 옆길로 새는 이 순간에도 특별히 신경을 쓰고 있었다. 회의 도중에 생동적인 문장을 들었기에 기록해두었다.

성 위원회 서기가 안전한 생산에 관해 얘기하면서 이렇게 말했다.
"욕을 먹을지언정 통곡 소리를 들어서는 안 됩니다."
시 위원회 서기가 보충했다.
"우리는 피에 젖은 GDP를 원하지 않습니다."

통계 시스템 개선 회의에서 부성장이 이렇게 말했다.
"국부(局部)에 병이 났는데 우리 성 전체가 함께 약을 먹어야 합니까? 다만 한 번은 차렷 자세로 오른쪽을 향해 나란히 서야 합니다. 나쁜 풍조를 타도해야 깨끗하고 올바른 기풍이 일어나기 시작할 수 있습니다."

애석하게도 이런 부분은 드물었고, 회의장에는 대부분 유사한 문장만 있었다. 비트겐슈타인(Ludwig Wittgenstein)의 말이 떠올랐다.

언어의 경계가 바로 세계의 경계이다.

공허한 언어의 이면에 어떤 의도가 있고, 판에 박힌 언어의 이면에는 또 어떤 의도가 있는가? 여기서는 사람마다 각기 다른 얼굴을 가지지 못하니, 자기의 개성과 감정을 숨기고 격식화된 어구로 통일된 외양을 만들 뿐이다. 어쩌면 이것이 관리하기 편하고, 내부 질서가 안정적으로 맞춰지도록 촉진할 수도 있겠지만, 이런 어구로는 외부의 독자와 청중을 확보하기 어렵다. 우리 부서의 위챗과 미니블로그 계정은 매일 정부 뉴스를 게시하는데, 연간 운영비가 10만 위안이다. 하지만 기사당 구독량은 두 자리 혹은 세 자리 수에 불과하고, 구독자 가운데 태반은 부서 내부 사람들이다.

각 부서에는 온라인 홍보팀이 있으며, 팀원들에게 어떤 게시물을 전달하거나 혹은 정치 상황을 논한 어떤 글에 댓글을 달아 어떤 입장에서 발언하고, 아울러 피드백 그룹에서 화면을 캡처하여 임무를 완성했음을 입증하라는 지시가 불시에 내려오곤 했다. 나는 임시직 신분이니 상부에서 나를 눈감아주고 이런 종류의 의무를 면제해줄 수 있는지 시험해보고 싶었다. 성공했다. 인터넷 홍보팀에서 나는 유일하게 침묵하고 안전한 몸이었다. 그러나 닝 관장은 제때 댓글을 전달하지 않으면 비판받을 터였다. 대학에 비해 공무원의 친구 범위는 비교적 공식적이고, 한눈에 봐도 모두 정무 뉴스뿐이지 개인의 희로애락은 거의 드러내지 않았다. 다만 그렇다고 해서 그들의 속마음도 이처럼 획일적으로 정리되었다는 뜻은 아니다.

그러므로 나는 종종 그녀에게 건의만 할 뿐이지 결론을 내려주지는 않았다. 나는 다른 글쓰기 습관을 지니고 이곳에 왔고, 내 머릿속에 축적된 좋은 문장에 대한 기준이 여기서는 그다지 유용하지 않아서 상부와 의견이 일치하지 않는 경우가 많았다. 한번은 어느 과장이 업무의 요점을 이렇게 정리했다.

주제 1개, 대회 2개, 교육 3개, 문서 4편, 정비 5차례……

나는 별로라고 생각했는데, 상부에서는 아주 훌륭하다고 했다. 또 한번은 관광과에서 전문가 교수 한 명을 초빙해 '14차 5개년 계획'의 작성을 도와달라고 하여 많은 용어를 만들었다. 개중에 하나는 '문화관광+'와 '+문화관광'이었다. 최대한 참으면서 두 번 읽어보았으나 리쩌허우(李澤厚)가 칸트의 '비판철학의 비판'을 설명하는 것보다 발음하기 껄끄러웠다. 누군들 정확한 의미를 알겠는가? 하지만 전문가는 상부에서 이런 용어를 좋아한다고 했다. 전문가는 또 커피와 공연을 결합하라는 등의 건의를 담은 민박의 미래 방향을 계획하기도 했다. 사실 커피와 공연은 '하룻밤' 민박에서 진즉 시행하고 있었고, 또 더 많은 흥미로운 형태가 파생되었으나, 그 전문가만 모르고 있었다. 그의 글에서 예전에 내가 사회와 동떨어져 있었던 사실을 떠올렸다. 대학 안의 사람들은 더 많이 밖에 나와 활동해야 종이 위의 연구가 현장의 발전보다 뒤지는 사태를 피할 수 있는 것이다.

'전 지역 관광 시범구'를 신청하기 위해 직원들이 자료를 수정하고 분류하여 상자에 담은 후 라벨을 붙였다. 그들은 반년 동안 바삐 일해서 문건이 계속 팽창하는 바람에 바닥에 다 쌓을 수 없게 되어 소파 위에까지 넘쳤는데, 이렇게 하면 관광 발전에 도움이 될 수 있다고 했다. 신청 요구 사항에 따라 짧은 동영상을 제출했다가 상부의 비판을 받았다.

완전히 대충 촬영한 것임. 보도 영상의 촬영법을 이해하지 못했으므로 다시 촬영할 것.

이후 한 달 동안 영상을 다시 찍어 편집할 사람을 찾으면서 여러 유파와 알게 되었다.

첫번째는 비디오 회사였는데, 스타일이 소박했다. 종루(鐘樓) 처마에서 태양이 느릿하게 떠오르고, 해자 옆에서 한 무리의 사람들이 두루마기를 유유히 나부끼며 태극권을 하고, 광장의 노인은 대걸레를 들고 통에서 물을 적셔 땅바닥에 한 획 한 획 글씨를 쓴다. 바람에 그의 하얀 수염이 날리고, 글자는 겹쳐서 정자로 변하고, 그 위에 '비림'이라고 적혀 있는데…… 상급자는 '특색이 없다'라고 했다.

두번째는 대학에서 온 팀이었는데, 리더는 깔끔한 재킷과 청바지를 입고 깜찍한 노트북으로 트렌디한 기술을 선보였다. 투명한 지도가 땅에서 솟아나 공중에 떠 있고, 지하철과 버스 노선이 역동적이고 추상적인 빛의 띠를 형성했으며, 몇 개의 거대한 판이 지각운동을 하듯 엇갈려 마찰을 일으켰고, 그 사이에서 유명한 관광지와 랜드마크 건축물이 축소된 기호로 반짝이고…… 상부에서는 '너무 상업적이어서 정부에는 부적합하다'라고 했다.

세번째는 일 년 내내 홍보 영상을 찍어서 풍부한 경험이 있었다. 진〔秦〕아무개라는 감독은 상당히 참을성이 있어서 몇 번이나 내 사무실에 찾아와서 이야기하여 새로운 길을 찾기로 결정하고, 다양한 소리로 서사 라인을 관통하기로 했다. 그는 소리를 전통적인 것과 현대적인 것으로 나누었다. 전통적인 소리는 소안탑의 종소리와 시안 사변 기념관의 대문 여는 소리, 파오모 가게에서 찐빵에 육수를 붓는 소리, 공원에서 바둑 두는 소리, 서원 대문 안에서 질나발〔塤〕 부는 소리, 산시성 희곡연구원에서 창극을 연습하는 소리, 바셴궁〔八仙宮〕의 묘회(廟會)에서 나는 소리 등이었다.

현대적인 소리는 이런 것들을 포함했다. 환경미화원이 비질하는 소리, 환청루〔環城路〕를 달리는 소리, 성벽 위에서 자전거 타는 소리, 순청상에서 아이들이 웃고 떠드는 소리, 시안 공대의 학생이 항공 시뮬레이션하는 소리, 샹쯔먀오제〔湘子廟街〕의 바에서 바텐더가 칵테일을 만들며 가볍게 잔을 부딪치는 소리, 산시성 운동장에서 벌어지는 구기 경기에서 울리는 환호성, SKP 백화점에서 손님을 환영하는 소리 등이다.

나는 그의 방안에 몇 마디를 덧붙였다. 샹성 극장과 토크쇼에서 관중이 폭소를 터뜨리는 장면과 민박집 주인이 석류나무 시렁 옆에서 옷가지를 털어 말리는 소리 같은 것을 포함하자고 했다.

이 방안도 상부에서 승인받지 못해서, 하는 수 없이 종이와 펜을 들고 상급자의 사무실로 찾아가서 구체적인 지시를 받아야 했다. 이 처장은 막 헬스장에서 돌아와서 머리카락 뿌리에 아직 땀자국이 남아 있었다. 그는 화를 억누르면서 집게손가락 마디로 책상을 가볍게 두드리며 말했다.

"어떻게 이렇게 상부의 의도를 파악하지 못합니까?"

이렇게 말하면서 그는 다음과 같이 썼다.

1. 동영상 제목은 지위를 드러내야 하므로 이렇게 고칠 것을 건의함: 세계적인 관광지—시안시 베이린구.
2. 패턴과 특색을 강조하고 난징 친화이구〔秦淮區〕를 벤치마킹하여 핵심적인 홍보 문구를 다음과 같이 수정할 것: 문화와 관광, 상업, 과학을 융합하여 촉진한 전 지역 문화 관광지 베이린의 실천.
3. 한 구절을 덧붙일 것: 시안시 문명의 핵심 단위……

처장은 보고용 동영상과 홍보용 동영상의 차이를 지적했다. 보고용은 대중이 아니라 심사위원에게 보여주는 것이므로 시적인 정서나 그림 같은 맛이 그다지 필요하지 않았다. '명심하시오. 우리의 목적은 감동을 주는 게 아니라 점수를 받는 것이오.' 그러니 모든 영상 프레임을 명확히 해서 심사위원이 들고 있는 채점표에 하나씩 체크할 수 있게 해야 했다. 점수를 받지 못하는 화면은 무효였다. 그런 다음 그는 매년 보고용 동영상을 찍는 회사를 추천하여 나를 도와 영상 품질을 끌어올리게 해주고, 아울러 마감 기한을 정했다. 일주일 내에 동영상을 다 수정하지 못하면 우리의 신청 자격은 취소된다고 했다.

며칠 뒤에 나온 수정본은 나의 미적 관념을 어지럽혔다. 사실 처음 편집자를 만났을 때 예감이 좋지 않았다. 그녀는 대략 50세쯤 되는데 말이 느리고, 관념이 진부하며, 스웨터는 헐렁하게 늘어났고, 유행이 지난 디자인의 바지는 운동화와 그다지 어울리지 않았다. 그녀가 최종적으로 제출한 작품은 첫머리에 성과 시, 구의 지도자가 각 관광지와 거리에 가서 시찰하는 장면을 차례로 추가했고, 이어서 중앙에서 발행한 양식의, 위쪽에 빨간 줄이 처져 있고 흰 바탕에 검은 글씨가 있는 5개의 문건이 화면 위에서 차례로 떨어져 부채꼴로 포개지며 만들어진 몽타주가 화면 전체를 채웠다. 상단에는 '효과적인 조직, 규범화된 제도'라는 글자가 커다랗게 튀어나와 있었고……

나와 함께 동영상을 본 몇몇 직원들은 입을 딱 벌린 채 멍해졌다. 최종 판본이 이런 풍격이라는 사실을 믿을 수 없었던 듯했다. 그러나 마감 기한이 되었으니 달리 선택의 여지가 없이 그냥 제출할 수밖에 없었다. 상부에서는 그것을 보고 무척 만족해하며 그 회사가 탁월한 솜씨로 우리가 이전에 저지른 실수를 완벽하게 보완했다고 칭찬하면서, 보고용 동영상은 바로 이렇게 찍어야 한다고 했다.

국장은 내게 이렇게 말했다.

"이치대로라면 당신은 예전에 미학을 가르쳤으니 수준이 충분해야 하는데, 어떻게 상부의 미적 요구를 전혀 이해하지 못해요?"

대답할 수 없었다. 나로서는 청사의 체계가 완전히 새로운 미적 평가 체계였기 때문이다.

저녁에 외국인 친구 데인(Dane)에게서 도움을 요청받았다. 그는 윈난성〔雲南省〕다리〔大理〕의 어느 국제중학교에서 영어를 가르치는데, 평소에 번역 소프트웨어의 도움을 받아 각종 공식 통지를 이해했다. 이날은 그곳 학교에서 글을 한 단락 주면서 암기해서 공연하라고 했다.[2]

> 부슬부슬 가랑비가 부드럽게 땅에 떨어지네
> 지지배배 제비 울음소리를 데리고.
> 온화하고 구불구불한 오솔길을 지나면 산들바람이 얼굴을 스치고
> 한바탕 한기는 마음속에서 솟아오르는 따뜻한 흐름을 이기지 못하지.
> 그것은 즐거운 마음의 공유이자, 따뜻한 정
> 큰 산의 심장 속에 나부끼지.
> 이렇게
> 도움의 여정에 들어가 흙의 숨결과 함께하며
> 땅을 갈고 김을 매는 향기가 붉은 깃발 아래서 돌돌 말리고
> 또 이름 모를 강아지풀들이
> 미친듯이 위로 웅크리고 올라와

---

2 인용된 노래는 공산당 찬양을 위해 낭송하는 노래 가사 가운데 하나이다.

따뜻한 손아귀를 건드리며 들판을 가로질러

불굴의 모습을 남기지.

가을바람이 지나가면 나무는 잎사귀를 붙잡지 못하니

장정의 정신은 영원히 남아

그대의 손아귀에 쥐어지지, 갈수록 더욱 단단하게!3

당신의 온화한 두 눈동자에 담겨 눈 깜짝할 사이에, 모든 것을 감동시키니

가난은 더 이상 외로운 그림자가 아니지.

사랑하기 때문에, 마음을 함께 엮어

부자가 될 수 있는 장엄한 큰길에 모여

아름다운 중국 꿈을 전하지.

綿綿細雨, 輕柔地落地, 帶着呢喃.

穿行在旖旎的羊腸小徑, 微風拂面,

一陣寒意, 抵不過心底噴涌的暖流,

那是心的共享, 情的溫存,

飄在大山的心窩.

就這樣,

走進了幇扶的旅程, 伴着泥土的呼吸,

耕耘的馨香在紅旗下揉捻, 還有那不知名的狗尾草,

瘋狂地向上蹲動,

觸碰溫暖的手心, 橫在田野,

留下不屈的容顔.

秋風掃過, 樹挽留不住葉子;

---

3   인용문에서 이 구절은 맨 마지막에 배치되어 있으나, 원작에 따라 수정해서 번역했다.

지방 속에서 근육 찾기 **301**

長征之精神永在,

握在你的手心, 愈緊愈堅.

藏在你溫潤的雙眸, 一眨眼, 感動一片,

貧困, 不再是一个孤單的影子;

因爲愛, 把心織在一起,

彙聚致富的康莊大道,

把美麗的中國夢傳遞.

데인은 몇 가지 번역 소프트웨어를 시험해보았으나 무슨 뜻인지 이해할 수 없어서 내게 도움을 청한 것이었다. 나도 미안하다고 할 수밖에 없었다. 이것은 내 번역 능력을 완전히 뛰어넘었기 때문이다.

이 그림에는 사랑이 없다

메일함에는 도서 목록이 계속 도착했다. 잡지〈동화세계〉의 편집자 바이하이루이〔白海瑞〕는 최신 그림책을 엄선했고, 출판인 팡리밍〔方黎明〕은 루쉰의『아침 꽃을 저녁에 줍다』와 장아이링의『헛소문流言』 등이 포함된 민국(民國) 고전 명저 재판(再版)을 추천했다. 이것은 당시 출판된 원본을 그대로 다시 찍고, 표지는 대부분 갈색으로 고풍스럽게 장정했으며, 두껍지 않은 작은 책자라서 마음에 들었다.

푸젠〔福建〕사범대학의 장원저〔章文哲〕 선생은 영화학 도서 목록을, 톈진대학의 왕보〔王博〕 선생은 컴퓨터와 인공지능에 관한 전공 서적을, 극작가 판성전〔范勝震〕은 재미있게 읽는 역사서와 서양시를 추천했고, 언론인 아주〔阿九〕가 추천한 책은 법률과 정치에 집중되어 있었다. 전문대 교수인 판진〔潘瑾〕은 량훙〔梁鴻〕의 량좡〔梁莊〕 시리즈와 허웨이〔何偉〕의 '중국 실록 삼부곡(三部曲)' 같은 논픽션을 강력히 추천했다. 독립 편집자인 멍쿤위〔孟昆玉〕는 판타지 장르를 유독 좋아했다. 아마시로 아사코의『엠브리오 기담』과 유메마쿠라 바쿠의『음양사』등 동양 이야기에 일관되게 흥미를 보였는데, 최근에는 또 영국 작가 도리스 레싱의『갈라진 틈The Cleft』을 발견했다. 이 작품은 단성 생식(parthenogenesis)을 하는 어느 여성 부족이 우연히 낳은 남자아이를 버렸는데, 나중에 남자아이가 독수리의 도움으로 성장하여 적대적인 남성 집단을 형성한다는 이야기이다.

또하나의 도서 목록은 약간 특이했는데, 이메일 주소가 낯설었다. 메일은 번체자로 쓰여 있었다.

도서 목록의 기준

1. 80% 이상이 더우반 평점 8.5 이상
2. 읽기 쉽고 재미있는 입문서 위주
……

이 목록에는 총 180종의 책이 14개의 부류—자연과학, 사회학, 역사, 과학사, 전기(傳記), 철학, 심리학, 소설, 서양 소설, 동양 소설, 인류학, 윤리학, 비즈니스, 경제, 문학평론—로 분류되어 있었다. 이 책들 가운데는 과학 보급을 위한 입문서도 들어 있었다.

카를로 로벨리의 『보이는 세상은 실재가 아니다』
스티븐 호킹의 『호두껍질 속의 우주』
닐 타이슨의 『날마다 천체 물리』
차오톈위안(曹天元)의 『하느님도 주사위를 던지나?上帝擲骰子嗎?: 量子物理史話』
……

아주 심오한 철학 원전도 있었다.

칸트의 『순수이성비판』

또 적당한 난이도의 사회과학 명저도 있었다.

스베틀라나 알렉시예비치의 『세컨드핸드 타임』
윌리엄 파운드스톤의 『죄수의 딜레마』
니겔 발리(Nigel Barley)의 『순수한 인류학자The Innocent Anthropologist』
피터 수버(Peter D. Suber)의 『동굴 속의 기이한 사건The Case of the Speluncean Explorers: Nine New Opinions』
……

중국어 소설은 바이셴융〔白先勇〕과 왕샤오포〔王小波〕, 모옌, 위화, 그리고 첸중수〔錢鍾書〕를 포괄했고 서양 소설에서 제일 먼저 등장한 이는 많은 문학 애호가의 필독서이자 상대적으로 읽기 쉬운 서머싯 몸이었다. 그 옆에는 포크너의 『내가 누워 죽어갈 때』가 있었는데, 의식의 흐름 속에 잠꼬대와 같은 헛소리가 담겨 있으며, 15명의 서사자(敍事者)가 제시한 59단락의 독백이 독자의 독서 습관에 도전한다. 더욱 복잡하고 심각한 도스토옙스키의 『카라마조프가의 형제들』이 바로 뒤를 이어서 도서 목록의 무게를 더했다.

도서 목록을 작성한 사람은 나를 전혀 몰랐으나, 미니블로그에서 내가 도서관을 건립하고 있음을 발견했다고 한다. 그에게 전화를 걸었는데, 젊은 목소리였다. 그는 이름이 탕진〔唐金〕이고 타이완 출신인데 대륙에서 자랐으며, 번체자를 쓰는 데에 익숙하다고 했다. 이 도서 목록은 몇 년 전에 만든 것인데, 당시 그는 오스트레일리아 멜버른에서 수학과 데이터 과학을 공부했는데, 일상생활에서는 영어를 많이 써서 가끔 중국어로 된 책을 읽고 싶었다고 했다. 이에 중국어 독서 동아리인 '소심문회(素心文會)'를 설립했다. 그들 몇몇 발기인은 서로 전공이 달라서 각자 담당 분야를 정하고, 서평 사이트의 목록과 리뷰를 참고하여 책을 선별해서 몇 주에 걸쳐서 도서 목록을 검토한 후, 독서 계획과 주제를 정해 차례로 전자책을 찾아 동아리 회원들에게 배포했다. 이 일에 흥미를 느낀 이들 가운데는 학생도 있고, 현지에서 직장에 다니는 중국인도 있었다. 그들은 매달 만나 토론하고, 멜버른에서 수십 차례 행사를 함께 열기도 했다. 이 도서 목록은 길지는 않았지만 재미와 난이도가 구립도서관에 적합했으니, 나로서는 뜻밖의 소득이었다.

아주 많은 친구가 엘레나 페란테의 『나폴리 4부작』 시리즈를 추천했다. 팡리밍은 이 책이 소녀들 사이의 끌림과 질투, 경쟁, 선망, 그리고 서로 상처를 주는 과정을 그렸다고 소개했다. 두 사람의 운명이 기나긴 시대 속에서 대립하고 뒤엉키는데, 그것이 또 개인적인 원한에 그치지 않고, '여성 개인의 관점에서 쓴 이탈리아 근대사'라고 할 수 있다고 했다. 시페이야오(席沛瑤)의 추천 이유는 더 개인적인데, 그녀는 임신중에 4권까지 단숨에 읽었다고 했다. 주인공 릴라가 성장하는 모습을 지켜보면서 릴라의 소녀 시절 애정사를 잘 알았고, 결혼 후 그녀의 불행을 목도했고, 엄마가 된 그녀의 환희를 느꼈으며, 또 그녀의 아이가 돌연 사라졌음을 알게 되었는데…… 여기까지 읽었을 때 마침 출산이 임박하여 부풀어오른 배의 피부가 파도처럼 출렁이면서 그 안의 태아가 사지를 펼쳤다. 이 때문에 그녀는 책에서 엄마가 사랑하는 아이를 잃었을 때의 아픔을 절실하게 느꼈다고 했다. 슬럼가의 릴라는 어려서부터 용감하게 주변의 남성적 환경에 맞서 싸웠고, 출산 과정도 자기의 몸과 싸우는 과정이었는데, 결국에 사랑하는 아이를 잃고 그녀도 떠났으나, 어디로 갔는지는 아무도 몰랐다. 이 시리즈와 함께했던 수십 일 동안, 시페이야오는 늘 자기의 소녀 시절을 떠올렸다. 이제 자기도 엄마가 되어서 배역이 전환되는 과정에 있는데, 무엇을 잃었으며 어떤 새로운 힘을 얻을 수 있을까 자문했다. 나폴리의 릴라는 그 역량에 상한선이 없는 듯했으니, 자기도 미래에 높은 산을 어떻게 넘어야 할지 상상했다고 했다.

이 책을 찾아보니 판권 페이지에 '제14쇄'라고 적혀 있었다. '너무 일기 같고, 박자가 너무 느리다'라고 평하는 사람도 많았지만, 나는 이 또한 다른 사람들이 거기에 열광하는 이유라고 믿었다. 서사의 속도가 고르고 지긋이 진행되면, 독자는 자기가 끌려가는 게 아니라 함께 가고 있는 것처럼 느낀다. 그것은 두 마음 사이의 기나긴 상호 작용을 묘사하여 독자의 고독을 완화해준다. 게다가 이 작품이 '그다지 천재가 아닌' 소녀의 시각을 채택한 점도 독자가 주인공보다 못났다고 탄식하기보다는 친근감을 느끼게 한다. 이 작품의 구조는 마치 옥수수 백설기〔玉米發糕〕처럼 포근하고 부드러우며 일상적이다

시페이야오가 추천한 다른 베스트셀러는 샐리 루니의 『노멀 피플』이었다. 그전에 나는 같은 제목의 아일랜드 드라마만 알고 있었을 뿐 원작에 대해서는 전혀 몰랐다. 이 역시 청춘기의 성장과 관련된 이야기이다. 처마 아래에서 비를 피하는 새처럼 머리를 맞대고 서로를 따듯하게 대하던 한 쌍의 연인이 나중에는 제각기 다른 길을 가게 된다. 작가 샐리 루니는 1990년대에 태어나서, 이 책을 출판할 때 겨우 27세였는데, 청춘의 아픔을 사소한 대화로 묘사하는 데에 뛰어나서 독자적인 재능을 갖춘 신세대 작가로 칭송받았고, 때로는 '너무 수다스럽다'라거나 '너무 억지스럽다'라고 비판받기도 했다. 『나폴리 4부작』과 『노멀 피플』이 베스트셀러가 됨에 따라 나는 그동안 간과했던 방대

한 대중의 수요를 발견했다. 그 책들은 확실히 우리 서고에 들어와야 했다.

시페이야오는 나와 만나 커피를 마시면서 폴리머 클레이 귀걸이 한 쌍을 주었다. 나는 귀를 뚫지 않아서 이 조그마한 꽃 모양의 귀걸이를 옷에 꽂았다. 그녀는 어린 시절의 부끄러운 에피소드를 들려주었다. 아마 5학년 때쯤, 아버지의 책장에서 무라카미 하루키의 『노르웨이의 숲』을 뽑아서 생애 처음으로 성과 관련된 단락을 읽었다고 했다. 나오코와 고바야시 미도리…… 그녀는 그 몽롱한 묘사들에 놀랐다. 당시는 날씨가 더워지고 있던 5월 초여름이었는데, 침대에 누워 은밀히 책장을 넘기다보니 얼굴이 달아오르고 심장이 마구 뛰어서 가족들의 눈에 띌까봐 무서웠다. 그뒤로 하루키의 작품을 하나씩 연달아 읽기 시작했다고 했다.

내가 받은 도서 목록에서 '무라카미 하루키'는 출현 빈도가 높은 단어였다. 내 제자인 디자이너 왕이판(王一帆)도 하루키에게 특별한 감정을 품고 있었다. 그는 처음 하루키의 소설을 접하자마자 기이한 매력을 느꼈다. 『해변의 카프카』의 주인공 다무라 카프카가 행한 모든 선택이 바로 자신이 마음속으로 선택한 것이라는 사실에 그는 친근감과 두려움을 동시에 느꼈다. 다무라 카프카는 오이디푸스와 같은 저주를 짊어지고 있어서, 장차 아버지를 죽이고 어머니와 사랑에 빠질 것이라는 예언을 듣고 필사적으로 거기에서 벗어나려 한다. 이런 스토리 속에서 왕이판은 당황스럽게 내심의 굴절을 느끼고, 자기의 잠재된 욕망을 발견했다. 책을 덮을 때 그는 자아의 형상이 마치 비 온 뒤의 나뭇가지와 잎처럼 맹렬하게 자라 안개 속에서 튀어나오는 것을 본 듯했다. 이때 그는 또래들을 둘러보다가 문득 다들 유치한데 자기 혼자 성숙하다고 느꼈다. 주위 사람들과 소원해지고 오히려 소설 속의 사람들과 동시대에 살아가고 있는 듯했다. 하루키의 소설을 읽은 일은 그의 성장에서 중요한 전환점이어서, 단번에 그를 잡아당겨 이전의 혼돈에서 벗어나 마음속의 고독을 느끼게 해주었다. 『해변의 카프카』가 그의 사춘기에 미친 영향은 울대뼈와 수염에 못지않았다.

3년 후 고등학생 때, 이 책은 또 그의 삶에 한 줄기 달콤한 흔적을 남겼다. 수업이 끝나고 집에 가는데 교문 앞 카페에 교복을 입은 여학생이 『해변의 카프카』를 들고 앉아 있었다. 이튿날 학교가 끝난 뒤 왕이판은 같은 책을 들고 카페에 갔는데, 그 여학생도 있었다. 그는 일부러 돈을 가져가지 않았고, 책을 든 채 여학생에게 다가가 커피 한 잔 값을 빌려줄 수 있느냐고 넌지시 물었다. 여학생이 그의 손에 들린 책을 힐끗 보았다. 그가 말했다.

"두 잔 값을 빌려주면, 내가 한 잔 사드릴게요."

여학생이 고개를 끄덕였다. 둘은 커피를 마시면서 하루키에 관해 이야기를 나누었고, 화제가 깊어지면서 자연히 눈이 마주쳤다. 무슨 일이 일어날 것임을 충분히 짐작할 수 있었다.

하루키의 책이 중학생의 책장에 나타났으니, 왕이판의 부모가 보기에 적절치 않았다. 부모는 어떤 오락 서적도 읽지 못하게 하고 오로지 '초·중학생 필독서 목록'에 있는 것만 사다주며 읽으라고 강요했다. 그는 너무 거부감이 커서 한 장을 넘기고 멈춘 채 더는 펼쳐보지 않았다. 심지어 10년도 넘게 지난 지금도, 어떤 책이라도 표지에 '학-생-필-독'이라는 글자들이 보이면 짜증이 난다고 했다. 중학 시절에는 몰래 도서관이나 서점에 가서 쪼그리고 앉아 '오락 서적'을 읽다가 다리가 저릴 정도였는데, 부모 몰래 중국어로 번역된 하루키의 소설과 여행기, 산문을 모두 읽었다. 한번은 절반쯤 읽은 책을 다른 사람이 사가버려 마음이 초조해졌다. 마침내 어느 날 타오바오1 계정을 가지게 되어서 용돈으로 자유롭게 책을 살 수 있게 되어서 너무나 행복했다.

그는 하루키가 최고의 작가라고 생각하지는 않지만, 하나의 도약판으로서 독자를 더 높은 곳으로 인도한다고 했다. 이 도약판을 거치지 않았다면, 그는 아마 다른 사람의 추천을 믿지 않았을 것이다. 하루키와 지휘자의 대담을 수록한 『오자와 세이지 씨와 음악을 이야기하다』는 클래식 음악 분야에 관해 그를 처음으로 일깨워주었다. 이전에 그는 부모님이 하라는 대로 피아노를 배웠으나 음악을 그다지 이해하지 못했고, 악보를 보는 것도 지겨웠다고 했다. 그러나 이 책으로 인해 단번에 흥미가 생겼고, 책에 언급된 CD를 사서 듣고, 다시 하루키의 대담을 읽었다. 때때로 이 책 속 문장이 그가 듣고 느낀 것과 겹쳐지며 그를 앞으로 나아가게 밀어주었다. 그는 악장의 선율과 구절을 반복해서 비교하며 들었고, 청각이 더욱 섬세해졌다. 바흐가 선망하는 연주자의 파이프오르간 연주를 들으러 갔을 때 무일푼 처지였다는 것과 같은 이야기에 감동했고, 이에 그는 예술의 지극히 순수한 이상을 따르기 시작해서 점점 클래식 음악의 팬이 되었다. 우리집에도 글렌 굴드와 야노스 슈타커, 푸충(傅聰) 등의 CD가 몇 장 있는데 모두 그에게 받은 것이다.

"교수님, 이거 안 들어보셨어요? 그럼 제가 선물해드릴게요!"

그는 늘 자기가 좋아하는 것을 기꺼이 나누어주었고, 도서 목록도 꼼꼼히 작성해 보내주었다. 이렇게 많은 메일 속에서 오직 그만이 '출판 시기' 칸에 달까지 정확하게 채워 넣었으며, 오직 그만이 모든 책의 ISBN 13자리 숫자를 적었다. 아라비아숫자를 입력하는 건 번거로운 일이라서 본래 내가 직접 하려고 했으나, 그는 바로 이런 사람이었다.

---

1 중국 최대의 인터넷 경매 사이트이다.

한번은 그를 포함한 제자들을 집으로 초대한 적이 있는데, 그는 한 달 전부터 미리 우리집에 얼음 트레이와 요리용 토치, 와인 잔, 그리고 디퓨터 같은 방향 제품이 있는지, 있다면 무슨 향기인지 물었다. 또 우리 집 근처 시장에 파슬리 다진 것과 훈연한 피망 가루가 있는지, 아스파라거스는 줄기가 흰색인지 녹색인지 물었다. 꽃등심과 소고기는 몇 등급으로 할지, 양갈비는 뉴질랜드산이 좋을지도 물었다. 그는 항주에 있었는데, 이 모든 걸 하나하나 사서 부쳤다.

그는 낮에는 회사에 출근하고 밤에는 나를 도와 양질의 책을 골라 도서 목록을 만들어서 모두 132권을 추천했다. 기본적으로 디자인 관련 서적이고, 개중에 77권은 외국어 서적으로 대부분 홍콩의 빅셔너리(Victionary) 출판사와 독일 베를린의 게슈탈텐(Gestalten) 출판사의 것이었다. 이 책들은 외화로 사야 하는데, 그는 대학 시절에 친구들과 돈을 모아 한 권을 사서 돌려 보곤 했다. 마치 호기심에 이끌려 산속 동굴에 들어가, 그 안에서 재미있는 아이디어를 찾아 헤매는 것 같았다. 지금은 도서관에서 책을 구매하려고 하니, 그는 우리에게 충분한 자금이 있어서 비용에 상관없이 대량으로 구매할 수 있을 거라고 생각했다.

게슈탈텐이라는 단어는 게슈탈트(Gestalt)에서 나온 것으로 '전체는 부분의 합과 같지 않다'라는 뜻이며, 홈페이지의 홍보 문구에서는 "우리의 바람은 '상호 계발'이다"라고 했다. 이 출판사는 시각 예술을 전문으로 하여 업계에서 명성이 높으며, 세계에서 가장 작은 책을 출판한 적이 있다. 그 책은 녹두 알맹이만한 크기에 전체가 컬러로 되어 있으며, 가죽 커버가 달려 있다. 총 24페이지인데, 장난감이 아니라 정말 돋보기를 통해 읽을 수 있다. 나는 게슈탈텐에서 나온 『푸른 피 Blue Blooded』를 본 적이 있는데, 카우보이 문화에 빠진 무리를 기록한 것이다. 표지에는 비스듬히 진짜 블루진을 재단하여 인물 사진을 덧대었는데, 구도와 질감이 모두 아름다웠다. 게슈탈텐이 기획한 주제 가운데는 소집단 생존 방식인 『새로운 유목민The New Nomads: Temporary Spaces and a Life on the Move』과 『은사隱士의 건축Hide and Seek』도 있고, 도시 생활의 미학인 『카페와 레스토랑 인테리어Tasteful: New Interiors for Restaurants and Cafés』와 『아름다운 정원 만드는 법The Gardens of Eden』도 있다. 왕이판이 특별히 추천한 책은 게슈탈텐이 스웨덴의 이케아와 협력하여 간행한 『아이디얼 시티The Ideal City』와 런던의 잡지 〈모노클Monocle〉과 합작하여 간행한 시리즈인 『영감을 주는 가정집Inspiring Family House』, 『완벽한 점포 디자인 가이드The Shopkeepers: Storefront Business and the Future of Retail』였다. 이 책들은 사치스러운 잡지처럼 반짝이지 않는다. 오히려 은은한 매력을 지니고 있으며, 무광택 종이와 콩기름 잉크를 사용하여 질감이 섬세하다. 또한 매력적인 복고풍의 세리프(serif)체를 사용했으며, 페이지 레이아웃 디자인이 정교하여 편안하게 읽힌다.

게슈탈텐 홈페이지에서는 글을 복사할 수 없다는 게 약간 번거로웠으나, 왕이판은 이 출판사를 특히 좋아했으므로 참을성 있게 한 글자씩 내 양식에 입력하고, 다시 한번 교정했다.

이 목록을 보고 있자니 난감한 기분이 들었는데, 그에게 뭐라고 회답해주어야 할지 몰랐기 때문이다. 132종의 서적 가운데 77종의 외국 출판사 책들은 모두 구매할 수 없었다. 책임은 내게 있다. 그가 외국 출판사의 도서 목록을 만들 줄은 사전에 전혀 예상하지 못했기 때문에, 이 사실을 그에게 알려주지 않았다. 상부에서 구립도서관은 외서를 살 필요가 없다고 건의했다. 가서 따져보기도 했으나, 이런 서적은 심사 비준 절차가 오래 걸리는데 이번에 책을 구매해야 할 시간은 빠듯하니, 잠시 고려할 수 없는 상황이었다.

이렇게 해서 그의 도서 목록에서 몇몇 중국어 번역본만 남게 되었다. 예를 들어서 하라 켄야의 『디자인의 디자인』과 르 코르뷔지에(Le Corbusier)의 『직각의 시Le Poème de l'angle droit』, 스기우라 고헤이(杉浦康平)의 『문자의 아름다움과 힘文字の美・文字の力』과 『형태의 탄생』 등이다.

내가 말했다.

"집에서 밥 한 끼 대접하는 걸로 때우는 건 너무 부족하겠는데."

그는 긴 한숨만 쉬었다.

아침에 샤무(夏目)가 평소보다 한 시간 일찍 가게에 도착해서 파란 셔터를 열고, 화분 몇 개를 문 앞으로 옮겨 햇볕을 쬐게 하니 그림자가 아직 길게 늘어졌다. 초록색의 부드러운 밀이삭이 꽃병에 꽂혀 있는데, 밀이삭 틈새로 커피콩 하나가 떨어져 박혀 있어서 꼭 갈색 밀알 같았다. 이 꽃병에는 겨울부터 여름까지 늘 야생의 가지가 꽂혀 있는데, 이 가게의 습관을 아는 친구들도 종종 꺾어 와서 선물로 주곤 했다. 봄 벚꽃이 막 바에서 활짝 피었다가 갔고, 어쩌면 조그마한 초록색 석류가 달린 가지가 꽂힐 수도 있다. 가을에는 단풍잎과 감이 유리병 입구에 빨갛게 걸려 있다.

샤무는 자기 집에 있던 만화책 세트를 가게로 가져와서 가지런히 진열해 고객들이 무료로 볼 수 있게 했는데, 이 때문에 이 가게는 아주 많은 만화 팬을 끌어들였다. 핼러윈 데이에는 다들 코스프레를 하고 길가 갓돌[2] 위에서 휘청거리며 사진을 찍었다. 샤무가 긴 가발을 써보자, 친구들이 놀려대며 치마를 입으라고 했다.

나는 이곳에서 커피를 몇 번 마셨는데, 이곳을 둘러싼 진한 만화 분위기에 주목하면서 샤무가 전문가라고 짐작했다. 최근에 독자들이 우리 도서관에 만화를 늘리라고 아우성치지만, 나는 이런 걸 잘 모르니 샤무에게 도움을 청할 수 있지 않을까? 그는 별로 웃지 않는 편인데, 수줍음이 많은 성격인 듯했다. 나는 너무 외람되지 않을까 하여 어떻게 말을 걸어야 할지 몰랐다. 나중에 아는 사람을 통해 그에게 용건을 전하자, 그가 승낙했다.

오늘 그가 일찍 나온 것은 내게 만화의 요령을 이야기해주기 위해서였다. 작년에는 고전적인 만화 목록을 조사하여 『슬램덩크』와 『명탐정 코난』 같은 것들을 도서관에 들여놓았는데, 최신 애니메이션 정보가 아직 부족하고 또 빠뜨린 양질의 작품도 분명히 많을 터였다.

그는 문밖 화분에서 신선한 박하 잎을 2개 따 오더니 레몬 한 조각을 잘라 함께 물에 넣어서 내게 건넸다. 그리고 자리에 앉아 이야기를 시작했다.

그의 말에 따르면, 좋은 만화는 보통 여러 버전이 있는데, 그것들을 합쳐서 ACG 또는 ACGN이라고 줄여 부른다고 했다. 즉 Anime(애니메이션), Comic(만화), Game(게임), Novel(소설)이다. 일찍이 20세기 중반에 벌써 유럽과 미국, 일본에는 안정적인 만화 소비 집단이 있었으나, 중국에서 만화 경제가 부상하기 시작한 것은 1980년 이후였다. 1980년대의 TV와 도서, 1990년대의 비디오테이프와 DVD, 다시 2000년 이후의 게임기와 컴퓨터, 인터넷의 보급까지 미디어가 거듭 업그레이드되면서 세계 ACG 시장이 급격히 성장했고, 심지어 일본 교토의 세이카대학(精華大學)에서는 전문적인 만화학과를 개설하기

---

2 도로와 보도블록이 접하는 지점에 볼록 솟은 콘크리트 구조물 혹은 가늘고 긴 돌을 가리킨다.

도 했다.

만화와 애니메이션은 모두 2차원의 선으로 이루어지는데, 사람들은 그것을 '2차원 세계'라고 부르고, 실제 세계는 '3차원 세계'라고 한다. 샤무가 자주 가는 '2차원' 사이트는 안정적인 사용자를 보유하고 있는데, 방대하고 젊은 이 집단은 중국어 세계에서도 많은 속어를 만들어 냈으며, 나이든 사람은 아마 유행어 사전의 도움을 받아야 비로소 그 뜻을 알 수 있을 거라고 했다.

모에 소녀(萌妹): 귀엽고 온유한 여자
복흑(腹黑): 겉으로는 친절하지만, 속내가 음흉한 사람
중2(中二): 중학교 2학년처럼 유치한 짓을 하는 사람으로, 예를 들면 걸어가면서 농구공을 던지는 자세를 취한다.
……

만화 팬들 사이에는 스토리 전개에 대한 공식도 있다.

귀여운 것은 정의!
11화 회상의 법칙
착한 편은 말로 이기고, 악당은 말하다 죽는다.
……

만화 팬들끼리 대화할 때 통하는 은어들도 있는데, 예를 들어서 소라치 히데아키의 『은혼』에 숨겨져 있는 수많은 패러디나 장치를 얼마나 눈치채느냐가 자신의 '덕력'을 증명한다. 책에는 많은 고전적 만화의 장면이 숨겨져 있다. 『세인트 세이야』, 『원피스』, 『블리치』, 『데스노

트』, 『나루토』, 『유☆유☆백서』, 『드래곤볼 Z』, 『건담』, 『이누야샤』, 『테니스의 왕자』, 『히카루의 바둑』의 장면들이 패러디 방식으로 자주 나타난다. 가게에서 이런 부분들에 대해 재잘재잘 이야기를 나누는 것은 만화 팬들의 큰 즐거움이다.

보아하니 샤무를 찾아간 것은 옳았던 듯하다. 내가 만화를 찾는 방법은 너무 아마추어적이었는데, 샤무의 정보 채널은 달랐다. 진정한 만화 마니아는 늘 정해진 시간에 '2차원' 사이트를 지키고 앉아 매달 '신반[新番]3'이 올라오자마자 바로 확인한다. 그들은 한 가지 버전만 보는 데 만족하지 않고, 좋아하는 작가가 생기면 깊이 파고들어 가상세계 깊은 곳에 숨겨진 실마리를 탐구하고, 그것들을 연결하여 더 큰 감동을 즐긴다. 예를 들어서 인간이 게임 속에 끌려들어가서 1층부터 100층까지 가는 이야기가 있다. 애니메이션 버전은 비교적 짧아서 그렇게 몇십 층을 그냥 스쳐지난다. 소설 버전은 아주 자세해서 각층의 인물 심리까지 충분히 전개된다. 샤무는 애니메이션과 소설, 만화까지 세 버전을 모두 보고, 마치 주인공과 함께 3중의 삶을 사는 것처럼 더 완전한 주인공을 얻는다.

어릴 적에 샤무는 어두운 밤과 귀신을 무서워했으나, 어떤 만화들은 요괴를 너무나 귀엽게, 주변의 친구처럼 묘사한다. 하는 말도 입에 발린 공염불 같은 것이어서 아주 재미있었다. 그는 천천히 어둠을 무서워하지 않게 되었다. 그가 도서관에 추천한 『나츠메 우인장』은 이처럼 부드러운 작품이며, 그의 인터넷 닉네임도 여기에서 나온 것이었다. 어린 소년이 외할머니에게서 요괴들의 이름이 적혀 있는 신기한 장부를 물려받았다. 이 장부가 있으면 요괴는 소년의 명령을 들어야 했다.

---

3 애니메이션 새 프로그램을 가리키는 일본어 'アニメ新番組'를 줄인 말이다.

요괴는 자유를 회복하기 위해 소년을 찾아와서 이름을 돌려달라고 한다. 그런데 소년은 그들에게서 외할머니와 요괴들 사이에 있었던 자잘한 과거사, 이름으로 인해 생겨난 작은 이야기를 듣고 싶어하고…… 나도 나중에 집에 돌아가 애니메이션을 보니 수채화가 아주 신선했다. 그렇게 방대하고 큰 물건이 숲속의 작은 벤치에 앉아 입을 삐죽이며 애교를 부리니, 어떤 대조적인 즐거움이 느껴졌다. 어린이들은 틀림없이 이 만화를 좋아할 테지.

　샤무는 케이크를 만들면서 내게 만화 관련 상식을 전수해주었다. 만화는 열혈물, 배틀물, 이세계 전생물, 연애물, 스포츠물, 단편 일상물 등이 있다. 사랑을 다루는 애니메이션은 상대적으로 사춘기 아이들이 잘 빠져든다. 예를 들어서 『빙과』는 남녀공학의 캠퍼스를 배경으로 하는데 우산 하나와 한바탕 비가 모두 눈물을 자아낸다. 『월간순정 노자키 군』은 코믹한 일상으로 가득차서 아주 달콤하다. 『슬램덩크』는 지위가 확고하고, 『테니스의 왕자』와 『쿠로코의 농구』도 모두 인기를 끌었으나, 줄거리가 조금 딱딱하고 최후의 싸움은 모두 초능력이다. 공은 커브를 그리고, 공중에 온통 공이 가득차게 되어서 뉴턴의 역학을 전혀 무시한다. 이것은 영화의 시나리오 작가에게 항상 보이는 병폐, 즉 '하늘에서 강림한 신의 군대'처럼 논리가 빈약하다. 다만 『하이큐』는 다르다며, 샤무는 내가 이 작품을 구매하기를 바랐다. 왜냐하면 이 작품은 이야기를 아주 사실적이고 성실하게 진행하기 때문이다. 주인공이 처음 배구를 접했을 때는 아주 어리둥절하고 팀 동료들과 티격태격 다투다가 천천히 적응하여 조화를 이루면서 비로소 강해지기 시작한다. 스토리는 곳곳에 복선이 깔려 있고, 전체 과정에 초능력도 의도적인 극적 장면도 없이 그저 한 인물의 성장을 보여준다. 사이트의 동영상 댓글에서는 "여덟 번 보았음"이나 "아홉번째 보는 중", "난 벌써

16번 보았음"이라는 글귀로 다들 앞다투어 자기의 충성심을 나타냈다.

샤무가 커피콩을 고르라고 하더니 커피를 내려주었다. 나는 '패션푸르트 유산균 발효수 세척'이라는 가장 긴 라벨이 달린 것을 골랐는데, 발음도 신기하게 들리고 냄새를 맡아보니 정말 과일 향기가 났다. 왜 만화에 빠졌는지 물었더니 그는 어린 시절 처음으로 본 만화가 『포켓몬스터』였는데, 비집고 들어가보니 만화는 정토(淨土) 가운데 하나라고 느껴졌다고 했다. 성인의 세계는 너무 복잡하고 인간성을 지키기가 어려운데, 만화 캐릭터들은 성격이 뚜렷하고 단순하며 속되지 않았다. 포켓북 만화는 한 권에 5위안이었는데, 어린아이의 저금통으로는 엄청 비쌌지만, 조금만 돈이 모이면 사고 싶은 충동을 억누를 수 없었다고 한다.

만화는 점차 그를 새로운 영역으로 데려갔다. 예를 들어서 『4월은 너의 거짓말』은 남자 피아니스트와 여자 바이올린 연주자의 이야기이다. 이 만화를 보고 클래식 음악에 관심을 가지게 된 사람이 적지 않다고 한다. 많은 클래식 음악이 줄거리와 긴밀하게 연결되어 있어서, 보고 나면 곡의 제목을 이해하고 거기 담긴 감정을 느끼고 싶은 충동이 솟구친다. 또 『문호 스트레이독스』에서는 각기 다른 재능을 가진 전 세계 문호가 모이는데 앙드레 지드의 재능은 '좁은 문'이어서, '좁은 문'을 통해 미래를 예견하고 바꿀 수 있으며, 마거릿 미첼의 재능은 '바람'이어서 물체를 바람으로 만들 수 있다. 너새니얼 호손은 자기의 피를 '주홍 글씨'로 변하게 할 수 있고, 허먼 멜빌은 공중에서 헤엄치는 흰 고래 '모비 딕'을 가볍게 부르고, 존 스타인벡은 숙주의 몸에 포도를 심어 나무와 연결하여 '분노의 포도'로 적을 속박한다. 이런 특이한 재능은 독자에게 호기심을 불러일으키기 쉽다. 즉 이것은 작가의 원작과 무슨 관계가 있을까 하는 호기심에, 독자는 곧 원작을 찾아서 읽어보게 된다.

샤무는 피규어를 모으는데, 작업대 옆에 50개쯤 되어 보이는 피규어가 진열되어 있었다. 다리가 긴 세일러문들이 커피콩을 가득 채운 유리병을 둘러싸고 있는데, 이런 환경은 그에게 편안함을 제공한다고 했다. 진열장 맨 위에 무척 정교해 보이는 인형이 있었는데, 그가 해외에서 직접 사 온 것이었다. 나는 가격을 물어보고 깜짝 놀랐다.

유행어 사전에서는 전형적인 만화 마니아를 '오타쿠'라고 부르는데, 그들의 특징으로는 이런 게 있다.

1. ACG에 빠져 있다.
2. 애니메이션 관련 굿즈와 서비스를 미친듯이 구매한다.
3. 소그룹을 애호하며 외부와 소통하는 데에 그다지 익숙하지 않다.

샤무는 이에 모두 해당하는 듯하다. '오타쿠+만화+커피'라는 세 가지의 조합은 특히 안정적이다.

누구에게도 알려주지 않고 혼자만 알고 싶은 만화도 있지만, 그런 만화도 내게 공유해주었다. 예를 들어서 『충사』는 다른 만화에 비해 이야기가 담담하고 자극적이지 않으며 조용히 서술해나간다. 애꾸눈 충사가 산속에 나타나서 사람들의 탐욕과 분노, 어리석음 그리고 각자가 자신의 운명을 어떻게 마주하는지를 지켜본다. 화면은 맑고 고적하며, 수묵화 같은 필치 속에 정서가 물들어 있다. 관객의 정서도 그다지 격렬하지 않아서 통곡하거나 폭소를 터뜨리지도 않고, 피가 끓을 일도 없다. 이런 만화를 보려면 나이가 좀 있어야만 그 서늘함을 음미할 수 있을 것이다.

예전에 샤무는 호텔 주방에서 디저트를 만들며, 고객과는 직접 접촉하지 않았다. 그런데 그곳에 너무 오래 있으면 세상과 단절될 것 같아 나와서 사람들과 이야기를 나누고 싶어졌다. 다만 너무 번화한 곳은 좋아하지 않으니, 이 작은 가게가 딱 적합했다. 매장의 실내장식은 특별히 꾸미지 않아서, 밖에서 보기에는 무슨 수리점처럼 보일 정도로 옛 건물의 흔적을 간직하고 있었다. 입구에는 '북방의 작은 카페'라는 간판이 걸려 있다. 원래는 빨래판으로, 가지런한 요철 무늬가 절묘하게 활용되었다. 주인은 입구의 시멘트 계단을 오른쪽으로 몇 걸음 더 연장하고 간단한 널빤지를 깔았는데, 좌석이라고 생각한다면 좌석이 된다. 이렇게 꾸밈 없는 분위기는 자연스럽게 비슷한 사람들을 끌어모았다.

옆집은 수제 맥줏집인데, 이따금 상심한 아가씨가 울면서 술과 커피를 섞어 마시며 날이 샐 때까지 하소연하기도 한다. 그럴 때면 샤무도 가게문을 닫지 못하고 함께해줄 수밖에 없다. 밤의 골목은 붐벼서, 손님들은 문 안에서 바깥까지 이어지며, 계단에 앉아 커피를 마시며 밤바람을 쐬고 한밤중까지 이야기를 나누니, 마치 옛날에 여러 가구가 모여 살던 집의 뜨락 같았다.

카페 프런트에는 손으로 그린 만화가 몇 점 걸려 있는데 이는 한 아가씨가 상심하게 된 원인이었다. 그녀는 오랜 시간을 들여 『나루토』와 『원피스』를 그린 후, 좋아하는 이와 이곳에서 만나 커피를 마시고, 그에게 그림을 주고 황급히 떠났다. 며칠 후 다시 카페에 왔더니 그 두 점의 그림이 구석에 세워져 있었다. 남자는 그녀의 선물을 받지 않고 떠나면서 그림도 가게에 남겨두었다.

『나루토』와 『블리치』,『원피스』는 흔히 '3대 만화'로 일컬어진다. 그 아가씨가 새벽 3시까지 울자 샤무가 말했다.

"아예 『블리치』까지 하나 더 그려봐요. 3대 만화를 다 갖추면 우리 가게에 걸어놓을게요."

이제 3폭이 다 갖춰졌는데, 가운데 있는 그림은 솜씨가 조금 모자란 듯했다. 나는 캐릭터를 몰라서 샤무에게 중간의 그림이 『블리치』냐고 물었다.

"하하, 맞아요. 차이가 분명하지요? 언뜻 봐도 그게 다른 2폭만큼 정교하지 않다는 걸 알 수 있어요."

내가 큰 소리로 말했다.

"이 그림에는 사랑이 들어 있지 않기 때문이지요!"

서재에서 당신은 혼자가 아니다

샤오뤼는 도서 카트 안에 웅크려 들어가 목을 쭉 빼 머리를 앞으로 내밀고 전방을 주시하고 있었다. 손에는 카메라까지 든 채, 긴 다리를 좁은 곳에 웅크리고 있는 모습이 무척 힘들어 보였다. 도서관에 들어오자마자 이런 장면을 목격한 내가 뭐 하는지 묻자, 짧은 동영상을 찍고 있다고 했다. 렌즈를 움직일 때 손이 떨릴 때가 있는데, 도서관에 레일 설비가 없어서 이런 방법을 생각해냈다며, 카트 위에 삼각대를 설치하면 그래도 상당히 안정적이라고 했다. 그렇게 말하고 있는데 한양이 와서 샤오뤼의 카트를 끌고 앞으로 가면서 말했다.

"부국장님, 꼭 전문가가 카메라를 이동하는 거 같지 않아요?"

내가 도서관에 온 것은 샤오뤼와 함께 도서 목록을 작성하기 위해서였다. 그 첫번째 단계는 중복 여부를 확인하는 것이었다. 친구들이 보내온 도서 목록은 도서관의 기존 소장 도서와 중복될 가능성이 있었다. 샤오뤼는 서고 관리 권한이 있어서 일괄적으로 점검하고 삭제할 수 있으니, 시간을 절약할 수 있었다. 다음 단계는 ISBN을 확인하는 것이다. ISBN은 서적의 신분증에 해당해서, 각 판본의 번호는 유일무이하다. 내가 받은 도서 목록은 모두 친구들이 아마추어적으로 편찬한 것이므로 대부분 ISBN 번호는 없이 책 제목과 저자명만 있었다. 다른 판본이 있을 경우에는 내가 선별해야 했다. 고대문학과 외국 문학이 특히 이러하다. 예를 들어서 명·청 소설은 몇몇 작은 출판사에서 가격을 아주 낮게 책정하면서, '어린이판'이라는 명분을 내세워 마음대로 삭제하거나 수정해버린다. 손에 잡히는 대로『홍루몽』하나를 뽑아 살펴보았더니, 알록달록한 바탕에 임대옥의 이미지는 대충 그려서 색칠했는데, 색깔은 한 가지만 칠했고, 얼굴은 일그러져 있으며, 책 전체 두께가 손가락 하나의 두께에도 미치지 못했다. 텐(Hippolyte A. Taine: 1828~1893)의『예술철학』은 20~30개 버전이 있는데, 번역자는 모두 푸레이〔傅雷〕이고, 삽화가 없이 글자로만 된 판본도 있고, 흑백 삽화가 들어간 판본, 채색 삽화가 들어간 판본도 있었다. 삽화의 수량도 각기 다르고, 조판도 훌륭한 것과 대충 얼버무린 것이 있으니, 도서 판매 사이트에 가서 미리보기를 통해 삽화와 텍스트를 보고 결정해야 했다.

『안데르센 동화』의 판본은 더 많다. 그중 예쥔젠〔葉君健〕이 번역한 「인어공주」는 첫머리가 이렇게 시작한다.

> 바다의 먼 곳은 물이 아름다운 수레국화 꽃잎처럼 아주 푸르고, 가장 밝은 유리처럼 아주 맑습니다. 하지만 너무너무 깊어서 어떤 닻도 바닥에 닿을 만큼 사슬이 길지 못하지요. 바다에서 수면까지 도달하려면 아주아주 많은 교회 첨탑을 하나씩 연결해야 하지요. 바다 밑에 사는 사람들은 이 아래에서……

다른 한 판본의 첫머리는 다음과 같다.

> 바다의 왕에게는 아름답고 착한 딸인 작은 인어가 있었어요. 그녀

는 늘 해변에 와서 놀았어요……

내 오른쪽에 서서 컴퓨터 모니터를 보고 있던 샤오뤼는 이런 글이 나타나자 깜짝 놀랐다.

"판본 간의 차이가 이렇게 엄청난 줄은 몰랐어요!"

이날 자오원(趙文)이 보낸 도서 목록을 받았는데 모두 300여 권으로, 수량으로는 1위였다. 전반부는 대부분 철학으로 아리스토텔레스와 프로이트, 융, 스피노자, 아감벤(Giorgio Agamben) 등이었다. 후반부는 방대하고 잡다했다. 『케임브리지 과학사』, 제카리아 시친의 『지구연대기』, 조르주 뒤비의 『사생활의 역사』, 파킨슨(G. H. R. Parkinson)과 섕커(S. G. Shanker)의 『루틀리지 철학사Routledge History of Philosophy』, 차오톈위안의 『하느님도 주사위를 던지나?』, 마이클 설리번(Michael Sullivan)의 『산천유원The Birth of Landscape Painting in China』, 우훙〔巫鴻〕의 『황천 아래의 예술 The Art of the Yellow Springs: Understanding Chinese Tombs』 등이었다.

이 도서 목록은 동서남북의 요리가 식탁 가득 차려진 듯 했는데, 내가 아는 그의 모습에 딱 어울렸다. 그는 베이징대학 박사로 문예이론을 전공했는데, 누군가 그를 이렇게 평했다.

"자오원은 그 이름처럼 말하는 거나 일하는 게 너무나 점잖지요."

나는 웃음을 참으며 아무 말도 하지 않았다. 자오원은 '자오선〔趙神〕'이라는 별명도 가지고 있는데, 여러 분야에 두루 정통했다. 예를 들면 드라마 〈향촌애정鄕村愛情〉[1]과 상성 예술, 패러디 동영상 자막, 중톈〔種田〕 인터넷 문학,[2] 그리고 푸코와 스피노자 등이다. 술을 좋아하여, 조금 취하면 친창과 경극의 노래를 불렀으며, 특히 잘 부르는 것은 〈박사의 눈물博士淚〉로, 천하에 그 외에 아무도 부를 수 없는 절기였다.

룸바(rumba) 차차차
랄랄랄랄라
한 걸음 잘못 내디디면 평생을 그르치고
박사과정 들어간 것은 먹고 살기 위해서지……

이 노래의 원래 제목은 〈댄서의 눈물舞女淚〉로 헤어지기 아쉬워하는 살뜰한 애정으로 가득차 있으며, 1980년대에 상당히 유행했다. 가사에 들어 있는 '댄서'라는 말을 그는 죄다 '박사'로 바꿔서, 짐짓 침통한 체하며 계속 감정을 표현했다.

박사도 사람인데
심중의 고통을 누구에게 말할까?
생활고에 시달리며
방울방울 눈물 뱃속으로 삼키지……

그는 서시가 가슴을 움켜쥐듯이 두 손을 가슴에 얹어 우리에게서 폭소를 자아냈다. 그러나 이튿날 술이 깨면 다시 그 '점잖은' 자오원으로 변했다.

---

1 2006년 10월 29일부터 CETV-3에서 방송하기 시작한 드라마로 총 605회까지 방송했다. 2007년 제10차 정신문명 건설 '5개 프로젝트〔五个一工程〕'에서 우수 작품상을 수상했다.
2 원주: 인터넷 문학 유파 가운데 하나로, 주인공이 한 지역에서 농업과 과학기술, 군사제도를 점차 발전시켜서 강력해진 뒤에 적을 격파한다.

여러 해 전에 그를 알게 되었을 때 그는 안경을 쓰고 꽤 뚱뚱했는데, 갑자기 몸무게가 3분의 1이나 빠졌다. 어떻게 살을 뺐는지 물었더니, 그는 이렇게 말했다.

"나한테 A4 용지만한 공간 하나만 줘도 살을 뺄 수 있지!"

그는 드라마 〈향촌애정〉을 보며 제자리에서 운동해 30킬로그램을 뺐다고 한다.

그의 삶의 방식은 어딘가 조금씩 독특하다. 아이를 가르칠 때 어디에 치중하느냐고 묻자 그는 이렇게 대답했다.

"책보다 신체적인 게 중요하지."

나는 그가 시간을 관리하는 방법을 알고 싶었다. 그렇게 많은 인터넷 글을 읽고, 그렇게 많은 동영상 댓글 자막을 올리면서, 어떻게 일 년에 책을 몇 권씩 번역하는지 궁금했다.

"아주 간단해. 내 비결은 '다섯 개의 한 시간[五個一小時]3'이야. 이 다섯 개의 한 시간에는 절대적으로 에너지를 집중하고, 모든 간섭을 없애야 해. 다른 시간에는 편하게 놀아도 돼. 정말이야. 매일 5시간만 효율적으로 일하면 충분해."

그는 평소 서예도 가르치는데, 어째서 나는 파임과 갈고리가 늘 제대로 써지지 않느냐고 묻자, 그가 발꿈치를 가리키며 이렇게 말했다.

"글씨를 쓸 때 손가락으로 붓대를 잡는데, 붓대를 잡을 때 발꿈치에서 힘을 줘야 해."

내가 피식 웃자, 그는 웃지도 않고 말했다.

---

3 '5개 프로젝트(五個一工程)'를 비틀어서 쓴 표현이다. '5개 프로젝트'는 1992년 중국공산당 중앙의 지시에 따라 중앙 선전부가 각 지역의 당 위원회 선전부에 지시하여 만든 것으로, 사회과학 분야의 우수한 이론 문장과 좋은 도서, 좋은 연극, 좋은 노래, 우수한 드라마(또는 영화)까지 5가지를 장려하는 사업이었다.

"진짜야. 내가 어렸을 때 스센장 선생님께 서예를 배웠는데, 그분이 그렇게 말씀하셨어."

그에게 이 300여 권을 추천한 이유를 듣고 싶어서 그의 작업실로 갔다. 커튼과 창틀 사이에는 거미줄이 있었고, 책상 위는 책들이 이리저리 나자빠져 가로세로 30센티 남짓한 공간만 남아 있었다.

먼저 역사류와 전기류부터 이야기를 시작했다. 그가 보기에 인문과학에서 언어학을 빼면 역사학이 가장 과학적 사유에 근접해 있었다. 역사는 일정한 법칙성을 지닌 대상이며, 힘의 균형과 흐름, 그리고 그 결과를 보여준다. 반면 전기는 '본보기'이다. 인물의 세밀한 삶의 기록은 독자가 미래에 대한 동경을 품게 하고, 자기의 한계를 극복하기 위해 노력하게 한다. 예를 들어서 모루아(André Maurois)가 쓴 프루스트 전기와 바이런 전기가 모두 훌륭하다. 베르톨트 브레히트의 『갈릴레이의 생애』는 진리와 거짓의 싸움을 보여주고, 굴리가(Arsenij W. Gulyga)의 『칸트 전기』는 사상의 맥락을 정리하고 문제의식을 통해 철학자를 이해하도록 돕는다. 그리고 스티븐 그린블랫이 셰익스피어에 대해 쓴 『세계를 향한 의지』는 그 시대의 풍경과 정서를 복원했다.

그는 전기가 사람에게 어떻게 동기를 부여할 수 있는지 예를 들어주었다. 그는 18~19세 무렵에 『발자크 전기』를 읽고 『인간희극』을 완독하겠다고 결심했다. 96편의 소설 이면에는 발자크의 우주가 있고, 등장인물이 많아 번잡하지만 어지럽지 않으며, 파노라마 같은 궁전을 이루었다. 그는 일 년 남짓한 시간을 들여서 거기에 몰두했는데, 그것은 바로 애초에 그 전기의 도입부가 훌륭했기 때문이었다.

최근에 그는 피에르 마슈레의 『스피노자 독서 안내Introduction à l'Ethique' de Spinoza, tome 3: La Vie affective』를 번역하고 있는데, 17세기 지식의 질적 변화 속에서 스피노자는 유대인 사업가로서

낮에는 현미경을 갈고 밤에는 철학을 연구하면서 은자처럼 주변 사람들과도 그다지 왕래하지 않았던 특이한 인물이었다. 그러나 그는 모습을 감춘 채 유럽 전역의 사람들과 대화하고 통신했다. 그의 친구와 제자, 제빵사, 포도주 상인은 식민지 개척의 열풍 속에서 해안선을 따라 그의 사상을 전파했고, 또 외래의 사상을 그에게 피드백해주었다. 그는 그것을 흡수한 뒤에 흠잡을 수 없는 것으로 바꾸어놓았다. 평생 결혼하지 않았으나, 행복이 무엇인지 알았다. 러셀(Bertrand A. W. Russell)은 이렇게 말했다.

"스피노자는 위대한 철학자들 가운데 인격이 가장 고상하고 성격이 가장 온후하고 친절한 사람이었다."

스피노자의 『윤리학』을 얘기할 때 자오원은 약간 격동했다.

"모두 5부분으로 되어 있는데, 어느 개념에서 들어가더라도 내부는 모두 하나의 체계여서, 하나의 개념은 다른 하나의 개념과 통해. 그물망은 아름답고 무척 치밀하지. 헤겔은 철학을 한다면 스피노자 식으로 해야지, 그게 아니면 철학이 아니라고 했어."

'자오선'은 아무 자료도 없이 나와 마주앉아 단번에 아리스토텔레스와 스피노자, 융을 얘기하고 『윤리학』 각 장의 내용을 명확하게 다시 설명해주면서, 3-4-2-5-1장의 순서에 따라 읽으라고 당부했다. 내 머릿속에서는 전기용접을 하듯 치직치직 빛이 번쩍였고, 손가락은 신속하게 메모했다. 이렇게 낯선 지식을 집중적으로 받아들이니 피곤하고 배도 고팠다. 밥때가 되어 '자오선'은 아내의 전화를 받고, 희곡에 들어 있는 노래를 흥얼거리며 작별 인사를 했다.

며칠 뒤에 나는 『윤리학』을 읽기 시작했다. 윤리를 얘기할 때 스피노자는 허공에서 난데없이 시작하지 않고 기하학과 물리학의 방법으로 해체하고 조립하고 확장하여, 마치 도미노처럼 이런 어휘들의 정의

(定義)를 하나하나 유도했다. 즐거움, 쾌락, 치욕, 후회, 나약함, 경멸, 겸손…… 그는 마치 작업대 위에서 밤낮으로 망치를 두드리는 장인 같았다. 그의 손끝에서 펼쳐진 은 조각은 넓고도 유연하여, 그 어디에서도 빈틈을 찾을 수 없었다.

자오원과 대화하고 나서 나는 도서 목록을 작성하는 일을 도와달라고 할 때 직접 만나 이야기할 수 있다면 그냥 전화만 하지 말아야겠다는 사실을 깨달았다. 이어서 천웨[陳越] 선생 댁에 가려고 했는데, 천 선생께서 문자로 이렇게 말씀하셨다.

> 지하철 2호선 모 역에서 내려서 A 출구로 나온 후, 인도에서 거꾸로 (북쪽을 향해) 자전거를 타고 아무개 거리(모 대학 서문 바깥의 유리로 된 육교가 있는 곳)까지 간 다음 서쪽(왼쪽)으로 돌아서 곧장 두 개의 길 어귀(무슨 로와 무슨 로)를 지나면 도착하니, 거기서 내게 전화하게.

나는 웃으면서 이 몇 개의 괄호를 돌아보았다. 그것들은 마치 요람을 가볍게 흔들면서 나를 아이로 돌아가게 하여 그 안에서 보살핌을 즐기라고 하는 듯했다.

그 동네에 도착해 건물 번호를 찾고 있는데 멀리서 누군가 내 이름을 불렀다. 높은 베란다에서 그분이 나를 향해 손을 흔들었다. 그분 댁에 들어가자마자 책상이 보였는데, 투명한 비닐로 된 서류 봉투 안에는 프랑스어로 된 책이 한 권 펼쳐져 있었다. 봉투의 똑딱이 단추는 잠겨 있어서 마치 나비 표본 하나를 고정하듯이 책을 가볍게 붙들고 있었다. 책은 그 페이지만 잘 펼쳐져 있을 뿐 팔다리는 움직일 수 없었다. 이것은 그분이 발명한 오묘한 기술이다. 그분은 일 년 내내 번역하는데, 원작에 머물러 자구를 하나씩 다듬으면서 기름때가 묻거나 손상될까 싶어서 이런저런 시험을 해보았다. 이 간이봉투는 복잡하게 독서대에 고정하는 것보다 사용하기 편하고, 크기도 딱 적당했다. 투명하니 그대로 볼 수 있고, 먼지나 물도 막아주니 휴대하기도 편했다.

"이렇게 하면 책 한 권을 다 번역해도 종이가 아주 깨끗하지."

그분은 대략 열서너 살 때부터 책을 소중히 여기기 시작했다. 1980년 설날에는 매우 일찍 일어나서 날씨가 아직 쌀쌀했는데, 찐빵에 고추를 끼우고 또 식탁 위에 있던 바삭하게 튀긴 노란 자마예〔炸麻葉〕[4]를 몇 장 집어들어 서둘러 몇 입 먹고 집을 나섰다. 당시 서점에는 한 가지 불문율이 있었으니, 설날에 특기서(特技書)를 파는 것이었다. 특기서란 바로 막 중인(重印)한 고전소설 종류인 사대기서(四大奇書)와 『동주열국지東周列國志』, 『아녀영웅전兒女英雄傳』, 그리고 『고문관지古文觀止』와 『당시삼백수唐詩三百首』 등이었는데, 모두 공급이 달릴 정도로 잘 팔렸다.

베이다제의 신화〔新華〕 서점은 당시에 그저 2층짜리 작은 목조 건물이었는데, 몇 시에 문을 여는지, 그날 무슨 책을 파는지도 모른 채, 아저씨 아주머니들이 솜 외투를 입은 채 찬바람 속에서 운을 시험하고 있었다. 천웨 선생은 운좋게 세번째 자리에 서 있었다. 대열의 꼬리는 갈수록 길어져서 큰길까지 구불구불 이어졌으며, 사람들은 오늘 무엇을 살 수 있을지 의논했다. 마침내 문이 열렸다. 책상과 바닥에 온통 책이 가득했는데, 제목도 들어보지 못한 책들이 아주 많았다. 그분은 대열 안에서 몇 명 되지 않는 어린아이였고, 주머니에 돈도 별로 없어서 그저 판매원에게 『삼국연의』 한 질을 달라고 하여 품에 안고 신나

---

4 밀가루와 참깨, 달걀 등을 주재료로 만든 납작한 튀김 요리이다.

게 집에 돌아왔다. 그해 설 연휴 동안 그 책은 그분의 손에서 떠나지 않았고, 친척 집에 갈 때도 지니고 다니면서 어느 방에서든 수시로 펼쳐서 조금씩 재미를 맛보았다. 그분은 책의 신기함을 알아차리기 시작했다. 부모님은 평소처럼 병원에서 일하느라 바빴는데, 예전에는 외롭다고 느꼈으나 책이 생기고 나서는 아무도 없는 방에도 무언가 가득 채워진 듯했다. 눈에 보이지 않는 그 힘이 확장되어 그분의 동반자가 되었다.

그분이 대학을 다닐 때만 해도 물류가 매우 느려서, 책 하나가 출판되어서 독자의 손에 들어갈 때까지는 지금보다 훨씬 긴 시간이 필요했다. 책방 골목에는 갖가지 책 소식이 날아왔는데, 무언가 소식이 들리면 베이다제의 신화 서점에서 나와 제팡루〔解放路〕의 신화 서점으로 가는 식으로 책을 구했다. 계획경제는 할당제여서 각각 서점마다 책을 몇 권씩 나누어 배포했으므로, 독자들 사이에서는 서점에 드나드는 빈도를 치열하게 겨루었다. 그물이 촘촘해야 물고기를 잡을 수 있는 것과 같은 상황이었다. 우연히 마음에 드는 것을 만나게 되면 할인 하든지 안 하든지 상관없이, 더이상 다른 물건과 비교하지도 않고, 다른 사람이 먼저 가져가기 전에 즉시 차지했다.

근처의 서점 주인들은 모두 그분을 잘 알았다. 동글동글한 얼굴의 이 젊은이가 매일 찾아오고 또 책 소식까지 가져오니, 주인들은 특히 환영했다. 나중에 천웨는 대학교수로 있으면서 동류루〔東六路〕의 한 서점에서 도서 목록을 작성하는 일을 겸했다. 출판사가 인쇄한 도서 목록을 들고 펜으로 체크하여 사장에게 어떤 책을 얼마나 들여놓을지 제안했다.

1994년에 시안 난먼〔南門〕 밖 체육관에서 시안시 도서전이 열렸다. 마침 산시성 소설계의 열기와 맞물려서 다른 가게에도 자펑아오의

『폐도廢道』와 가오젠췬〔高建群〕의『마지막 흉노最後一個匈奴』, 천중스〔陳忠實〕의『백록원白鹿原』을 가득 진열해서, 부화뇌동했다는 비판을 피하기 어려웠다. 그러나 천웨가 있던 서점은 그와 달리 거의 전부가 학술서로, 삼련서점과 상무인서관, 사회과학 출판사의 책들과 서양 현대 학술 문고, 니체와 하이데거, 벤야민, 사르트르 등을 진열했다. 모두 그분이 고른 책들이었는데, 서점 안은 순식간에 사람들로 가득찼다. 이 서점은 도서전 이후에도 특색 있는 선정 도서로 크게 명성을 날렸다.

그분은 도서 선정 경험이 풍부하고, 책을 보물처럼 조금씩 모았는데, 결혼을 앞두었을 무렵에는 커다란 책장이 천장에 닿을 정도였다. 결혼 후 처음 이사할 때는 종이상자 30개가 책으로 채워졌다. 두번째 이사할 때는 100상자였고, 이제 또 이사하려 하는데 300상자가 필요했다.

그분은 소파에 앉은 채로 나와 얘기를 나누었는데, 소파 덮개는 집에 있는 수건 이불로 만든 것이었다. 울퉁불퉁한 연노랑과 연초록의 깎인 융단 무늬, 동그란 물방울과 긴 줄무늬가 나란히 이어져 있었는데, 20년 전에 흔히 보이던 무늬이다. 천의 융모는 이미 짧게 닳았고 약간 뻣뻣했으나, 여전히 깨끗하고 반듯하게 펼쳐져 있었다. 최근 몇 년, 그분은 병가를 낸 적이 있었는데, 머리카락이 이전보다 가늘어져서 부드러운 느낌이 들었으나, 윤기가 줄어들었다. 얼굴은 짙은 붉은 기가 돌았는데 안색이 고르지 않았고, 불거진 핏줄도 있었다. 귓불에 주름이 있었는데, 어쩌면 고혈압 증상일 수도 있었다. 그분은 자기를 거울로 삼아 젊었을 때 밤을 새우지 말라고 충고했다.

"선생님도 이젠 밤을 새우지 마세요."

"허허, 나는 어쩔 수 없지. 멜라토닌이 듣질 않으니, 잠이 안 와. 그냥 일이나 계속해야지."

그분 서재에는 몇 개의 유리 책장이 있는데 앞줄의 책이 뒷줄의 책을 가리고 있고, 바닥의 책은 캐비닛 문을 막고 있었다. 또 아직 개봉하지 않은 종이상자도 벽의 절반 높이까지 쌓여 있고, 다리 하나만 가까스로 들어갈 정도로 좁은 길만 나 있어서, 책을 한 권 찾으려면 겹겹의 장애물을 넘어야 했다. 책은 많았으나 어지럽지 않았다. 고대 그리스의 플라톤과 아리스토텔레스부터 연대순으로 저자를 배열했다. 많은 세트가 나란히 서 있어서 편안한 느낌을 주었고, 책등을 자세히 보니 새 책과 헌책이 섞여 있었다. 알고 보니, 세트에서 빠진 책은 당시 많은 이가 고대하던 인기 상품이었는데, 인쇄량이 적어서 처음에 사지 못했다가 나중에 중고 서점에서 보충했다고 한다. 그분의 책장에서 클로드 레비스트로스의 『신화학』 4권을 보았는데, 번체자로 된 판본이었다. 2000년 당시에 홍콩 싸이응초이(西洋菜) 남가(南街)에 있던 서점들에는 모두 완전한 세트가 없어서, 세트를 갖추기 위해, 아울러 적당한 가격과 만족스러운 품질의 책을 찾기 위해 그분은 오후 내내 오르락내리락하며 여러 서점을 돌아다녔다.

예전에는 서점에서 책을 구하기가 편했고, 곳곳에 작은 서점이 있었다. 1990년대에 스다루(師大路)에는 7~8개의 서점이 있었고, 그분은 각 서점의 사회과학 책장을 모두 잘 알고 있어서, 위아래로 훑어보면 무엇이 늘어나고 무엇이 빠졌는지 바로 알았다. 지금의 스다루에는 '문화 보호'라는 분명한 슬로건이 있음에도 서점은 하나도 없다. 그분은 더는 길거리에서 책을 사지 않는다. SNS에서 인기 있는 서점들은 책상과 의자가 멋지고, 녹색 식물과 커피, 수공으로 제작한 천 공예가 있으며, 산뜻한 옷을 입은 젊은이들이 사진 찍을 배경을 찾는다. 하지만 책이 아주 높은 곳에 놓여 있어서 애초에 사람의 손이 닿지 않고,

직원을 불러도 오지 않으니, 한번 가면 바로 낙심하게 된다. 도시 남쪽에 있는 한탕〔漢唐〕 서점과 취장수청〔曲江書城〕, 북쪽의 완방서점은 모두 규모가 상당히 크지만, 그분은 오랫동안 가지 않아서 서점의 구조를 이해하지 못했다. 책장 앞에 서니 지난날 보배처럼 느껴지던 그 감각은 사라지고, 온통 진지를 잘못 찾은 병사들만 눈에 가득 들어와서 책을 찾는 데에 아주 오랜 시간이 걸렸다. 이런 번거로움이 점점 마음에 쌓이자 그런 서점들을 배척하게 되어서 차라리 전부 인터넷에서 구매해버렸다. 위챗 공식 계정과 친구 모임의 책 소식도 모두 때맞춰 들어오니 좋은 책을 놓치지는 않지만, 손에 쥐고 나면 또 예전에 비하면 얼마간의 재미가 없어진 느낌이다. 거리에서 산 책에는 당연히 거리의 각인이 찍혀 있어서, 어디에서 샀는지, 서점 주인과 무슨 이야기를 나누었는지, 책 등과 표지를 보면 당시의 장면을 모두 머릿속에 다시 떠올릴 수 있다. 인터넷에서 산 책에는 이런 것들이 담겨 있지 않고 거리의 숨결에서 벗어나, 생명 없는 전자 페이지에서 자기 책장에 왔으므로 가끔 "이게 내가 산 책인가?" 하는 의혹이 생기기도 한다. 더욱 유감스러운 것은 책에 대해 갈구했던 예전의 감각도 인터넷 쇼핑과 더불어 사라졌다는 사실이다. 인터넷이 없던 시절에는 종일 책을 그리워하다가 밤에도 잠을 이루지 못하고, 낮이 되면 거리를 온통 돌아다니며 책을 찾았다. 지금은 부족하지 않으니, 더이상 갈망하기도 어려워졌다.

천 선생님과 알게 된 게 20년도 넘었는데, 몇 년 동안 도서 목록을 만드신 적이 있다는 사실은 최근에야 알게 되었다. 도서 목록을 편찬하는 일에 관한 한 그분은 나보다 훨씬 정통했다. 나중엔 겸직하지 않았으나, '도서 목록을 기획'할 때 몇몇 서점에서는 아직도 "천웨의 안목이 잘못되었을 리 없다"라고 하면서, 적극적으로 의견을 자문했다.

작년에 처음 도서 목록을 만들 때 천웨 선생은 도서관의 책을 구매할 때는 여러 분야와 수준을 아울러야지, 어떤 경향이나 흥미에 치우쳐서는 안 된다고 일깨워주었다. 당시 그분은 간단하게 몇 마디만 했는데, 이제 그분 댁의 소파에 앉아 더 많은 이야기를 들을 기회가 생겼다. 그분은 독서는 사회의 정신적 생산과 삶의 일부분이며, '자유로운 독서'는 '독립적인 사고'와 마찬가지로 어렵기 짝이 없는 일이라고 했다. 사실 세상에 인도되거나 유도된, 혹은 오도(誤導)된 정신생활이란 없으며, 더욱이 '자유로운 독서'와 '독립적인 사고'라는 명목으로 인도하는 것은 경계해야 한다. 그분은 더우반에서 "당신의 책장을 보여주세요"와 같은 부류의 화제를 즐겨 보는데, 마치 친구 집에 가면 그의 책장 앞을 서성거리기 좋아하는 것과 같다고 했다. 더우반을 애호하는 이들은 대부분 독서를 좋아하는 문학청년이고, 우아한 것을 사랑하며, 주류와는 다른 사고를 하고 싶어하니, 자연히 혹은 의도적으로 자신의 탁월함과 비판 정신을 표현한다. 그러나 사실 그들의 책장은 종종 대단히 비슷하게 구성되어 있다. 최신간, 표지가 아름다운 책, 인플루언서가 추천하는 대규모 전집, 유명 출판사, 그리고 '공공 지식인 도서' 같은 것들인데, 이는 시간과 경험, 지식이 축적되는 게 아니라 패션 거리에서 한 번씩 차례로 카드를 긁는 것과 같다.

"이런 말을 하는 게 젊은이들의 독서 열정에 타격을 주겠다는 뜻은 절대 아닐세. 다만 상상 속에서 멋진 탁상등 아래 앉아 커피를 마시기만 하면 정신적 자유가 실현되는 그런 게 절대 아니라, 힘들고 위험한 일이라는 걸, '보이지 않는 손'들에 의해 조종당하기 쉽다는 걸 알려주고 싶네. 진정한 독서인이 되기 위해서는 고독해야 하지만, 어떤 연출된 고독이나 나르시시즘이 아닐세."

"그러면 어떻게 해야 독서에서 진정한 자유를 얻을 수 있을까요?"

그분은 잠시 생각해보고 나서 이렇게 말했다.

"어쨌든 여러 분야와 수준을 아울러서 많이 읽는 방법밖에 없네. 무슨 일이든 많이 보는 게 나쁜 건 아니지."

그분은 베이린구 도서관에 『케임브리지 과학사』를 강력하게 추천했다. 이 세트는 출판 주기가 아주 길어서 대략 10년 사이에 겨우 4권이 나왔다. 내 기억에 자오윈도 이 세트를 추천했는데, 당시에는 실물을 보지 못했다가 이번에 천 선생 댁에서 보게 되었다. 그런데 각 권이 모두 벽돌보다 두꺼웠다. 뒤집어서 뒤표지의 정가를 보았다.

"권당 480위안이라니, 무시무시하군요!"

"그러니 도서관에서 사야 하지 않겠나?"

"자연과학에 관심이 있어서 이 책을 사셨나요?"

"아닐세. 이 책은 인문계 사람들을 위해 쓴 것 같은데, 게다가 거기에는 '현대 사회과학'이라는 책도 포함되어 있네. 이것은 사실 인류 지식의 발전에 대한 현대인의 반성이 담긴 '지식의 역사'일세."

그분처럼 문학을 연구한 사람은 자기가 연구하는 학과가 약간 '지나치게 발전'해서 종종 곤혹에 빠지게 되므로, 반드시 전체 지식 역사의 운동과 변혁을 통해서 그것을 이해해야만 현대 지식 분과 체계에서 '우물 안의 개구리' 같은 처지에 이르지 않게 된다고 했다. 차례를 살펴보니 이런 장절(章節)들이 보였다. 자연 지식 속의 여성, 심리주의와 아동, 철학자의 수염, 과학연구 속의 여성과 성별……

또 『유럽 대학사』 세트를 살펴보니, 그 역시 4개의 커다란 벽돌책이었다. 천 선생이 말했다.

"우리는 모두 대학에서 밥벌이하니 이 책을 읽어야지. 우리 대학에 어떤 과목이 개설되어 있지? 교수는 어떻게 가르쳐야 할까? 이른바 '대학의 이념'을 어떻게 실현하지? 대학은 비어 있는 정신이 아니라 국가와 사회제도처럼 일종의 제도이지. 중세 후기부터 신학대학과 인문대학, 법대, 의대는 어떻게 구성되기 시작했을까? 교수진은 어떻게 구성되고, 학생은 어디서 왔을까? 학생들은 졸업하면 뭘 하지? 사회의 각종 역량을 대비할 때 대학의 위치는 어디일까? 대학은 결국에 어떻게 오늘날과 같은 모습으로 변했을까? 현대인은 몽테스키외의 말처럼, 우리 시대의 관념을 과거에 적용하기를 너무 좋아하지. 하지만 이건 한없는 오류를 낳는 근원이지."

『케임브리지 과학사』와 『유럽 대학사』를 추천하는 천웨 선생의 말에서, 지나치게 작고 편협한 이데올로기에 대한 그분의 반박을 보았다. 그분은 우리의 독서를 인류의 지식 생산 역사에 놓고 이해해야지 자아에 대한 지나친 관심은 줄여야 한다고 주장했다.

독서는 개인적인 일이고, 천웨 선생은 자기의 완전한 생각이 있어서 학계의 유행을 좇는 경우는 거의 없었다. 직장의 직함과 각종 복잡한 인간관계도 자기와 관계가 없다고 여겼다. 막 학교에 남아 교편을 잡았을 때, 선배와 지도자를 대할 때면 그분은 늘 그들과 자기 사이에 뭔가 조금 가로막혀 있다고 생각했다.

"모두들 어른의 일을 얘기하시는데, 나는 어린아이인지라 끼어들지 않겠습니다."

그런 심리가 지금까지 이어지고 있었다.

"하하, 하지만 지금은 다들 늙은이가 되어버려서, '나는 어린아이'라고 말할 수 없게 되어버렸지. 하지만 사실 나는 이렇거든."

그분은 확실히 '어린아이'처럼 자기가 인정한 보배만 좋아한다. 다들 알튀세르(Louis P. Althusser)가 인기 없는 분야를 다룬다고 여겼을 때, 그분은 이 프랑스 철학자의 정확하고 명료한 언어에 매료되어 추호도 의심하지 않고 번역을 진행했다. 알튀세르는 그분에게 글쓰기를 가르쳤고, 그의 학술 논저는 문체의 아름다움을 발산했다. 울름가(Rue d'Ulm)의 파리 고등사범학교에서 젊은 알튀세르는 오해받았으나, 이렇게 말했다.

"서재 안에 있을 때 나는 혼자가 아니었다."

산시사범대학에서, 자기 서재 안에서, 천웨 선생은 알튀세르의 열렬한 인도를 받았으므로 당연히 더이상 혼자가 아니었다. 처음의 고요함 속에서 천웨 선생의 번역은 마치 드넓은 얼음 벌판 위의 아주 작은 하나의 얼음도끼 같았다. 그 존재는 외로웠다. 하지만 지금 그의 곁에는 많은 동료 교수와 제자들이 모여들었다. 그들은 함께 깊고 넓은 세계를 열어가고 있었다.

낮에 그분은 대부분 서재에서 일한다. 저녁에 가족이 들어오면 책과 사전을 응접실 테이블로 옮겨놓고, 아내와 아들이 오가는 모습을 보면서 손에 들고 있는 것을 번역했다.

"사실 마음이 분산될 수도 있지만, 난 이런 게 좋네. 아내와 아들이 시끌시끌 말다툼을 벌이더라도, 그 역시 집안의 느낌이니까."

그분은 오로지 학문에만 몰두하는 사람이 아니어서, 주방에는 아내보다 더 많이 들어갔다. 아들이 어렸을 때 그분은 『해리 포터』 전집을 낭독해주었다.

여러 해 전에, 나는 막막한 상황에서 그분께 도움을 청했다.

"사랑보다 중요한 게 창조력인가요? 이 세계에서 우리는 무엇을 창조하기 위해 노력해야 하나요?"

"그렇지. 욕망이 지향하는 것은 때로 공허하지. 게다가 관계는 취약할 수도 있으니, 자기에게서 구해야 하네."

요즘 뭐 하시느냐고 물을 때마다 그분은 늘 번역하고 있는데, 이번 생을 다 바쳐도 이 책들을 다 번역하지 못할 거라고 했다.

"허허, 내 삶은 유한한데 지식은 무한하지. 유한한 것으로 무한한 것을 따르니, 위태로울 수밖에."

그분은 대형 출판 프로젝트를 주관했다. 외국 사상가의 저작을 번역해서 소개하는 '정신 번역 총서'를 출간하는 것이 목표인데, 책등에 들어간 로고는 3개의 로마자 'R'이 안쪽에 박혀 있는 육각형이다. 이것은 현대 정신생활에 대한 반성(Rethinking)과 재구성(Reconstructing), 재생산(Reproducing)을 의미했다. 책의 끝머리에는 아주 긴 도서 목록이 첨부되어 있는데, 최신의 책에는 이미 6집(輯), 그러니까 60종이 있다. 별표가 표시된 것은 이미 출판된 책이고, 별표가 없는 것은 번역 중인 책이다. 나는 서평 사이트에서 독자들이 이 세트를 칭찬하는 글을 즐겨 보는데, 애석하게도 프랑스어를 몰랐다. 그렇지 않았더라면 선생과 함께 일할 수 있었을 것이다.

"프랑스어를 독학해보게. 자네라면 틀림없이 잘 배울 수 있을 걸세."
나는 그분의 첫 번역서에 실린 후기를 분명하게 기억한다.

> 이 번역은 협력과 우정의 결정체이나, 편집자로서 나는 여기 있는 모든 글자를 번역하거나 교정했으므로, 번역문의 품질에 대한 책임은 전적으로 나에게 있다. 번역문에 남아 있을 수도 있는 어떤 오류에 대해서도 독자에게 양해를 구하지는 않겠다. 그것은 번역자의 권리가 아니고, 게다가 실제로 지금까지 어떤 독자도 그런 오류를 양해해주지 않았기 때문이다. 더욱이 원저자는 말할 것도 없다.

내가 알기로 그분은 30세가 넘어서 프랑스어를 배우기 시작했다. 내가 여쭈었다.

"번역의 비결은 무엇인가요?"

"천천히 하는 것이지. 그리고 스스로 마음에 들지 않는다고 느끼는 부분은 틀림없이 잘못된 것이니, 절대로 대충대충 독자를 속여서는 안 되네."

작은 저울추

샤오취안은 문화과에서 가장 젊은 간부인데, 내가 온 지 반년이 훨씬 지났어도 매번 내게 인사할 때는 상체를 약간 굽힌다. 그런데 요 며칠 사이에는 약간 이상해져서 길을 걸을 때는 작은 물결처럼 흔들거리고 흥얼흥얼 노래를 부르면서, 나를 보고도 상체를 숙이지 않았다.

"아니, 샤오취안, 어째서 갑자기 변한 거야? 새로 온 인턴 여학생들 때문이야?"

"당연하지요!"

이 인턴들은 우리 학교에서 방송연출을 전공하고 있으며, 지도원의 추천으로 왔으나, 나는 전혀 몰랐다. 첫날 긴 테이블에 둘러앉아 짤막하게 회의를 진행하면서 그들에게 물을 따라주었으나, 그들은 컵에 전혀 손을 대지 않았다. 방송연출과 학생들은 비교적 활발하다는 인상이 있었는데, 왜 이렇게 수줍어하지?

"너무 어색해하지 말아요. 다들 같은 학교 소속이니, 부국장님이 아니라 양 교수라고 불러도 돼요."

그들은 그저 고개만 끄덕일 뿐이었다.

한참 뒤에 들은 이야기인데, 그날 그들은 처음 정부 부서에 들어와서 경외심이 들었다고 했다. 공공기관이라는 공간 자체가 멀게만 느껴져, 감히 다가갈 수도, 말을 건넬 수도, 심지어 물을 마실 수도 없었다고 한다.

젊은 사람들은 정부에 있으면 모두 이렇게 조심스러워진다. 어느 날 아침, 로비 기둥 뒤에 화려한 치마를 입은 이가 나를 피해 숨어 있다가 이어서 한쪽 눈만 빼꼼 보였는데, 관광과의 판위(樊雨)였다. 막 대학을 졸업한 그녀는 나를 보더니 생글생글 웃으며 걸어나왔다.

"깜짝 놀랐네. 국장님인 줄 알았지 뭐예요. 오늘 늦잠을 자고 말았어요."

평소에는 국장만이 하이힐을 신었으므로, 또각또각 발소리를 내는 이는 국장뿐이었다. 그런데 이날은 나도 하이힐을 신어서 판위가 착각했다는 것이다. 그녀는 10분 지각해서 국장에게 꾸중을 듣게 될 줄 알았는데, 나라는 것을 발견하고는 입을 가리고 웃으며 사무실로 뛰어들어갔다. 나는 그녀의 사무실 문을 열고 이렇게 말해주었다.

"이후로는 하이힐을 신지 않을게. 네가 놀라는 일이 없게 말이야."

예전에는 판위가 내게 아주 공손하게 말했는데, 최근에는 "귀염둥이 국장님, 서명 좀 해주셔요"라는 식으로 변해서, 말투가 약간 내 제자들과 같아졌다. 하지만 내 제자들은 나를 '쑤추'라고 부르기도 하는데, 여기서는 그렇게 부르는 사람이 없다. 과장 한 명은 내 절친과 친한 사이여서, 내가 그녀에게 이렇게 말했다.

"내 친구하고 그렇게 친한 사이인데, 나한테 그렇게 격식을 차릴 필요 있나요? 주위에 다른 사람이 없을 때는 그냥 '쑤추'라고 부르셔요."

하지만 그녀는 안 된다고 하면서 시종일관 '부국장님'이라고 불렀다.

외국 학교 홈페이지의 '지도자' 사진들이 떠올랐다. 학장은 빵 굽는 집게를 들고 조리대 옆에 서서 은색 무늬가 있는 커다란 접시에 머핀을 담고 있고, 그 옆에는 골든 리트리버 한 마리가 서 있었다. 옆에 있는 문서는 그의 학문적 업적을 묘사하고, 아울러 요리에 대한 열정과 가족에 대한 애정을 서술했다. 일하는 모습 속에 개인의 애호를 드러내는 것이 그들에게는 가산점을 받는 부분인 듯했다.

그런데 여기서는 다르다. '부처장' 직급은 하나의 고비로서, 이 직급부터는 얼굴이 엄숙해져야 한다. 지도자의 공개적인 모습은 경솔하게 웃거나 함부로 말하지 않아야 하며, 사생활은 지워져서 아랫사람들과 시시덕거려서는 안 되었다.

난먼〔南門〕의 '융닝리〔永寧里〕'에서 열린 투자 유치 회의에 갔을 때, 어떤 아가씨가 비림 도서관에서 전자 대출증을 만들 수 있느냐고 물었다. 휴대전화를 켜고 절차를 천천히 설명해주자, 그녀가 말했다.

"예전에 회의에서 뵙긴 했는데 이야기를 나눠보지 않아서, 상당히 도도하고 차가운 분인 줄 알았어요. 그런데 오늘 만나보니, 세상에, 전혀 그렇지 않고 아주 뭐……"

"아주 수수하고 따뜻하지요?"

"예?"

"나 말이에요. 수수하고 따뜻하지 않나요?"

"호호, 정말 지도자 같지 않으시네요."

나는 너무 지도자 같지 않아서 혼이 난 적도 있었다. 우리 부서에서 시민 노래 대회를 열었는데, 어느 노조 간부가 상을 받으려고 무대에 오르면서 인상을 찌푸려서, 다들 의아해하며 그녀를 쳐다보았다. 대회가 끝난 뒤에 그녀는 내가 일반 직원인 줄 알고, 우리가 대회를 제대로 열지 않아서 그다지 보기 좋지 않았다고 꾸짖었다. 사실 나는 그녀와 직급이 비슷했으나 굳이 그 점을 밝힐 필요가 없다고 생각했다. 부족했다고 인정하고 양해를 구하면서, 다음번에는 개선하겠다고 했다. 평범한 직원의 처지를 느껴보려고 했는데, 이렇다 할 직책이 없더라도 이렇게 진지하게 사과하면 상대도 내게 기본적인 예를 보이며 존중해주어야 하지 않겠는가? 내가 몇 번이나 미안하다고 했는데도 그녀는 기분을 누그러뜨리지 않고, 문을 닫는 동작이 무척 거칠었다. 손을 흔들며 "조심히 가세요!"라고 했는데, 그녀는 무시해버렸다.

며칠 후, 길에서 그녀를 만났는데, 고개를 숙이며 피했다. 아마 누군가 그날 그녀가 꾸짖은 사람이 누구인지 말해주었던 듯했다. 보아하니 그녀는 웃는 얼굴과 말투를 눈금이 그려진 용기에 넣는 데에 아주 능한 듯했다. 위아래 직급을 만나면 정확하게 용량을 측정하여 더하거나 뺐다.

한번은 간단하게 식사하는데, 지도자가 나를 이렇게 소개했다.

"오늘은 특별히 미녀를 선생과 함께하도록 안배했습니다."

특별히, 미녀, 안배라는 3개의 단어에 꿀이 발려서 번들거리자 기분이 나빠졌다. 아무도 내게 미리 이야기해주지 않았는데, 돌연 내 얼굴에 임무가 하나 늘어났다. 이때는 업무 능력보다 얼굴과 성별이 중요했다.

막 예방접종을 해서 술을 마실 수 없는 상황임에도 지도자는 여전히 나더러 마시라고 했다.

"백신 알레르기가 뭐 얼마나 중요하겠소? 안 마신다면 나를 안중에 두지 않는다는 게지요."

그는 내 복종 정도를 시험했는데, 내가 계속 사양하자 나를 흘겨보았다.

"당신이라는 사람은 규칙을 모르는군요!"

회식할 때 리 주임은 늘 아주 조금만 먹었고, 모든 이의 술잔에 남은 양을 살펴서 더 따라주어야 하는지 판단하고, 손가락으로 테이블을 돌려서 요리가 적당한 사람 앞에 멈추도록 했다. 당 건설 활동에서 해방전쟁이 벌어졌던 옛 유적지를 참관했을 때였다. 참관이 끝나고 다들 배가 고픈 상태였다. 지역 특산의 면 요리 한 접시가 나왔는데 시안의 하거멘〔餄餎麵〕¹보다 훨씬 맛있었다. 리 주임은 테이블을 돌렸다가 멈추기를 반복하며 모든 이들이 한 젓가락씩 집을 수 있게 했는데, 자기 앞에 왔을 때는 국물에 겨자씨 몇 알만 떠 있었다. 내가 종업원에게 한 그릇 더 달라고 했는데, 하필 떨어졌다고 했다. 리 주임이 그 맛있는 음식을 먹지 못한 일은 잊히지 않았다.

그날은 잊지 못하는 일이 또하나 벌어졌다. 바로 내가 건방을 떨었던 것이었다. 신분증을 가져오지 않아서 혁명 관광지에 들어갈 수 없는 상황이 벌어졌다. 동료들이 거들었다.

"이분은 우리 지도자이시니 반드시 들어가야 합니다. 당의 깃발 아래에서 선서할 때 이분이 선창하셔야 하는데……"

나도 다급한 김에 얼른 말을 받았다.

"나는 지도자이니 들어가게 해주셔요……"

'나는 지도자'라는 말은 여태 내 입에서 나온 적이 없는 것이었다. 내가 이 말을 특권으로 삼아서 다른 이들을 복종시켜야 하겠는가? 이것은 오만방자하게 허영을 떤 순간이었다.

인턴들은 평소보다 조금 일찍 일어나서 한 시간 동안 버스와 지하철을 타고 도시 북쪽 교외에서 시내 중심까지 매일 통근하기 시작했다. 리후이퉁〔李慧彤〕과 장퉁퉁〔張彤彤〕은 문화관에 출근해서 정보를 입력하고, 각종 무형유산 전승자의 정보를 분류하여 정리했다. 그

---

1 허러우〔河漏〕 또는 허라오〔河撈〕라고도 부르는 중국 서북 지역의 유서 깊은 국수 요리이다.

곳에서 그들은 '장씨풍제(張氏風第)'의 전승자 장톈웨이〔張天偉〕를 알게 되었다.

장톈웨이는 80세 남짓으로 머리카락이 희끗희끗하며, 늘 돋보기를 끼고 도면을 그렸다. 젊었을 때는 전문 기계 기술자로 독자적인 기술을 연마했는데, 바로 연 속에 기관을 숨기는 것이었다. 다른 이의 연은 원래 모양 그대로 하늘을 날지만, 장톈웨이는 풍력을 이용한 기계 전동 장치를 발명하여 연이 공중에서 고난도의 동작을 할 수 있게 했다. 예를 들면 수탉들이 서로 쪼며 싸우고, 학이 머리를 치켜들고 울며, 저팔계가 달리면서 수박을 먹고, 용의 눈이 빙글빙글 돌며 수염이 바람에 날리고, 진용(秦俑)과 말, 마차가 방진(方陣)을 이룬 채 공중에서 위엄 있게 걷는 등의 모습을 연출했다.

그는 디자인을 중복하지 않고, 1~2센티미터의 작은 공간에서 어떻게 참신한 변화를 이루어낼까 꿈속에서조차 궁리했다. 연의 뒷면에 가는 대오리와 철사로 수없이 많은 정밀한 톱니바퀴를 짰다. 내가 가까이 다가가서 가볍게 입김을 불자, 크랭크축과 연결봉이 즉각 왔다갔다 하면서 신나게 움직였다. 인턴이 카메라를 들고 짧은 동영상을 찍자, 그는 사이즈가 큰 작품을 보여주고 또 아끼는 소형 장치를 꺼냈다. 작은 나비와 잠자리가 그의 손바닥 한가운데 있었는데, 그것들이 바로 그의 보물이었다.

무형유산 전승자 가운데는 또 몐화〔麵花〕[2]를 만들거나 포호화(布糊畵)를 그리고, 조롱박에 조각하는 이들도 있었는데, 모두 자기의 작품을 들고 인턴에게 사진을 찍게 하면서 무척 즐거워했다. 처음에 인턴들은 '전승자'라는 어휘에 공식 인증이라는 장엄한 의미가 담겨 있으

---

[2] 산시성〔山西省〕 원시현〔聞喜縣〕의 전통 미술로, 화모〔花饃〕 즉 꽃무늬를 장식한 중국식 찐빵을 가리킨다. 일반적으로 4층 정도의 입체형이다.

니 우러러봐야 한다고 생각했다. 하지만 친해지면서 '전승자'들이 들려주는 사소한 이야기들을 듣고 약간 의외라고 생각했으며, 또 부담을 벗은 듯이 홀가분한 기분이 들어서 순식간에 거리가 가까워졌다.

리후이퉁과 장퉁퉁은 촬영하고 편집하는 일은 좋아하지만, 자료를 분류하고 보존하는 일은 좋아하지 않았다. 엑셀과 워드를 열고 매주의 사항을 업무 보고서에 작성하고, 점검하기 편하도록 책자로 제본하는 일은 그녀들에게 너무나 무미건조한 일이었다. 도서관에서 일하는 왕룽제〔王榮杰〕와 양위눠〔楊雨諾〕, 리신이〔李欣怡〕의 느낌도 비슷했는데, 여기 오기 전에 그들은 도서관 사서가 세상에서 제일 한가한 직업이라고 생각했었다. 책이 어지러워지면 정리하면 그만이라고 생각했을 뿐, 그렇게 많은 양식을 작성하고 그렇게 많은 행사를 진행하는 줄은 생각지도 못했다고 했다.

양위눠는 첫날 12개의 양식을 작성했는데, 먼저 매월 주요 사항을 발췌하여 주제 내용을 나열하고, 행사를 여는 날들과 공식 계정에 글을 게시할 날짜를 표시했다. 다시 위챗 공식 계정의 글을 발췌하여 네모 칸을 채운 다음, 언론에 보도된 당월의 뉴스를 정리하여 시립도서관에 보고하고, 마지막으로 행사를 한데 모아 긍정적인 의미와 사회적 효과를 설명하고 정리하여 '대중을 위한 실무'라는 문건에 기록했다.

컴퓨터 파일을 다뤄야 하는 일은 항상 지루했고, 게다가 원래 비슷한 행사들에 대해 겹치지 않는 문장으로 묘사해야 했다. 그래도 살아 있는 사람들과 어울리는 게 더 재미있었으니, 그들은 프런트에 서서 독자들에게 예약 절차를 설명해주거나, 도서관을 몇 바퀴 더 돌아보고 목록 편찬 구역으로 가서 바코드 붙이는 일을 돕고, 안전 통로에서 소방 장비 상태를 점검하고, 방금 반납된 책을 소독 캐비닛에 넣는 일을 더 하고 싶어했다. 어쨌든 움직여야 만족했다.

도서관에서 어린이 낭송 대회를 열게 되자 그들은 마침 솜씨를 발휘하여 아이들에게 낭송을 연습시키고 옆에서 지도해주었다. 독서 행사를 열려면 주제와 나이에 따라 나누어야 했다. 3세에서 6세까지의 아이들이 무언가를 좋아한다면, 6세에서 12세까지는 또 다른 데에 흥미를 보일 수 있었다. 아동 구역으로 가서 그림책을 읽고, 주말 행사를 위해 재미있는 주제로 각색할 방법을 논의했다. 예전에는 전혀 눈에 들어오지 않았던 이런 책들은 아마 훗날 부모가 되어서나 보게 될 것이었다. 지금 그들은 이리저리 뒤적이며 신속하게 방송 전공의 장기를 발휘할 일을 찾고, 좋아하는 그림책을 찾아 낭독하고, 녹음하여 음원 사이트에 올려서 베이린구 도서관의 오디오북 앨범을 만들었다. 음원 파일을 하나씩 쌓아가는 일은 마치 농부가 한 묶음씩 묶어 들판에 세워놓은 밀 이삭을 보듯 성취감이 있었다.

처음 왔을 때, 그들은 통근 거리가 너무 멀어서 일찍 일어나야 한다고 불평했다. 완벽한 실습 장소는 없으니, 문화과에는 양식과 서류가 너무 많고, 문화관의 컴퓨터는 구식이라 늘 다운되었다. 도서관 건물 전체의 중앙 에어컨은 온도가 통일되어 있어서, 이곳 지하층은 확실히 너무 서늘했다. 나중에는 적응이 되어서 매일 출근할 때의 표정이 한결 밝아졌다. 어떤 날은 너무 긴장이 풀어져서 순간적으로 정도를 파악하지 못하는 바람에, 구멍 뚫린 반바지와 배꼽티가 프런트에 함께 등장하며 몹시 부적절한 모습이 나타나기도 했다. 어쨌든 여기는 정부 부서이므로, 내가 주의를 주고 나자 다시는 그런 일이 벌어지지 않았다. 그들에게 이후에 정부 부서에서 일할 생각이 있느냐고 물었더니, 딱 한 가지가 적응이 안 된다고 했다. 공문이 너무 많다는 것이다. 다른 것은 다 괜찮고, 특히 주말에 행사를 벌여서 떠들썩한 게 제일 재미있다고 했다.

그렇지. 시끌벅적하지. 이 젊은이들이 오고 나자 원래 있던 젊은이들도 떠들썩해져서, 심지어 들끓어 올랐다.

밥을 먹으려고 줄을 서 있는데 샤오취안이 흔들흔들 다가와서 나를 툭 건드렸다.

"방에 있는 동화책이 펼쳐졌지요?"

"응?"

"분명히 그랬을 겁니다. 그게 아니라면 부국장님이 어떻게 나오셨겠어요?"

"무슨 소리야? 내 사무실에 최근에 동화책을 둔 적이 없고,『서남련대국문과西南聯大國文課』3만 한 권 있는데, 못 믿겠거든 가서 보……"

"에휴, 제가 닭살 돋는 애정 표현 하나를 배워서 먼저 부국장님께 통 하나 시험해본 건데요. 그다음에 인턴 아가씨들한테 써먹어보려 했는데, 부국장님은, 에휴……"

"……"

샤오취안은 조금 후에 자기가 내 사무실로 찾아올 테니, 함께 택시를 타고 가오신구〔高新區〕에 가서 회의에 참석하자고 했다. 한참을 기다렸으나 아무도 찾아오지 않았다.

샤오취안이 전화해서 연신 사과했다. 인턴들하고 출발해서 이미 멀리까지 와버렸는데, 나는 잊-어-버-렸-으-니 혼자 버스를 타고 오라고 했다. 할말이 없었다.

"정말이에요. 제가 깜빡 잊었어요. 일부러 부국장님을 안 부른 게 절대 아니에요. 정말이에요. 거짓말이 아니에요!"

---

3 대일국문편찬위원회(大一國文編撰委員會)가 편찬한 책으로, 교양 교육과 자유 교육의 교재로 쓰였다.

물론 진짜인 줄이야 믿지. 공무원이 회의에 가는데 인턴 여학생을 데려가는 것만 기억하고 책임자인 상관은 빠뜨린다는 게 거짓으로 꾸밀 수 있는 일이겠어? 늘 나더러 '제일 티 내지 않는 지도자, 가장 지도자답지 않은 지도자'라고 하더니, 알겠어, 네 마음속에서 나는 애초에 지도자가 아니었구나!

회의장에 쫓아가보니 샤오취안은 얼굴을 가린 채 혼날 준비를 하고 계단에서 기다리고 있다가 웃으며 나를 맞았다. 나는 서류를 말아 쥐고 한 대 때려주었다. 용서해달라기에 이렇게 말했다.

"좋아, 좋아, 용서해주지. 내일도 계속 마음이 조금 들뜬 상태로 출근하라고!"

우리 부서에서 101호실은 국장실이고, 102호실은 여러 해 동안 재임한 양 부국장이며, 103호실은 병가를 내고 집에서 쉬고 있어서 최근에 톈 부국장이 새로 충원되어 들어왔다. 104호실은 내 사무실이고, 105호실은 일반 직원들의 사무실이다. 호실은 서열을 의미하니, 이것은 저울추처럼 한 줄로 늘어선 채 차례로 크기가 작아졌다. 앞뒤의 위치를 보면 나는 임시로 직위를 맡아 대체 인력으로 보충된 추로서 군중과 가까이 있으며, '지도자'의 제일 가장자리에 있음을 추정할 수 있었다.

톈 부국장은 군대에서 전역하고 이곳에 왔는데, 그가 온 뒤로 내 사무실 문을 두드리는 사람은 극히 드물어졌고, 일도 줄고 가벼워졌다. 앞쪽의 세 사람이 복도를 걸으며 담소하는 소리도 듣고, 그들 셋이 나란히 창밖을 스쳐지나는 모습을 보았다. 몇 달 후면 나는 떠날 것이므로 중대한 일에는 내 목소리가 아마 줄어들 터였다. 예를 들어서 승진 문제가 그렇다. 부서의 몇몇은 여러 해 동안 '부과(副科)⁴' 직위에 머물러 있으면서, 자기들이 '부과병(副科病)'에 걸렸다고 하는데, 이 병은 특히 문화관 관장인 평원이 가장 심각했다. 5년 전에 평원은 부관장으로서 문화관의 직무를 '대리 주관'했다. 그녀가 오기 전의 문화관은 거미줄이 가득하고 곰팡이가 벽에 스며들어서, 행인들은 "이게 정말 정부 부서란 말인가?"라고 놀랄 지경이었다. 병가를 낸 관원들도 있고, 실종된 이도 있어서 문화관 안에는 거의 사람이 없었다. 이전 관장의 별명은 '핸드백 관장'이었는데, 매일 사무실에 없고 그저 직인(職印)만 핸드백에 넣고 곳곳을 돌아다녔다고 한다.

직인이 필요하면 전화해서 어디 있는지 물어야 했다. 그런데 평원이 인수한 뒤로는 뜨락을 정리하고 건물도 깔끔하게 수리했다. 희미하게 얼룩진 당나라 때의 미녀 모조품이 입구에서 맞이하고, 관중 지역 희곡의 캐릭터들이 사용하는 머리 장식은 유리장 안에 들어갔으며, 꽃무늬 병풍과 청자 어항은 중앙에 놓여, 이제 '부서' 같은 모습이 되었다. 관원들은 연달아 돌아와 출근했고, 그녀는 또 인턴을 몇 명 고용하여 '무형유산 캠퍼스'와 '무형유산 상품 생방송 판매'를 실시하고, 또 명품 브랜드와 연계하여 무형유산의 로고가 들어간 상품을 공동으로 설계했다. 그녀의 위챗 모멘트(moment)⁵는 활발하고, 사업 예고편은 짧은 동영상으로 편집되어 마치 작은 물고기들이 휴대전화에서 뛰듯이 우아한 타이틀과 엔딩 크레딧이 달렸다. 성과 시의 지도자들이 모두 그녀의 성적을 인정했음에도 그녀는 정식 관장이 되지 못하고 줄곧 부

---

4 부향진장(副鄕鎭長)과 부과장(副科長), 현급(縣級)의 부국장(副局長) 등을 아우르는 말이다.
5 위챗의 기능 가운데 하나이다. 자신의 계정에 사진이나, 글, 인터넷 기사를 공유하는 중국판 카카오 스토리라고 할 수 있다. 수많은 기업도 위챗 기업 계정을 등록하여 여기서 많은 SNS 마케팅을 펼치는 플랫폼이기도 하다.

관장으로 있어야 했다.

그제야 알았다. 공식 문서 속의 정식 관장은 리 주임이고, 공식 문서 속의 사무실 주임은 다른 사람이었으며, 리 주임은 그저 사무실 업무를 '대리 주관'할 뿐이었다. 리 주임은 왜 '사무실 주임'에 정식으로 임명되지 못하는가? 그는 사업 부서에 소속된 인원이어서 공무원 편제에 들어갈 수 없었기 때문이다. 설령 그가 이미 청사 전체에서 칭송받는 모범 사무실 주임일지라도, 그의 공식 신분은 문화관 관장일 수밖에 없었다. 게다가 문화관 사업 편제의 서열에서 그는 시급이나 성급의 더 높은 직위에 발탁될 수 없었다. 그의 학력은 중등전문학교 출신이고 신분은 노동자였으며, 과장급은 그의 직업 생애에서 오를 수 있는 최고의 한계였다.

작년 말, 부서에서 연간 결산 대회를 열었다. 이런 회의는 일반적으로 놀라운 게 없이 대체로 다들 원고를 읽어서 그해의 사업 성과와 경험을 나열하고, 미래를 전망한다. 다만 리 주임은 전혀 달랐다. 그는 어쩌다 원고를 한번 볼 뿐, 우리를 쳐다보는 시간이 더 많았다. 그는 틀에 박힌 말은 하지 않고, 만두의 주름을 눌러 잡듯이 일 년 동안의 일상적인 사업을 하나하나 천천히 이야기했다. 중간에는 인기 드라마의 대사를 인용하여 웃음을 자아냈고, 이어서 또 자기의 나이가 점점 많아져서 시야가 좁아지고 사업에 아쉬움이 남았음을 간곡하게 인정하자, 회의장이 조용해졌다. 마지막으로 그는 '만두'의 주름을 모아 접합한 부분을 교묘하게 주물러서 흔적을 남기지 않았다. 그가 일한 지 곧 30년이 되어가는데도 아직 지치지 않고 또 시간을 들여서 이렇게 진지하고 긴 연말 결산을 썼으니, 나는 감동하고 탄복하여 막 앞장서서 박수를 치려 했는데, 모두의 박수갈채가 벌써 뜨거운 물결처럼 일어났다.

리 주임은 훌륭한 주임이고, 평원도 걸출한 관장이지만, 둘의 관계는 긴장되어 있었다. 리 주임의 자리를 움직일 수 없는 한 평원은 승진할 수 없었다. 작년에 평원은 101호 사무실에서 자기의 억울한 사연을 울면서 하소연하여 내년에 이행되리라는 언약을 받아냈으나, 올해에도 이행되지 않았다. 전화를 받고 달래러 갔더니, 평원은 벌써 소리를 지르고 있었다. 국장 앞에 앉은 그녀는 화장도 하지 않고 귀걸이도 걸지 않은 채 머리카락은 대충 묶은 상태였는데, 손을 떨면서 아주 빠른 어조로 말했다.

"왜요? 무엇 때문이지요? 다른 사람이 노동자 신분이라고 해서 내 진급에 영향을 줄 수 있나요?"

그녀는 또 리 주임의 사무실에 들어갔고, 곧바로 두 사람의 말다툼 소리가 터져나왔다. 그녀를 내 사무실로 데려와서 물을 한 잔 따라주었다. 그녀는 울면서 입을 열었다. 당시 문화관 건물을 수리할 때 1층 벽은 무너져서 도마뱀과 거미가 그렇게 많았고, 2층 관사는 여러 해 동안 다른 이에게 침범당해서 전기와 물을 끊고 여러 차례 말다툼을 벌이고 나서야 그 사람들을 내보낼 수 있었다. 문화관에 오기 전에는 미술학원을 하면서 돈도 제법 벌었다. 그런데 나중에 왜 공무원이 되어서 문화관에 왔겠는가? 바로 무형유산에 대해 흥미를 느끼고 무언가 일을 해보고 싶었기 때문이었다. 지금은 그래도 괜찮지만, 저녁에 야근하느라 아이도 돌볼 수 없었다. 그러니 남편이 이렇게 말하더라고 했다.

"무슨 생각인 거야? 승진도 못하면서 이렇게 필사적으로 일하다니!"

정과(正科)가 부과(副科)보다 임금이 몇백 위안 더 많다는 것은 신경쓰지 않으나, 문제는 열심히 일하려면 무언가 긍정적인 면이 있어야 한다는 사실이라고 했다. 다른 지역에 회의하러 가면 항상 웃음거리가 된다고 했다. 이렇게 여러 해 동안 관장의 사무를 담당했고 나이도 45세나 되었는데 아직 부관장이니, 어떻게 체면이 서겠느냐는 것이었다.

우는 그녀를 잠시 내버려두었다. 한 가지 일을 세 번 다시 얘기하더라도 들어줄 셈이었다. 티슈를 건네주면서 그녀의 말에 공감을 표해주었다.

"나도 알아요, 안다고요. 동료들 모두 뒤에서 이렇게 말하지요. 내가 평원이라도 달려들어 따지겠다고 말이에요."

나는 그녀에게 어떤 약속도 하지 않았고, 그녀도 내게 아무것도 바라지 않았다. 중요한 것은 우리 모두 조심스러웠고, 충돌하지 않았다는 것이다. 내 생각에는 그녀도 내 처지를 알고 있었던 듯하다. 내 사무실에서 좀더 옳게 해주고, 가볍게 등을 두드려주었는데, 내가 할 수 있는 거라고는 이런 정도밖에 되지 않았다. 작년에 상부에 그녀의 곤란을 반영해달라며 해결책을 구해보았으나, 상사의 애매모호한 표정 속에서 내 비중을 알게 되었다. 하물며 최근에는 내 발밑에 이미 공기가 빠져서 내 의견은 이 층의 복도에서 사라져버리고 더 멀리 나아가지 못하는 상황이 되었다.

뛰는 놈 위에 나는 놈

어느 중년 여인이 빛이 그다지 밝지 않은 구석에서 책을 읽고 있었다. 그녀는 팔꿈치를 바짝 붙여 책장을 고정한 채, 마치 자기를 가두어서 최대한 다른 사람들과 멀리 떨어져 있으려 하는 듯했다. 손에 들린 책의 제목에는 '아동 성교육' 등의 글자가 들어 있었다.

여러 해 전에 나도 이렇게 숨긴 적이 있었다. 고등학교 시절에는 저녁밥을 먹고 나서 야간 자습을 시작하기 전에 잠깐의 쉬는 시간이 있었는데, 신화 서점에 들르면 10분쯤 책을 읽을 수 있었다. 하루는 새 책을 발견했는데, 책등에 『동성애 하위문화』라고 적혀 있어서 깜짝 놀랐다. 이게 무슨 뜻이지? 이런 일도 일어날 수 있나? 낯선 어휘가 전기 용접할 때의 불꽃처럼 눈을 자극했다. 눈을 감아야 할 것 같으면서도, 몰래 눈을 뜨고 그 강도를 시험해보고 싶었다. 다른 사람이 없는 곳에 서서 재빨리 책을 넘겨보는데, 주위에 어른이 오는 것을 보고 뒤표지가 밖으로 보이도록 책을 품에 안았다. 야간자습 시간이 다 되어 학교에 달려가면서, 내일 다시 가서 볼 수 있게 그 책을 다른 사람이 사 가지 말았으면 하고 생각했다. 일주일 동안 띄엄띄엄 읽으면서 책 속에 무슨 굉장히 나쁜 일이 들어 있을 줄 알았는데, 그게 아니었다. 책을 덮었을 때도 나쁜 아이로 타락하지 않은 것 같았다.

당시 어른들은 모두 내가 무척 착하다고 하면서, 나의 '착함'을 본보기로 삼아 자기들의 아이를 가르쳤다. 그런데 사실은 나는 늘 상궤를 벗어난 일을 하고 상궤를 벗어난 책을 보고 싶었다. 18세 때는 대학 도서관 4층에서 왕샤오보(王小波)의 『황금시대』를 찾았는데, 이 책은 '그것'으로 유명했고, 나도 '그것'을 찾고 있었다. 그 열람실의 책은 외부 대출이 불가능해서 나는 모퉁이에 서서 손으로 표지를 가린 채 오후 내내 다 읽었다.

지금은 이런 책을 공개적으로 읽을 만한 배짱이 있지만, 그 여성의 거리낌을 이해할 수 있었다. 하루는 도서관 직원이 전화를 걸어와 "당신이 책을 고르면 제가 계산합니다" 구역에서 어느 독자가 동성애를 주제로 한 책을 고르고 나서, 도서관에서 구매한 뒤에 외부에 대출해달라고 요청했는데, 이런 상황이 허용되느냐고 물었다.

나는 그 구역은 모두 정식 출판물로서 심사를 거쳤으니, 당연히 가능하다고 했다. 직원은 그래도 걱정하면서, 이 독자는 이런 책을 겨냥해서 온 것 같다고 했다. 규칙에 따르면 하루에 한 권만 등록할 수 있는데, 그녀는 사흘에 걸쳐서 3권의 다른 책을 등록했고, 모두 같은 주제였다고 했다. 나는 우선 구매를 진행하고 나서 그녀에게 도서관측의 우려를 전해 서로 이해하도록 하라고 했다.

나로서는 이렇게 조정할 수밖에 없었다. 100여 년 전에 미국 브루클린(Brooklyn) 도서관 관장도 비슷한 문제를 만났다. 2명의 부하 직원이 『허클베리 핀의 모험』과 『톰 소여의 모험』이 아동부에 들어가는 것을 막았는데, 이유는 그 가운데 고상하지 못한 용어가 들어 있다는 것이었다. 당시 마크 트웨인은 오늘날처럼 지위가 확고하지 않았고, 그의 작품은 지역에 따라 평가가 달랐다. 관장은 곧 마크 트웨인에게 편지를 써서 작가가 자기 작품에 관해 이야기해달라고 했다. 마크 트웨인의 답장을 본 직원들은 한 발 물러났다. 이 일은 미국 언론에서 도서 선정의 원칙에 관한 논의를 불러일으켰는데, 보수파 언론이 세력을 잃고 관용적인 입장이 주류가 되어서, 각 지역 도서관에서 분분히 마음을 열고 더욱 대담하게 책을 구매했다.

시안의 인구는 이미 1천만을 넘어서 '새로운 일선(一線) 도시'로 승격되었으나, 주위 환경도 충분히 새로워졌는지는 말하기 어렵다. 무형유산 전승자로서 전지(剪紙) 예술의 대가인 아무개 여사는 다과회에서 인류의 영혼과 결혼과 사랑, 번식, 도시 이미지에 대한 일련의 자기 관점을 얘기한 적이 있다.

"어떤 책에서는 인간에게 영혼이 있다고 했는데, 이건 너무 놀라운 말이 아닌가요? 사람에게 어떻게 영혼이 있을 수 있지요? 그리고 이 세상에는 결혼도 하지 않고 아이도 낳지 않으려는 사람도 있어요. 아예 후손을 끊겠다는 것인데 불효막심한 자식이지요. 세상 풍조가 나날이 나빠지고 있어요."

그녀는 현란한 스카프를 두르고 허공에 삿대질하며 말을 이었다.

"가장 참을 수 없는 것은 성별이 불분명한 잡것〔二尾子〕[1]들이 거리를 활보하는 것인데, 정말 꼴불견이지요!"

사방에서 웃으며 맞장구를 치자 그녀도 가볍게 웃었는데, 보아하니 자기 연설에 상당히 만족한 듯했다. 그녀가 나를 돌아보며 물었다.

"내 말이 맞지요? 이런 사람들이 도시 이미지를 해치고 있으니, 거리에 나오지 못하게 해야 해요!"

"아무개가…… 이미지를…… 손상하니…… 나오지 못하게 해

---

1 원주: '얼웨이쯔〔二尾子〕'는 원래 성별이 불분명한 곤충을 가리키는 말이었다. 예를 들어서 귀뚜라미는 꼬리 침이 하나면 수컷이고, 셋이면 암컷인데, 둘이면 중성이다. 이후 '얼웨이쯔'는 성별이 불분명한 사람을 가리키는 비속어로 쓰이게 되었다.

야……" 이와 비슷한 문장 구조를 나는 들어본 적이 있다. 성벽 아래의 Gpark에서 열린 독서 축제 시상식에서 우리 구에서 선발한 시각장애인 할머니가 '민간 독서의 달인'이라는 칭호를 받고 무대에 올라가 상을 받으려 하는데, 시 관계자가 와서 의견을 내놨다.

"저분을 무대에 올리지 않으면 안 됩니까? 시각장애인은 눈동자가 비어 있고 연세도 너무 많으신데, 무대에 서 있으면 보기도 좋지 않고 전체 이미지에도 영향을 주니, 다른 사람을 무대에 올리시지요."

나는 직접 보지 않았지만, 사석에서 사람들이 소문을 냈다. 그 관계자의 이름은 빼고 이렇게 말했다.

"누군지 이야기하지는 않겠지만, 그런 자리에 있는 사람이 그런 말을 했다니, 정말……"

무대 옆에서 이렇게 막은 사건에서 누가 지나친 행위를 저지른 것인지에 대해서는 사람들의 의견이 대부분 일치했다. 다행히 사건이 일어난 뒤에 반전이 일어났다. '독서 달인' 행사를 기획한 정(鄭) 사장이 발끈해서 그 자리에서 관계자에게 따졌다.

"이건 미인 대회가 아니라 독서 대회라고요!"

마지막으로 시 관계자가 한 발 물러나, 시각장애인 독자는 사회자의 안내를 받고 무대에 올라 자기가 주변 사람들과 함께 책을 읽은 경험을 들려주었다. 언론이 카메라를 메고 둘러쌌다.

나는 늘 이런 일은 해프닝일 뿐이지 정상적인 상황에서 이런 관계자는 손에 꼽을 정도이길 바라고 또 그럴 거라고 믿는다. 그러나 내가 임시직을 떠날 날이 얼마 남지 않았을 때, 이름 하나가 수십 명의 웃음을 유발했다. 백신 접종 추진 회의에서 구 위원회 지도자가 12세에서 17세 사이 아이들의 예방접종에 대한 각 부서의 의견을 물었다. 교육국에서 먼저 손을 들고, 청소년 인구를 가장 많이 담당하는 부서인 만큼, 가장 구체적이고 세밀한 질문을 던졌다. 이어서 내 왼쪽에 앉아 있던 아무개 부처장급 간부가 손을 들고 물었다.

"과과와[瓜瓜娃]2도 예방접종을 할 수 있습니까?"

나는 그가 말한 '과과와'가 누군지 몰랐는데, 주변을 돌아보니 몰래 웃고 있는 사람이 보였다. 그가 이어서 말했다.

"우리 구에 있는 그 두 학교, 카이즈[開智] 학교와 샤오쿠이화[小葵花] 학교 말입니다. 그 과과와들 가운데는 머리에 병이 있는 아이들도 있는데, 백신이 그 질병에 그다지 좋지 않을 수도 있으니 조사해봐야 하지 않겠습니까?"

의장석에 앉은 지도자가 고개를 끄덕이며 기록했고, 더 많은 이들이 이해한다는 듯이 웃었다. 이 부처장급 인사도 그에 따라 의기양양하게 웃었는데, 아마 자기 말이 해학적이었다고 느낀 듯했다. 고개를 숙이고 휴대전화로 검색해보니 카이즈와 샤오쿠이 모두 특수교육학교였다. 그제야 비로소 '과과와'가 어느 집단을 지칭하는지 알았다. 이 부처장급 인사는 공공연하게 이런 어휘를 사용해서 웃음을 자아내는 데에 성공했는데, 나는 의장석을 바라보며 몇 번이나 손을 들려다가 참았다. 내 직위로는 그를 비판할 권한이 없었기 때문이다.

다른 부류의 사람들에 대한 태도는 더 재미있다. 뤄마스[騾馬市] 남쪽 어귀의 홀에서 서화 전시회가 열렸는데, 개막식은 야외에서 열려서 대중이 둘러싸고 구경했다. 오프닝은 어여쁜 홍군전사(紅軍戰士)의 독무(獨舞)였는데, 발레 실력이 있어서 꽃나비처럼 회전하니 아름답고 재기발랄했다. 그런데 앞줄의 지도자들이 소곤소곤 얘기했다.

"남자야, 여자야?"

---

2 원주: 산시성 방언에서 '과[瓜]'는 미련하다는 뜻이다.

연기자가 뾰족한 턱을 치켜들었을 때 나는 그의 울대뼈를 발견했다. 그는 붉은 깃발을 부드럽게 품에 안고 아쉬운 듯 조금씩 펼쳤는데, 이리저리 쓰다듬으며 하소연하는 듯했다. 그는 초대했다가 피하고, 잠시 당당했다가 또 달콤한 표정을 짓고 다시 희롱하면서 자기의 뾰로통함과 수줍음을 도발적으로 보여주었다. 무대 아래의 시민들은 마음대로 부채를 부치며 춤을 평가했다. 앞줄의 지도자들은 어찌할 바를 몰라서 프로그램이 끝날 때까지 좌우를 돌아보며 박수를 쳐야 할지 말아야 할지 확인했다. 남녀를 분간할 수 없는 이런 춤에는 어느 정도의 박수 소리를 내고 어느 정도 웃는 얼굴을 보여야 정치적으로 정확할까요? 지도자님, 말씀해보셔요!

정치적 입장에 대한 인식은 아마 모든 공무원의 머리 깊숙이 스며들어 있는 듯하다. 그들은 무척 경계하고 있었다. 예를 들어서 '백신 접종률'은 주요 과목의 성적과 비슷해서, 조금이라도 시험을 그르치면 긴장하게 된다. 그 위원회 서기가 시 회의에 갔다가 가져온 소식에 따르면 베이린구의 백신 접종률은 66%로 시 전체에서 8위에 해당한다고 했다. 그는 불만스러워하면서 한 시간 동안 훈계했다.

"8위랍니다. 잘못하면 낙오 대열에 떨어질 겁니다. 우리는 시를 대표하는 3구 가운데 하나인데, 가슴에 손을 얹고 반성해봅시다. 이런 성적이 괜찮다고 할 수 있나요? 우리 지도 간부는 인식을 높이고 대중이 행동하게 하고, 한마음으로 힘을 합쳐 접종을 추진해야 합니다!"

서기의 명령이 떨어지자 즉시 양식이 발행되어 접종 동원 임무가 아라비아숫자로 변했다. 또 위조 방지를 위해 모든 대중의 신분증 번호와 전화번호를 등록해야 했다. 수량을 채우지 못한 간부는 서면으로 사유를 해명해야 하며, 상황이 심각한 경우는 검토서를 작성해야 했다. 90% 이상의 접종률을 달성한 부서는 입구에 녹색 라벨을 붙였으며, 문화관광 통합 순위에서 백신 접종 순위가 점수를 차지하게 되었고, 접종률도 연간 평가에 포함되었다.

이런 관리 방법은 무척 독특하다고 할 수밖에 없는데, 백신 수량과 직급은 아름다운 법칙을 이루었다. 표준적인 등비수열은 다음과 같다.

정처(正處): 매일 25명 동원.
부처(副處): 매일 10명 동원.
정과(正科): 매일 4명 동원……

서기가 손을 크게 흔들며 소리쳤다.
"해산!"
내 직급이 높지 않은 덕분에 부여받은 임무는 10명밖에 되지 않았다. 각종 친구 집단에서 종일 소리쳤으나 겨우 3명밖에 동원하지 못했다. 잠을 이루지 못했다. 아무 직무도 없는 평민이 되고 싶었다.
백신 접종 임무를 완수하기 위해서 직무가 있는 모든 간부가 앞장서야 했는데, 이게 102호실의 양 부국장을 괴롭혔다. 그는 이상하게도 주사 맞는 것을 무서워했다. 이 일이 다른 사람에게 일어났더라면 그래도 연민을 초래할 수 있었겠지만, 그의 건장한 체격과 결합하자 약간 희극적인 느낌이 들었다. 그는 이렇게 말했다.
"웃지 마세요, 웃지 말라고요! 이건 예전에 체육대학에서 생긴 트라우마라고요."
보건실의 침 치료로 인해 그의 학우는 고슴도치 모양이 되었고, 다른 학우들이 소리를 질렀다. 그는 그 모습을 보자마자 온몸이 떨렸고, 이후로는 주사를 맞지 못했다. 부서에서도 그는 연례 신체검사를 줄곧 거부하고, 피할 수만 있다면 피했다. 하지만 이제는 이미 의사 앞에 앉아 엄숙한 표정으로 사지를 긴장하고 있었으며, 팔에는 방금 막 혈압계의 붕대를 감았는데, 수치가 즉시 120에서 150으로 치솟았다. 의사가 혈압이 150이면 백신을 맞을 수 없다고 하자, 그가 눈을 감은 채 말했다.

"진정할게요, 진정하겠어요."

그는 의자에 뒤로 기댄 채 숨을 크게 몰아쉬었다.

"아이고, 못 보겠어요. 기절할 것 같아요!"

내가 닝 관장과 함께 붙들어줄까 하고 물었더니, 그는 말없이 고개만 가로저었다. 가는 바늘이 굵은 팔에 접근했을 때, 그가 갑자기 휴대전화를 집어들고 동료에게 전화하여 주의력을 분산하려 했다. 그런데 전화가 연결되기도 전에 의사가 말했다.

"끝났습니다."

나와 닝 관장은 웃음을 터뜨렸다.

점심때 식당 앞에 줄을 서 있는데, 동료 셰천〔謝晨〕의 휴대전화가 울렸다. 전화를 받으니 이런 소리가 들렸다.

"아무개 선생이십니까? 선생은 곧 소환장을 받으실 건데……"

보이스 피싱의 상투적인 말투였다. 셰천은 우리에게 눈짓하더니, 전화기에 대고 말했다.

"혹시 백신 맞으셨습니까? 아직 안 맞으셨다면 베이린구 모모 병원으로 가십시오. 거기에 충분한 백신이 있으니……"

상대는 아무 말이 없더니 곧 뚜 하고 전화가 끊어졌다.

대중을 동원하기 위해 우리는 새로운 방법을 발명했다. 닝 관장은 우리 구의 모든 접종 지점의 주소와 전화번호를 인쇄하여 도서관 프런트에 놓고 사람을 만나면 권했으나, 그 등비수열과는 여전히 거리가 있었다. 도서관 직원들이 한 가지 계책을 내놓았는데, 차라리 직접 접종소 입구로 가서 만나는 사람들에게 이렇게 물어보라고 했다.

"실례합니다. 저는 정부 공무원인데, 상부에서 동원 임무를 완성하라고 요구합니다. 임무를 완성하지 못하면 처벌받게 됩니다. 죄송하지만 이 양식에 신분증 번호와 전화번호를 적어주실 수 있겠습니까? 감사합니다."

몇몇 직원은 새로운 기술을 익혔는데, 말이 유창하고 표정도 공손하며 마음가짐도 단단해서 100번 거절당해도 한 번은 승낙받았다. 저녁에 그들은 양식을 가득 채워서 돌아왔는데, 그야말로 부동산 중개 판매원을 쏙 빼닮아 있었다.

우리 부서의 임무를 완수하자 거리의 지역사회에서 또 지원을 요청했다. 그들에게 할당된 인원은 더 많은지라 완수하기 어려워서, 명단한 뭉치와 경험담을 우리에게 건네주었다. 명단에 따라 하나씩 전화해야 하는데, 통화하기 전에 우박과 같은 대중의 욕설을 받아들이도록 마음을 단단히 먹어야 한다고 했다. 상대방이 전화를 끊더라도 포기하지 말고 이튿날 다시 전화하라고 했다. 대중에 대한 업무는 방식과 방법에 주의해야 하니, 좀더 유연한 태도로 차근차근 설득하며 서서히 도모하면 우박이 가랑비로 변하고, 가랑비가 개어 날이 맑아질 수도 있고…… 당연히 더 큰 우박으로 변할 수도 있었다.

이처럼 도서관은 늘 도서 이외의 일로 밤늦도록 바빴다. 나중에는 새로운 전염병 예방 및 통제를 시작했다. 도서관 안의 인구를 정원의 75%로 통제하도록 했고, 상부에서 수시로 추출검사를 할 수도 있었다. 닝 관장은 일반 좌석에 예약 번호를 설정하고, 매일 일부만 개방했다. 이어서 또 세미나실을 걱정하여 일부 의자를 철거하고, 의자들 사이의 간격을 1미터 남짓으로 배치한 뒤, 내게 괜찮은지, 추출검사의 기준에 맞는지 물었다.

책상과 의자가 아직 조정되지 않았는데 또다른 서류가 내려왔다. 문화 도시 창조 활동의 일환으로, 공공문화 부서의 입구나 눈에 잘 띄는 위치에 미관을 고려한 공익광고 조형물을 설치해야 했다. 강철 구조물 또는 조경 조형물로 하되, 길이는 최소한 3미터 이상이어야 했다. 기한 내에 완성하지 못하면 공식적인 경고 조치가 내려지고 연간 평가에서 감점한다고 했다.

닝 관장은 전혀 방법이 없었다. 우리 도서관의 입구 공간은 아주 좁은데 거기에다가 3미터짜리 물건을 더하면, 그것은 조형물이 아니라 바리케이드가 되고 말 것이기 때문이었다. 그녀는 상부에 전화를 걸어서 상황을 반영해달라고 했으나 상대방은 예외가 없다고 대답했다. 나는 그녀에게 특수 상황에 대한 보고서를 정식으로 작성하라고 했다. 첫째, 도서관은 지하실에 있어서 다른 건물과는 달리 도로 공간을 사용할 수 없다. 둘째, 도서관 입구가 좁고 에스컬레이터 바로 맞은편이라서 에스컬레이터 유지 보수 면적을 확보해야 하니, 3미터의 조형물을 만들 방법이 없다.

제14차 전국 체전을 두 달 남짓 앞두고, 좋은 도시 이미지를 조성하기 위해 시안시 정부는 각 거리에 깊이 들어가 은밀히 조사하고, 동영상을 편집하여 회의에서 상영했다.

나는 이런 미학적 스타일의 도시 영상을 처음 보았다. 똑같이 시안을 표현했는데 이 동영상은 거리에서 늘 볼 수 있는 도시 이미지 홍보 영상과 달리, 즐겁고 개운한 느낌이 전혀 없었다. 그것은 지독한 학생주임처럼 전체적으로 엄숙하고, 또 탐정영화나 반부패 영화의 냄새도 섞여 있었다. 그 동영상이 결점을 들추며 훑어보는 시선 안에서 우리 도시는 모습을 바꾸었다. 차량에 고정된 렌즈가 좌우로 흔들리고, 배 속으로 재생되면서 건물과 네온은 더이상 아름다운 풍경으로 나타나지 않고, 그저 암행 조사자의 시야에 노출된 심사 대상에 지나지 않았다.

카메라가 갑자기 멈추어서 작은 부분을 확대했는데, 밤중에 반짝이는 조명 가운데 한 건물이 어두웠다. 스크린에는 즉시 붉은 글자들이 찍히면서 화면 밖에서 냉정한 목소리가 들려왔다.

"모모 루(路)와 모모 루의 교차점에 있는 모 건물이 아직 불을 밝히지 않아서……"

무대 아래의 관객들은 화면을 주시하는 동시에 오른손으로는 메모하면서 이 장소는 오늘 회의에 참석한 어느 테이블의 인사가 책임져야 할지 생각했다.

카메라가 계속 나아가는데 날이 밝았고, 푸른 나무와 신선한 꽃을 스쳐지나 또 우뚝 멈추었다. 움푹 파인 구덩이 하나가 스크린 전체를 차지했고, 붉은 글자들과 화면 밖의 목소리가 다시 나타났다.

"아무개 지역사회에서 새로 포장한 도로의 노면이 무너져서……"

카메라가 다시 이동했다. 왕래하는 차가 많아서 길이 꽉 막혀 있는 어느 학교의 교문 어귀에 이르자 붉은 글씨와 화면 밖의 목소리가 또 나타났다.

"도로를 개조하느라 노면을 굴착하는 바람에 시험에 응시하는 사람들의 통행에 영향을 주어서 대중의 불만이 접수되었으니……"

롱 테이크(long take)는 점점 적어지고 몽타주는 점점 많아졌고, 동영상 재생 속도가 더욱 빨라지면서 빈번하게 문제를 지적했다. 모 거리의 문화 서비스 센터의 도관(導管)이 파손되어 하수가 멋대로 배출, 카메라 정지, 사진 왼쪽 하단. 모월 모일 몇시 몇분, 모 지역사회 체육

시설에는 이불을 걸어 말리고 있었으니, 정지, 왼쪽 하단. 모월 모일 몇시 몇분, 모 거리에서 비기동(非機動) 차량3이 지정된 주차 구역에 주차하지 않았으니, 정지. 모월 모일 몇시 몇분, 시안 사변 기념관 바닥에 쓰레기와 잡동사니가 있었고, 모 지역사회 입구에 도덕 모범 등 선진적인 사적에 대한 전시가 없었으며…… 모월 모일 몇시 몇분.

동영상이 끝나자 스크린은 검게 변하고 메인 조명이 켜졌으나, 회의장은 전체적으로 소리 없는 정적이 감돌았다. 나는 그제야 비로소 의장석 연단에 거리 담당 주임이 올라가 있는 것을 발견했다. 그는 고개를 약간 숙인 채 두툼한 원고를 손에 들고 있었다. 그는 지도자에게 가볍게 허리를 숙이고 낭독하기 시작했다.

> 존경하는 여러 지도자와 동지 여러분…… 저는 우리의 거리 사업에서 일어난 실수에 대해 진심으로 사과하며, 특별히 아래와 같이 반성합니다…… 첫째, 사상 의식이 박약하여……

나는 조금 전에 본 '다큐멘터리'에서 아직 정신이 돌아오지 못한 상태였다. 영화 미학에서는 늘 영상과 현실의 상호작용을 이야기하는데, 이곳에서는 영상과 현실의 상호작용이 너무 신속했다. 방금 동영상에서 제기된 문제는 각기 3개 거리의 관리처 소관이었는데, 각 거리에 벌금 1만 위안이 부과되었다. 3명의 거리 담당 주임은 이미 줄을 선 채 원고를 들고 계속 연단에 올라가 사과문을 낭독했다.

공산당 창건 100주년 기념일 아침, 우리 지도부에 TV 중계를 단체

---

3   인력이나 가축이 힘으로 움직이는 차량으로, 도로 통행이 허용된 것을 가리킨다.

로 시청하고 사진을 찍어 보고하라는 상부의 지시가 내려왔다. 리 주임은 휴대전화를 들고 사무실 안에서 자리를 세 차례 바꾸어서 국장이 3명의 부국장과 함께 진지하게 시청하는 모습을 정면과 측면 뒷면을 확보하여 찍었는데, 뒷면을 찍은 사진에는 앞쪽에 TV 프로그램의 실시간 화면이 포함되어야 했다.

이틀 뒤 정부 내부에서 이데올로기 회의를 열어 부패 척결의 전형적인 사례를 공부했다. '자오〔趙〕아무개의 해독을 숙청'하고, 반동적이고 부정적인 가오〔高〕아무개를 비판했다.

가오 아무개는 산시성을 감동시킨 산시성 최고의 모범으로서, 문화 수준은 2학년 정도이고 이름도 잘 쓰지 못하지만, 국가의 이익을 얻고 타인을 위해 기꺼이 나섰다. 두부를 팔아 부자가 되어 정신없이 재산을 모았다. 마을 사람들에게는 바라는 게 있으면 반드시 들어주면서 차용증을 쓰거나 돈을 갚으라고 재촉하거나 따져 묻지도 않았다. 그와 알고 지내기만 하면 실질적인 혜택을 얻을 수 있었다. 예전에 자오 아무개에게 미화 30만 달러를 주고 7천만 위안이 넘는 뇌물을 주었는데……

내가 몇 차례 회의에서 휴대전화를 만지다가 비판받은 뒤에, 사촌 오빠가 경험을 전수해주었다.

"무엇보다도 너는 표정 관리를 잘 못하는 것 같아. 지도자가 중요한 부분을 얘기하면 미간을 좁히고 휴대전화를 들어올리며 지도자를 보고 살짝 고개를 끄덕여주어야 해. 딱 알맞게 생각하는 듯하고, 딱 알맞게 이해하고 감탄하는 모습을 보이며, 딱 알맞게 화면을 두드리며 메모하는 척하면서 실제로는 SNS를 훑어보는 거지."

사촌오빠의 지도를 받고 표정 관리에서는 어느 정도 효과를 보았으나, 감히 휴대전화를 만지지는 못하고 그저 몰래 노트에 글을 쓰고, 가끔 고개를 들어서 의장석을 바라보며 뭔가 생각하는 듯한 표정을 지어 보였다. 매번 회의를 이렇게 무사히 보내게 되자 남몰래 만족했다. 그러다 우연히 다른 국장의 장비를 보고 '뛰는 놈 위에 나는 놈 있다'는 말을 실감했다.

아무개 국장은 휴대전화 뒤에 종이 한 장을 붙이고 있었는데, 조그맣게 축소한 글자가 빼꼼하게 적혀 있고, 투명한 방수 테이프에 덮여 있었다. 이런 종이는 나도 잘 아는데, 이전에 학교에서 시험을 감독하다가 압수한 전리품인 커닝 페이퍼가 바로 이런 모습이었다. 이 국장은 "맞아요, 이건 시험을 준비하는 복습 자료지요."라고 말했는데, 위에 인쇄한 것은 그가 빈민 구제 활동을 하는 지역의 구제 대상에 대한 기본 정황이었다.

> 허(何) 아무개: 나이 55세. 미혼. 신체 상황: 외다리 장애, 고혈압, 당뇨병. 평소 농사로 생계를 꾸리고, 가끔 날품팔이도 하며, 연 수입은 4,000위안 미만······

상부에서 수시로 무작위로 골라 전화를 걸어서 질문할 수 있는데, 국장은 어디에 있든 항상 목소리를 낮춰서 이렇게 대답했다.
"잠시만요. 지금 회의중입니다."
그런 다음 서둘러 5분 동안 외우고, 다시 전화를 걸어서 술술 대답했다.
또다른 국장은 바지 주머니를 더듬어 자기의 커닝 페이퍼를 꺼내 보여주었다. 그것은 지방 하천 관리 제도인 '하장제(河長制)' 문서를 축소 인쇄한 것으로서, 자기가 책임지고 있는 강의 길이와 수질, 강변의 공장과 기업 명칭, 오수(汚水) 배출 정황 등, 요점을 간명하게 정리했다. 맨 아래쪽에는 자기가 외워야 할 하천 관리 요령이 인쇄되어 있었다.

오수가 배출되지 않고, 쓰레기를 버리지 않으며, 법규를 위반하면 편승하지 말고, 바닥의 진흙은 청소하고, 생태계는 복원하고, 하천 수면은 청결을 유지해야……

그들은 내게 이렇게 말했다.
"당신은 배워야 할 게 아직 많아요."
국장들의 말은 맞았다. 얼마 뒤에 열린 제18기 인민대표회의 상무위원회 제41차 회의에서 나만 바보짓을 저질렀다. 당시 의장석에서 "거수로 표결하겠습니다!" 하고 말하자, 나는 손을 들었다. 희한하게도 회의장에서 손을 든 사람은 절반도 되지 않았다. 지도자들이 자신의 뜻을 견지하며 남의 의견에 부화뇌동하지 않는 이 장면은 기쁘고도 축하할 만했다. 이때, 여태 나와 이야기를 나눠본 적이 없는 어느 국장이 목소리를 낮춰서 내게 말했다.
"부국장, 양 부국장, 거수하지 마시오. 당신은 인민대회 대표가 아닙니다. 우리도 모두 아니라서 거수는 하지 못하고, 방청만 할 수 있어요."
헉!
이어서 인민대표대회 위원이 질문했다.
"주택 건설 자금과 관련해서 재정국에서 답변해주십시오."
"노후 단지의 리모델링을 서둘러야……"

"다른 사업이 진도가 느린 이유는 무엇입니까?"

"복직 제도는 2020년 하반기에야 시작되어서……"

"통계국에서 조사해서 응답해주십시오."

"일부 부서에서 로봇을 사용하여 특정 기간에 추출된 데이터를 조작했습니다. 컴퓨터를 뜯어서 랜 카드를 교체하여 IP 주소를 바꾼 곳도 있고, 컴퓨터에서 포토샵으로 직인을 위조한 곳도 있는데……"

이런 회의에서는 인민대표대회 위원의 질문을 받아야 하므로, 모든 국장은 약간 긴장하게 된다. 그러나 당 학교에서 열린 교육 회의에서는 훨씬 홀가분해져서 수업을 듣기만 하면 되었고, 가끔 조를 나누어 토론하기도 했다. 개강식에서 나는 처음으로 베이린구의 모든 부처장급 이사의 간부를 보았는데, 수백 명을 수용하는 계단식 대강당에도 다 들어가지 못할 듯했다. 앞줄의 처장급 간부들은 이미 차분하게 자리에 앉았으나, 뒤쪽에 밀려드는 부처장급 간부들은 정말 너무나 많아서 책상의 명패에 따라 자기 자리를 찾느라 바빴는데, 시장통처럼 북적거렸고 겨자씨처럼 평범했다. 이들은 명실상부한 말단 관리로, 뒷줄의 이 부처장급들은 여러 해 동안 경쟁해야 앞쪽의 저 몇 줄 안 되는 처장급이 될 수 있고, 그 몇 줄의 처장급은 또 어떤 선발 과정을 거쳐야 의장석으로 걸음을 옮겨 부청장이 될 수 있었다. 강당 안의 좌석 분포는 승진 비율을 직관적으로 보여주었다. 공무원 사회의 경쟁과 불안은 이 대조적인 광경 속에서 명분을 획득했다.

프레젠테이션의 글씨는 모두 볼드체였다. '역사 학습의 목적과 영향'은 녹색 바탕에 노란색, '과거는 미래의 스승이므로 잊지 말자'는 연분홍색, '옛날을 거울삼으면 성쇠를 알 수 있다'는 진한 붉은색이었다. 이세민(李世民)의 두루마기는 황금색이고, 그림의 배경은 선명한 남색이었으며…… 이런 색깔의 배치를 보면서 나는 강사의 나이와 말투, 지식 구조를 대충 짐작할 수 있었다.

교육 과정은 원래 매우 흥미롭게 진행될 수도 있었다. 10년 전쯤, 산시 사범대학의 린러창[林樂昌] 선생은 수업 시간에 마르크스의 「1844년 경제학 철학」 원고를 한 구절씩 정밀하게 강의했고, 천웨 선생은 우리와 함께 알튀세르의 『마르크스를 지켜라』를 강독하여 많은 타과 학생이 청강하도록 끌어들였다. 다시 눈앞의 화면에 집중해보려 했지만, 정말 들어줄 수 없었다. 겨우 점심 휴식 시간이 되어 아래층으로 뛰어내려 갔다.

이 학교는 둥관난루[東關南路]에 있는데, 나는 처음 온 곳이었다. 아무 목적 없이 북쪽으로 걸었는데, 길가 어느 호떡집 앞에 긴 줄이 서 있었다. 광고판에는 이렇게 적혀 있었다.

1개에 1.5위안. 매일 1,000개 한정 판매. 한 사람당 20개까지만 구매 가능

이렇게 싼 호떡이 얼마나 맛있을 수 있을까? 그런데도 이렇게 불티나게 팔린다고? 호기심에 나도 줄을 섰다. 앞쪽에 있던 사람들은 거의 10개씩 사 갔는데, 30분이 지나고야 비로소 내 차례가 되었다. 가게에는 두 사람이 있었는데, 남자가 밀가루 반죽을 얇게 밀면 여자가 구웠다. 여자는 쉴 틈이 없었다. 수시로 서랍식으로 된 구이판을 꺼내서 호떡 10개의 색깔을 살펴보고, 커다란 쇠 집게로 집어서 좌우로 돌리고 앞뒤로 자리를 바꾸었다. 겉이 황금색이어도 약간 고르지 않으면 온도가 다른 곳에 놓아 굽는 번거로움을 마다하지 않았다. 호떡이 화로에서 나오면 바삭한 향이 여러 층으로 풍겼고, 안쪽의 기름으로 반죽한 밀가루에서는 은은한 고추와 소금 맛이 아주 적절하게 느껴졌다. 모든

호떡은 색깔도, 바삭하게 씹히는 맛도 균일했는데, 이는 그녀가 특별하게 인내심을 발휘한 결과였다. 호떡을 들고 길가의 갓돌에 앉아서 한입 베어 물 수밖에 없었다.

파초에 듣는 빗방울

멀리 쑤저우〔蘇州〕에 있는 미학 교수 왕윈〔王耘〕이 내게 도서 목록을 하나 만들어주었는데, 대부분 우리 도서관에서 구매할 수 없는 것들이었다. 그는 이렇게 물었다.

"『대장경』과『총서집성』,『사고전서』를 살 수 있나요?"

이 세 개의 책 제목에 나는 깜짝 놀랐다. 이곳의 자금이 그리 풍족할 리 있는가? 이 세 가지만 하더라도 100만 위안이 넘을 터이다. 그래서 이렇게 대답했다.

"너무 비싸지 않고 또 일반적인 문화 수준으로 읽을 수 있는 책들로 작성해주실 수 있나요?"

며칠 뒤에 그가 메일을 보내왔다. 장 프랑수아 르벨과 마티유 리카르의『승려와 철학자』는 상당한 베스트셀러로 이미 20여 개 외국어로 번역되었다. 철학자인 아버지와 승려가 된 아들(생물학 박사)이 히말라야 산중에서 무릎을 맞대고 긴 이야기를 나누며 논쟁을 벌였다. 나는 아직 읽지 않았으나, 책 제목은 듣기만 해도 괜찮았다. 이어서 이런 책들이 있었다. 막스 베버의『프로테스탄트 윤리와 자본주의 정신』, 에밀 뒤르켐의『종교 생활의 원초적 형태』, 버트런드 러셀의『나는 왜 기독교인이 아닌가』. 이런 고전 서적은 당연히 책장에 진열해야 하지만 나로서는 약간 곤혹스러운 책들도 있었다. 존 맥쿼리(John Macquarrie)의 『기독교 신학의 원리Principles of Christian Theology)』와 장 칼뱅의 『기독교 강요』, 새뮤얼 코헌(Samuel S. Cohon)의 『유대교: 하나의 생활 방식Judaism: a Way of Life』 등이 그것이다. 내 기억에 닝 관장은 도서 목록이 너무 민감해서는 안 된다고 했는데, 이런 책들이 민감하다고 할 수 있는지, 상부에서 순시할 때 닝 관장에게 폐를 끼칠 수 있는지는 알 수 없었다.

왕원은 늘 종교를 연구하지만, 종교에 귀의한 적은 없고, 쑤저우대학에서 미학사를 가르친다. 대학 강의실의 이데올로기 규범에 따라 그저 미학 원리만 가르칠 뿐, 종교 유파나 교의(敎義)를 언급하지는 않는다. 그와 동시에 그는 또 쑤저우 시위안쓰〔西園寺〕의 제창〔戒幢〕 불교대학과 중위안쓰〔重元寺〕의 한산〔寒山〕 불교대학에서 대학원생들을 가르친다. 그곳에서 그가 불경의 이치를 가르치는 것은 규정에 전혀 어긋나지 않는 일이다. 운동복 차림으로 회색 승복을 입고 삭발한 사람들 가운데 앉아 있는 모습을 찍은 사진이 SNS에 나주 나타나서 내 호기심을 유발했다. 승려에게 강의하는 것과 대학생에게 강의하는 것은 어떻게 다를까? 승려의 수행과 일상생활은 어떤 모습일까?

그의 대답은 사찰 생활에 대한 나의 현묘한 가설을 깨버렸다. '출가'는 그저 소수의 사람에게만 순수한 정신 수양일 뿐, 다른 때는 상황이 일정하지 않다. 고통 때문에 출가한 사람도 있고, 무술을 익히려고 출가한 사람, 안전을 바라고 출가한 바람, '재벌 2세'로서 호화로운 생활을 벗어나기 위해 출가한 사람도 있다. 종교계에는 '동해와 같은 복(福如東海)'이라는 말이 있는데 푸저우〔福州〕와 루가오〔如皋〕, 둥타이〔東臺〕, 하이먼〔海門〕까지 네 지역 출신의 승려가 특히 많다. 집에 아들이 몇 명 있으면 막내 한 명은 가문의 대를 잇고, 나머지 몇 명은 모두 승려가 된다고 했다.

남방에서는 많은 승려가 대가족과 함께 오므로, 형제 사이도 있고 부자 사이도 있다. 그들은 대부분 현지 사람이 아니다. 예를 들어서 푸젠〔福建〕 사람은 대개 쑤저우에 오는데, 외부에서 온 승려가 경전을 잘 읽기 때문이다. 하지만 왕원은 이렇게 해석했다.

"이곳에서 나고 자라 어릴 적에 바지에 오줌 싼 일을 앞집 옆집이 다 알고 있는데, 갑자기 승려가 되면 어떻게 되겠어요? 다들 코웃음을 치겠죠."

그러므로 출가하려면 지역을 바꿔야 낯설고 신비로운 느낌을 줄 수 있다는 것이다.

무리 지어 온 이 승려들은 늙으면 종종 절에 한 사람만 남기고 나머지는 환속한다. 환속의 이유는 각기 다르다.

"집에 변고가 생기거나, 사찰에서 뜻을 이루지 못해 울적하거나, 다른 승려들과 사이가 좋지 않아서 환속하기도 하지요."

왕원은 잠시 말을 멈추었다.

"그리고 여성 신도와 소란을 피하려고 환속한 사람도 있어요."

일부 환속한 승려들은 사찰 근처에서 초를 팔거나 점을 치고, 사찰의 차를 몰아주는 등의 방식으로 생계를 꾸리면서 산업 사슬을 형성한다. 종교는 하나의 공간이 되어, 승려를 배출하고, 주변의 관광 산업을 형성하며, 다양한 상품을 만들어낸다. 그것은 하나의 조직이자 협력적인 시스템으로 작동하고 있다.

나는 막연히 종교 수련은 승려들에게 독립적인 자각을 주어서 개인이 파악한 하나의 존재 상태를 통해 자아를 더 높은 곳으로 인도할 것이라고 상상했었다. 산꼭대기와 바닷가, 숲속에 혼자 있으면 도를 깨닫기가 더 쉽지 않을까? 그런데 왕원이 관찰한 것은 대부분 다른 상태였다. 종교는 의식(儀式)을 통해 구성되는 일종의 사회적 활동이었다. 그가 추천한 에밀 뒤르켐의 명작 『종교 생활의 원초적 형태』라는 작은 책자는 사회학의 관점에서 종교에 대한 이해를 돕는다. 뒤르켐은 '사회적 관념이 바로 종교의 영혼'이라고 생각한다. 종교는 개인의 행위가 아니라 사회 현상 속에서 그것을 분석해야 하며, 각종 종교적 의식은 사회 혹은 집단이 존재를 유지하는 수단이다. 왕원은 대다수 승려가 종교 활동에서 얻는 만족감은 대개 개인의 명상이 아니라 타인과의 관계, 법사와 신도들의 교류를 통해서 오며, 이는 승려의 존재감을 구성한다고 했다.

그는 불교대학에서 두 과목을 강의하는데, 『불교 미학』과 『유식학唯識學 개요』이다. 전자는 조금 재미가 있는데, 후자는 당나라 때 현장(玄奘)이 번역한 원전 『유식12론唯識十二論』을 한 구절씩 정밀하게 강독하는지라 청중은 대부분 난색을 보이면서, 이런 공부는 너무 힘들고 지루하다고 느낀다. 간혹 논리가 치밀한 승려가 불경을 해설할 때는 문채가 탁월하기도 하다. 하지만 대다수 승려는 불경 문장에 관해 전문 학자보다 이해가 깊지 않고, 밀집한 언사(言辭) 대결은 사변 능력의 박약함을 드러내기 쉬우므로, 이런 활동에 참여할 때는 전혀 적극적이지 않다. 다만 교실을 나와 신도를 대하면 승려의 태도는 조금 나아진다. 그들이 신도에게 불사(佛事)를 거행하여 범패(梵唄)를 부르면, 신도들은 알쏭달쏭한 상태로 들으며 그저 승려가 무척 신비롭다고 느낌으로써 숭배하는 마음이 생겨난다. 승려도 이에 만족감을 느끼고 늠름해진다. 이것이야말로 그들이 더 뛰어난 영역이지, 교실에서 범주와 개념의 변천을 토론하는 게 아니다.

신도도 마찬가지다. 사찰에서 의식을 치르고 속세로 돌아와 살아갈 때는 그들의 두려움이 약해지고 용기는 늘어나서, 마치 어떤 지극히 높은 힘의 원천과 연결된 듯하다. 이것이 바로 뒤르켐이 말하는 바이다.

신앙은 표현 속에서 이런 삶을 나타내고, 의식은 이런 삶을 조직하여…… 집단감정과 집단의식을 정기적으로 강화하고 확인한다.

한동안 코로나 상황으로 인한 통제로 사찰이 잠시 문을 닫았다. 일부 법사들은 여러 차례 종교 관리 부서에 언제나 정상적으로 개방할 수 있는지 문의했다. 왕원은 내게 이렇게 말했다.
"그들이 왜 조급한지 알아요?"
"모르겠는데요."
그가 픽 웃으며 말했다.
"불공을 드리러 오지 않으면 법사들도 심심하거든요. 승려를 어떤 고정된 유형으로 상상하지 마세요. 그들의 성격과 애호는 각양각색이거든요. 유화 그리기를 좋아하는 이, 과학연구를 좋아하는 이, 값비싼 승복 수집을 좋아하는 이도 있고 당연히 불경 읽는 것을 좋아하는 이도 있지요."
절에는 젊은 승려들도 있는데, 평소에는 왕원과 불교학의 문제만 연구했다. 하루는 불교대학의 다른 교수가 조교를 데려왔는데, 여학생이었다. 성격이 명랑해서 수업 시간에 종종 승려들과 이야기를 나누었다. 왕원은 그 승려들이 나이가 비슷한 이 여학생과도 불교학에 관한 대화만 나눌까 궁금했다. 그러자 여학생이 웃으며 말했다.
"그럴 리가요! 왕 교수님, 저희가 무슨 얘기를 나눴을까 맞혀보세요. 제일 많이 얘기한 건 컴퓨터 게임이었어요. 몇 점을 얻었는지, 무슨 장비를 샀는지 하는 거죠."

그들은 자기도 '보통의' 젊은이이고, 자기도 속세의 삶을 잘 알고 있어서 '너처럼 나도 게임을 한다'라는 것을 보여주려고 애썼다. 왕원은 도서관에 특별히 슝스리(熊十力)의 『불가명상통석佛家名相通釋』을 추천했는데, 이 책은 유식학에서 불교의 명상(名相)[1]과 개념의 범주를 수집하여 다시 하나하나 해석해 마치 한 권의 사전 같았다. 이 책의 재미있는 특징 가운데 하나는 종종 한마디를 하고 나서 독자가 이해하지 못할까 싶어서 스스로 다시 해설해준다는 점이다. 이런 책은 고독한 독자에게는 훌륭한 친구이니, 불경 읽는 것을 감당하지 못하고 누구에게 물어봐야 할는지도 모른다면, 그냥 작자를 따라가면 된다. 그는 읽으면서 해설해주며, 독자와 이야기를 나눔으로써 독자의 독서 파트너가 되어준다.

다만 일부 승려들은 슝스리를 별로 좋아하지 않았는데, 그가 예전에 금릉각경처(金陵刻經處)에서 유식학을 배웠다가 나중에 신유학(新儒學)을 공부했기 때문이다. 그는 유식학을 공부하고 「신유식론新唯識論」을 발표하여 다른 견해를 표방했으며, 누군가 「신유식론을 격파함」을 써서 반박하자 금방 또 「'신유식론을 격파함'을 격파함」을 씀으로써 학문에 대한 논의를 힐난의 방식으로 전개했다. 종교계에서 몇몇 사람들은 그를 반도(叛徒)라고 여기지만, 왕원은 오히려 그의 비판성과 창조성에 감탄했다. 그는 불교를 이해하기만 해서는 안 되고, 그런 종교를 뛰어넘어 다른 사상사 속에서 그것을 되돌아보며 사고하는 게 더 중요하다고 했다. 예를 들어서 제이미 허바드와 폴 스완슨의 『보리수 가지치기: 비판불교를 둘러싼 폭풍』은 토론을 통해 난제를 해결한다. 또 『우파니샤드Upanishads』와 같은 책은 당시 인도의 여러 유파

---

[1] 불교에서는 귀로 들을 수 있는 것을 '명(名)', 눈으로 볼 수 있는 것을 '상(相)'이라고 한다.

의 사상을 알아야 비로소 불교가 탄생한 토양과 계기를 이해할 수 있음을 말해준다. 원시불교의 이론적 토대는 힌두교를 비롯한 당시 인도의 상고시대 문화 형태에 대한 혁명적 비판과 초월이다. 그와 동시에 그는 이슬람교와 기독교를 포함한 다른 종교 서적도 추천했다. 평소의 고정 관념을 버리고 자아를 열어 진리와 존재에 관한 각종 문제를 가득 채워야 한다고 했다.

종교 텍스트에서 그는 신도에게 몇 시에 무엇을 해야 한다는 식의 지나친 규율을 강조하는 것을 배척했다. 신자가 지시에 전적으로 순종한다면 쾌감과 안정감을 얻을 수는 있겠지만, 이런 안정감은 자유를 향한 자기의 지향을 포기함으로써 나오는 것이니, 당연히 그 과정에서 비판성도 포기하게 된다.

그는 포교하려는 게 아니라 독립적으로 사고하는 사람이라는 신분으로 종교의 내용과 이치를 명확히 판별하기를 바랐다.

군자는 배움으로 모이고, 물음으로 변별한다.
君子學以聚之, 問以辯之. (『周易』「乾卦」)

바로 이것이 그가 견지하는 태도였다.

그의 추천을 받고 나는 『보리수 가지치기』와 『승려와 철학자』를 펼쳐보았다. 전자는 내게 조금 어려웠고, 후자는 나도 멈추지 않고 읽어 내려갈 수 있었다. 책에서 아들을 이해하지 못하는 아버지는 승려와 거리감을 느끼는 대중과 약간 비슷했는데, 철학자와 수행자의 현학적 변론은 승려에 대한 대중의 오독(誤讀)과는 무척 달랐다. 둘은 상대방의 이견(異見)과 삶의 방식을 존중하고 또 날카로운 문제를 제기하여 고통과 무지의 관계를 토론했고, 자아와 현상에 대한 견고한 미련을 타파했다. 이 책을 읽고 나도 자아에 대한 집념을 반성했다.

왕원은 내게 기독교 텍스트를 본 적이 있느냐고 물었다. 그는 『구약성서』가 도서관과 같은 원천성을 가지고 있다고 여겼다. 그 안에 들어 있는 내용도 다양하고 체재도 통일되지 않아서 하나의 문헌 창고와 같으므로, 독자는 스스로 그 안에서 근거를 찾을 수 있다. 『구약성서』에서 생각해야 할 것은 역사 속의 분자(分子)로서 유대인이 고통과 억압 속에서 자기를 어떻게 해석했느냐 하는 점이다. 그는 욥(Job)을 좋아하는데, 또 욥의 질문이 굴원의 「천문天問」과 어떤 차이가 있는지 고민했다. 그래서 그는 레프 셰스토프(Lev Shestov)의 『아테네와 예루살렘Athens and Jerusalem』과 『욥의 저울에서In Job's Balances』를 추천했다. 그는 『신약성서』에 나타나는 언어 환경을 거듭 강조하면서, 이런 사유 방식이 도대체 어떻게 길러져서 나타났는지 관심을 보였다. 신자 한 명과 학자 한 명이 동시에 『신약성서』를 펼치면 서로 다른 인상을 받게 될 것이다. 신자는 이것이 바로 '신의 자취'이며, 주님이 내게 한 말씀이라고 믿을 것이고, 학자는 이것이 바로 '인간의 자취'라고 여길 것이다.

우울증을 앓고 있는 학생들이 종종 왕원을 찾아왔다. 종교를 연구하는 왕 교수는 틀림없이 다른 사람이 잘못된 길로 접어들었음을 지적하고, 어떤 초탈한 삶을 살아가게 해줄 수 있을 거라고 생각했을 것이다.

왕원은 자기가 우울증을 치료하는 능력이 뛰어나다고는 전혀 생각하지 않으나, 학생에게 캠퍼스 안에서 꽃밭이나 풀밭을 찾고 몇 가지 도구를 준비해서, 땅바닥에 쪼그려 앉아 개미를 살펴보라고 권했다. 자세히 살펴보면, 개미가 조직적이어서 신호수와 일꾼, 사령관 등이 있음을 발견하게 된다. 개미에게는 또 성격이 있어서 조급한 녀석도 있고 유유자적한 녀석도 있다. 다른 도구를 이용해서 개미의 상황을 만들어보자. 수박 한 조각이면 녀석들의 미친듯한 식욕을 유발할 수 있고, 물 한 잔이면 녀석들의 집을 무너뜨릴 수 있다. 흙 한 컵이나 돌 한 조각, 두 발의 짓누름, 뙤약볕 아래의 돋보기 하나…… 이런 방식으로 오후 내내 개미를 관찰하며 녀석들의 출생과 죽음을 살펴보면 아마 울음이 터질 것이다.

이것이 바로 인생이다. 땅강아지나 개미와 같은 삶의 문제를 해결하는 유일한 방법은 당신, 바로 당신이 개미를 관찰하는 사람이 되는 것이다. 이것은 그가 종교 연구를 통해 얻은 사유 방식이었다. 석사와 박사과정을 다니는 동안 그의 공부 방향은 중국과 서양의 문예이론을 함께 섭렵하는 것이었는데, 우연히 불교 이론을 접하고 나자 후자는 전혀 다르다고 느꼈다. 체계는 방대하고 복잡하며, 층위는 너무 다양하고, 개념은 수준 높고 오묘하여, 그를 그곳으로 전향하도록 이끌었다. 20년 동안 계속 연구했음에도 피안 세계의 부름이나 초월주의의 현묘한 명상을 맞이하지 못했으나, 그의 마음속에 있던 약간의 갈등은 해소했다.

하루는 아들이 내게 이렇게 물었다.

"맹자는 후손을 낳지 않으면 불효라고 했는데, 불교 승려들은 결혼도 하지 않고 아이도 낳지 않는데도 늘 사람들이 우러르는 고승이 되잖아요. 이런 모순을 어떻게 해석해야 하나요?"

나는 왕원에게 가르침을 청하라고 했는데, 왕원은 이렇게 대답했다.

"출산과 양육에 관한 유가와 불교의 관념은 다르지만, 또 공통성이 있지. 모두 생명의 유한성에 반항하는 거야. 유가는 생명의 연속을 통해 생명의 유한함을 극복하려 하고, 불교는 욕망을 부정함으로써 운명의 굴레를 해체하려 하거든."

불교는 이 세계를 어떻게 이해할까? 임신 10개월인 어머니가 아침에 새 생명을 맞이했는데, 저녁에 아이가 돌연 병사해버린다. 한낮에 등극한 국왕이 한밤중에 쿠데타를 당한다. 생명의 역정은 폭탄처럼 순식간에 궤멸해버린다. 생로병사는 하나의 총체가 되어서 미처 막을 겨를도 없이 급작스럽게 부처 앞에 나타나니, 이것이 바로 '고(苦)'이다. 『증일아함경增一阿含經』을 읽을 때 왕원의 눈앞에 기둥이 하나 나타났는데, 위쪽에는 새끼줄에 묶인 개 한 마리가 있었다. 이 개는 욕망에 쫓겨 쉼없이 앞으로 달려가려 하지만, 영원히 종점에 도달하지 못한다. 사람들은 늘 시간은 손가락 사이로 흘러나가는 모래라고 한다. 그런데 그는 당신의 손에 모래가 있는 게 아니라 당신이 바로 한 알의 모래이며, 시간 속에서 당신, 그러니까 한 알의 모래가 유실되었다고 설명한다. 이런 유실의 느낌이 바로 '환(幻)'이다.

그의 주위에는 '출가했다가 환속하고', '다시 출가했다가 다시 환속하는' 사람들이 계속 오고 간다. 세상 만물을 바라볼 때 그는 우선 '고'와 '환'을 살핀다. 어느 재미있는 영상에서 야생동물이 욕망을 참기 어려워할 때, 다른 이들은 웃었으나 그는 한숨을 내쉬었다.

"그 역시 '고'이지!"

그가 아이에게 피아노를 배우게 하자, 친구가 물었다.

"피아노가 아이에게 즐거움을 주기 때문인 거야?"

"아니. 나중에 아이가 커서 외롭고 고통스러울 때 피아노가 함께해 줄 수 있기 때문이야."

미학 수업에서 그가 보여준 뭉크의 그림 속에는 한 소녀가 얼굴을 가린 채 통곡하고 있는데, 방은 뭐라고 표현하기 어려운 검붉은색으로 덮여 있고, 벽의 선은 소녀의 어깨 모양으로 구부러진 채 함께 통곡하고 있다. 이 그림을 이야기할 때면 그는 하마터면 강단에서 눈물을 흘릴 뻔한다.

"이 사람은 말이야, 어떻게 그렇게 많은 피를 흘리게 되었을까?"

그의 눈동자 속에 우울한 빛이 흐릿하게 서렸고, 어조는 느리고 차분했다. 그와 알고 지낸 지 이렇게 오래되었음에도 나는 그의 목소리가 잠시라도 빨라진 것을 들어본 적이 없는데, 이것은 그의 신기한 특징이었다. 내가 물었다.

"종교 연구를 통해서 무얼 얻었나요?"

나는 종교가 그를 평온하고 즐겁게 해주었다고 말할 줄 알았는데, 그는 이렇게 말했다.

"종교를 연구하지 않았더라면, 나는 아마 더 추한 사람이 되었을 테지요."

그는 많은 불경을 읽었으나 항상 보살도(菩薩道)보다는 아라한도(阿羅漢道)를 닦고 싶어했다.[2]

"중생은 사실 너무 소란스러워서 나로서는 구할 수 없어요. 차라리 아라한, 피와 살로 이루어진 아주 평범한 사람이 되어서 이 세계를 고요히 관찰하고 싶어요."

언어와 침묵 사이에서 선택하라고 한다면 그는 침묵을 택할 것이다. 그는 말하는 것을 전혀 좋아하지 않지만, 교수 신분이니 말을 하지 않을 수 없다. 그가 더 바라는 삶의 상태는 이러하다. 극소수 사람들하고만 얘기하고, 계속해서 여러 책을 쓰는 것이다. 퇴직하고 나면 산속에 들어가 대나무와 파초를 심어놓고 살 생각이다. 대나무는 깔끔하여 줄

---

[2] 여기서 자세히 설명하기는 곤란하나, 대체로 보살도는 대승불교의 행자가 발심(發心)하고 수행하여 자비심으로 중생을 제도함으로써 성불하기까지의 긴 여정을 가리키고, 아라한도는 소승불교의 4가지 수행 단계(果位) 즉 수다원도(須陀洹道)와 사다함도(斯陀含道), 아나함도(阿那含道), 아라한도(阿羅漢道)에서 최후이자 최고 단계를 가리킨다.

기에 아주 작은 솜털이 있을 뿐 다른 건 없어서, 그 위에 글씨를 써놓으면 보기 좋다. 파초 잎 위에 글씨를 써도 보기 좋다. 봄이 되면 대나무 자라는 소리가 아주 크다. 밤이면 파초 잎에 빗방울 듣는 소리도 아주 크다.

눈 내리는 밤중의 호랑이

고속철에서 내려 호텔에 짐을 내려놓고, 허리춤에 카메라 가방을 매고, 반 고흐 문양이 들어간 양말을 신은 쑹루(宋璐)는 야구모자를 쓰고 문을 나섰다. 걸음은 경쾌해 언제라도 지면을 박차고 달릴 수 있을 듯했다. 중년의 피로감은 전혀 없었다. 50킬로그램의 아령과 30킬로미터의 사이클을 번갈아 훈련하여 또렷한 턱선과 대형 고양잇과 동물 같은 등을 만들었다. 키 180센티미터 남짓한 이 남자의 눈빛에는 길들지 않는 오만함이 있었고, 길을 걷는 것이 마치 산꼭대기에서 먼 곳을 조망하는 듯했다.

그는 어려서부터 말수가 적고 이웃과도 거리감이 있었으며, 부모에게도 속내를 얘기하려 하지 않았다. 손에 든 카메라는 정자(亭子)처럼 한쪽을 아늑하게 가려서 용솟음치는 사물을 관찰할 수 있었다. 사진작가로 이미 여러 해 동안 일했으나, 근처에서 낯선 사람을 찍는 것은 여전히 조금 망설여졌다. 머뭇거리다가 놓친 순간은 보충할 방법이 없으므로, 오늘은 스스로 좀더 용감해지길 바랐다.

새로운 도시에 오자 그는 힘껏 살펴보았다. 미인과 아름다운 풍경은 SNS에서 많은 '좋아요'를 얻을 수 있었으나, 그것들은 그가 찍고 싶은 게 아니었다. 선명하게 함께 쌓이는 것은 대부분 같은 의미의 반복이지만, 그는 일상적인 사물 속에서 다른 모습을 기록하고 싶었다. 그는 뒷골목을 면밀하게 주시하면서 마음속의 파도를 기다렸다.

벤치에서 고개를 숙인 채 휴대전화를 만지는 3개의 몸체는 펼쳐놓은 접이식 부채 같았는데, 3개의 부챗살 간격은 균등했다. 커다란 명품 광고의 나비 리본 모양 문 구멍으로 채소 좌판의 파 껍질과 마늘쪽이 드러났고, 빙탕후루(冰糖葫芦)의 들쭉날쭉한 가지 뒤로는 옛 상하이의 모습을 담은 달력 속 우아한 얼굴이 배경처럼 자리잡고 있고…… 미세한 희극성이 그의 눈앞에서 바삭거리며 이 오후에 풍성하고 진한 맛을 주고 있어서, 그는 쉼없이 셔터를 눌렀다.

거리 촬영은 그의 본업이 아니어서 보수도 없지만, 그는 여기에 가장 많은 시간을 썼다. 매번 출장을 갈 때마다 제일 이른 고속철 표를 구매하는 것은, 조금이라도 일찍 낯선 곳에 도착해서 마음껏 사진을 찍은 뒤 일하러 가기 위해서였다. 그를 잘 아는 친구도 그가 왜 여기에 빠져 있는지 이해하지 못했다.

그는 "주목받지 못한 것은 일종의 면제"라는 사진작가 사울 레이터(Saul Leiter)의 명언을 좋아한다. 이 말이 인쇄된 사진집에서 그는 내게 그 말을 가리켜 보여주고 나서 사진 속 우산의 구도와 천의 질감, 시대의 흔적을 설명하기 시작했다. 사실 그에게 가장 매력적인 것은 이런 세세한 기술이 아니라 레이터의 상태라고 했다. 예술적 야심은 없고, '주목받지 못하는 것'에 대해 순리대로 만족하면서, 유명해지기 위해 전혀 애쓰지 않고 그저 사진 찍는 것을 좋아할 뿐이다. 평생 가정부로 일하다가 사후에야 상자 안에서 인화되지 않은 10만여 장의, 대가(大家)에 비견되는 거리 사진이 발견된 또 한 명의 사진작가인 비비안 마이어(Vivian Maier)처럼, 레이터도 거리에서 무척 즐거워하는 것을 알 수 있었다. 마이어에게 사진 촬영은 그저 아마추어적인 취미였을 뿐, 남들에게 알려지고 싶은 생각은 전혀 없었다.

이 역시 쑹루가 동경하는 생활 방식이다. 프리랜서 사진작가로서 그의 수입은 주로 스포츠 경기와 상업 활동을 촬영하는 데에서 나오고, 이따금 언론과 협력하여 사회적 사건에 대한 보도사진을 찍기도 했다. 다만 그가 더 관심을 기울이는 부분은 일상적인 길거리를 촬영하는 것과 자기가 관심이 있는 '의미 있는' 주제를 장기간에 걸쳐서 촬영하는 것이었다.

그는 베이징 제2 순환도로 근처에 살았던 적이 있는데, 바삐 일한 만큼 물질적 풍요를 얻었다. 나중에 동남쪽 제5 순환도로 바깥의 아파트로 이사했는데, 면적이 작아서 옷을 말리려면 방안에 간이 건조대를 설치해야 했다. 다만 방세가 절반으로 줄어서 매일 몇 차례 촬영 임무를 맡는 것만으로도 충분히 감당할 수 있었고, 남는 시간은 모조리 자기를 위해 썼다. 그는 규칙적인 일정을 정했다. 아침에는 차분히 앉아 30분 동안 복식호흡을 한다. 그런 다음 헬스장에 가서 복싱과 역도를 연습하고, 집에 돌아오면 철제 다락방에 올라가 책을 읽는다. 오후에는 촬영하고, 저녁에는 영화를 본다.

젊었을 때 그는 에어 슛[1]을 즐겼으나, 지금은 에어 복싱으로 바꾸어서, 사람이 적은 곳에서는 참지 못하고 주먹을 휘두르며 연습한다. 40세가 넘었는데도 여전히 이 모양이니 너무 유치한 게 아니냐고 자조하기도 한다. 같은 연령대의 벗들은 지금 모두 교수나 주임, 처장 등이 되었고, 다들 규칙 속에서 자라지만 자기는 마치 들풀 같다고 생각한다. 저녁 무렵, 천둥소리가 울리자 그는 폭풍우를 쫓아가서 빗속의 배와 번개에 비친 나무 그림자를 촬영하다가 온몸이 흠뻑 젖었다. 택시

---

1 동작 인식 및 공간 오디오 시뮬레이션을 통해 사용자가 공기 중에 공을 던지는 동작을 하면, 농구공이 그물에 들어가는 가상 경험을 느끼게 하는 것이다.

를 타고 지나다가 창밖에서 들려온 강아지 장난감 녹음 소리를 잊을 수 없어서, 일부러 몇 킬로미터를 걸어 되돌아가서 코믹한 동영상으로 편집하기도 했다.

그가 소장하고 있는 사진 책을 뒤적이자, 그가 내게 말했다.

"어때요? 이 책을 3,800위안에 넘겨줄게요. 우정을 생각한 가격이지요. 다른 사람이라면 4,000위안을 달라고 했을 겁니다."

어떤 때는 또 유난히 진지해진다. 예전에 위챗으로 촬영의 개념에 대해 논쟁하다가, 내가 받아본 중 가장 긴 메시지라는 기록을 세웠다. 내 엄지손가락이 여섯 번이나 화면을 스크롤하고 나서야 다 읽을 수 있었다. 끝이 보이지 않는 문장을 앞에 놓고 무슨 논쟁할 체력이 있겠는가? 그저 깔깔 웃으며 이렇게 답신할 수밖에 없었다.

"당신 말이 다 맞아요!"

그에게 사진 관련 도서 목록을 만들어달라고 했더니, 긴장되고 흥분된다면서 이렇게 말했다. 어릴 적에 도서관 사서가 되고 싶었던 적이 있는데, 이 바람을 마침내 지금 일부나마 실현할 수 있게 되었다고. 편협함을 피하기 위해 그는 런웨〔任悅〕라는 중국인민대학의 전문가에게 조언을 구했고, 그녀의 건의에 따라 도서 목록을 사진의 역사와 촬영 교재, 사진집 및 그림책, 그리고 사진 개념 및 감상 철학까지 네 부류로 나누었다.

사진의 역사로는 『세계 사진의 역사』[2]와 『중국 사진의 역사』,[3] 『중국 사진관의 역사』,[4] 『신체, 성별, 촬영』[5] 등을 추천했다.

---

2 顧錚, 『世界攝影史』, 浙江攝影出版社, 2020. * 이 책은 같은 제목으로 여러 저자에 의해 여러 출판사에서 간행되었으며, 여기 예로 든 것은 비교적 최근에 간행된 책이다.

3 (英) 貝內特(Terry Bennett) 著, 徐婷婷 譯, 『中國攝影史』, 中國攝影出版社, 2011.

4 仝冰雪, 『中國照相館史』, 中國攝影出版社, 2016.

촬영 교재로는 『뉴욕 사진대학 촬영 교재』[6]를 1순위로 꼽았다. 이 책은 세계적으로 10년 동안 유행하고 있는데 논리가 분명하고 서술도 명료하며, 재판에는 디지털 촬영 콘텐츠가 추가되었다. 휴대전화 촬영과 DSLR 촬영에 관한 책은 그가 보기에 촬영의 본질과는 거리가 멀고 마음에 들지도 않지만, 대중이 쉽게 받아들이고 입문 기술을 배우려는 수요를 충족시켜줄 수 있으므로 구매하라고 권유했다.

사진 앨범 및 그림책은 대중이 좋아할 게 틀림없는데, 직관적이고 보기 좋기 때문이다. 매그넘 포토스(Magnum Photos) 시리즈와 『검은 렌즈』,[7] 『종이 위의 기록사진』 시리즈, 『마오쩌둥 이후의 중국』,[8] 『열차 위의 중국인』[9]은 모두 소장 가치가 있다. 『시정서창』[10]과 『대영호설』[11] 같은 산시 지방의 특색이 담긴 사진집도 몇 권 찾았는데, 시안의 독자에게 추천한 것들이다. 또 다음과 같은 포기할 수 없는 일련의 사진작가들이 있었다. 세실 비튼(Cecil Beaton), 스티븐 쇼어(Stephen Shore), 로베르 드와노(Robert Doisneau), 마틴 파(Martin Parr), 낸 골딘(Nan Goldin), 요세프 쿠델카(Josef Koudelka), 아라키 요부노시(荒木經惟), 모리야마 다이도(森山大道), 도마쓰 쇼메이(東松照明), 후카세 마사히사(深瀨昌久), 뤼난(呂楠), 옌밍(嚴明) 등…… 그는 이들을 열거하고 나서 한편으로는 이 그림책들이 너무 비싸서 도서관 경비가 부족하지나 않을까 걱정했다.

---

5 施瀚濤 主編, 『身體·性別·攝影』, 上海文化出版社, 2017.
6 『紐約攝影学院攝影教材』(上·下), 中國攝影出版社, 2010.
7 肯全, 『黑鏡頭: 中國這100年』, 百花洲文藝出版社, 2021.
8 劉香成, 『毛以後的中國: 1976~1983』, 世界圖書出版公司, 2011.
9 王福春, 『火車上的中國人』, 北京聯合出版公司, 2017.
10 宋群 編, 『本地: 市井西倉』, 陝西師範大學出版社, 2018.
11 胡武功, 『對影胡說』, 山東圖報出版社, 2020.

사진 개념 및 감상 철학과 관련해서 그는 몇 가지를 더 추천할 필요가 있다고 생각했다. 수전 손택의 『사진에 관하여On Photography』와 이안 제프리의 『'사진' 어떻게 읽을 것인가?』, 빌렘 플루서의 『사진의 철학을 위하여』, 존 버거의 『다른 방식으로 보기』와 『사진의 이해』, 『말하기의 다른 방법』과 같은 책들은 모두 고전이다. 그는 특히 존 버거의 『포켓의 형태』와 『행운아』, 그리고 수전 손택의 『타인의 고통』은 어쩌면 책의 제목이 사진과 관련이 없는 듯해서 내가 이상하게 여길 수도 있으나, 자기로서는 이 책들을 포기하기 어렵다고 했다. 이 책들은 경계를 깨고 있으며, 이 책들에 담긴 예술의 본질에 관한 인식과 느낌, 사고는 사진 촬영에 일종의 자양분을 제공한다고 했다.

일요일 아침, 햇살이 무척 밝았지만, 나는 나른하게 이불 속에 웅크리고 있었다. 위챗에서 딩동 소리가 울리면서 그의 메시지가 왔는데, 다시 기록을 세웠다. 내가 지금까지 받은 것 가운데 가장 긴, 5,000자나 되는 도서 목록이었다. 빨간색과 검은색으로 글씨의 색을 달리해 책의 중요도를 나누고, 아울러 추천 이유를 일일이 설명했다. 흠칫 떨며 벌떡 일어났다. 친구가 내 도서관에 이렇듯 신경써주고 있는데, 내가 침대에서 나오기 싫어 버티고 있으면 되겠는가?

『타인의 고통』을 추천한 이유를 물었더니, 그는 타인의 고통을 이해하는 것은 시각 작업을 하는 사람에게는 마음의 준비이기 때문이라고 했다. 그는 일 년 내내 '지적장애인의 노후'라는 주제로 사진을 찍는데, 어떤 각도로 찍느냐 하는 것은 자기가 촬영 대상을 어떻게 인식하느냐에 달려 있다. 장애인의 고통과 무력감은 엽기적인 구경거리가 되어서는 안 되며, 삶의 비극적 관성이다.

2007년에 그는 우연히 '베이징 후이링〔慧靈〕 봉사기관'에서 지적장애인 단체를 만나서 자원봉사를 했다. 그는 그들에게 간단한 농구공

패스와 슈팅 동작을 가르치고, 함께 야외에서 경기도 하고, 함께 쇼핑도 했다. 그가 찍은 사진을 100여 장이나 보았는데, 확실히 그는 '후이링'에 여러 차례 갔었고, 촬영 대상과 관계도 비교적 가까워 보였다. 카메라 앞 인물은 상황을 잘 알고 있어서 경계하지 않았고, 고개를 숙인 채 잠시 쉬는 모습은 바삐 지나가던 행인이라면 찍기 어려운 것이었다.

요 몇 년 동안, 가족과 친구들에게서 버려져 생활의 곤란을 겪고 있는 많은 지적장애인이 그에게 전화를 걸었다. 전화 속의 목소리는 늘 그랬듯이 탁하고 문장도 불완전했지만, 그는 최선을 다해 상대방의 호소를 이해하고 밥을 사주거나 약을 보내주고, 인터넷 사기를 감별하여 (그들은 자주 사기당한다) 파출소의 인민 경찰과 소통하여 그들이 무지로 저지른 실수를 설명한 다음, 구치소에 가서 그들을 데려왔다. 한동안 활발했던 지적장애인 왕〔王〕아무개가 어느 날 갑자기 말수가 적어지고 식욕도 떨어져서 종일 먹지도 않은 채 멍하니 앉아 있었다. '후이링' 직원은 이유를 몰랐으나 묻지도 못했는데, 오직 쑹루만이 왕 씨가 (어느 비장애 여성을 향한) 이룰 길 없는 짝사랑 때문에 열등감과 절망감에 빠졌음을 알았다. 그는 왕 씨에게 펜을 주며 자기 심정을 종이에 그리게 하고, 또 그와 함께 멀리 산책을 나갔다.

"나는 당신이 생각하는 그 사람이 누군지 알아요."

왕 씨의 눈에 눈물이 흘렀다.

이것은 진즉부터 사진작가의 업무 범위를 넘어선 것이었으나, 쑹루는 진중하게 하고자 했다. 그는 '지적장애인 노후 문제' 시리즈의 사진을 발표하여 이런 사람들이 더 많은 관심을 받도록 도왔다. 보도와 발표가 끝은 아니다. 성인 지적장애인은 모든 공익사업에서 거의 관심의 끝자락에 있다는 사실은 한순간에 방향이 바뀌기 어렵다. 그는 이런 가족 관계의 지속과 공익사업 자체를 사회적 차원에서 추진하는 데에 더 관심을 기울이면서, 자기가 아직 충분히 몰입하지 못하고 있다고 여겼다.

나는 한 가지 의문이 들었다. 오랫동안 환자들과 지내다보면 견디기 힘든 장면 때문에 심적 에너지가 심하게 소모될 텐데, 그래도 견뎌낼 수 있을까? 그는 그래도 괜찮다고 했다. 고난에 부딪힐 수도 있지만 외과의사가 피와 내장을 마주할 수 있듯이, 이런 모든 게 감당할 수 있는 범위 안에 있으므로 힘들지도 않고, 자기가 억지로 견뎌내고 있다고도 생각하지 않으니, 계속 이런 식으로 해나갈 수 있다고 했다.

타로점에 정통한 친구가 그를 위해 세 차례 점을 봐주었는데, 그의 운명은 모두 하나의 카드, 유빙(流氷)에 비스듬히 기댄 채 몸을 돌려 푸른 물을 바라보는 인어의 뒷모습이 그려진 카드에 낙착되었다고 했다. 이 카드는 신비한 뜻을 담고 있는데, 그가 민타카(Mintaka)라는 외계 행성에서 빛의 사도(lightworker)라는 사명을 띠고 지구에 왔다는 것이었다. 이게 사실이든 아니든 간에, 그는 기꺼이 이런 사명을 자기에게 부과하여 등잔에 불을 밝히고 길을 환히 비추고자 했다. 내가 물었다.

"당신이 이 세계에 사명을 띠고 왔다고 믿나요?"

그는 그렇다고 했다. 그가 보기에 사진은 일종의 매개체로서, 한편으로는 내면을 탐색하여 자아를 구축하고 형성하며, 다른 한편으로는 외부를 향해서 이 세계에 개입하여 영향을 준다. 어떻게 개입하는가? 그에게는 마지노선이 있는데, 예를 들어서 그는 선정적으로 비참한 모습을 파는 사진에 반감을 느껴서, 고의로 '전형적인' 치매에 걸린 사람의 얼굴을 포착하여 사람들의 이목을 끄는 짓은 절대 하지 않았다. 그의 사진을 넘겨 보면서 나는 지적 능력이 낮은 사람들 앞에서 그의 심리상태가 그들을 내려다보는 게 아니라 수평으로 바라보면서, 친구의 시선으로 그들의 일상생활에서 속수무책인 상황을 발견하려 한다는 데에 주목했다. 머리빗의 빗살 사이로 헝클어진 머리카락, 창문 턱에 떨어진 알약과 재, 샤워기 아래 목에 잔뜩 묻어 있는 거품. 이런 것들을 찍은 카메라 안에는 슬픈 연민이 있고, 존엄성도 있었다.

그는 사진작가의 소양은 우선 관찰력에서 나타나니, 어떤 장면을 신속하게 현실에서 떼어냄과 동시에 어떤 각도와 배경이 더 좋은지 판단해야 한다고 했다. 이런 기술은 반복적인 연습을 통해 얻을 수 있으나, 더 심층으로 들어가면 차이가 벌어진다. 손에 카메라를 든 사람은 무엇이 기록할 만한 가치가 있다고 여기며, 왜 저것이 아니라 이것을 선택하는가? 이것은 개성과 입장의 문제이다.

오늘날 사진의 일부는 간편 상품이다. 소비주의의 유도에 영합하거나 자기에게만 관심을 기울여서 자기와 주변 사람들의 잔물결을 찍는데, 며칠이면 인화해서 내놓을 수 있다. 다만 그는 조금 더 천천히 일하면서 나르시시즘을 없애고, 돌아서서 밖을 보려고 한다. 낯선 이의 삶 속에서 무슨 일이 왜 일어났는지 살펴보려 한다. 보도사진은 상당한 에너지를 소모한다. 예를 들어서 장애인을 주제로 삼는다면, 서로 다른 가정을 찾아서 몇 달 심지어 몇 년을 함께 지내면서 그 과정에서 생기는 부담을 견딜 방법을 찾아야 한다. 최종적으로 작품이 얼마나 깊이 표현할 수 있는지는 사진작가가 타인의 삶에 얼마나 진지하게 관심을 기울이고, 어떤 감정과 책임감을 느꼈느냐에 따라 결정된다. 이 일은 인풋과 아웃풋의 비율이 그다지 맞지 않으므로, 수지가 맞지 않는다고 생각하는 사람이 아주 많다.

예전에 그는 곤경에 처한 적이 있었는데, 깊은 연못에 빠진 상태에서 아주 작은 도움을 받았을 때 너무나 따뜻한 느낌을 받았다. 그는 이런 느낌을 생생하게 기억하기 때문에, 입장을 바꾸어 생각하여 자기도 고통받는 사람에게 도움의 손길을 내밀고자 했다. 어렸을 때는 비교적 이기적이었는데, 요 몇 년 사이에 가장 큰 변화는 바로 이 세상에서 자기의 욕구, 특히 물질적 욕구는 그다지 중요하지 않다는 것을 점점 깨닫고 있다는 사실이라고 했다. 최대한 '나'를 타파하고 '무아(無我)'가 되어서 자기를 내주고, 이 세상에 조금이나마 온유함을 주어야 한다고 했다.

그는 난치병에 걸려서 베이징에 치료하러 온 많은 아이를 촬영했는데, 임시 셋방에 모아놓은 그릇과 젓가락, 황급히 마련한 접이식 탁자, 값싼 인형, 애타는 부모…… 그들에게 카메라의 초점을 맞추면서 약간 갈등했다. 질병은 어쩌면 인간에게 가장 은밀한 사생활이자 고통인데, 이런 아픈 아이가 있는 가정이 부득이한 사정으로 문을 열고 카메라를 든 낯선 사람을 들여서 빚을 받아내듯이 사진을 찍게 한다. 그는 스스로에게 최대한 자제하여 정도를 넘어서지 말라고, 정보를 낚아채기 위해 경솔하게 타인의 비밀을 캐지 말라고 일깨웠다.

어느 네 살짜리 여자아이는 신경모세포종[12]을 앓아서 여러 차례 화학 요법을 받아 머리카락이 다 빠지고 얼굴은 누렇게 말랐다. 그가 인터뷰하러 가서 병세에 관해 이야기할 때는 아이가 듣고 슬퍼할까 싶어서 아이를 피하게 했다. 아이 엄마는 괜찮다고 했다. 아이는 어려서부터 병원에서 지내면서 고열과 혼수상태에 익숙해졌고, 고통을 견뎌내는 능력이 극도로 강하며, 정상적인 날이 오히려 드물다고 했다. 엄마가 가발과 버블 스커트를 꺼내자 여자아이는 기뻐하며 입고 섰다. 다들 공주 같다고 칭찬하자 아이는 입을 삐죽 내밀고 말했다.

---

12 신경세포가 악성 종양(암)이 되는 질환으로서, 대표적인 소아암 가운데 하나이다.

"하지만 나한테는 마차가 없잖아요."
이 말을 하면서 쑹루는 그 여자아이의 목소리를 흉내내었다.
"정말 귀여웠는데……"

동정심보다 야심이 크다면 나는 영혼을 잃게 된다.

이것은 사진작가 나크웨이(James Nachtwey)의 명언인데, 쑹루는 반복적으로 이 말로 자기를 일깨운다. 내가 이 책을 쓰는 마지막 순간에도 그는 논픽션 글쓰기의 윤리에 대해 논의하면서, 책 속의 인물들이 나중에 받게 될 괴롭힘을 미리 판단하고, 글에서 최선을 다해야 한다고 일깨워주었다.

한번은 그가 외딴 산골에 취재하러 간 적이 있는데, 아이는 기자를 피하면서 최근에 겪은 힘들었던 일을 다시 떠올리려 하지 않았다. 누군가 아이를 시내에 데려가서 맛있는 것도 사주면서 구슬려 이야기하게 해보라고 했다. 하지만 쑹루는 반대했다. 맞교환방식의 유혹은 바로 동정심보다 야심이 큰 경우에 속한다고 여겼기 때문이었다. 개인의 운명에 관한 이야기에서는 당사자의 느낌을 최우선으로 해야 하고, 소통의 전제 조건은 그들을 존중하는 것이다. 그는 질문을 포기하고, 들고 있던 DSLR을 그 남자아이에게 주어서 만지고 놀게 해주고, 또 자기가 들고 있던 농구공을 아이가 가로채가도록 양보해주었다. 이 남자아이는 큰 풍파를 겪어서 웃음을 잃은 지 오래였다. 그러나 그날 오후에는 쑹루와 함께 있으면서 머리끝에서 땀방울을 흔들며 쉼없이 웃었다.

하나의 사건은 고립된 것이 아니므로, 사진 속에서 이 사건과 환경, 역사의 종횡 관계를 나타내는 게 가장 좋다고 그는 믿었다. 이런 시각 작품에는 정보가 더 많이 들어 있을 터이다. 그는 달을 그리는 대신 구름을 그려서 달의 모습을 드러내는 홍운탁월(烘雲托月)의 방법으로 촬영하는 것을 즐긴다. 달리는 야생동물을 촬영할 때는 먹이가 있는 지역의 식생을 미리 이해하고, 이런 요소들을 어떻게 시각화할지 고려한 다음, 다시 렌즈의 거리와 요소의 대비 등을 포함한 자세한 촬영 계획을 세운다. 중증 환자 가족을 위한 모금을 위해 사진을 찍을 때는, 병원의 환경이 사건을 설명하는 데에 부족하다고 느끼고, 자비를 들여 열차와 렌터카를 타고 허베이성(河北省) 첸안현(遷安縣)의 농촌에 있는 환자의 고향으로 가서 그곳의 곤궁한 상황을 자세히 촬영하기도 했다. 하루를 더 쓰고 사진을 몇 장 더 내놓음으로써 사람들이 조금이라도 더 많이 기부하게 할 수 있으리라 생각했다.

순수하게 '상업적'인 촬영이라 해도 그는 대충대충 하지 않았다. 스폰서는 농구 경기의 대형 스크린과 바닥에 각종 로고를 심고, 경기 자체보다 각종 로고를 모두 찍는 것이 더 중요하다고 분명히 밝혔다. 쑹루는 이 생소한 조건을 특수한 훈련으로 간주하고, 로고의 방해 속에서 운동의 아름다움을 촬영해냈다. 사진작가는 아주 많지만, 누군가는 육체노동을 할 뿐이다. 다만 자기 손에서 아무렇게나 사진을 내놓아서는 안 된다. 그것은 예술을 허비하는 일이기 때문이다. 그의 포켓 카메라는 3년을 사용해서 가장자리가 하얗게 닳았다. 하지만 그건 별것도 아니었다. 그는 유럽에서 만난 어느 동업자의 카메라 모서리가 그렇게 심하게 벗겨진 데에 감탄했다. 사진작가라면 카메라가 그 정도는 닳게 해야 한다는 것이었다.

군중 속에서도 그는 항상 자기가 도무지 어울리지 않는다고 느꼈다. 아주 오래전에 '철밥통' 언론에서 일한 적이 있으나, 관료적 질서와 회식 모임에 적응하기 어려워서 사직하고 말았다. 그는 매그넘 포토스의 중국 강좌에 등록했는데, 수강생들은 선생들과 친목을 다지며 회식을 즐겼으나, 그것도 그는 그다지 익숙하지 않았다. 당시 그는 수업이 끝나면 곧바로 거리에 나가 사진을 찍고, 밤늦게 돌아와 사진을 선별해서 선생에게 제출했다. 한 사진작가가 어떻게 다른 사진작가에게 경의를 표할 수 있을까? 그는 최선을 다해 작업하고 작품으로(회식이 아니라) 상대방과 소통해야 한다고 생각했다. 그 아첨꾼들의 이야기를 할 때, 그의 눈과 입에 조소가 드리웠다. 이어서 그는 작년에 읽은 제일 좋은 책은 바실리 그로스만의 『삶과 운명』이었는데, 이것은 전체주의의 위압 아래에서 사람들이 어떻게 도덕성을 보존하는지 보여준 소설이었다고 했다.

어떤 이는 그의 이런 태도가 너무 고상하다고 하지만, 그는 오해받는 것을 전혀 두려워하지 않았다. 고독과 단절, 대중과의 부조화 등의 키워드들이 그의 소셜 미디어에 우뚝 서 있는데, 이것은 그가 자신을 정의한 것이었다. 가끔은 너무나 마음을 털어놓고 싶고 동반자를 갖고 싶기도 하지만, 또 어떤 때는 고독만이 진정한 자유를 획득할 수 있다고 느끼기도 했다.

모든 취재 업무에서 그저 관심이 있기만 하다면 보수는 따지지 않았다. 언제 어떻게 결산하는지도 몰랐다. 그의 예금 잔액은 아주 적어서 언급할 가치도 없으나, 걱정하지 않았다. 그는 자동차도 없고, 남색의 자전거 한 대뿐인데, 샤오타이허우허(蕭太后河) 강변의 들꽃 속을 자전거를 타고 가노라면 핸들에 걸린 자물쇠가 딸랑딸랑 울렸고, 산들바람 속에서 스스로 쟁취한 여유를 즐겼다. 밤이면 컴퓨터 책상 앞으로 돌아와서 사진의 부호를 작성하고 정렬하여 연월일 순서에 따라 배열된 폴더에 넣는다. 본인이 사진에 찍히는 경우는 무척 드물지만, 매 순간 그의 시선은 현장에 있다. 눈앞에서 일어나는 모습을 다시 주시하면서, 자기와 물상이 왜 그 순간 마주쳤는지 떠올리는데, 이렇게 곱씹는 행위를 통해 편안함을 느꼈다.

가을에 폐렴에 걸렸을 때 의사는 그에게 격렬한 운동은 하지 말라고 했다. 그로서는 운동하지 않는 게 무척 힘든 일이었으므로, 순서를 정해서 점진적인 운동 계획을 세우고 매주 조금씩 강도를 높였다. 그러나 감히 카메라를 들고 거리에 나가지는 못했는데, 그로서는 마음의 설렘이야말로 가장 격렬한 '운동'이었기 때문이다. 거리에서 눈에 보이는 것들은 틀림없이 심장 박동 속도를 지나치게 빨라지게 만들어서 쉼없이 촬영하게 될 것이었다. 그는 이렇게 썼다.

관람이 일종의 절규라면, 내 목은 이미 터져버렸을 것이다.

큰 눈이 내리던 어느 밤, 그는 집 근처 숲속에 버려진 호랑이 조각상을 떠올렸다. 그건 지금 어떤 모습일까? 돌연 가서 살펴보고 싶었다. 아파트 입구의 경비는 무척 의아하게 여겼다. 12시가 넘은 한밤중에 눈이 발목까지 쌓였는데도 산책하러 나가는 사람이 있다니? 길에는 배달용 오토바이만 달리고 있었는데, 바닥이 무척 미끄러워서 헬멧을 쓴 배달원이 넘어지고 말았다. 쑹루는 그를 부축해주고 나서 혼자 그 숲을 향해 방향을 돌렸다. 숲속의 눈은 온전해서 오직 그만이 두 줄의 발자국을 새겨 넣었다. '호랑이'는 꿈쩍도 하지 않고 그곳에 서 있었고, 눈송이가 녀석의 얼룩무늬를 덮어버렸다. 쑹루는 녀석을 바라보았고, 녀석도 쑹루를 바라보았다. 그러고 나서 녀석은 쑹루에게 카메라를 들도록 초대했다.

나뭇가지를 읽는 여인

궁가산(貢嘎山)의 밤에는 설산이 사라져서 멀리 있는 검은 그림자가 되고, 하늘 꼭대기에서부터 지평선까지 별들이 가득했다. 이곳에 며칠 묵으면서 왕한(王熺)은 북두칠성이 이동하는 방향을 깨닫고, 별들의 색깔도 사실 하나하나 다르다는 것을 발견했다. 밝은 황색과 옅은 금색의 별들이 그물처럼 짜였고, 옅은 흰색의 별들은 몇 걸음 뒤로 물러나 하늘에 박혀 있는 듯했다. 그리고 몇몇 별들은 신기한 초록빛이어서, 그녀는 그것들의 위치를 기억했다. 전망대의 나무 난간에 기대어 별들을 보노라니 어느새 모든 별이 반짝이면서 그녀를 휘감아 끌어들이려는 듯했다. 이것은 빈에서 보았던 클림트의 금박 그림 같았다. 그날 그녀는 막 학술대회를 마치고 미술관으로 달려가서 그 유명한 〈키스〉를 보았는데, 그림 속 연인의 치마에 있던 금빛 미립자가 멀리까지 빛을 반사하고 있었다.

그녀가 궁가산에 와서 필드 워크를 한 것도 벌써 4년째가 되었다. 쓰촨(四川) 서부를 크게 횡단하는 산맥은 높고 춥고 신비로워서 운해와 설산, 협곡, 호수 외에도 무척 풍부한 식물 생태를 보존하고 있었다. 별들이 이렇게 빽빽하니 내일은 틀림없이 비가 내리지 않을 것이므로 학생들을 데리고 산에 올라가 표본을 채집하기 좋을 듯했다.

그녀는 나와 동향인데, 대학에 진학할 때는 내가 몇 학년 위라서, 친구가 나더러 이 고향 친구를 잘 돌봐달라고 했다. 당시 그녀는 앳된 목소리의 소녀여서 무슨 일이 생기면 걱정하느라 잠을 이루지 못하고, 내 기숙사 앞에 서서 방법을 생각해달라고 부탁하곤 했다. 그랬던 그녀가 지금은 이미 칭화대학의 박사과정 지도교수로, 과학 연구팀을 데리고 산속에 진지를 구축했다.

궁가산에서 생태 연구를 진행하는 것은 힘든 일이다. 채취해 온 가지들은 과(科)에 따라 분류하고, 새끼손가락 길이로 자른다. 껍질에 바짝 붙은 얇은 나무층이 형성층이고, 가장 중앙의 단단한 부분이 심재(心材)이며, 그 사이에 위치한 것이 변재(邊材)이다. 그녀가 연구하고자 하는 것은 변재의 물 이동 기능인데, 먼저 거친 껍질을 제거하고, 다시 바나나 껍질을 벗기듯이 작고 부드러운 형성층을 벗기면 변재가 드러난다. 슬라이드 캘리퍼스로 변재의 외부 지름을 측정하고, 다시 심재의 내부 지름을 측정하여, 두 값의 차이를 계산해 데이터를 얻는다. 한 종류는 여러 개의 가지를 측정하며, 모든 가지는 양쪽 끝을 측정하는데, 각 끝단은 4개의 수를 측정하며, 외부 지름과 내부 지름은 각기 두 차례씩 측정한다. 왕한은 나무 그루터기에 앉아 슬라이드 캘리퍼스의 눈금을 옮기고 각도를 고정한 후, 미세한 차이만 있는 이 숫자들을 속으로 읽고 양식에 기록한다. 이것이 오늘 제일 중요한 임무인데, 보기에는 간단해도 고도로 주의력을 집중해야 한다. 학생과 이야기를 나눌 수도 없는데, 그 경우 기억이 잘못될 수 있기 때문이다. 한 바구니 분량의 나뭇가지를 측정하고 나니 벌써 한나절이 지났다. 눈이 뻑뻑해서 나무줄기에 기대어 잠이 들었다.

과학과 관련된 책을 몇 권 추천해달라고 했더니, 그녀는 우선 『여기는 중국이다』¹를 추천했다. 어린이도 이해할 수 있고, 그녀가 데려간 박사과정생도 보고 있으며, 학과 동료도 보고 있는 책이었다. 이 책은 그림이 아름다울뿐더러 지리적 관점에서 흥미로운 점을 포착해서, 어떤 도시에 가면 무엇을 볼 수 있다고 알려주었다. 예를 들어서 청두〔成都〕에서는 두보가「절구絶句」에서 "창은 서쪽 고개의 만년설을 머금고 있다〔窗含西嶺千秋雪〕"라고 노래한 풍경을 볼 수 있는데, 서쪽 고개의 설산에 가면 봄날의 두견새와 가을날의 단풍을 볼 수 있다. 이런 책은 여행과 관광에 대한 대중의 욕구를 충족시켜주고 또 자연과 과학에 대한 교육도 자연스럽게 이루어진다.

에드워드 윌슨의 『젊은 과학도에게 보내는 편지』도 추천했는데, 이제 막 과학연구를 시작한 젊은이가 읽기에 적합했다. 막 오스트레일리아에 도착해서 박사과정에 다닐 때 그녀는 지도교수 부부에게 훌륭한 과학자가 되려면 어떤 소질이 필요하냐고 물었다. 그녀는 엄밀해야 한다거나 적막을 참을성 있게 견뎌야 한다는 등의 대답이 나올 것이라 예상했다. 그런데 지도교수의 부인은 열정과 호기심이라고 했다. 같은 말이 에드워드 윌슨의 책에도 들어 있다.

　　기술을 배우기는 쉽지만, 열정을 가지기는 어렵다.

내가 처음 알게 되었을 때 그녀는 어린애들이 입는 치마와 수놓은 작은 가방, 털이 보슬보슬한 머리핀을 좋아했다. 수업 시간에 쓰는 크림색 노트에는 글씨의 삐침과 파임이 부드럽게 꺾였다. 부모와 교수 모두 그녀가 차분해서 연구에 적합하다고 했다. 그러나 그녀의 내심은 막막했다. 연구를 왜 해야 하지? 과학자가 되기 위해서? 나라에 보답

1　人民網 · 中國青藏高原研究會 · 星球研究所, 『這里是中國』, 中信出版社, 2019.

하기 위해서? 인류 문명의 발전에 공헌하기 위해서? 이런 것은 모두 주입된 관념일 뿐, 그녀의 내면에서 우러나온 것은 아니었다. 초등학교 교실 벽에 걸린 퀴리 부인과 뉴턴의 초상화처럼, 그들은 위대하나 그 위대함은 너무 추상적이어서 너무 서먹서먹하게 느껴졌다.

그녀의 모든 행보는 규범에 맞았고, 기숙사는 깨끗하게 정리되어 있었으며, 작업은 진지했고, 목소리는 수줍었으며, 성적은 안정적이었다. 다만 박사과정에 추천받을 때까지는 늘 실험실 안에서 공허감을 느꼈고, 자기 손이 하는 일의 진정한 의미를 몰랐다.

10여 년 전 처음 야외에 나갔을 때 그녀는 아직 대학원생이어서, 바람막이를 걸치고 물놀이 샌들을 신은 채 나뭇잎의 면적과 광합성 작용의 수치를 측정했다. 처음 야생화와 산토끼를 보고 무척 흥분했으나, 매일 실험 데이터를 기록하는 일은 지루하고 견디기 어려웠다. 인솔 교수가 돌연 병이 나서 이 어린 아가씨가 모두의 숙식과 물품을 책임지는 잡무를 맡아야 했고, 이에 야생화와 산토끼는 더욱 주변으로 밀려난 기쁨이 되어버렸다. 학교에 돌아온 뒤에는 다시는 야외에 나가고 싶지 않았다.

그런데 박사과정 마지막 해에 오스트레일리아에 가서 공부하면서 과학에 대한 인식에 돌연 변화가 생겼다.

지도교수의 집은 숲속에 있었는데, 대문은 활짝 열려 있었다. 머뭇머뭇 짐을 내려놓고 지도교수의 이름을 불렀다. 백발에 하얀 수염을 한 지도교수는 마침 부인과 함께 베란다에서 타자 작업을 하고 있었다. 딸기를 심은 바구니가 높이 매달려 있어서 붉은 열매가 공중에서 머리를 기웃거리고 있었다. 주방은 매우 컸는데, 벽에는 수십 개의 투명한 유리병이 놓여 있고 알맹이 모양과 분말 모양, 부서진 잎사귀 모양의 향신료들이 분류되어 있었다. 라벨에 붙은 영어 단어는 전혀 알아볼 수 없었고, 그저 이렇게 배치해놓으니 보기도 좋고 재미있다고 생각했다. 집밖에는 높다란 유칼립투스 나무가 있었는데, 나무줄기는 연한 쪽빛이고 잎사귀의 향기를 맡을 수 있었다. 손님 방에서 자고 아침에 각종 새 소리에 깨어 창문을 여니, 오색 앵무새가 유칼립투스 숲 속에서 이리저리 날아다니고 있어서 마치 동화 세계 같았다. 그것이 이국 생활이 준 첫번째 충격이었다.

지도교수 부부는 그녀를 데리고 놀러 나가서 고래와 캥거루를 보여주었고, 2년이라는 짧은 시간 안에 더 많은 야생의 것을 알게 해주려 했다. 국립공원을 걸을 때면 노부부는 걷다가 멈추기를 반복하면서 잎사귀를 하나 따서 들고는 이야기를 시작했다.

"이 지역의 식물이 어떤 모양인지 보게. 이곳 환경이 변해서 식물도 따라 변했지."

산 옆쪽에 이르자 이렇게 말했다.

"이 바위 위의 웅덩이와 움푹 들어간 동굴이 어떻게 형성되었을까? 이것은 이곳의 원래 지형과 기후가 지금과는 전혀 달랐음을 말해주지."

당시 왕한의 영어 실력은 그다지 좋지 않아서 전문 용어를 알아듣지 못했는데, 지도교수는 번거로움을 마다하지 않고 설명해주었다. 문득 깨달았다. 과학연구는 수시로 어느 곳에서나 이루어질 수 있으니, 자연에 대한 이런 관심이 이 노부부에게 있구나. 굳이 사무실에 들어가서 문헌을 펼치고 과학연구 상태에 들어갈 게 아니라 일상생활 곳곳에 연구할 게 있구나.

그 이후로 어린 시절 벽에서 보았던 과학자들의 초상이 더는 종이가 아니라 피와 살을 가지고 대화할 수 있는 진실한 존재가 되었다. 지도교수의 생활 방식은 그녀를 사로잡았다. 지도교수와 함께 찍은 사진

가운데 그녀는 걸어가는 도중에 찍힌 것을 제일 좋아했다. 산속에서 지도교수의 뒷모습이 앞쪽에 있고, 카메라를 향한 그녀의 얼굴은 웃고 있었다. 그녀는 지도교수의 발자취를 따라 곧장 걸어가고 싶었다.

아주 오랜 시간이 흐른 뒤에 그녀는 우귀성(吳國盛)의 『과학이란 무엇인가』를 읽고 당시 오스트레일리아에서 지도교수와 함께 일했던 몽롱한 느낌을 확인했다. 이 책도 우리 도서관에 추천했다. 책에서 말하기를 우리는 늘 과학을 이야기하지만, 대다수 사람은 과학 정신이 무엇인지 전혀 모른다. 서양 문화는 이성과 자유를 더 강조하고, 동양 문화는 인애(仁愛)를 더 강조하는데, 이런 차이가 고대에서 어떻게 시작되었을까? 또 17세기 이후에 어떻게 변화했을까? 중국의 과학과 서양 과학의 차이는 어디에 있을까? 과학은 단순한 기술이 아니라 천 년 동안 쌓여온 정신이다. 단순히 연구만 한다면 그것은 겉에서 배회하는 것일 뿐이니 제대로 하지 못하는 게 당연하다.

또 『과학의 역정歷程』도 추천했는데, 이 역시 우귀성의 책이다. 교양 교육의 시각으로 과학적 발견을 하나로 꿰었다. 이 책을 읽고 나서 왕한은 자기에게 답안을 찾아준 듯한 느낌이 들었다. 과학 정신은 자연에 대한 그녀의 인식에 영향을 주었을 뿐만 아니라, 인생의 행로를 선택하는 데에도 영향을 주었다.

귀국 후에 칭화대학에서 교직을 얻었으나, 임시직일 뿐 정년이 보장된 것은 아니었다. 정년을 보장받는 것은 절대 쉬운 일이 아니어서, 수준 높은 성과를 계속 내놓아야 했다. 그 몇 년 동안 그녀의 주방에 있는 가스레인지에는 불이 켜진 적이 없고, 젓가락도 건드리지 않았다. 아침에 시리얼을 타서 빵과 먹고, 점심과 저녁은 학교 식당에서 먹었으며, 나머지 시간은 모두 실험실에서 보냈다. 설계한 모형이 컴퓨터에서 제대로 작동하지 않아 밤새 잠을 이루지 못한 채 문제를 해결할 방도를 생각했고, 이튿날 신나게 실험실로 달려가 시험해보았으나 여전히 제대로 되지 않고 줄곧 에러가 났다.

논문이 한때 게재를 거부당해서 낙담하기도 했다. 제자의 논문이 거절당하자 그녀도 함께 낙담했다. 해외에서 막 돌아와서 인맥이 없어서 조금 힘든 것 같았다. 더 큰 충격은 자기가 원했던 학생이 돌연 다른 데로 옮겨가버린 것이었다. 그녀는 자아를 부정하기 시작했다. 동료들은 쉽없이 논문을 발표했고, 세계적으로 명성이 자자한 학술지인 〈네이처Nature〉와 〈사이언스Science〉에서 피인용지수가 급등했다. 정년 보장을 얻어내기 위해 그녀는 잠도 자지 못하고 머리카락이 빠져서 제일 좋은 병원에 가고, 여러 명의 정신과의사를 거쳤으나 증상이 호전되지 않았다. 아무것도 하기 싫고 포기하고 싶었다. 그것은 아마 최근 몇 년 동안 가장 힘들었던 때였을 것이다. 사직하려 하자 가족들이 반대했다.

"칭화대학은 남들이 가려고 해도 갈 수 없는 곳이야. 사직하고 나서 이보다 더 좋은 직장을 어떻게 구할 수 있겠어?"

"왜 굳이 칭화대학에서 가르쳐야 해? 영어학원에서 아이들을 가르치면 스트레스를 덜 받겠지. 칭화대학에서 나와서 아이들을 가르치는 게 창피한 일이야? 왜 체면을 위해 살아야 해? 왜 아무도 내 괴로움을 이해해주지 않아?"

정신과의사와 상담하는 것만으로는 부족해서 그녀는 내게 전화를 걸어서, 칭화대학을 그만두고 학원에서 아이들을 가르치고 싶다는 자기의 바람을 이해해줄 사람이 세상에 있을지 물었다. 지도교수의 부인도 스카이프로 일주일에 한 시간씩 정기적으로 이야기를 나눠주었다.

나중에 그녀가 내게 말했다.

"언니와 사모님의 조언이 정신과의사처럼 전문적이지는 않았지만,

두 사람이 내게 무척 필요하다는 걸 깨달았어요. 정신과의사는 돈을 받고 서비스하기 때문에, 내게 해준 것은 직업적인 책임 때문이지 나라는 사람 자체를 염려한 게 아니었어요. 그런데 두 사람은 진심으로 나를 염려해줘서, 당시의 나로서는 그게 정말 큰 위안이 되었어요."

그녀는 최근에 읽은 호프 자런의 『랩 걸』을 언급했는데, 이 책은 마치 자기 삶의 일부를 다시 새긴 것 같다고 했다. 호프 자런도 생물학자이고 우울증에 시달리면서 정신과의사의 도움이 필요했는데, 결국에 그 모든 것을 이겨냈다. 왕한은 이렇게 말했다.

"우리 연구팀 학생들도 다들 이 책을 무척 좋아해요. 언니네 도서관에도 추천할게요."

대부분의 과학자가 발표하는 것은 거의 논문뿐이고, 자기의 일상생활을 서술할 기회는 거의 없다. 호프 자런은 외롭고 내성적인 성격을 타고나서, 처음 실험실을 지었을 때 어려움이 많아, 초조할 때면 약을 먹어야 했다. 이런 것들을 읽으면서 왕한은 가슴이 아팠다. 진정한 과학연구는 바로 이러했다. 언제나 긍정적이고 낙관적으로 어려움에 맞설 수 있는 것은 아니며, 때로는 부정적인 에너지가 분출하여 사람을 매몰하기도 한다. 왕한과 호프 자런이 직면했던 자질구레한 일들도 똑같다. 가상화폐(PI) 프로젝트 담당자가 되려면 실험실을 세우고, 사람을 고용하며, 자금을 조달하고, 공급자와 가격을 흥정하고, 설비 부서에 승인을 요청하고, 또 면세 처리를 위해 세관과 접촉해야 한다. 쓸 만한 중고 장비를 만나면 개조할 방법을 생각해서 여기저기서 조금씩 뽑아 비용을 절약함으로써 그 실험실을 운영해나가야 한다.

호프 자런이 참가했던 지구물리학 연합 학회에는 왕한도 참석한 적이 있다. 그러나 당시에 왕한은 현장 동료 가운데 한 명이 뜻밖에 트럭을 운전하여 미국을 횡단하고, 기나긴 고생 끝에 간신히 그 학회에 도착한 호프 자런이었음은 상상도 하지 못했다. 어쩌면 둘은 회의장에서 어깨를 스치고 지났을 수도 있지 않을까?

호프 자런은 과학연구 생활을 이렇게 비유했다. 자기는 한 마리 개미이며, 천성에 따라서 떨어진 솔잎을 찾아 입에 물고 숲 전체를 가로질러 한 번 또 한 번 운반하여, 거대한 솔잎 더미에 하나씩 보태고 있는 듯하다는 것이다. 그 솔잎 더미는 너무나 커서 그저 한 귀퉁이만 상상할 수 있다. 이렇게 적절한 글은 과학에 종사하는 이들에게 추천할 만한 가치가 있다. 호프 자런이 마음속 불안을 극복한 뒤에 과학연구는 너무나 아름답게 변했다. 이런 아름다움이 최근 몇 년 동안 왕한의 삶 속에서도 갈수록 강렬해지고 있다.

2018년에 그녀는 다시 야외로 나갔는데, 이것은 처음으로 교수의 신분으로 산에 온 것이었다. 그녀는 야외의 스테이션과 연락하여 렌터카를 준비하고, 학생들에게 임무를 나눠주었다. 그러고 나서, 모델을 선택하는 방식과 주변 계획을 단계적으로 추진하는 방법, 매일 구체적으로 측정해야 하는 샘플을 선택하는 방법 등에 관해서 여러 나라의 학자들과 토론했다. 그녀의 역할은 더 능동적으로 되었고, 마음가짐도 변한 듯했다. 예전에 학생 신분으로 야외에 나왔을 때는 잡담을 나눌 때도 있었는데, 그러면 지도교수가 꾸짖었다.

"잡담하지 말고 집중해!"

그럴 때면 마음속에 거부감이 일었다. 표본을 측정하는 일이 이렇게 지루한데 잡담 좀 하면 어떻다고? 그러나 지금은 자기가 교수이니 모범을 보이기도 해야겠지만, 사실 잡담을 나누기보다는 눈앞의 이 일을 하고 싶어하는 자기를 발견했다. 모든 나뭇가지에 번호를 붙여서 1, 2, 3, 4의 순서로 써내려가다가 해가 질 무렵에 모든 나뭇가지를 가지런히 늘어놓고 함께 사진을 찍어 기념으로 남기면, 나뭇가지의 뱃가죽에 적힌 숫자가 너무나 사랑스러웠다.

과학은 말이 아니라 행동이다. 숲속에서 두 손으로 직접 작업해야만 확실한 성과를 거둘 수 있다. 이것이야말로 진정한 개척이다. 그해에 그녀가 설계한 실험은 더욱 치밀해서, 원하는 데이터를 순조롭게 산출함으로써 대단히 중량감 있는 논문을 탄생시켰다. 처음으로 학생들을 데리고 국제 학회에 참석했고, 이후로 더는 혼자서 세상 끝까지 돌아다니지 않게 되었다.

2019년, 궁가산 서쪽 비탈은 인적이 전혀 없었다. 그녀는 학생들과 함께 측정 설비와 연구 자료를 운반하며 2시간 남짓 산길을 걸어, 해발 4,500미터까지 올라갔다. 식물 잎사귀의 성질과 모양, 줄기 속 물관의 조직 면적을 측정하고, 고지대 환경에서 식물의 광합성 작용의 적응성을 연구했다. 그리고 기공(氣孔)의 전도도(傳導度)와 광합성 속도, 증산(蒸散) 속도 등 기기에 나타난 일련의 데이터를 기록했다. 교수와 학생 모두 말없이 차분하게 일했다. 몇 마리 작은 말이 풀밭에서 놀고 있었는데, 코로 상대방의 배를 문지르는 모습이 마치 가려운 곳을 긁어주는 것 같았다. 설산의 눈이 녹아 흐르는 계곡물은 폭이 넓지 않았지만, 양안을 낮게 덮은 식생들은 수분을 흡수하려고 애쓰고 있었으니, 비천하고 평범한 생명도 이처럼 생장하고, 번식하고, 회복하고 있었다. 그녀는 극도의 평온함과 즐거움을 느꼈다. 표본을 손에 들고 있을 때는 문득 명상하는 듯한 느낌이 들었다. 주위의 운무는 걷히는 듯했고, 그녀는 손에서 측정하고 있는 것에만 관심을 기울이면서 이 일이 끝날 때까지 얼마나 오래 걸릴지는 생각하지 않았다. 그저 측정하고 또 측정할 뿐이다.

하루 일을 마치고 나니 바람이 벌써 조금 쌀쌀해졌다. 구름은 잘게 부서지고, 그 틈으로 달빛이 궁가산에 쏟아졌다. 나올 때 전등을 끄고 창문을 닫는 걸 잊었으니, 저녁에 돌아가면 수많은 나방이 파닥거려서 잠을 설치게 만들 터였다. 10여 년 전에 처음 야외에 나왔을 때도 방에 나방이 날아다녔는데, 당시에는 호들갑을 떨며 무서워했었다. 3년 전에도 야외에 있었는데, 잠들기 전에 나방을 보았으나 더이상 비명을 지르지 않고 그저 슬리퍼를 던져서 죽여버렸다. 그러나 이제는 나방도 생명체라는 생각이 들어서, 고심 끝에 화장실 문을 열고 전등을 켜놓으니 나방이 거기로 날아들어갔다. 그런 다음 문을 닫았다. 이러면 나방이 죽지 않을 테니, 다음날 아침에 내보내면 될 터였다.

이번에 야외에 나오자 자신의 변화를 분명히 느꼈다. 하나는 데이터를 측정할 때의 '몰입'이고, 다른 하나는 자연에 대한 태도였다. 베이징으로 돌아와서 부친과 함께 칭화대학 캠퍼스를 거닐면서, 이렇게 말했다.

"과학 정신을 더 깊이 이해하게 되었어요. 그건 일상을 통해 제 몸에 주입될 수 있고, 저는 인류가 자연에서 이 일을 탐색하는 것 자체의 매력을 느끼면서 저도 모르게 더 멀리 나아가고 있어요. 이건 정말 행복한 일이에요."

자기 아파트에서 아침을 먹으면서 예전보다 더 많은 시간을 들여 삶을 가꾸려 했다. 오스트레일리아를 떠날 때는 이미 지도교수의 주방 유리병에 적힌 모든 영어를 알아볼 수 있었다. 계피와 바질, 정향, 오레가노, 파슬리, 타라곤, 딜, 로즈메리, 샐비어…… 요리 실력은 사모님만큼 뛰어나지 않았으나 커피콩을 갈거나 망고와 자몽을 썰어 믹서에 넣어서 '망고 자몽 야자 빙수'를 만드는 법을 배웠다. 응접실에는 극락조화와 초록빛 털이 있는 활엽수가 있고, 주방 창턱에는 박하가 무성하게 자라고 있으며, 욕실에는 조그마한 나한송(羅漢松)이 꽂혀 있는 석류 모양의 작은 꽃병이 있다. 식물생태학자이니 응당 식물을 집안에 들여와야 했다.

그녀는 야외가 그리웠다. 자연은 그토록 매력적인데, 지형이 험해서 쓰촨을 횡단하는 산맥의 저 아름답기 그지없는 수많은 경치를 보러 오는 이들이 거의 없다. 하지만 그녀와 학생들은 숲속에서 허리를 숙이고 진귀한 식물의 비밀을 읽을 기회가 있다. 꽃눈 아래에서 잎이 떨어진 자리에는 관다발 흔적이 남아 있는데, 그 모양은 원형과 부채꼴, 그리고 삼각형으로 다양하다. 잎과 줄기 사이의 잎겨드랑이마다 각기 의미가 있는데, 그들이 지나온 시간은 식물학자만이 이해할 수 있다. 나무의 꼭대기 부분과 아랫부분의 잎사귀는 색깔이 각기 다르고, 심지어 같은 잎이라도 앞쪽과 뒤쪽의 색깔과 광택이 미묘하게 다르다.

인터넷에서 식물 분야의 책들을 찾아서 그녀에게 어떤 책을 선택해야 할지 결정해달라고 부탁했다. 이 책들을 읽으면서 식물학자의 즐거움을 조금 알 수 있었다. 낸시 휴고(Nancy Ross Hugo) 등의 『나무 관찰법Seeing Trees: Discover the Extraordinary Secrets of Everyday Trees』에서 나는 플라타너스 종자(날개열매) 주위에 미세한 솜털이 아주 많고, 솜사탕처럼 촘촘하게 그물 덮개를 짜고 있음을 알았다. 태산목(Magnolia grandiflora)의 꽃술은 말려올라간 오징어 다리 같고, 잎사귀 큰 너도밤나무에 새잎이 돋아나는 과정은 마치 까치발을 들고 춤추는 것 같다. 리처드 메이비의 『처음 읽는 식물의 세계사』에서는 눈에 띄지 않는 잡초조차 열심히 자라고, 번식하고, 회복하고, 에너지를 저장하고, 스스로 방어하고 있었다. 카렐 차페크의 『정원 가꾸는 사람의 열두 달』은 식물과 함께 지내는 것이 고양이나 강아지를 키우는 것처럼 즐거움이 많다는 것을 보여주었다.

사랑하는 하느님, 비를 내리는 방법을 바꿔주실 수 있나요? 예를 들어서 매일 자정부터 새벽 3시까지만 내려주시는 겁니다. 물론 아시겠지만, 반드시 부드럽고 온난한 가랑비여야 수분이 흙에 충분히 흡수되겠지요. 십자화과 식물과 시스투스, 라벤더, 그리고 모든 건생식물에는 비를 내리지 마시고요. 전지전능하신 당신은 제가 말하는 것들이 무엇인지 아시겠지요. 필요하다면 목록을 적어드리겠습니다. 햇빛은 종일 비추는 게 좋기는 해도 어디에나 비출 필요는 없고(용담속과 진달래속 식물, 그리고 조팝나무에는 비출 필요가 없습니다) 광선이 너무 강하지 않아야 합니다. 충분한 이슬과 약한 바람, 지렁이 무리가 있으면 제일 좋겠고, 달팽이와 진딧물은 필요 없습니다. 매주 한 차례 비료를 섞은 비를 내려주시고, 하늘에서 비둘기 똥이 조금 떨어진다면 제일 좋겠습니다.

　이 책들 외에 그녀는 또 어린이가 보기에 적합한 『도시의 자연 이야기城市自然故事』 시리즈를 추천했다. 이 책은 도시에서 흔히 볼 수 있는 동물을 소개했는데, 까치는 땅바닥을 걸을 때 두 발을 번갈아 걷고, 물까치는 깡충깡충 뛰어다니고…… 이런 재미있는 디테일을 통해 아이들은 주변의 자연을 더 잘 이해할 것이다.
　지난 2년 동안 그녀는 새로운 연구원 1명을 받아들일 때마다 그를 대표하는 식물 화분을 하나씩 샀다. 신입 회원이 직접 식물을 고르게 했는데, 고르지 못하면 그녀가 연구원의 성격과 비슷한 식물을 추천하기도 했다. 아름다운 쉬후이잉〔徐慧瑩〕에게는 수국을, 비교적 문학적 재능이 있는 진러웨이〔金樂薇〕에게는 시트론을, 머리숱이 적은 탄선〔譚深〕에게는 숱이 무성해지길 바라면서 접란을…… 이런 식으로 엄청나게 긴 명단을 만들었는데, 거기에는 식물의 학명까지 포함되어 있었다.

소철(Cycas revoluta), 장원제(張文杰)

치자나무(Gardenia jasminoides), 런양항(任揚航)

수국(Hydrangea macrophylla), 쉬후이잉(徐慧瑩)

월계화(Rosa chinensis), 장한(張翰)

접란(Chlorophytum comosum), 탄선(譚深)

극락조화(Strelitzia reginae), 차오성차오(喬聖超)

함박 자스민(Jasminum sambac), 저우젠(周建)

세플레라 헵타필라(Schefflera heptaphylla), 주쯔치(朱子琪)

메타세쿼이아(Metasequaia glyptostroboides), 왕룬시(王潤璽)

시트론(Citrus medica), 진러웨이(金樂薇)

수양벚꽃(Cerasus subhirtella), 리멍(李蒙)

동백(Camellia japonica), 펑쩌위(馮澤宇)

……

하루는 치자꽃이 2송이 피자 왕한이 런양항에게 이렇게 말했다.

"지금은 치자꽃이 필 때가 아닌데도 피었으니까, 네가 투고한 논문 2편이 곧 발표될 듯한데?"

며칠 뒤에 양런항은 과연 좋은 소식을 받았다.

'시트론'의 여인 진러웨이는 긴장을 잘하는 성격이어서 늘 잘해내지 못할까 걱정하고, 지도교수가 실망할까 두려워했다. 왕한은 그것을 눈치챘지만, 직접 물으면 더욱 걱정을 끼칠 것 같아서 에둘러 물었다.

"우리집 시트론이 요새 잘 자라지 않던데, 혹시 최근에 무슨 스트레스라도 있어?"

진러웨이는 무척 신기하게 여기면서 걱정을 털어놓았다.

창가의 식물은 왕한과 제자들의 소통을 돕는 조수가 되었고, 또 그녀에게 자신을 돌아보도록 일깨우는 거울과도 같았다. 얼마 전에는 식물 한 그루가 약간 시들시들해, 최근에 물과 비료를 별로 주지 않았다는 걸 깨달았다. 혹시 그 학생에 대해서도 무의식적으로 그다지 신경을 쓰지 않았다는 뜻일까? 식물은 이처럼 연구원 한 명 한 명을 잘 보살피라고 신호를 보내주었다.

학생들도 자기를 대표하는 식물이 있다는 걸 좋아했고, 자기의 '전속 식물'이 사람의 마음을 잘 이해하고 영성을 지니고 있다고 믿고 싶어했다. 그들은 늘 그녀의 집에 와서 이 식물들을 보고, 다시 함께 아래층으로 내려가서 원반던지기를 하며 놀았다. 나중에 그들이 졸업할 때 그녀는 특별한 '가지 나눔 의식'을 거행할 것이다. 각자의 전속 식물을 꺾꽂이하거나 새 가지를 꺾어서 그들에게 주는 것이다.

"어딜 가든 너의 뿌리는 우리와 함께 있을 거야!"

가지에 석류가 주렁주렁

5월 거리의 나뭇가지 사이로 동글동글 오렌지색이 반짝였다. 석류가 꽃을 피우려는 모습이다. 처음에는 그저 작고 동그란 덩어리로 옹기종기 모여 있다가, 동그란 꽃봉오리 끝에 6줄의 옅은 자국이 나타나면서 곧 이 결대로 갈라질 것임을 예고한다. 며칠 밤이 지나면 차례로 피어 주황색은 빨갛게 변하고, 후청허〔護城河〕주위는 북적거리기 시작한다.

석류꽃은 시안시의 시화(市花)이다. 2011년 시안에서 열린 '세계 원예 박람회'의 마스코트로 '창안화〔長安花〕'라고 불렸다. 10년 후, 그것은 또 추상적인 모습으로 변신하여 2021년에 거행된 '제14회 전국 체전' 주경기장 건축의 외부 윤곽을 나타냈다. 이 건물은 물결무늬 선을 이용하여 꽃잎 모양을 본떴으며, 그 이름도 '창안화'였다.

'제14회 전국 체전'을 100일 앞둔 경축 행사가 곧 '창안화'에서 열릴 예정이었다. 나는 20번 버스의 책임자로 시안 교통대학 교내의 넓은 장소에서 사람들을 줄 세워 보안 검색을 진행하는 책임을 맡았다. 그들은 사전에 다양한 층위의 정치적 배경 검토를 통과한 뒤에, 6시간 동안 외부에서 가져온 음식을 먹지 않고 교양 있게 자리에 앉아, 적극적인 표정과 자세로 경기장 규율을 확실히 준수하겠다는 내용의 서약서에 서명했다. 그런 다음 한 줄로 서서 엑스레이 기계와 휴대용 감지기를 통과했다. '위험 가능성이 있는' 외투와 가방, 금속 물품 등은 골라내 별도로 보관했다. 1,000명 가까운 인원이 보안검사를 거쳐 차에 오르는 데에 1시간이 걸렸고, 도중에 누군가 차에서 내려 경기장 밖의 화장실에 다녀오면, 처음부터 다시 절차를 밟아야 했다.

'창안화'까지는 꽤 멀었다. 시안시 동북쪽 끝 루허〔濡河〕 근처에 있는데, 지금은 새로 설립된 '강우구〔港務區〕'에 속했다. 내 기억에 그곳은 예전에 외진 곳이었는데, 이제 차창을 통해 보니 곳곳에 분양중인 단지와 타워 크레인이 있었다. 도로는 넓고 길에 차는 드물었으니, 아마 이주한 주민이 많지 않은 듯했다. 지면 깊숙이 4개의 지하철 노선이 건설될 계획이어서, 번화함이 곧 이곳까지 연장될 걸로 예상되었다.

루허 강가에는 버드나무 가지가 무성했다. 고대에 이곳은 수양버들로 유명해서, 『서안부지西安府志』에는 이렇게 기록되어 있다.

> 유교 양안에 5리의 제방을 쌓고 버드나무 1만 그루를 심으니, 나들이객들의 어깨가 스치고 수레바퀴가 부딪치며 장안의 장관을 이루었다.

장안성(長安城)을 나와 동쪽으로 먼길을 떠나는 사람은 이곳을 거쳐야 했는데, 강기슭에서 버드나무를 꺾어 벗을 배웅하는 장면이 수많은 시가에 묘사되어 있다.

최근에 루허 류인리〔柳蔭里〕에 놓인 포장도로는 웨이허〔渭河〕와 펑허〔灃河〕, 친링〔秦嶺〕과 연결되는 '삼하일산(三河一山)' 프로젝트의 일환이었으며, 300킬로미터의 녹색 도로가 전 구간을 관통하면서

100여 곳의 쉼터가 운영을 시작했다. 라이딩을 좋아하는 도서관의 샤오뤼는 주말이면 새로운 길을 탐색하려고 그가 좋아하는 자전거의 차축을 반짝반짝 닦는다.

도시계획 청사진에 따르면, '창안화' 부근에는 곧 전시 센터인 '창안윈〔長安雲〕'과 문화 교류 센터인 '창안웨〔長安樂〕'가 건설될 예정이다. '창안윈'의 외관은 사각형 비단 같고, '창안웨'에는 5동의 건물이 있는데 5개의 음표를 상징한다고 했다. 도면을 보니 하나는 크고 4개는 작은 건물의 형태가 내 눈에는 귀여운 발자국처럼 보였다. 마치 엄지발가락 뒤에 4개의 동글동글한 발가락 끝이 나란히 놓인 듯했다. '꽃〔花〕'과 '구름〔雲〕', '음악〔樂〕'을 나타내는 3개의 건물은 '품〔品〕'자 모양으로 배치되어 대형 독서 복합체인 '창안수위안(長安書院)'과 강을 사이에 두고 마주보게 될 것이며, 곧 체육대회와 과학기술 전람회, 가무, 연극, 서화 예술, 그리고 수천수만 권의 책을 루허 양안으로 끌어들일 것이다.

우리의 차량 행렬이 '창안윈'과 '창안웨'의 공사 현장을 지날 때, 차창 밖으로는 아무것도 보이지 않았다. 공사현장은 가림막에 둘러싸여 있었다. 멀리 '창안화'가 보였는데, 그 옆에는 쥘부채가 펼쳐진 모양의 수영장 건물과 별 모양의 또다른 체육관 건물이 보였다. 이름이 뭐냐고 물었더니 '창안딩〔長安鼎〕'과 '창안짠〔長安鑽〕'이라고 했다.

창안 이것, 창안 저것. '시안'이라는 이 도시의 이름은 명나라 홍무(洪武) 연간(1328~1398)에 사용되기 시작해서 이미 600년이 넘게 쓰였으나, '창안'이라는 단어 앞에서는 아직 자신감이 조금 부족하다. 성대한 모임이 있을 때마다 '창안'을 앞세우고 '시안'은 뒤로 물러난다. 10년 전 세계 정원 박람회의 주제곡에는 이런 가사가 들어 있었다.

> 그대에게 창안을 드릴게요.
> 란톈〔藍田〕의 조상
> 반포〔牛坡〕의 밥 짓는 연기
> 몐산〔緜山〕의 봉화
> 하늘은 맑고 구름은 담담하지요.

오늘 '제14회 전국 체전'이 열릴 체육관 앞 분수는 쉼없이 이렇게 노래하고 있다.

> 언제나 창안에 와서
> 낭만을 찾아요
> ……
> 인간 세상 어디나 좋지만
> 창안에서는 마음이 평온해져요
> ……
> 언제나 창안에 와서
> 마음의 풍경을 바꿔요
> ……
> 이곳은 창안
> 자주 오면 오래도록 평안〔長安〕해져요.

버스에서 내려 발이 땅에 닿자마자 인파 속에 잠겼다. 나처럼 키가 작은 사람은 인솔자가 되어서는 안 된다. 작은 깃발을 흔들어 사람들을 이끄는 일이 곤란해졌다. 어쩔 수 없이 팔을 쭈욱 쳐들고, 심지어 펄쩍펄쩍 뛰며 소리를 지르고 나서야 대열에서 낙오하는 사람이 없게 할 수 있었다. 체육관 안에서는 화려한 예술 공연이 펼쳐졌다. 궁녀와 진나라 병마용, 서역의 무희와 무사, 스포츠 영웅, 실크로드, 푸른 산과 맑은 물, 와이어 위에서 기예를 선보이는 서커스맨까지, 온갖 색채가 현란하게 빛났다. 한꺼번에 이렇게 많은 것을 보게 되자 내 눈은 약간 포만감을 느꼈다. 관객들은 모두 '제14회 전국 체전' 로고가 붙은 마스크를 쓴 채 간격을 두고 앉아, 통일된 구령에 맞춰 박수를 치고 형광봉을 흔들었다.

이런 식으로 며칠 동안 계속 리허설을 하는 바람에 도서관 일을 돌볼 겨를이 없었는데, 그나마 샤오뤼가 있어서 다행이었다.

샤오뤼는 매일 아침 출근 사인을 한 뒤, 제일 먼저 '원문 복사 서비스' 신청을 서둘렀다. 이 일은 속도 싸움이다. 전국의 도서관이 경쟁적으로 논문과 전자 저널, 전자책을 찾아 독자들에게 제공해야 하기 때문이다. 매달 일정한 분량을 완성해야 했다. 샤오뤼의 말에 따르면, 어떤 논문은 찾기가 상당히 어려워서 여러 디지털 자원 플랫폼을 돌아다니며 운수를 시험해야 한다고 했다. 월말에 성(省)에서 통계를 내는데, 다른 도서관은 수백 편이나 되므로 이를 추월하려면 급히 서둘러야 했다. 평소에는 출근 시간에 차가 막히기 쉬운데, 시간이 지나자 그도 요령이 생겼다. 아침 일찍이나 한밤중에 작업하는 것이었다.

이 일을 마치면 프런트에 가서 책을 수거하는데, 일부는 데이터 오류로 정상적인 대출이 되지 않은 책들이고, 다른 일부는 "당신이 책을 고르면 제가 계산합니다" 코너에서 구매 요청이 들어온 책들이다. 이 두 종류를 함께 뒤쪽으로 가져와서 목록을 만들고, 이 일이 끝나면 다시 내게 연락했다.

그와 나는 매일 시간을 조금씩 내어 정보를 교환했다. 나는 도서 목록을 모아 살짝 다듬어 그에게 건네주었다. 그러면 그는 중복된 게 있는지 조사하여 삭제하고, 쓸데없는 부분을 제거하고 내게 돌려주었다. 그러면 나는 번역본과 고서적 판본, 출판연도, 출판사를 비교하여 다시 자료를 선별하고 분류하고 다듬는다. 그는 향신료처럼 첨가할 것을 준비하고 마지막에 가격 데이터를 입력함으로써 요리를 마친다.

그와 협력하는 틈새에 나는 뜻밖의 일을 맡았는데, 그 역시 도서 목록을 만드는 일이지만 단지 다른 곳의 목록일 뿐이었다. 첫번째 문자 메시지는 산시성 안캉시〔安康市〕 한빈구〔漢賓區〕의 장탄〔張灘〕중학교였다. 내 고향에 있는 중학교인데, 한강〔漢江〕 남쪽의 지류 가운데 하나인 황양허〔黃洋河〕를 끼고 있다. '장탄중학교'는 나와 인연이 있는 곳으로, 아버지가 그곳에서 가르친 적이 있고, 나는 그곳 정원에서 6세 때까지 자랐다. 나중에 아버지가 한강 이북으로 전근하시고 몇 년 뒤에 사직하면서 나도 장탄중학교와 소원해졌다. 지금의 장탄진〔張灘鎭〕에서는 대다수 학생이 도시로 가서 공부하는 것을 선택하는데, 통학에 왕복 한 시간 남짓 걸린다. 농촌에 남아 있는 학생은 많지 않고, 성적도 상대적으로 조금 뒤처진다. 교장은 언론 보도를 보고 내게 학교의 도서 목록을 만들어달라고 부탁해왔다.

어린 시절 내가 살았던 단층집은 이미 철거되었고, 학교 근처의 강물은 여전히 흐르고 있는데, 다만 물길이 아주 많이 좁아졌을 뿐이라고 했다. 봄철 유채밭에는 꽃이 무성해서, 셀카봉을 든 도시 사람들이 커다란 꽃무늬 스카프를 두르고 사진을 찍으러 온다고 했다. 사진에서 돌다리의 구멍을 보니, 30여 년 전에 튜브를 끼고 물속에 서 있었을 때 조약돌이 발에 배겼던 일이 흐릿하게 떠올랐다. 다리 아래에는 '콩나물 0.15위안!'을 외치던 콩나물 노점상이 있었다. 1988년에는 콩나물이 한 근에 0.15위안이었다.

이렇게 옛날 추억이 떠올라 나는 즉시 교장의 요청에 응했다. 교장의 말에 따르면, 그곳 학생들은 학교 도서관에 가는 것을 그다지 좋아하지 않는데, 어쩌면 학교에서 사는 책이 학생들의 입맛에 맞지 않거나, '남겨진 아이들'의 가정환경이 독서 습관을 기르는 데에 불리하기 때문일 수도 있다고 했다. 농촌의 중학교에는 자금이 많지 않아서 그는 먼저 2만 위안으로 수백 종의 새 책을 사서 학생들의 반응을 살펴보기로 했다.

나는 문학과 역사, 철학, 자연과학을 대체적인 비율로 나누어 영양의 균형을 맞추었다. 영국 DK에서 출판한 백과전서 시리즈는 줄곧 그림이 좋아서 넣을 만했다. 국내의 '대가의 작은 책〔大家小書〕'은 얇으면서도 심오한 내용을 쉽게 설명하고 있으니 몇 권 선택할 만했다. 시내 중학생들이 톨킨의 『반지의 제왕』과 류츠신의 『삼체』, 히가시노 게이고의 추리소설, 아이작 아시모프의 SF소설을 즐겨 읽으니, 농촌 아이들도 마찬가지일 터였다. 비페이위의 『소설 수업小說課』과 왕딩쥔〔王鼎鈞〕의 『작문칠교作文七巧』는 정성을 들여 쓴 책으로 '국어' 성적을 올리기를 바라는 중학생에게 적합하고, 완독하고 나면 아마 깨달음을 얻을 터였다. 리처드 파인만의 『파인만 씨, 농담도 잘하시네!』와 조지 가모브의 『조지 가모브 물리열차를 타다』는 모두 재미있으니, 학생들의 지적 욕구를 자극할 수 있길 바란다. 대니얼 키스의 『앨저넌에게 꽃을』은 최근에 읽은 책인데, 뇌 손상을 입은 환자가 수술을 통해 천재가 되었다가 나중에 퇴행하여 지적장애인이 된다는 내용이다. 책 전체가 그의 뇌의 단편처럼 펼쳐지며 사랑과 지혜, 성장과 쇠퇴, 쟁취와 상실을 보여주고 있으니, 이 책도 추가하여 고등학생에게 보여주자. 또 위슈화와 천녠시, 옌롄커가 고향의 경험을 서술한 작품들이 있는데, 학생들이 감동할지 모르겠다. 마지막으로 인문 사회과학 분야의 잡지인 〈독고讀庫〉를 몇 권 수록했는데, 거기 실린 글은 대부분 논픽션으로 사회의 구석구석을 건드리고 있으므로, 중학생의 시야를 넓히는 데에 적합했다.

농촌 아이들의 독서 상황을 고려하여 일부분은 난도를 낮추어 초등학교 5~6학년의 취향에 맞추어 목록을 만들었다. 예를 들어서 브리지트 라베 등의 『철학 맛보기』와 힐라이어(Virgil M. Hillyer)의 『힐라이어가 어린이에게 들려주는 예술사A Child's History of the World』, 샤르탄 포스키트의 『앗, 이렇게 재미있는 과학이』 등이다. 초등생을 대상으로 한 책이긴 하지만, 나이에 상관없이 펼쳐 읽을 수 있다면 좋겠다.

이 도서 목록을 보낸 뒤에, 도서 목록을 편찬해달라는 요청이 계속 들어왔다. CCTV 기자 장다평은 다섯 살이 된 자기 외조카를 위해 '아이가 정말 좋아할 만한' 책을 찾고 있었는데, 내가 그에게 준 문서의 제목은 「다섯 살 어린이가 계속 보고 웃기를 바라며」였고, 귀여운 그림책과 개구쟁이가 나오는 책을 골라주었다. 어느 카페 사장은 '유행을 추구하는 보보(BoBo)족¹'이라는 책을 가게에 두고 싶어했고, 또다른 사업가는 친구를 통해 나를 찾아서, 자기 집에 책이 없어서 무식해 보인다면서 '중년인이 볼 수 있는 책' 1,000권을 자기 집 응접실에 사다 놓으려 했다. 이런 유의 많은 요청이 있었으나 자세히 작성할 시간이 없어서, 기존의 도서 목록 가운데 일부를 뽑아 보내줄 수밖에 없었다.

더 많은 이들의 요청을 거절하고 내 도서관에 에너지를 집중했다. 샤오뤼와 함께 도서 목록을 작성하기 시작한 것은 5월 초여름이었는데, 작업이 거의 끝날 무렵에는 석류 열매가 이미 가지에 주렁주렁 달려 있었다. 다만 열매는 그다지 둥글어지지 않은 채, 몇 개의 모서리만

---

1 BoBo족은 부르주아(Bourgeoise)와 보헤미안(Bohemian)의 합성어로 부룩스(David Brooks)의 『보보스BoBos in Paradise』에서 비롯된 어휘이다.

부풀어 있었고, 푸른 껍질 속에 은은하게 황금빛이 비치고 있었다. 그새 3개월이 지난 것이었다.

2021년의 최종 도서 목록은 4부분으로 나뉜다.

1. 필수 구매 도서 목록: 모두 방대한 분량의 고전으로 100% 구매가 필요하다. 다만 책값이 비싸므로 복본은 1권으로 한다.

『24사二十四史』와『루쉰 전집』은 이미 많은 이들이 요청하고 있으므로 이번에 반드시 추가해야 한다.『태평어람太平御覽』과『태평광기太平廣記』,『문원영화文苑英華』는 동생이 추가할 필요가 있다고 일깨워주었다. 이것들은 북송 태종(太宗: 976~997 재위)과 진종(眞宗: 997~1022 재위) 때 조정에서 힘을 모아 편찬한 대형 유서(類書), 즉 백과전서로 고금의 정치와 역사, 소설, 시문(詩文)을 포괄한다. 존 킹 페어뱅크의『캠브리지 중국사』와 잰슨(H. W. Janson) 부부의『잰슨 예술사Janson's History of Art: The Western Tradition』, 클레이너 (Fred S. Kleiner)의『가드너 예술 통사Gardener's Art Through the Ages』등은 모두 가격이 800위안 전후지만 포기할 수 없다.『한성 중국 동화』² 전집은 수없이 많은 상을 받았고 품질이 우수하여, 민간 동화 부문에 없어서는 안 될 책이니 반드시 들어가야 했다. 또 앙드레 군테르(André Gunthert) 등의『세계 사진 예술사L'art de la Photographie』와 같은 몇몇 멋진 화집과 사진집도……

2. 세트 도서 목록: 일반 세트와 작년에 다 갖추지 못한 세트 목록. 복본 3, 구매율 95%.

---

2 漢聲雜誌社,『漢聲中國童話』, 天地出版社, 2018.

이번에는 특별히 세트를 단독 카테고리로 꺼낸 것은 작년에 손해를 보았기 때문이다. 많은 세트가 불완전하게 공급되었고, 검사 직원도 전체 세트의 권수가 얼마나 되는지 모르고 얼떨결에 책장에 진열했다. '일반 세트'는 바로 올해 새로 구매할 예정인 전체 세트이다. 모든 세트의 권수를 조사하여 옆쪽 비고란에 적어서 검수하기 편하게 했다.

'작년에 다 갖추지 못한 세트 목록' 부분은 상당히 번거로운데, 우리 도서관에 있는 조지 마틴의 『얼음과 불의 노래: 왕좌의 게임』은 어찌된 영문인지 하필 제1권이 빠져 있는데, 이미 많은 독자가 이 문제를 얘기했으므로 신속하게 해결해야 했다. 아이작 아시모프의 『파운데이션』 시리즈는 15권이 한 세트인데 제2권과 제8권, 제9권이 빠져 있다. 롤링의 『해리 포터』 시리즈도 총 3권이 빠져 있는데, 조사해보니 『해리 포터와 혼혈 왕자』, 『해리 포터와 불의 잔』, 『해리 포터와 저주받은 아이』였다. 이런 것들은 모두 표시해서 정확하게 보충해야 했다.

3. 특색 도서 목록: 점자와 비첩, 만화. 이것은 우리 도서관의 특색이지만, 모두 상대적으로 소규모 그룹을 위한 책이므로 복본은 1권만 갖추되, 구매율은 95%이다.

4. 기타 도서 목록: 이것은 가장 방대한 카테고리로 복본은 3권이며, 구매율은 95%이다.

마지막으로 10종의 견본책을 나열하여, 입찰 회사들이 입찰 당일에 제시해서 공급 능력을 입증하게 해야 했다. 10종의 견본책은 모든 종류를 포괄해야 했는데, 각기 다음과 같다.

에드워드 H. 셰이퍼, 『사마르칸트의 황금 복숭아: 대당제국의 이국적 수입 문화』

에두아르도 갈레아노, 『수탈된 대지: 라틴 아메리카 5백년사』

로런스 리스(Laurence Rees), 『아우슈비츠Auschwitz: A New History』

차오톈위안, 『하느님도 주사위를 던지나?』

저우샹[周翔], 『허화진의 새벽시장荷花鎭的早市』

르 코르뷔지에, 『건축을 향하여』

헤르만 헤세, 『클링조어의 마지막 여름』

엘윈 브룩스 화이트, 『트럼펫을 부는 백조』

『중국비첩명품中國碑帖名品』28, 『예학명瘞鶴銘』

쉬셴저[許先哲], 『표인, 표적을 지키는 자』

이 도서 목록은 입찰을 주관한 회사와 입찰한 회사들을 모두 골치 아프게 했다. 도서관은 일반적으로 30% 할인과 같이 정해진 할인율에 따라 입찰하는데, 서적상들은 각기 다른 방안을 가져와서 그 가운데 좋은 것을 선택하게 된다. 나처럼 도서 목록에 따라 입찰하고, 게다가 대여섯 가지로 수요를 세분하는 사람은 거의 없었다. 서적상들이 잘 아는 루트에 이런 책들이 반드시 있는 게 아니고, 게다가 이런 견적서 양식은 너무 복잡했다. 모든 책은 정가와 복본의 수, 총 정가액, 실제 판매금 총액 등을 양식에 채워 넣어야 했다. 1만 종이 넘는 도서에 대한 견적서를 이렇게 작성하는 것은 작업량이 엄청났다.

작년에 여러 차례 입찰을 경험했는데, 일을 질서정연하게 처리한 회사가 있어서 이번에 그 서적상을 찾았다. 그는 닝 관장과 함께 내 사무실에 와서 소파에 앉아 세부 사항을 얘기했는데, 말하는 속도에 전혀 서두름이 없었다. 이어서 그가 나를 돌아보더니 돌연 감격적으로 말했다.

"영원히 부국장님을 잊지 못할 겁니다!"

"예?"

"이렇게 여러 해에 걸쳐 입찰에 응했어도 여태 그렇게 상세한 도서 목록은 보지 못했는데, 오직 부국장님의 도서 목록만 그랬어요! 작년에 작성하신 문건은 1,000페이지가 넘어서, 컴퓨터가 끼릭끼릭 한참을 걸려서야 그 파일을 열었는데, 매일 그랬지요. 그 파일을 버리기 아까워서 보관하고 있는데, 이후로도 그것을 뛰어넘는 게 없을 것 같아서 기념으로 삼으려고요."

"아뇨, 삭제하셔요. 곧 그보다 더한 게 나올 겁니다. 올해 작성한 도서 목록은 작년보다 상세하고 더 많은데, 얼마 후에 사장님께도 보내드릴 겁니다."

그가 가방을 집어들며 말했다.

"얼른 돌아가서 컴퓨터에 저장된 파일을 모두 지워야겠어요. 가능하면 컴퓨터를 바꾸고요. 바이, 바이!"

그가 떠나자 닝 관장도 인사하고 사무실 문을 닫았다. 도서 목록을 모두 점검하고, 마지막 ISBN 번호를 컴퓨터에 입력하고 나니, 날이 저물어가고 있었다. 동료들은 이미 퇴근해서 복도에는 아무도 없었다. 아들에게 전화해서 도서 목록을 완성했다고 알려줄까 생각했다. 시안에 있다면 함께 가서 맛있는 것을 먹으며 축하하고 싶었기 때문이다. 하지만 지금 아들은 여름 캠프에서 노느라 바쁠 테니, 그만둘 수밖에 없었다.

자전거를 타고 도심을 지나는데, 노란색이 약간 섞인 붉은 저녁노을이 하늘 가장자리를 둘러싼 모습이 마치 종루의 추녀를 에워싸는 듯 보였다. 잠시 멈추어 바라보니 새들이 낮게 날아다녔다. 녀석들은 그저 보통의 날짐승일 뿐이지만, 옛 건축물의 실루엣을 배경으로 하니 상당히 시적인 정취가 있었다. 새들이 이렇게 많은 걸 보니, 내일은 비가 오려나 보다.

집에 돌아가 침대에 누우니, 어깨뼈 안에서 알싸한 느낌이 가볍게 퍼지고, 가슴의 피로가 천천히 퍼져 목구멍까지 잠겼다. 나는 이런 느낌을 잘 알았다. 몸이 느슨하게 풀리니, 틀림없이 잠을 푹 잘 것이다. 오늘 임시직이 끝나더라도 좋을 듯했다. 가장 중요한 일을 이미 끝냈으니 안심하고 떠날 수 있겠다.

최후의 진지

비가 며칠째 계속 내렸다. 최근 몇 년 동안 시안의 강우량은 나날이 높아져, 연간 강우량이 청두(成都)나 충칭(重慶)과 비견되었다. 어쩌면 산시성 북부의 마오우쑤(毛烏素) 사막에 나무를 심어 숲을 조성한 덕에 공기 중에 물방울이 생겼거나, 친링(秦嶺) 산맥의 '인한지웨이(引漢濟渭)'[1] 프로젝트가 한장(漢江)의 강물을 끌어들여 관중 지역을 적시면서 습도가 높아졌을 수도 있다. 건조 지역과 습지의 분포도에 따르면 중국을 횡단하는 등강수량선(等降水量線, isohyet)은 계속 북쪽으로 이동하고 있으며, 시안은 이미 연녹색의 '반습윤(半濕潤) 지역'에서 곧 청록색의 '습윤 지역'으로 넘어갈 예정이다.

고개를 숙이고 아래층을 내려다보니, 동네에 고인 물이 발목을 잠기게 할 정도였다. 이웃에서 물속에 벽돌을 몇 개 받쳐놓아서, 나는 장화를 신고 그 위를 뛰어서 건넜다. 버스 승강장의 우산은 이미 처마 밖까지 차 있었고, 우산들 사이의 빈틈으로 멀리 살수차가 자기 존재를 알리는 음악을 울리며 다가오고 있는 게 보였다.

---

[1] 중국 국무원(國務院)의 수리(水利) 프로젝트로, 장강의 최대 지류인 한장의 강물을 100킬로미터 가까운 친링 터널을 통해 끌어들여 황하 최대 지류인 웨이허(渭河)와 만나게 하는 것이다.

나는 산속에서 왔지
난초를 가져와서
마당에 심었지
얼른 꽃이 피기를 바라면서

행인들은 몸을 피하면서 투덜거렸다.
"미쳤군. 비가 오는데도 물을 뿌리다니!"
나는 베이린구 환경보호국 국장이 '비 오는 날 살수차 운행'은 자기 부서에서 민원이 가장 빈번하게 들어오는 불만 사항 가운데 하나라고 했던 말을 들은 적이 있다. 대중은 늘 시민 핫라인을 통해 '형식주의'라거나 '물 낭비'라고 하면서, "PKI(Public Key Infrastructure)를 완성하기 위한 게 아니냐?" "쓸데없는 짓! 이건 납세자의 돈이라고!" 하며 항의했다. 국장은 사실상 비 오는 날 살수차를 운행하는 것은 과학적으로 일리가 있다고 했다. 노면에 있는 일부 더러운 것들은 끈적거리고, 특히 격리 난간 아래의 먼지는 맑은 날에는 말끔하게 씻을 수 없는데, 빗물에 젖으면 더러운 것이 부드러워져서 살수차의 물총으로 쏘면 무척 깔끔해진다고 했다.
그는 또 민원 2위는 "거리의 조경수를 옮겨 심을 때 왜 머리 부분을 잘라버리는가?" "나무가 그렇게 높이 자라는 건 쉽지 않은 일인데, 멀쩡한 그걸 베어버리면 어쩌자는 것인가? 일부러 죽여버리고 나서 다시 나무를 사면서 커미션을 챙길 핑계를 만드는 거 아니냐?"라는 등이라고 웃으며 말했다. 그에 따르면, 사실 이것은 오해이며, 거기에도 과학적인 이치가 있다고 했다. 나무를 옮겨 심을 때 일부 잔뿌리와 수염뿌리가 손상되는 것은 불가피하고, 그러다보니 수분과 영양분을 흡수

할 능력이 떨어져서 무성한 가지와 잎을 지탱할 수 없다. 그러니 머리 부분을 잘라내지 않으면 더 빨리 시들어버리게 된다. 조금 잘라내면 수분 증발이 감소해, 나무가 새로운 환경에서 잘 자랄 수 있게 된다고 했다.

그의 이런 설명이 재미있어서 휴대전화에 기록해두었다. 정부에서 일하면 민생과 관련해 재미있는 이야기를 많이 들을 수 있으나, 이런 날이 많이 남아 있지는 않았다. 20일 남짓 지나면 난위안먼을 떠나 도시 북쪽 교외의 산시 과학기술대학으로 돌아가야 하기 때문이었다.

'제14회 전국 체전'이 다가오자 '문화관광체육국'은 무척 바빠졌다. 국장은 내게 체전과 '장애인 체전'이 폐막할 때까지 연기했다가 갈 수 있느냐고 물었다. 하지만 그것은 두세 달 후가 될 테니, 연기할 수 없었다. 대학에서는 이미 새 학기에 내가 해야 할 강의를 마련해놓았으니, 제때 돌아가야 했다.

전후의 인수인계가 번거롭지 않도록 국장이 중요한 업무를 다른 사람에게 맡겼으므로, 최근에는 몇 가지 자질구레한 일들만 처리했다. 그들은 작은 회의를 할 겨를도, 작은 행사장에 참석할 겨를도 없어서, 내가 가야 했다. 나는 참석만 하면 될 뿐이고, 미리 토론이나 발언을 준비할 필요는 전혀 없었다. 또 사후에 부서에서 점검받을 필요도 없었다. 그런 가운데 즐거움이 있었으니, 많아진 자유 시간에 책을 읽을 수도 있었다. 일 년의 임시직이 막바지에 들어서자 마치 잔잔한 물결의 여파처럼 담담했다.

며칠 후, 누군가 연못에 돌을 던져서 나는 큰 혼란에 빠졌다. 저우원이 내 사무실에 들어와서 결재받는데, 내 얼굴이 아마 평소의 안색을 회복하지 못했던 듯했다. 그녀는 나를 흘낏 보더니 말없이 나갔다. 그리고 회의에 참석하려고 왕(王) 과장과 지하철 의자에 앉아 있는데, 그 순간 눈물이 나려고 해서 고개를 돌리고 눈을 감은 채 눈물을 참았다. 왕 과장이 회의 문서의 세부 사항을 물어서, 고개를 돌리고 몇 마디를 나누었다. 내 눈시울이 붉어진 것을 그녀가 알아차린 듯했다.

최대한 감정을 다스렸으나, 닝 관장 앞에서만은 가면을 벗을 수 있었다. 가장 흥분했을 때는 유선전화 수화기에 대고 소리를 질렀다.

"기율위원회가 2층에 있으니 돌아서면 바로 뛰어올라갈 수 있어요!"

이 사무실에서 이렇게 분노해본 적이 없는데, 말을 하고 나서야 방충망이 닫혀 있지 않고, 커튼이 내려져 있지 않다는 것을 발견했다. 사태를 깨닫고 잠시 조용히 앉아 있었다.

닝 관장에게 메시지를 보냈다.

조금 전에 내가 전화로 화를 낸 사실은 우리 둘만 알고 있으면 되니까, 부서의 다른 사람에게 말하지 마요. 소문이 나면 다들 시비를 따지려 할 테니까요.

이 일은 닝 관장에게만 말할 수 있었다. 그녀는 확실히 믿을 수 있고, 나쁜 마음이 없어서 중요한 순간에 방향을 잡아주었다. 곧 떠나게 되는 임시직 간부인 내가 그녀에게 무슨 이로움을 줄 수 있겠는가? 하지만 그녀는 여전히 나와 함께 서 있었다.

아마 이기기 어려울 것 같았다. 원래 크지 않았던 권력은 이미 거의 없다시피 미약해졌고, 내 성격도 직설적이어서 말을 돌려서 하는 데 서툴다. 브로커를 상대할 때 어떻게 말을 에둘러 하고 완곡하게 압력을 가해야 상황을 반전시킬 수 있을까?

퇴근 시간이 되었으나 나는 계속 사무실에 앉아 있었다. 옆방에서 탕탕탕 소리가 들려왔는데, 탁구공이 탁구대를 두드리는 소리였다. 기율위원회의 간부들이 탁구를 치는 모양이었다. 우리 부서의 로비에는 탁구대가 하나 놓여 있는데, 기율위원회는 우리 부서의 위층에서 업무를 보니 자주 내려온다. 이 시각의 탁구 치는 소리는 "나는 기율위원회입니다. 기율위원회, 기율위원회……"라고 자기소개를 하는 것 같았다.

탁구대 옆을 지나는데, 기율위원회의 간부가 큰 소리로 인사했다.

"양 부국장, 퇴근하십니까? 한 게임 하고 가시지요?"

이 사람은 이 순간 내가 가장 '대화'를 나누고 싶은 사람이었지만, 단번에 관계를 다 깨뜨릴 수는 없었다. 나는 곧 떠나지만, 닝 관장이 아직 여기에 있으니, 이 사건은 그녀의 연말 평가에 영향을 줄 것이었다. 누가 그녀의 뒷수습을 도와주겠는가? 암중의 적수와 겨루는 과정에서 내가 진다면, 정말 그 50명의 친구에게 미안한 일이 될 터였다. 그들은 아무 보상도 받지 않고 도서 목록 편찬을 도왔는데, 이렇게 물거품이 되다니! 좋은 책을 사 오지 못해서 시민들에게도 부끄러웠다.

집에 돌아가서 침실 문을 꼭 닫고, 방충망을 밀고, 커튼을 단단히 내린 다음 전화를 몇 통 걸었다.

자오원이 말했다.

"쑤추, 얼굴 붉히지 말고 그 사람하고 이야기해봐요. 알튀세르도 말했듯이, 적의 진지에서 공격해야 해요. 그 사람에게 암시해요. 임시직이 끝나고 바로 원래 직장으로 돌아가면, 사회 감독 세력으로 계속 그 사람을 압박할 수 있고, 이 일도 언론에 찔러버릴 수 있다고. '18차 전국대표회의'가 끝난 뒤에 손을 떼지 않으면 어떤 결과가 나올까 하고 물어봐요. 이렇게 탐욕을 부리는 자가 목숨을 가볍게 여길까요? 하지만 명심해요. 유능한 신하가 되려면 간신이 될 때보다 더 간악해야 해요. 며칠 동안 공격과 방어를 철저히 연구하고 연습해요."

동생은 이렇게 말했다.

"누나, 얼굴 붉히지 마. 문학 교수니까 웅대할 말을 잘 엮어서 더 완곡하게 말할 수 있잖아? 이렇게 말해봐. '아시다시피 우리 도서관에 관한 관심은 줄곧 상당히 높았습니다. CCTV 프로그램에서 도서관에 배정한 도서의 비용이 낮은 문제를 얘기했는데, 만약에 CCTV나 기율위원회에서 나중에 다시 취재하러 왔다가 여기 있는 책들이 모두 정부에서 지정한 거라는 사실을 발견하게 된다면요? 생각해보세요, 오이밭에서 신을 고쳐 신고, 자두나무 아래에서 갓을 고쳐 쓰다가 눈에 띈 격으로 설명이 무척 복잡해지지 않겠습니까? 다시 말해서, 당신과 제가 몸가짐이 바르니까 그림자가 기울어지는 것은 두렵지 않다고 해서, 누군가 근거 없이 문제를 일으키는 사람이 없을 수 없습니다. 게다가 저도 수십 명의 전문가에게 도움을 요청했는데, 그렇게 많은 사람이 자기들이 만든 도서 목록이 전혀 반영되지 않았다는 사실을 발견하면 이의를 제기할 것이고, 신문 잡지나 다른 언론에 글을 발표해서 우리를 비판한다면 모양새가 그다지 좋지 않을 겁니다. 이 도서관을 잘 쓰는 것이 정치적인 업적이기도 하겠지만, 양날의 칼이기도 합니다. 저는 곧 아무 상관도 없는 사람이 되는데, 당신께 영향을 미칠까 걱정입니다.' 누나, 이게 바로 우아한 위협이야. 할말은 다 했는데, 못 알아들으면 바보지. 다들 체면을 생각하니 물러날 길을 찾을 거야. 아니면 이렇게 말해. 당신이 일 년 동안 누나를 신뢰하고 지지해준 데에 감사하고 있으니, 필요하다면 떠난 뒤에도 계속 도서관 일을 도울 수도 있겠다고 말이야. 앞으로도 계속해서 협력해 베이린구의 간판으로 만들어서, 그 사람의 치적을 쌓도록 도와준다면 그 사람에게도 좋은 일이 아니겠느냐고 말이야."

저녁에는 수영장에서 둔하게 헤엄치는 꿈을 꾸었는데, 팔이 너무나 무거워서 가라앉을 것 같았다. 소리쳐 도움을 청하려는데 문득 수영장 안에 나 혼자 있음을 발견했다. 물은 바닥이 보이지 않을 정도로 깊었고, 벽은 아직 상당히 멀리 있었다. 물을 마시고 두드리며 정신없이 다리로 물을 치고 있는데, 벨 소리가 크게 울렸다. 물속에서 팔을 뻗어 수화기를 잡으니 저절로 몸이 떠올랐다. 전화기 속에서는 남자 목소리와 여자 목소리가 들렸는데, 모든 목소리가 "어느 지도자가, 어느 지도자가, 어느 지도자가"라고 반복해서 중얼거려서 감당할 수 없을 만큼 시끄러웠다. 수화기를 내던지자 바로 가라앉기 시작했다. 수화기를 쥐고 귀에 대자 또 바로 떠오르기 시작했다. 어쩔 수 없이 그 소음들을 들어야 했다. 온몸이 흠뻑 젖었는데, 뜻밖에 수영복 안에 두 개의 주머니가 있었다. 거기에는 두 장의 종이가 들어 있었는데, 하나에는 자오원의 말이, 다른 하나에는 동생의 말이 적혀 있었다. 이미 글자에 물이 스며들어 약간 흐릿해졌으나 아직 알아볼 수는 있었다. 꾸깃꾸깃한 종이를 펼치고 큰 소리로 낭독하면서 내 목소리로 수화기 속의 소리를 압도하려 했다. 그러자 이내 그 소리가 사라지고 사방에 적막이 흘렀다.

꿈은 그저 꿈일 뿐이다. 실제 삶에서 '그 지도자'가 누구인지 끝내 몰랐다. '그 지도자'가 내게 양보할 수 있을는지도 몰랐다. 그저 브로커를 통해 '그 지도자'에게 내 태도를 전달할 수밖에 없었다.

그날 한 남자가 도서관에 들어와 앉았다. 그는 자기가 종종 지도자들과 식사한다고 했는데, 그 지도자들의 이름이 그의 입에서 차례로 튀어나와 공중을 떠돌면서 그의 입가에 몰려들어 춤을 추었다. 그런 다음 그가 말했다.

"어느 지도자가 저더러 부국장님께 말을 전해달라고 하셨는데, 도서 목록을 전부 없애야 한다고 하셨습니다."

"왜요?"

"부국장님의 도서 목록은 전부 좋은 책들이지만 이윤이 너무 낮아서 지도자에게 이로울 게 없습니다. 제가 누구냐고 묻지 마십시오. 그냥 일 년 내내 지도자의 심부름을 할 뿐입니다. 제가 요구하는 서적상이 낙찰되게 하십시오. 저는 중간에서 나눠야 하고, 지도자도 나눠야 합니다."

'지도자'가 하나의 무리로 변했는데, 사람들이 모여 있으나 얼굴은 잘 식별할 수 없었다. 누구를 찾아가서 이 도서 목록의 의의와 취소해서는 안 되는 이유를 설명해야 할까?

"이 도서 목록은 수십 명의 전문가의 심혈을 모아 만든 것이고, 틀림없이 대중들도 좋아할 것입니다."

이 이유가 내게는 충분히 만족스럽고 묵직한데, 다른 사람의 저울에서는 어쩌면 기러기 깃털처럼 가벼울 수도 있었다.

이 도서 목록을 취소하면 '지도자'의 공무원 생애에 영향을 줄 수도 있다는 다른 이유를 암시해야 할까? 자오원과 동생이 해준 말을 모두 들려주었다. 브로커는 돌아가서 '그 지도자'에게 얘기하겠다고 했다. 그리고 나는 초조함에 빠졌다. 내게는 20일의 시간밖에 남지 않았는데, 저들이 이렇게 시간을 끄는 것이 내가 질 때까지 버티겠다는 뜻이었다.

너무나 다급했다. '그 지도자'를 이겨야 했다. 반드시 도서 목록을 지켜야 했으니, 이것은 내 최후의 진지였기 때문이다. 내게는 충분한 용기가 있으나 충분한 지모가 없었다. 얼른 아이디어를 주세요. 어떻게 해야 '그 지도자'를 이길 수 있나요? 불경을 베껴 쓰면 운명을 바꿀 수 있을까요? 그럴 수 있다면 당장 베껴 쓰겠어요. 빈곤한 학생을 돕는다면 운명을 바꿀 수 있을까요? 원래는 가을에 개학하면 기부하려 했는데, 아예 오늘로 미리 당겨서 지금 바로 은행 창구로 가서 처리할게요."

동생은 껄껄 웃었다.

"기부하고 싶으면 그러든지! 아직도 미신을 믿다니! 사람들한테 물어야지 귀신한테 물으면 돼?"

쑹루는 짓궂게 장난했다.

"은행에 가면 마침 그 지도자와 만나게 될 거예요. 지도자도 빈곤한 학생한테 기부하러 온 거죠. 이 불사(佛事)를 거행해서 도서관의 뒷돈을 쉽게 챙길 수 있기를 기원하면서."

나는 은행 서류에 이렇게 기입했다.

명칭: 산시성 훙펑(紅鳳) 프로젝트 자원봉사자 협회
계좌 개설 은행: 중국교통은행 대안탑지점
계좌번호: 6113 0105 3018 0100 263 xx
비고: 2021학번 루(魯) 아무개에게 기부함

업무를 처리하는 은행 직원이 물었다.

"'훙펑 프로젝트'는 어디에서 하는 건가요? 믿을 수 있나요?"

그녀도 공익에 관심이 있어서 줄곧 기부하고 싶었으나 안심할 만한 곳을 찾지 못했다고 했다. 나는 이 프로젝트는 산시성 여성연합회에서 발기한 것으로 여성만 지원하는데, 20년 전에 나도 지원받은 적이 있어서 이곳을 믿는다고 했다. 영수증도 발행하고, 학생과 후원자를 일대일로 연결해주니 속일 수 없다고 했다.

"정말 잘됐네요. 저도 학생의 자료를 살펴보고 한 명을 골라서 오늘 바로 기부하겠어요."

그녀는 고개를 숙이고 '홍평 프로젝트'의 사무실 전화번호와 자세한 기부 절차를 기록했다. 그녀의 턱선이 부드러운 걸 보니 온화하고 우아한 사람인 듯했다. 막 은행에 들어섰을 때의 응어리진 기분이 서서히 풀렸다. 최근에는 악연이 자주 생겼는데, 이번에는 좋은 인연을 맺었다.

부서에 돌아오자 책상 왼쪽 벽에 붙어 있는 소식(蘇軾)의 「한식시첩寒食詩帖」이 눈에 들어왔다. 내가 인쇄한 것으로 반년 넘게 붙여놓았으나, 임모한 적은 매우 드물었다.

> 황주(黃州)에 온 이래 벌써 세 번이나 한식을 지냈는데, 해마다 봄이 가는 것을 아쉬워하려 했으나, 봄은 가도 아쉬워하는 것은 용납하지 않았다. 올해는 또 비가 많이 오고 두 달 동안 가을처럼 소슬하여……
>
> 自我來黃州, 已過三寒食, 年年欲惜春, 春去不容惜. 今年又苦雨, 兩月秋蕭瑟……

이 순간, 그 글 속에서 좌천당한 소식의 억울함과 분노를 발견했다. 붓을 들고 진한 먹물을 적셔서 책상 위와 바닥에서 글씨를 썼다. 먹물 방울이 당지(唐紙)를 스치면서 하나하나 비백이 생겨났다. 비스듬한 소식의 필세(筆勢) 속에서 그의 고통을 느끼고, 그의 처지를 상상해보니, 나의 이 풍파는 아무것도 아닌 듯했다.

임시직이 끝나기 15일 전에도 '그 지도자'는 여전히 아무 움직임이 없었다. 더 미루어서 책을 사지 못하면 연말 평가에 영향을 줄 수도 있었다.

부서 동료들의 태도가 뭔가 조금 이상했다. 아마 그들도 내가 처한 상황을 알고 있는 듯했다. 닝 관장이 오더니 내 사무실 문을 잠그고 무슨 말을 하려다가 그만두었다. 그녀는 '그 지도자'가 브로커를 통해서, 내가 도서 목록을 편찬하고 있다는 것을 왜 믿느냐고 물었다고 했다. 3개월 동안 도서 목록을 편찬하고 한 푼의 보수도 받지 않을 만큼 멍청한 사람이 어디 있겠느냐는 것이었다. 어쩌면 내가 애초에 도서 목록을 편찬하지 않고, 서적상과 결탁하여 거짓말하고 돈을 나눠 가졌을 수도 있다고 했다는 것이다.

나는 폭소를 터뜨렸다. 임시직 인원의 월급은 모두 원래 직장에서 주니, 확실히 나는 정부에서 한 푼의 보수도 받은 적이 없었다. '그 지도자'가 이간질하려 했는지, 아니면 보수를 받지 않고 일할 수 있는 사람도 있을 수 있음을 정말 믿지 않았는지는 모른다. 휴대전화를 켜고 친구들과 도서 목록에 관해 채팅한 기록을 보여주었다. 또 컴퓨터를 켜고 '원래의 도서 목록'은 친구 이름의 마지막 글자를 표지로 삼았음을 보여주었다. '저쥔판〔哲軍帆〕 서목〔書目〕'과 '윈펑전〔耘峰震〕 서목', '둔밍루이〔敦明睿〕 서목' 등과 '중복 검사를 마친 서목'과 '샤오뤼가 병합한 서목', '출판사 서목', '작년에 빠진 서목', '법률과 의학 서목', '이상국과 상무, 삼련, 역림 서목', '최종 서목' 등의 파일도 보여주었다.

"이것들 모두 내가 도서 목록을 편찬했다는 증거예요. 모든 파일 뒤에는 마지막 수정 날짜가 나타나 있는데, 모두 이 3개월 동안 작업한 것이지요. 사진을 찍어서 브로커에게 보여주세요."

『장자』「추수秋水」에서, 혜자(惠子)가 장자가 자기와 권력을 다툴까 염려하자 장자가 이야기 하나를 들려준다. 매가 썩은 쥐 한 마리를 얻었는데, 메추라기가 빼앗아갈까봐 큰 소리로 메추라기를 위협했다. 그런데 매는 메추라기가 청결하고 신선한 먹이만 먹는다는 사실을 전혀 몰랐다. 이 이야기를 떠올리자 너무나 웃음이 나왔다. 장자가 혜자에게 했던 것처럼 엄중하게 선언해야 할 듯하다. 나는 썩은 쥐는 먹지 않는다고!

며칠 후 닝 관장이 입찰 현장에 가서 채점해달라고 청했으나 나는 거절했다. 작년에도 채점하지 않았으니 올해도 그래야 한다고 했다. 심지어 입찰 현장에 나가지도 않을 생각이었다. '절대 현장에 있지 않음'으로써 '그 지도자'에게 내가 이곳의 돈에 오염되지 않았음을 보여주고자 했다. 단지 내 도서 목록만 보호하고 싶었다.

브로커가 또 왔다.

"도서 목록의 40%만 빼도 되지 않겠습니까? 100만여 위안에서 40%만 해도 수십만 위안이 되잖아요."

그에게 묻고 싶었다.

"어느 지도자를 대신해서 온 겁니까? 이야기해보세요, 녹음하겠습니다. 제가 무슨 근거로 당신과 지도자의 관계를 믿겠습니까? 지도자에게 직접 전화를 걸어주세요. 제가 지도자에게 설명하겠습니다."

이 말들이 마음속에서 피어올랐으나 또 눌러놓고, 그저 이렇게 말했다.

"안 됩니다. 예년의 규칙에 따르면 책이 파손되거나 품절될 가능성이 있으니, 계약서에 배송률 95%, 그러니까 오차율 5%라고 명시해놓았습니다. 지금 최대한 양보하더라도 오차율 10%인데, 오차율 40%는 절대 불가능합니다."

그는 한마디를 남기고 떠났다.

"10%는 저와 지도자가 나누기에 부족하고, 40%는 되어야 합니다. 잘 생각해보세요."

한 달 전에 상하이에서 걸려 온 전화를 받았는데, 작가 매니저인 마오샤오추(毛曉秋)였다. 〈등신곡우騰訊谷雨〉 기자 양저우(楊宙)가 베이린구 도서관에 관해 쓴 기사를 보고, 나더러 도서관을 건립한 일을 논픽션으로 써보라고 제안했다. 사실 막 임시직을 맡았을 때 그와 비슷한 생각을 한 적이 있었다. 난위안먼에서 경험한 일을 '말단 공무원의 기록'으로 쓸 수는 있겠으나, 나중에 〈정관〉에 '개인영웅주의' 글을 발표하여 일부 공무원들의 불만을 사는 바람에, 무릇 정부의 기록과 같은 글을 쓸 때는 신중에 또 신중을 기울여야 한다는 것을 의식하게 되었다. 그래서 매니저와 여러 차례 글의 개요를 논의하면서 발언의 범위를 최대한 파악했다.

최근에 일어난 모든 일은 우리가 작성하고 있던 개요에 갑작스러운 상황 변화를 일으키는 데에 기여했다. 마오샤오추는 이렇게 말했다.

"선생님의 곤란한 처지와 분노를 저도 느낄 수 있어요. 이런 일이 현실에서 일어날 줄은 생각지도 못했어요. 이건 아주 가치 있는 소재로군요. 이상과 현실 사이에 충돌이 생겼을 때, 어쩌면 우리가 현실에서는 불리한 위치에 있지만, 글을 쓸 때는 이 제재가 새로운 생명력을 발산해줄 수 있어요. 1만 보를 양보해서, 3개월 동안 심혈을 기울여 작성한 도서 목록이 도서관에서 실행되지 않는다면, 선생님의 책에 오래오래 남겨둘 수 있어요. 그러니 이 점을 생각해서 너무 슬퍼하지 마세요."

그의 말은 위로가 되었다. 정말 내가 이길 수 없다면 받아들일 수밖에 없지만, 마지막으로 한번 시도해보기로 했다. '진인사대천명'이라고 했으니, 이 책의 원고는 내 마지막 베팅이었다. 자발적으로 브로커를 찾아가서, 지금 책을 쓰고 있는데 이 일을 사실대로 써넣을 거라고 이야기해주었다. 그가 반신반의하듯 쳐다보기에, 내 글의 개요를 보여주었다.

이튿날 입찰 회사에서 전화가 왔는데, 브로커가 물러나서 더이상 우리 일에 관여하지 않는다고 했다. 내 도서 목록은 성공적으로 지켜졌고, 3일째 되는 날에 정식으로 입찰이 시작되었다.

꿈속에서 내 창밖에 나무 한 그루가 자라기 시작했는데, 꽃봉오리가 버섯처럼 축축한 나무껍질을 뚫고 빽빽하게 나와서 덩실덩실 춤추며 공중에서 흔들리는 모습을 자세히 살펴보았다. 분홍색 구름 하나가 떠 있었다. 꿈에서 깨자 등뼈가 한 치씩 풀어지며 발효하는 것 같았다. 길게 숨을 내쉬고 들이마시자, 공기가 뼈의 틈에서 흘렀다.

카뮈의 『페스트』에서 기자 랑베르는 사람이 죽는 원인에 대해 의사와 논쟁한다. 그는 사람들이 지나치게 영웅주의적일 때는 이념을 위해 죽지만, 사람은 응당 사랑을 위해 죽어야 한다고 했다.

그러나 의사는 이렇게 말했다.

"이 모든 것에는 영웅주의가 존재하지 않아요. 이건 단지 성실함의 문제일 뿐이에요. 이 개념은 아마 웃음을 자아낼 수도 있겠지만, 페스트와 싸우는 유일한 방법은 오로지 성실해지는 것뿐이에요."

"성실함이란 무엇이지요?" 랑베르는 돌연 태도가 엄숙해졌다.

"성실함의 일반적인 의미는 모르겠지만, 제 경우에는 그게 제 직업에서 해야 할 일을 잘하라는 뜻인 줄은 압니다."

익명의 작은 선물을 받았다. 진한 남색의 천으로 선장서(線裝書) 모양으로 만든 가방이었는데, 위에는 '곤경에 처할수록 의지를 더욱 다져라〔窮卽益堅〕'라고 적혀 있었다. 이 구절은 바로 최근의 내 심경이었다. 도서 목록을 지켜냈던 날 동생이 했던 말이 떠올랐다.

"뜻이 있으면 일은 결국 이루어지니, 지혜를 꺾을 수 있는 건 아무것도 없어."

이 선물을 보낸 사람은 십중팔구 동생일 것이다.

조직부장이 전화를 걸어와서 내 일을 긍정적으로 평가하면서 임시직을 반년이나 일 년 정도 연장해달라고 했다. 임시직을 지원한 초심에 관한 이야기를 나누었다. 나는 캠퍼스에서 태어나 그곳에서 일했는데, 30여 년 동안 캠퍼스 밖의 일에 참여한 경우는 매우 드물었고, 그저 손에 든 인쇄물을 넘기며 사회를 상상했다. 이 나라의 각종 사무가 구체적으로 어떻게 돌아가는지, 실제 현장은 어떠한지 궁금했다. 시민의 한 사람으로서 직접 보고 참여하고 싶었다. 임시직을 맡기 전에는 사실 나도 새로운 직위가 어떤 유형의 업무와 관련되어 있는지 몰랐다. '문화'와 '관광'이라는 두 단어는 직위에 시적 정취와 예술적 의미를 덮어씌웠다. 나는 연극을 기획하여 공연하고 칠현금과 바둑, 서예, 그림을 연습하고, 풍경 명승지를 홍보하는 등의 사무를 담당하리라고 생각했다. 그러나 막상 부임해보니 전혀 달랐다. 호텔 주방의 연통 세척 규범을 기억하고, 새로 굴착하는 공사장에서 문화재 탐사 작업을 진행하고, 쥐약과 쓰레기통 배치를 검사하고, 12345 시민 핫라인에 들어온 민원에 응답하고, 인민대표회의 정치협의회 문화관광 부서에 의견을 내는 등의 일을 해야 했다. 한 해 동안 사무가 복잡했는데, 이것을 내면의 질서를 잡기 위한 훈련이라고 여기기로 했다. 도서관을 건립한 것을 빼면, 최초의 시적 정취와 예술적 의미에 대한 구상은 거의 모두 실현되지 않았다.

도서관 건립은 천재일우의 기회였다. 임시직에 부임하기 전에는 난데없이 이런 임무가 내려올 줄은 전혀 예상하지 못했으니, 천지신명께 감사할 일이었다. 인생에서 이런 기회는 다시 없을 것이다. 도서관의 벽돌 한 장과 기와 하나, 책 한 권을 차곡차곡 쌓았던 것은 임시직 생활이 준 선물이었다. 15세기 이탈리아에서 교황 니콜라우스 5세가 바티칸 도서관을 대대적으로 짓고, 아테네와 콘스탄티노폴리스 등지에 학자를 파견하여 고전 원고를 사들인 일을 분명히 기억한다. 그는 훗날 도서관에서 일했던 나날을 이렇게 회상했다.

"지금 일 년의 즐거움보다 당시 매일의 즐거움이 더 많았다."

어쩌면 상부에서는 내가 '문화관광국 부국장'이라는 직위에 적합한 사람이라고 여길 수도 있으나, 사실 내가 그곳에서 한 일은 다른 사람들보다 더 특출했던 게 전혀 아니었다. 예전에 어머니는 내 성격이 공무원 생활에는 어울리지 않는다고 말씀하신 적이 있다. 어머니의 예언은 틀리지 않아서, 확실히 나는 변통이 모자랐다. 친구의 조언 덕분에 겨우 최후의 땅을 지킬 수 있었다. 내가 가장 하고 싶었던 일은 이미 완수했고, 앞으로 일 년 안에 도서관에서는 다시 책을 구매하지 않을 테니, 지금 떠나는 게 올바른 선택이었다. 게다가 이전에 했던 일이 너무 그리웠다. 많은 시간을 자율적으로 계획하고, 회의는 한 달에 한 번밖에 없고, 강의 도중 흥분하면 소매를 걷어붙이면서 얼마나 즐겁게 지낼 수 있는가!

동료들은 내가 곧 떠난다는 것을 알고 나와 함께 사진을 찍었고, 샤오취안은 카메라를 들고 연신 쪼그려 앉아 렌즈를 슬쩍 들어올렸다. 그는 일 년 동안 잘 대해준 데에 보답하기 위해 150센티미터인 내 키를 반드시 180센티미터로 만들어주겠다고 했다. 내게 결재하러 와서는 서류를 품에 안고 나지막이 발라드를 불렀다.

휴게소 밖, 옛길 옆, 푸른 풀은 하늘에 잇닿아 있고……2

이튿날은 노래를 바꾸어 종종걸음으로 내 책상 옆으로 사뿐하게 다가오며 노래했다.

　　아, 친구여 안녕……3

셋째 날은 목소리를 가다듬고 고음으로 노래했다.

　　떠나는 그대를 배웅할게요, 천리 밖까지……4

동생 집에서 내가 말했다.
"우리 직장 동료들이 다들 나를 보내기 아쉬워하고 있어. 이후로 나처럼 좋은 상사가 없을 거래."
동생이 '풋!' 찻물을 뿜으며 웃었다.
"'나하고 성 북쪽에 사는 서공(徐公) 가운데 누가 더 잘생겼지?'5 누나, 교과서에 들어 있던 이 글을 잊어버린 모양이지? 돌아가서 복습하셔. 부하가 상사를 칭송하는 건 기껏해야 40% 정도만 믿을 수 있다고. 내 부하들은 나한테 시를 써주기도 하거든. 정신 좀 차리시오, 양 교수

2　리수퉁(李叔同)의 사(詞) 「송별送別」에 오드웨이(John Pond Ordway)가 곡을 붙여서 가수 정윈룽(鄭雲龍)이 2021년에 발표한 노래의 첫머리이다.
3　이브 몽땅(Yves Montand)이 1964년에 발표한 노래 〈벨라 차오Bella ciao〉의 번안곡이다.
4　저우제룬(周杰倫)과 페이위칭(費玉清)이 2006년 발표한 노래 〈천리 밖千里之外〉의 가사이다.
5　『전국책戰國策』 「제책齊策·1」 '추기가 제왕이 간언을 받아들이는 일을 풍자하다鄒忌諷齊王納諫': "我孰與城北徐公美？"

최후의 진지　443

님!"

 정부에 출근하는 마지막날에는 아무도 내게 일을 맡기지 않았다. 등받이 의자에 앉아 닫힌 문을 바라보았는데, 오전 내내 문은 그대로 닫혀 있었고, 아무도 열지 않았다. 미리 전자책 몇 권을 준비했는데, 이처럼 조용한 환경에서는 편안하게 읽을 수 있으리라 생각했기 때문이다. 그러나 마우스가 움직이고 스크롤바가 모니터에서 오른쪽으로 미끄러지는데도 글자는 머리에 들어오지 않았다.
 점심때 식당에 가자 옆 테이블에서 누군가 내게 인사했는데, 모르는 사람이었다. 그러다가 문득 생각이 났다. 아, 나한테 우산을 빌려주었던 사람이구나! 몇 달 전 어느 날 갑자기 폭우가 쏟아졌는데, 점심때 밖에 나가 친구와 밥을 먹어야 했으나 우산을 가져오지 않았다. 프런트에 있던 것도 누군가 빌려 가버린 상태였다. 그때 낯선 독자가 다가와서 자기 우산을 가져가라고 했다. 한 시간 동안 밥을 먹어야 해서 그 사람의 일에 지장을 줄까 싶어 걱정했는데, 그는 이렇게 말했다.
 "괜찮아요. 저는 점심때마다 여기 있으니, 기다릴 수 있어요. 저도 이 청사의 간부인데, 부국장님의 글도 보고 동영상도 보았어요. 우리한테 이 일을 해주셔서 감사해야겠다는 생각을 줄곧 하고 있었어요. 우산 하나 가져가는 거야 뭐 별거겠어요? 심지어 제가 밥을 대접해드려야 마땅하지요."
 언제 대학에 돌아가느냐고 묻기에, 오늘 오후에 간다고 하니까, 그가 돌아서서 녹두 국을 한 그릇 들고 왔다.
 "양 교수님, 술도 없으니 이걸로나마 건배하실까요?"
 나도 녹두 국을 들었다. 두 개의 납작한 스테인리스 그릇이 청명한 소리를 울렸고, 우리는 고개를 젖히고 원샷을 했다.

낮잠에서 일어나 접이식 침대를 접어 구석에 놓았다. 구청장과 서기에게 작별 인사를 하러 갔는데 모두 외출한 상태였다. 사무실로 돌아와 컴퓨터를 끄고, 캐비닛 안의 물건을 모두 꺼냈다. 이불과 베개, 책과 세면용품을 따로 포장하고 열쇠와 식당 카드를 리 주임에게 주었다. 바닥을 닦고, 책상을 닦고, 물 한 주전자를 받아 스킨답서스 화분에 물을 주었다. 캐비닛 위와 벽 모서리까지 모두 12개의 화분에 물을 충분히 주었다. 고개를 돌려 벽에 붙은 영화 포스터와 캐비닛 문에 붙은 무늬 종이를 쳐다보았다. 떼지 말자. 이 무채색의 빌딩에 몇 군데 채색의 흔적이 남아 있어야지. 내일이면 없어질 수도 있고, 아닐 수도 있겠지. 사무실 문을 열고 한 사람을 맞이했다.

친구가 이삿짐 나르는 걸 도와주려고 차를 몰고 왔고, 부서의 동료들도 모두 복도로 나와 일일이 악수했다. 닝 관장이 말했다.

"가시더라도, 제가 기분이 울적할 때 전화해서 하소연해도 되겠지요?"

"물론이지요!"

몇몇 여자 동료가 나를 안아주었다. 그들의 손은 내 등에 잠시 머물렀고, 팔을 풀 때는 진지한 눈빛으로 나를 바라보았다. 전날까지만 해도 이 모든 것을 쉽게 버리고 홀가분하게 예전의 삶으로 돌아갈 수 있으리라 여겼으나, 결과적으로 전혀 그렇지 않았다. 이곳은 인정미 없는 곳이 아니었다. 눈가가 시큰해졌으나 참았다.

저녁에 낯선 번호로 전화가 걸려 왔는데, 목소리가 아주 컸다.

"양 부국장, 저 아무개입니다."

약간 의외였다. 그는 나이 많은 동료로 내가 담당하는 부서가 아니었다. 평소 복도에서 스쳐지나가면서 관례로 고개만 끄덕였을 뿐, 거의 대화를 나눠본 적이 없었다. 그러나 그의 어조는 터져나오는 듯했다.

"이렇게 전화하는 건 조금 외람될 수 있겠지만, 이러지 않으면 마음이 꺼림직해서요. 여기 일 년 동안 계셨어도 말을 나눠본 적은 없지만, 그렇다고 해서 그 일들이 제 안중에 없었던 것은 아닙니다. 부국장님의 억울함을 우리 모두 알고 있었고, 저도 여러 번 부국장님을 대신해서 불만을 이야기했습니다. 부국장님의 글과 동영상은 부서 안에서는 공유가 금지되어 있지만, 저는 그 방침이 마음에 들지 않아서 친한 친구들에게 모두 공유했어요. 지도자가 제 모멘트를 삭제하라고 했지만 그냥 뒀고, 지금도 있습니다. 부국장님은 옳은 일을 하셨고, 저는 부국장님을 지지합니다…… 이후로는 부국장님이라고 부르지 않고, 저도 나이 먹은 티를 내서 노형(老兄)이라고 자칭하겠습니다. 이후로 문화관광국에 도움이 필요한 일이 있으면 반드시 이 노형에게 전화하세요. 최선을 다해 도와드리겠습니다. 약속은 반드시 지키겠습니다. 앞으로 기회가 많겠지요……"

전화를 끊고 침대에 누워 여러 번 깊이 숨을 들이쉬고 내뱉었으나 여전히 잠을 이룰 수 없었다. 커튼 사이로 달빛이 들어왔는데, 침실은 평소보다 훨씬 어지러웠다. 지난 일 년 동안의 짐을 집안에 쌓아놓고 아직 하나하나 제자리에 돌려놓지 못했고, 일 년 동안의 일도 아직 말끔히 소화하지 못했다. 어쩌면 몸을 조정하는 데에 며칠이 필요할 테니, 참으면서 천천히 새로운 호흡의 리듬을 만들고, 자잘한 감정은 목과 눈에서 조금씩 내려가게 해야 할 것이다.

그제야 비로소 알 수 있었다. 한 가지 일에서 다른 일로, 한 가지 심경에서 다른 심경으로 바꾸는 것은 얕은 개울의 돌 위에서 뛰어오르는 것처럼 경쾌하지 않고, 풍선을 묶은 낡은 줄을 풀고 새것으로 바꾸는 것과 같았다. 새 줄이 아직 준비되지 않았으면 임시로 손가락으로

잡고 있어야 하는데, 힘을 풀거나 격하게 움직이면 공기가 새어나가버릴 염려가 있다.

안녕, 베이린구 문화관광체육국이여!

가문비나무처럼 생장하다

베이린구 도서관에 다시 발을 들여놓았을 때 나는 손님이 되어 있었다. 프런트의 신입사원은 나를 알아보지 못했고, 닝 관장은 회의하러 외출한 상태였다. 책장 앞에서 책을 정리하고 있던 쑤라이가 나를 보더니 하던 일을 내려놓고 점심때 시간 있으면 함께 양고기 샤브샤브를 먹으러 가자고 했다. 도서관을 한번 둘러보니 책장이 예전보다 더 많이 채워지지는 않았는데, 보아하니 그 책들이 계속 미뤄지면서 책장에 진열되지 않은 듯했다. 걱정스러웠으나 재촉할 권한이 없었다.

예전에 난카이(南開) 대학 도서관학과와 좌담회에서 함께 토론한 적이 있다. '복제 가능한' 도서 목록 편찬 모델을 만들 방법은 무엇인가라는 주제였다. 나의 방식은 개인의 지식 구조와 열정, 친구 네트워크에 의존하므로 한계가 있었다. 내가 떠나자 이 도서관에서는 이 일을 할 사람이 없어졌다. 많은 이들이 나를 도와서 복제 가능한 모델을 제시해주길 바란다. 복제할 수만 있다면 널리 보급할 수 있을 것이다.

도서 목록을 편찬하는 이 일에는 특별한 점이 있다. 우선 피드백이 두드러지지 않는다. 그것은 열심히 준비해서 이튿날 수업 시간에 학생들의 반응을 얻을 수 있는 강의와는 다르다. 도서관 독자의 피드백은 그저 간혹 있을 뿐이며, 미약하고 느리다. 다음으로 평가 메커니즘의 문제이다. 추가로 투입한 시간과 에너지는 어떤 장려도 받지 못하고, 이 일은 그저 옳기 때문에 할 뿐이다. 극단적인 환경에서는 도서 목록보다는 지도자의 입장 순서가 더 주목받을 수 있고, 도서 목록을 편찬한 사람의 마음도 적막해질 수 있다.

당시 도서 목록을 만들 때는 '부국장이 예속 부서의 목록 편찬을 도운' 것이었으나, 운영 회사는 '목록을 편찬하는 인원이 부국장에게 잡혀가서 일한다'라고 여기며 약간 완곡하게 불평했다. 어쩌면 그들이 보기에 도서 목록을 편찬하는 것은 전혀 불필요한 일이었으나, 다행히 닝 관장은 줄곧 이것이 대단히 중요하다고 여겼다.

나는 별다른 재능이 없고, 베이린구 도서관의 도서 목록은 훌륭하다고 하기에는 너무나 모자라고 그저 합격점을 받는 정도일 뿐이다. 하지만 서적상의 말만 듣고 아무렇게나 책을 조달한 것에 비하면 어쨌든 조금 낫다. 그리고 도서 목록 하나가 만들어졌다고 해서 그게 종점이 아니다. 그것이 방해받지 않고 그대로 입찰에 부쳐질 수 있을까? 입찰이 끝난 후에 책 전체가 배송되어 순조롭게 책장에 진열될 수 있을까? 이것은 길고도 복잡한 사슬이다.

몇 달 뒤에 다큐멘터리 〈하지만 책도 있다但是還有書籍〉에서 혼자 힘으로 도서관을 만드는 사람을 보았는데, 내가 일했던 당시보다 힘들어 보였다.

그는 라마 승려였는데, 쓰촨 서부의 티베트 지역 초원에 유일한 도서관을 지었다. 거센 바람이 풀줄기를 흔들고 있는 푸른 들판 한가운데 조그마한 회갈색 건물 한 채가 우뚝 서 있고 사방은 보루처럼 네모가 반듯했다. 책장은 곧장 천장까지 이어져 있었는데, 젊은 그는 진홍색 승복을 입은 채 높은 사다리에 올라가 아이들을 위해 책을 뽑아주었다. 개중에 한 아이는 작가가 되기를 꿈꾸며 작년에 중문과에 입학했다.

라마 승려의 이름은 주메이(久美)인데, 집을 지어본 경험이 없는데도 혼자 도면을 다듬고, 석재를 운반하고, 가구를 샀다. 경비도 스스로 마련했다. 주머니 사정이 빠듯하면 잠시 멈추었다. 200~300제곱미터의 건물은 19개월 만에 겨우 완성되었다. 그가 혼자 도서관을 건립하는 모습에 수많은 네티즌이 탄성이 담긴 댓글을 쏟아냈다. 나도 그 뒷이야기에 대해 상상하게 되었다. 나는 국비가 있었음에도 어려움을 겪었는데, 그는 돌 하나 나무 하나까지 모두 자비로 해결해야 했으니 어디 쉬운 일이었겠는가? 카메라 뒤에는 틀림없이 촬영하지 못한, 말로 표현하기 어려운 부분이 있었을 터이다. 그와 인사를 나누고, 그 도서관에 가보고 싶었다.

하지만 어떻게 해야 연락을 할 수 있을까? 화면 아래에 자막이 나타났다.

2014년에 쑤저우 한산 불교대학에서 유학하던 주메이는……

공교롭게도 왕원이 그 대학에서 연구생을 지도하고 있었다. 그는 주메이를 몰랐으나 알아봐주어서, 금방 주메이의 위챗을 추가했다.

"안녕하세요, 타쉬델렉(扎西德勒)!¹"

내가 초원의 어린이들이 무슨 책을 좋아하느냐고 묻자, 그는 그림책이라고 했다.

---

1 장족(藏族) 사람이 환영이나 축복을 나타내는 말로서 '타쉬(扎西, tashi)'는 상서롭고 운수가 좋다는 뜻이고, '델렉(德勒, delek)'은 좋다는 뜻이다. 중국어로 '상서롭고 뜻하는 대로 이루어지길 바란다(吉祥如意)'라는 말과 비슷하다.

쓰촨성 간쯔〔甘孜〕 장족자치주〔藏族自治州〕 캉딩현〔康定縣〕 타궁진〔塔公鎭〕 나랑마서구〔納朗瑪社區〕 도서관 주메이(18ixxxx)

주문서에 이 글자들을 입력하고 비고란에 이렇게 썼다.

장소가 멀고 외지니, 중국 우편 택배로 보내주세요.

인터넷 서점에서는 주문서 하나를 네다섯 개로 쪼개서 여러 차례 잘못 배송했다. 물류 이동 경로는 지도에서 붉은 선으로 나타났는데, 해변의 대도시에서 곧장 서쪽으로 가서 쓰촨 한복판까지 이어졌다. 캉딩현에서는 "주소에 배달할 수 없어서 주문이 자동 취소됨"이라고 표시되면서, 붉은 선이 급히 꺾여 바닷가 도시로 돌아오고, "금액은 원래 계좌로 반환되었음"이라는 메시지가 떴다. 다시 주문하고, 고객 서비스 센터에 전화를 걸어서 우체국을 통해서만 보낼 수 있다고 당부했다. 신기하게도 한 권만이 정확한 운송 방식으로 주메이의 수중에 도착했고, 나머지 붉은 선들은 출발했다가 다시 돌아오기를 반복하는 궤적만 그리면서, "금액은 원래 계좌로 반환되었음"이라는 메시지가 떴다. 나는 다시 주문하고 또 전화를 걸어 당부하기를 반복했다…… 한 달 뒤에 주메이가 사진을 보내왔다. 책 몇 상자가 도착해서 그의 발치 나무 바닥에 세워져 있었다.

책을 한 번 사기도 이렇게 번거로웠는데, 그가 도서관을 세울 때 책을 나누어서 초원으로 운반하면서 얼마나 많은 시간과 노력을 들여 되풀이했을지 모르겠다. 다행히 그의 책은 결국에 도착했는데, 내가 베이린구 도서관에서 선정한 그 수만 권은 어찌되었을까? 왜 아직 소식이 없지? 삼사일에 한 번씩 베이린구 도서관에 가서 둘러보았으나, 책장은 줄곧 그대로였다.

5월 어느 날, 다시 가보니 책장이 가득차 있었다. 고전문학 구역에서는 두툼한 『태평광기』와 길게 늘어선 '대가의 작은 책'을, 시가 구역에서는 메리 올리버와 장줘수이를 보았고, 과학 보급 구역에는 호프 자런의 『랩 걸』과 차오톈위안의 『하느님도 주사위를 던지나?』가 나타났다. 법률과 의학, 철학, 역사도 모두 과거에 비해 훨씬 충실해졌다. 닝 관장의 말에 따르면 비첩과 만화가 도착하지 않아서 재촉하고 있다고 했다.

제일 비싼 것은 컬러판 화책인데, 서적상이 일부러 삭제했을지도 몰라서 잰걸음으로 예술 구역으로 갔다. 그것들도 모두 도착해 있었다. 『잰슨 예술사』와 『가드너 예술 통사』, 『세계 사진의 역사』 등…… 이 책들이 거기 서 있으니, 마치 도서 목록을 편찬한 친구들이 내 주위를 둘러싸고 있는 듯했다. 손가락이 조금 저려서 잠시 진정하기 어려웠다.

여름방학에 주메이를 방문하고 싶었는데, 7월에는 코로나 상황 때문에 출발하지 못했다. 8월 초는 해발 3,700미터의 타궁 초원에 이미 찬 기운이 있어서, 학생들은 기숙 학교로 돌아가 가을학기를 시작하므로 나랑마 도서관에는 잠시 어린이 독자가 없어지지만, 나는 계획을 취소하기 아쉬웠다.

우리의 차가 산을 휘감은 도로를 천천히 올라가니, 멀리 보이는 산에 거대한 티베트 문자가 적혀 있었다. 몇 개의 커브를 돌아가고 나자 산은 사라지고, 자동차 바퀴는 초원의 파도 속에 깊이 들어갔다. 사원의 금빛 지붕이 빛을 반사하고, 진홍색 승복을 입은 이들이 길가에서 무리를 이루어 걸어가고, 야크와 양 떼는 자동차 경적에도 전혀 신경 쓰지 않고 유유히 도로를 건넜다.

길은 갈수록 좁아져서, 맞은편에서 오는 지프차와 간신히 엇갈렸는데, 상대방이 고개를 내밀고 우리에게 물었다.

"여기 무슨 명승지가 있나요? 우리가 한 바퀴 돌았는데, 그냥 초원밖에 없는 것 같아서요. 여기까지 무슨 일로 오셨어요?"

울퉁불퉁한 흙길을 따라가다보니 도서관 앞에 도착한 것 같았다. 휴대전화의 사진과 대조해보았는데, 확신하기는 어려웠다. 확실히 회갈색이고 장중하며 안정적이긴 했으나, 다큐멘터리에 나온 것보다는 조금 더 작고 외로워 보였다. 창문이 아주 많아서, 가로 세로로 모두 13개나 되었다. 창틀 위쪽의 가로로 된 나무에는 하얀색으로 사다리 윤곽을 그렸는데, 전형적인 티베트 스타일이었다.

주메이는 승복 대신 두툼한 솜털 셔츠를 입고 있었는데, 아마 환속했을 수도 있었다. 그가 지은 것은 새 건물이지만 오래되고 소박한 민가처럼 보였다. 문 앞의 계단은 평평하게 다듬지 않고 거친 그대로의 길쭉하거나 납작한 돌을 삐죽삐죽 쌓아 만들어서 갈라진 틈이 엇갈렸다. 몇 걸음을 걸어 도서관에 들어가자 회갈색은 사라지고, 내부의 벽은 흙과 나무로만 되어 있을 뿐 페인트칠을 하지 않아 원래의 연노란색과 담황색이었는데, 따뜻한 느낌이었다. 벽은 30센티 정도로 두꺼웠고, 흙에는 마른 풀뿌리와 줄기가 섞여 있었으며, 여기저기 갈라져 있었다. 목재는 그다지 반듯하게 다듬어지지 않아서 마치 처음 벌채한 모습 그대로인 듯했고, 빗장은 두꺼웠으며, 들보는 굵은 것과 가는 것, 옹이가 솟아오른 것들이 섞여 있었다. 바닥은 본래의 무늬와 마디를 지니고 있었고, 밟으면 가볍게 삐걱거렸다. 누구에게 배워서 건물을 이렇게 편안하게 설계했느냐고 물어보자, 그는 건축 분야의 책을 많이 읽었는데 복잡한 이론은 이해할 수 없어서, 그저 "건축은 자연에서 왔다"라는 구절만 특히 분명하게 기억난다고 했다. 그래서 돌과 나무, 진흙만 사용하고 다른 재료는 쓰지 않았다고 했다.

도시의 도서관은 매끄럽고 윤기가 나지만, 주메이의 도서관은 무늬가 자연스러워서 수공으로 짠 거친 천과 같이 울퉁불퉁한 실오라기가 만져질 듯했다. 나는 창문 건축에 특히 감탄했다. 북쪽 벽만 책장이 차지하고, 나머지 벽에는 하중을 받는 부분만 빼고 모두 창문을 만들어서 하나하나 이어지게 함으로써 마음을 활짝 열고 햇빛을 맞아들일 수 있었다.

처음 지었을 때는 칸막이가 있는 일반 창살을 썼는데, 나중에 채광을 위해 통창으로 교체했다. 아낌없이 큰 나무틀로 유리를 감싸고, 창틀을 30센티 남짓 넉넉히 낸 뒤 천으로 만든 쿠션을 놓았다. 이렇게 하니 모든 창에 사람이 기대앉을 수 있게 되었다. 거기 앉아 책을 읽으면 풍경이 바로 옆에 있다. 중국 전체에서 아마 이 도서관의 시야만이 이렇듯 광활할 것이다. 눈에 가득 들어오는 건 모두 푸른 하늘과 설산, 하얀 구름, 푸른 풀밭이었다. 광선은 적당해서 따뜻하게 얼굴을 스쳤다. 내가 지은 그 지하 도서관에 이곳과 같은 자연광을 아주 조금이라도 비추게 할 수 있다면 좋겠다.

이곳의 책장은 모두 채워져 있었고, 남은 책들은 긴 책상에 쌓여 있었는데, 대부분 그림책이었다. 책등은 깔끔했고, 청구 번호나 바코드, 칩이 부착되어 있지 않았으며, 외부 대출은 할 수 없고 도서관 안에서만 읽을 수 있었다. 한 바퀴 둘러보니 대부분 아동문학이고, 아주 약간 어려운 역사와 철학 서적도 있었으나, 기관에서 정해준 것과 같은 저질 도서는 없어서, 책의 품질이 대부분의 지역사회 도서관보다 나았다. 서적의 품질을 어떻게 관리하느냐고 물었더니, 일부는 자기가 사고 나머지는 친구들이 증정했다고 했다. 그가 보기에 교재의 참고서와 인터넷 소설, 그리고 너무 허름한 책은 아이들이 읽기에 부적합해서 책장에 진열하지 않았고, 지금 진열된 책은 거의 2만 권쯤 된다고 했다.

겨울방학과 여름방학이면 근처 아이들이 모두 책을 읽으러 왔고, 그림책과 자연 수업을 강의하는 자원봉사자도 있었다. 아이들은 점심때 이곳에서 무료로 점심을 먹고, 저녁에는 다시 무리를 지어 집으로 돌아갔다. 적당히 밥값을 받으라는 사람이 많았으나, 그는 받지 않았다. 조금이라도 이익을 남긴다면 순수하지 않게 되기 때문이라고 했다.

그가 아주 어렸을 때 부친이 돌아가셨고, 모친은 그를 사원으로 보내 라마 승려가 되게 했다. 티베트어로 불경을 암송하면서 성장해 경전에 대해 경건함이 가득했으나, 종교가 세계에 어떤 쓸모가 있는지, 세속의 삶에서 종교의 의미는 무엇인지 이해하지 못했다. 스승에게 물어보니 규칙을 엄수하고 경전을 외우면서 불사를 거행하면 되니, 그렇게 이상한 질문은 하지 말라고 했다. 마음속의 의문을 멈출 수 없어서 몸소 차표를 사서 대도시로 갔다. 바깥의 관점에서 종교를 새롭게 사고해보고 싶었다.

그가 처음 탄 기차는 초록색이었다. 좌석을 구하지 못해서 사흘 동안 서 있었고, 피곤하면 자기 트렁크에 기대어 졸았다. 가끔 근처에 빈자리가 생겨도 감히 앉지 못했는데, 그게 세속의 생활 규범에 맞는 것인지 몰랐기 때문이었다.

열차의 종점은 쑤저우였고, 그는 한산 불교대학으로 갔다. 사원에서 그는 중국어를 알아듣지 못하는 유일한 사람이었다. 당시 그는 18세였는데, 책을 보면서 독학으로 병음(拼音)[2]을 배웠다. 그는 지금 27세인

---

2 중국어 발음을 26개의 로마자로 표기하는 것이다.

데, 올해 읽은 책 가운데 가장 인상 깊었던 것은 유발 하라리의 『사피엔스』와 『호모 데우스』였다. 나랑마 도서관에서는 유목민의 아이들이 늘 그에게 묻는다.

"책을 읽는 게 무슨 의미가 있어요? 우리집은 엄청 가난한데, 학교를 그만두고 밖에 나가 일하는 게 왜 안 돼요?"

그는 아이들에게 자기 경험을 들려주었다. 독서는 단지 돈을 벌기 위한 것만이 아니고, 책을 읽지 않으면 살아가면서 여러 부분, 예를 들어서 역사와 수학, 지리 같은 여러 분야에서 부족한 점이 생긴다고 했다. 그는 초원에 민박집과 요구르트 가공 공장, 그리고 생태 축산 순환 시스템을 건립했는데, 지식 부족에 직면하면 독학할 수밖에 없었다. 건물 도면을 그릴 때는 수학 공식을 공부했고, 요구르트를 만들고 가축 분뇨를 발효시켜 비료로 만들 때는 생물학 분야의 책을 샀다. 최근에는 몇몇 자원봉사자들과 함께 유목 문화 상품을 만들고, 초원 관광을 개발하는 것에 대해 토론했는데, 이 일을 하는 데에는 역사 관련 책을 읽는 게 시급했다.

쑤저우는 그의 인생에서 중요한 전환점이 되었다. 쑤저우 얘기가 나오면 늘 즐거웠다. 그곳에서 처음으로 아이스크림을 먹었는데 너무나 좋았다고 했다. 하루는 거리에서 먹고 있는데, 한 아이가 그를 가리키며 이렇게 말했다.

"저것 봐요. 스님도 아이스크림을 먹고 있잖아요!"

쑤저우에서 변화한 세상을 처음 경험했고, 호화로운 승용차와 저택, 쇼핑몰의 명품을 보았으나, 그는 여전히 티베트 승복이 가장 편하다고 느꼈다. 풍요로운 물질은 그를 유혹하지 못했으나, 제로에서 시작한 중국어 독서는 그를 변화시켰다. 18세에 먼 곳으로 나와서 새로운 언어와 문자를 배웠는데, 이런 충격을 통해 그는 깨달았다. 책은 그를 신속하게 성장시켜주었고, 세계에 대한 인식을 넓혀주었다.

여러 해 동안 그는 한 가지 현상을 관찰했다. 주위의 빈곤한 유목민들은 그 할아버지도 가난했고, 그 할아버지의 할아버지도 가난했는데, 정부가 아주 많은 돈과 물자를 써서 도와줘도 왜 아직도 환경을 바꾸기 어려운 걸까? 매년 연말이면 이웃 사이에 싸움이 그치지 않는다.

"작년에는 우리집에 빈민 구제금을 주었는데, 왜 올해는 주지 않지?"

"왜 저 집에는 많이 주고 우리집은 적게 줘?"

이런 말다툼은 너무 꼴불견인지라 그는 더 지켜볼 수 없었다. 그가 보기에 사람은 응당 자력갱생해야 한다. 보조금을 받은 것은 너무 가난하기 때문이니, 다음해에는 받지 않도록 노력해야 옳다. 그런데 받은 사람이 오히려 어깨가 으쓱하고, 신나서 잘 먹고 게으름을 피우며, 보조금을 받는 게 당연하다고 여긴다. 이런 마음속의 관념을 바꾸지 않으면 그들이 존엄과 가치관을 수립하도록 도울 수 없으니, 그저 금전과 물자를 주는 것만으로는 효과가 크지 않다.

한산 불교대학에서 그는 늘 타궁 초원의 하늘과 구름을 그리워하며, 자기 고향을 위해 무언가 봉헌하려 했다. 뒤이어 일어난 지진으로 그의 행동은 더욱 빨라졌다. 2014년 11월 22일, 타궁 초원에 진도 6.3의 지진이 일어났다. 한산 불교대학에 있던 그는 급히 귀향하여 구호물자를 나눠주는 일을 도왔다. 1,000여 곳의 유목민 집을 방문하여 지진 뒤의 갖가지 곤경을 목격하고는, 다시 쑤저우로 돌아가지 않고, 책을 초원으로 들여오기로 결심했다. 빈곤 퇴치를 위해서는 우선 지혜를 개발해야 했기 때문이다.

당시 그는 자기 집이 없어서, 그저 책을 조금 모아서 작은 천막 안에 놓고 최초의 '천막 도서관'을 열 수밖에 없었고, 70명의 어린 독자가 생겼다. 나중에 고산지 보리로 손수 만든 소스를 판매하여 3,000위안 남짓 돈을 모아 첫번째 돌을 사서 정식으로 도서관 건립을 시작했다.

출가인으로서 그는 사원에서 유일하게 내륙의 불교대학에 진학해서 중국어가 가장 유창했고, 읽은 책도 많았다. 라마교의 수장인 활불(活佛)은 그를 곁에 두고 선생으로 삼아서 훗날 많은 제자를 거둬들여 사원의 발전을 위해 힘쓰기를 바랐고, 번거롭게 사원 밖에서 일을 벌이기를 바라지 않았다. 그는 사원에서 계속 불법을 선양해야 할지, 아니면 나와서 도서관을 만들어야 할지 내심으로 약간 갈등했다. 하지만 사원에서 지내는 게 점차 불편해졌다. 다른 이에게 불법을 전하고 공양을 받는 게 그에게는 거의 교역 행위 같았다.

"저는 이런 걸 좋아하지 않아요. 신앙은 지극히 순수한 거니까 값을 매겨서는 안 돼요. 그건 값이 없는 거니까요."

이와 동시에 정부도 그가 라마의 복장을 한 채 도서관에 나타나 어린이들에게 불법을 전파하는 것을 걱정했다. 이에 그는 승복을 벗고 환속했다.

갑자기 속세로 돌아온 사람, 갑자기 마음먹고 초원에 도서관을 세운 사람, 그리고 갑자기 차표를 끊어 대도시로 향한 사람. 이는 모두 같은 사람이다. 2018년, 나랑마 도서관이 완공되어 방학마다 외부에 개방했다. 2020년에는 초원에서 외부로 진학한 몇몇 대학생들이 이렇게 말했다.

"주메이 형, 올해부터 수업은 우리가 맡아서 할게요."

그 순간 그는 특히 감동했다. 이 일을 계승할 사람이 생겼기 때문이다.

그는 타궁진에 다른 일이 있어서 매일 도서관에 올 수는 없었다. 자원봉사자들도 대부분 방학에만 오고, 학기중에는 오지 않았다.

"하지만 도서관은 집이나 마찬가지로 느껴져서 먼지가 있든 없든 매일 한 번씩 청소해야 해요."

그는 도서관 옆에 민박집을 짓고, 청소부를 고용해서 도서관을 관리할 계획인데, 이렇게 하면 도서관을 일 년 내내 개방할 수 있고, 민박집의 수익으로 도서관에서 제공하는 점심 비용을 충당할 수 있을 것이다.

내가 갔을 때 북쪽의 민박집은 절반쯤 지어졌고, 일꾼들이 담을 쌓고 있었다. 동쪽에는 하얀 천막이 있었는데, 내륙의 어느 감독이 임시로 마련한 거처였다. 그는 주메이의 이야기를 소재로 영화를 제작하려 했다.

초원에 막 도착했을 때 나는 가슴이 점점 두근거리며 맥박이 빨라지는 걸 느꼈다. 들고 온 산소통 마개를 열고 반병을 흡입하고 나니 조금 회복되었다. 이곳의 구름은 마치 언제라도 딸 수 있을 듯한 푸른 하늘의 과일처럼 가장자리가 선명했다. 마침 들꽃이 만발한 계절이라 마음껏 달려보고 싶었으나, 고산증이 걱정스러워서 흥분을 억누른 채 낙조 속에 앉아 주메이와 한담을 나누었다. 등뒤에서는 불타는 듯한 구름이 소용돌이치기 시작했고, 눈앞에는 야라(雅拉) 설산과 야무(雅姆) 설산이 있었는데, 만년설에 덮인 산등성이는 하얀 연꽃이 옹기종기 핀 듯했다. 주메이는 우리에게 차를 끓여주었다. 친구가 선물했다는 정산샤오중차(正山小種茶)는 아주 훌륭했다. 알코올버너에 끓인 라면은 조금 덜 익었는데, 물이 섭씨 80도에서 끓어버려 그렇게 된 것이다. 감독과도 한담을 나누었는데, 어느 날은 밤에 곰이 텐트 밖의 물건을 뒤져서, 아침에 일어나니 바깥 테이블 위의 간식이 전부 어지럽혀져 있었다고 했다.

지난달에 주메이는 〈와이탄 화보外灘畵報〉와 인터뷰했는데, 다음달에는 또 〈남방주말南方週末〉의 기자를 맞이한다고 했다. 그는 이 초원의 명사지만, 자기 이야기를 할 때면 교만하지 않고 약간 수줍어하기도 했다. 몇 년 전에 초원 사람들은 대부분 유목하면서 천막을 따라 이동했고, 고정적인 거주지를 가진 이는 거의 없었으며, 집문서를 가진 이는 더욱 없었다. 최근 몇 년 동안 천천히 간이 가옥을 짓고 집문서를 가진 사람이 생겨났지만, 아직 관리가 표준화되지는 않았다. 상부에서는 도서관과 민박 건물은 건물을 한 동만 쓸 수 있고, 더 많이 짓는 것은 불법이라고 했다. 민박에서 이윤을 남기려면 공익 도서관을 철거해야 했다. 이다음에 어떻게 해야 할지 몰라 방법을 생각중이라고 했다. 여기까지 말한 그는 잠시 멈칫했으나, 초조해하는 기색은 보이지 않았다. 나중에 이 문제는 잘 해결되었다.

내 아들이 주메이에게 물었다.

"사람은 왜 착해야 하지요?"

"종교적 차원의 해석은 인간의 본성이 착하다고 하지. 하지만 이 해석은 너무 추상적이고, 실제 삶에서는 무턱대고 주위의 지인들과 비교하려는 마음을 품는 사람도 있을 수 있어. 상대방이 낙담하면 자기는 즐거워하지. 하지만 완전히 낯선 곳에 오면 아무리 세상에서 제일 나쁜 사람일지라도 특별히 불쌍한 장면을 보면 마음이 약해져서 상대방에게 도움의 손길을 내밀고 싶어져. 사람 마음의 선한 측면이 나타나는 거야.

……

인간의 수명도 아주 짧은데, 이 세상을 떠난 뒤에 어떤 가치를 남기게 될까? 다른 사람이 '와! 이 사람 드디어 죽었네!' 하고 감탄하면, 이 사람의 생명 가치는 아주 작아지지. 하지만 우리가 죽었을 때 아쉬워하면서, '이 사람이 계속 살 수 있다면 얼마나 좋을까?' 하고 그리워하는 이가 있다면, 그 순간 너의 가치는 틀림없이 이 세상에 존재하겠지. 선한 측면은 인간의 가치를 나타내지만, 악한 측면은 틀림없이 가치가 없을 거야."

"하지만 때로는 악인도 나쁜 응보를 받지 않고, 좋은 사람도 좋은 보답을 받지 못하니, 너무 불공평하잖아요."

"먼저 보답은 생각하지 말자. 아주 훌륭한 환경을 가질 수 있다면 틀림없이 선량한 사람들과 함께 창조해내겠지. 그런 환경을 가진다면 우리도 비로소 행복해지겠지. 만약 지금이 전란의 시기이고 세계의 종말, 세계대전이 일어난 상황이라면 주위 곳곳에 모두 악인들로 가득하고, 거대한 환경 전체에서 네게 안정적인 공간을 창조해줄 사람이 없을 거야. 지금 우리는 세계대전을 겪어보지 못했지만, 상상해볼 수는 있지. 정말 무력한 때에 이르게 되면 갈망은 얼마나 크고, 두려움은 얼마나 클까? 미래에는 어떤 환경에서 살 것 같아?"

날이 어두워지기 시작했다. 초원에는 가로등이 없어서 흙길을 식별하기 쉽지 않아, 우리는 옅은 황혼이 사라지기 전에 차를 몰고 떠났다. 주메이에게 내년에는 조금 일찍 와서 아이들에게 자원봉사를 하겠다고 말했다. 아들이 내게 말했다.

"엄마, 주메이 삼촌 정말 좋아요. 삼촌은 도시에서 만났던 모든 사람과 달랐어요."

타궁진에서 깨어난 아침, 옅은 안개 속에서 우리는 동남쪽으로 향해 갔다. 구름은 차창 유리를 가볍게 스쳐지났고, 식생은 갈수록 무성해졌으며, 새들이 날아다니며 지저귀고 있었다. 간혹 몇 마리 청회색의 화미조(畵眉鳥)처럼 생긴 장난스러운 그림자가 날아 지나갔다. 희귀한 주황색의 조류(藻類)가 길가 바위에 붙어서 초록색 소나무와 어울려 운치를 자아냈다. 도로 표지의 '야자겅야커우〔雅家埂埡口〕'랄지 '궁가산 자연보호구'가 조금 인상적이었는데, 왕한이 예전에 이런 지명들을 자주 언급했었다. 이곳은 어쩌면 그녀가 야외 과학 조사를 벌였던 기지와 아주 가까울 수도 있었다.

오후에 붉은 글씨가 새겨진 거대한 바위가 눈앞에 나타났는데, 한 획 한 획이 정말 왕한이 있는 과학연구 기지의 전체 명칭이었다. 궁가 산맥은 구불구불 한없이 이어지는데, 공교롭게도 여기까지 온 것은 정말 뜻밖의 일이었다. 왕한에게 전화를 걸었다.

"그대가 쐬었던 바람을 나도 쐬었으니, 서로 안아준 셈인가요?"3

그녀는 웃으면서 나더러 무언가를 알아봐달라고 했다. 예전에 팀원들을 데리고 궁가산 서쪽 언덕에서 가문비나무 한 그루를 채취해 기슭의 여인숙 마당에 심어놓았고, 그게 낮은 해발에서 적응하면 칭화대학 캠퍼스에 옮겨 심을 생각인데, 지금 잘 자라고 있는지 궁금하다고 했다. 여인숙에는 꽃과 나무, 호박이 있었는데, 몇 바퀴를 돌고 나서야 비로소 이 '과학 탐사 기념수'를 찾을 수 있었다. 겨우 내 손만한 크기였기 때문이다. 왕한을 놀렸다.

"엄청나게 큰 가문비나무로구만!"

"호호, 작년에 막 채취했을 때의 모습을 못 봐서 그래요. 이제 그 정도면 무지무지 많이 자란 거예요. 가문비나무는 엄청 느리게 자라지만, 아주 튼튼하게 자라고 수명도 길어요. 세계에서 가장 오래된 가문비나무는 이미 9천 살이 넘었어요. 그래서 제가 특히 그 나무를 좋아해요."

쪼그려 앉아서 이 작은 나무를 가만히 쓰다듬었다.

---

3 중국 가수 류이원[劉藝雯]의 노래 〈먼 곳에서 들려온 너의 소식聽聞遠方有你〉의 가사 일부이다.

"무성한 풀밭 속의 작은 가시였다가 이제 점점 쑥대 같은 느낌을 주는구나."

나의 그 작은 도서관도 2년째이고, 역시 손바닥만한 크기이다. 미래에 그것도 가문비나무처럼 이렇게 뿌리를 내리고 자랄 수 있을까?

이번 여행에서 나는 왕원과 아는 사이여서 주메이를 찾을 수 있었다. 주메이를 방문하고 또 공교롭게도 왕한의 과학연구 기지를 만났다. 친구들이 밟았던 발자국이 산간에서 우연히 부딪혔고, 그들이 추천한 책도 도서관 안에서 서로 인사를 나누었다. 2년 전에 캠퍼스 밖으로 개간하러 나갔는데, 기한이 되어서 농기구를 거두고 옷을 갈아입은 후, 이 경험을 가지런히 접었다. 그런데 지금은 오히려 일단 문을 열고 나니 다시 닫아걸고 싶지 않다는 것을 발견했다.

여기서 저기로 가야만 신기한 것을 알 수 있다. 자주 멈추어서 낯선 식물의 이름을 들었다. 알고 보니 소나무겨우살이가 용의 수염처럼 매달려 있고, 바늘꽃이 분홍빛 꽃다발을 흔들며, 코끼리 천남성이 예쁜 빨간 열매를 들고 있었다. 전혀 다른 지형에서 토양은 촉촉했고, 침묵 속에서 내가 알고 싶어하는 소식을 잉태하고 있었다.

에필로그

2022년 여름, 택배 기사가 자그마한 빨간색 상자 하나를 배달해주었다. 흔들어보니 '드륵!' 하는 소리가 났다. 안에는 타원형 돌이 하나 들어 있었는데, 바닥을 평평하게 갈고 전각한 필획이 얽혀 있었다. 글씨를 알아볼 수 없어 이리저리 조사해보니 '원유일득(願有一得)' 즉, 하나의 얻음이 있기를 바란다는 뜻이었다. 또 여기저기 물어보고 나서야 비로소 이것이 리 주임과 동료들의 마음이라는 것을 알았다.

그들과 헤어진 지 이미 상당한 시일이 지났다. 함께 있었을 때 일어났던 일은 다급히 내 일기장과 장부에 들어왔었는데, 짧은 것도 있고 긴 것도 있었다. 그것은 그냥 기록하는 습관이었을 뿐이지 책으로 만들려고 계획하지는 않았다. 나중에 책을 내달라는 요청을 받고 나서 흩어진 필적을 모아 교차하여 주제에 따라 합병했으나, 그것으로는 한참 부족했다. 그래서 자리에 앉아 그들의 옷차림과 말버릇, 노크하는 리듬, 포옹하는 힘, 젓가락에 묻은 겨잣가루의 향기 등을 회상해야 했다.

지금 이런 이야기들을 다 썼으니, 내가 가진 '하나의 얻음'이 무엇인지 곰곰이 생각해보아야 한다.

한동안 도서관 독자의 피드백이 내 정보의 보루를 거듭 허물었다. 원래 시각장애인들은 더듬는 것만으로는 책장 위의 점자책을 고를 수 없었고, 시민들은 도서관이 무료라는 것을 몰랐을 수도 있으며, 우리의 홍보가 상인들이 보기에는 비효율적인 자기만족을 위한 놀이였고…… 내가 머릿속에서 구축한 이상적 모델은 착지한 뒤에 모두 조정하고 보수해야 했다.

이 책을 쓰는 동안, 동료 교수들과의 교류도 여태 도달하지 못했던 영역에 진입했다. 이전에는 모이면 대부분 잡담을 나누었다. 누가 회식 자리에서 갑자기 '줄기 속 물관의 조직 면적'이라든가, '현대 정신생활에 대한 반성과 재건, 재생산'을 얘기하겠는가? 그런데 이번에는 그들의 전문 분야와 관련된 이야기를 듣고 싶었다. 잘 아는 사람이지만 대화 내용은 바뀌었는데, 이런 감각은 상당히 미묘했다. 마치 하나의 두루마리가 천천히 펼쳐지듯이 그들은 내게 새로운 부분을 보여주고, 평소 숨겨져 있던, 열중하는 모습을 드러냈다. 경청하는 과정에서 나는 기쁘고 심지어 두려움에 굴복했다. 주변 사람들에 대해 너무 몰랐던 셈이다.

사회학 서적을 읽으면서 중국 행정 관리의 '목표와 과업의 단계적 분해 체제'가 때로는 '상부 당정(黨政) 부서에서 하달한 각종 지시'를 정책의 성과로 여기는 추세를 조성함으로써 대중의 진정한 수요와 동떨어지게 되기도 한다는 것을 알았다. 이상적인 상태라면 응당 '대중을 위해 실질적인 일을 잘하는' 것을 정치적 성과로 삼아서 대중의 만족도를 평가 시스템에 포함해야 한다.

이런 바람은 제기하기는 쉬워도 실행하기는 어렵다. 일 년 동안 임시직으로 있으면서 도처에 널린 양식들을 다루며 '가산점과 감점'이 동료들에게 어떤 원동력이 되고 어떤 구속이 되는지 잘 알게 되었다. 이런 계량화된 척도에서 벗어나라고, 높은 곳에서 내려다보듯이 그들에게 충고하는 것은 무척 어려웠다. 다른 사람에게 현실적 이익을 버린 채 전혀 보답을 바라지 말고 일하라고 요구하는 것은 너무 가혹하다.

그러나 나 자신에게는 시험해보고 싶었다. 아는 것과 실천하는 것이 같은 방향으로 갈 수 있을까? 학계든 공무원 사회든 상관없이 자기 주체성을 형성해야지, 도구화되거나 기회주의자가 되어서는 안 된다는 옥스퍼드대학교의 학자 샹뱌오〔項飆〕의 말에 공감한다. 나의 이 임시직 신분은 다른 사람보다 제한이 적으므로 변화시킬 수 있는 조건을 더 갖추고 있었다. 등급의 규칙을 이해하고, 채찍과 당근의 두 가지 책략을 함께 쓰며 우회하는 기술을 배우기 시작했다. 한 가지 일을 견지하면 눈앞에서 누군가 방해하고 압력을 행사하더라도, 해내고 나면 낯선 사람의 메아리가 유쾌한 공명을 가져다주었다. 억울하고 외로울 때는 독서가 여전히 효과가 있었다. 옛 성인과 선현은 올바른 길이 왜 항상 힘든지, 힘들 때는 또 왜 동요해서는 안 되는지 알려주었다.

진실을 기록하고 공공의 정의를 지키면 적을 만날 수 있다는 이치는 진즉부터 알고 있었다. 서너 살 무렵에 현(縣)의 TV 방송국 프로그램에 돌연 코에 멍이 들고 얼굴이 부은 모습을 한 아버지가 나타났는데, 뭔가 옳은 일을 해서 기자와 인터뷰하고 있는 듯했다. 근처의 떠돌이들이 호미와 삽을 메고 아버지가 있는 학교에 가서 사람을 때렸고, 아버지는 카메라를 들고 가서 촬영하다가 무력의 위협을 당했다. 그러나 굴복하지 않다가 구타당했고, 카메라는 산산조각이 났다. 브라운관의 그 상처 입은 얼굴을 보면서 아버지의 딸이라는 게 자랑스러웠다.

'도서 목록 지키기'에 성공한 그날 저녁에 나는 아들에게 이렇게 말했다. "그동안 악당과 싸우고 있었는데, 마침내 오늘 승리했어. 네가 걱정할까 싶어서 미리 얘기하지 않았지." 그런 다음 이렇게 덧붙였다. "외할아버지의 옛날이야기를 다시 들려줄게."

내가 늘 아버지를 모방하려 한다는 것을 인정한다. 예전에 아버지는 나와 함께 책 읽기를 좋아했으므로, 나도 아이와 함께 책 읽기를 즐긴다. 아버지는 표지가 녹색 주단으로 된 일기장을 가지고 있어서 1987년부터 1990년까지 나와 함께 독서하고 놀았던 자세한 사항을 기록해놓았다. 아버지가 직접 글자 익히기 카드를 오려 만들고 우리에게 부채와 연, 가산(假山), 등롱, 뗏목, 전기 보트 등을 직접 만들어주었는데, 주변 사람들은 늘 그것을 이해하지 못했다. 아버지는 이렇게 썼다.

아이는 잘 놀아야 잘 배울 수 있다.

이 구절을 보고 다시 아버지에게 더 다가가기 위해, 자녀 교육을 위한 '치맛바람'의 광풍과 따가운 햇볕 속에서 아이에게 양산을 씌워 조금이나마 그늘을 드리워주고 싶었다. 아버지가 아직 살아 계셨다면 이 양산은 더 컸을 터이다.

이 점에서 동생은 나를 이해했다. 그날 저녁 10시 반 CCTV 〈뉴스위크〉 프로그램에서 인터뷰가 방송되자, 동생은 감격에 겨워 모멘트에 글을 썼다.

나는 가난한 작은 도시에서 태어났는데, 어린 시절 집에는 잡다한 책들이 합치면 몇천 권이나 되었고…… 이것은 일찍 돌아가신 부친과 얼마 후면 얼굴조차 또렷이 기억나지 않을 할아버지 덕분이었다. 당시 4명의 식구가 30제곱미터도 되지 않는 한 칸짜리 큰 방에서 함께 살았는데, 책을 보관하기 위해 벽에는 칸막이를 가득 붙였고, 침대 아래에는 책 상자가 가득차 있었으며…… 누나가 도서관을 건립하는 임무를 맡았을 때 나는 약간 부러웠다. 책을 사는 일은 그 자체로도 아주 즐거운데, 공금으로 사면서 도서 목록을 만들게 되면 즐거움이 틀림없이 기하급수적으로 커질 것이다. 마치 내가 3A[1]의 대작 하나를 통관시키는 데에 온 정신을 집중할 것임을 전혀 의심하지 않듯이, 누나가 이 일을 잘해낼 것임을 전혀 의심하지 않았다…… 비록 누나가 도서관을 열심히 준비하던 모습을 직접 본 적은 없지만, 그것이 20~30년 전에 작은 공책을 품에 안고 헌책을 뒤적이던 아버지의 모습과 똑같으리라 생각했다…… 불교에서는 등불을 전해서 지혜의 불빛이 점점이 밝혀지면 험난한 길에 조금이나마 빛을 비출 수 있다고 얘기한다. 그러나 지금은 거창하게 서술하고 싶지는 않고 그저, 제사 지낼 때

---

1 '3A 혁명'은 공장 자동화(Factory Automation)와 사무 자동화(Office Automation), 가사 자동화(House Automation)의 통칭이다.

잊지 않고 아버지께 말씀드려야겠다는 생각만 하고 있다.²

이 책은 초고를 쓰고 나서 5차례 수정했다. 혹시 민감한 주제를 건드렸을 수도 있고, 언급한 사람의 안전이 염려되었기 때문이다. 내 글이 책에 언급된 일부 선량한 사람에게 불필요한 번거로움을 줄 수도 있는데, 어떻게 표현해야 진상 환원과 개인 보호 사이에서 죄책감을 느끼지 않을 방법을 찾을 수 있을까? 동생은 이렇게 말했다.

"양심에 물어봐!"

이야기를 마치며, 매니저인 싱쥐(行距) 판권 대리 회사의 마오샤오추 씨에게 감사를 전하고 싶다. 그녀는 이 문제의 공적 가치를 발견하고 내 경험을 책으로 써보라고 제안했다. 처음에는 거절했다. 도서관 건립은 작은 일이고, 기껏해야 5만 자 정도 쓸 수 있는데, 어떻게 책 한 권이 될 수 있겠느냐고 했다. 그녀는 먼저 고전 작품을 인용하여 내가 서사 맥락을 짜도록 도와주었고, 또 감정적으로도 따뜻한 마음을 전하면서 수천 번이나 말했다.

"틀림없이 잘 쓰실 수 있어요."

그녀는 정말 전능한 협상가이자 전문적 소양이 탄탄하고, 언어 소통도 간절한 분이라고 할 수밖에 없다. 나는 주문에 걸린 것처럼 그 공세를 견디지 못하고, 매주 금요일에 자발적으로 그녀에게 원고를 보냈고, 이후로 새로운 리듬이 생겼다. 월요일과 화요일에는 늘 유유히 노래를 흥얼거리고 책을 보면서 그것을 '발효'라고 불렀고, 목요일과 금

---

2 남송 육유(陸游)가 임종할 때 남겼다는 시가 "죽으면 원래 만사가 부질없음을 알지만, 중국이 통일되는 걸 보지 못해 슬프구나. 천자의 군대가 북방을 평정하는 날, 집안 제사 때 잊지 말고 이 아비에게 알려다오(死去元知萬事空, 但悲不見九州同. 王師北定中原日, 家祭無忘告乃翁)"인데, 이 시의 마지막 구절을 활용한 말이다.

요일에는 봉두난발에 땟국물이 흐르는 여자가 되어서 방문을 닫아걸고 컴퓨터를 노려보았다. 음식은 자주 태워 먹었고, 기분은 가끔 이상해졌다. 심지어 아들조차도 금요일에는 엄마를 건드려서는 안 된다는 것을 알았다.

일 년 남짓 글을 쓰는 동안, 나와 마오샤오추 사이에는 수백 통의 메일이 오갔다. 우리의 조합은 아이와 학부모 같았다. 나는 산만하고 제멋대로이고, 그녀는 조리 있고 정연했다. 고삐 풀린 내 글을 그녀는 여러 차례 제자리로 당겨놓았는데, 처음에는 조금 승복하지 않았으나 기분을 가라앉히고 다시 보니 그녀는 확실히 날카롭고 객관적이었다.

이 책이 '역문기실(譯文紀實)' 시리즈에 들어갈 수 있게 된 것은 나로서는 영광이다. 싱쥐 문화 황이쿤〔黃一琨〕 선생의 추천으로 이 작품의 출판 소식이 각종 출판 기구의 시야에 들어가게 된 데에 감사한다. 나와 같은 '보통 사람'의 작품을 좋게 평가하여 등단할 기회를 주신 상하이 역문출판사의 편집인 장지런〔張吉人〕과 류위팅〔劉宇婷〕 씨에게도 감사한다. 인터뷰를 통해 베이린구 도서관의 이야기를 멀리까지 전파해주신 CCTV의 장다펑과 양융칭〔楊永靑〕, 〈등신곡우〉 기자 양저우 씨에게 감사한다. 책에서 감사를 표한 여러 벗들 외에 천원진〔陳文金〕, 판둔쯔〔范敦子〕, 류리〔劉麗〕, 류잉〔劉鎣〕, 마리쥔〔馬立軍〕, 멍후이〔蒙惠〕, 팡레이〔龐蕾〕, 왕리〔王莉〕, 웨이둬〔魏多〕, 자오치안〔趙啓安〕, 주옌쿤〔朱艷坤〕 등 도서 목록을 제공해준 벗들에게도 감사한다. 흔쾌히 서문을 써주신 내 박사 지도교수, 쑤저우대학의 왕야오 교수님께 감사한다. 초고에 수정 의견을 제시해준 후징웨〔胡靖悅〕와 리원팅

[李文婷], 량샤오추이[梁小錘], 펑챠오위[彭巧玉], 스텅텅[石騰騰], 왕빈룽[王彬融], 왕이판[王一帆]에게도 감사한다. 그 외에 몇 분은 특별한 고생을 마다치 않으셨다. 쑹루는 일부러 시안에 와서 소재를 보충해주고, 남을 헐뜯는 특기를 발휘하여 내 글에 담긴 원망의 말을 야유로 바꿈으로써 약간 지나치거나 모자란 부분을 희석하도록 도와주었다. 동생 양푸충[楊富聰]은 내 원고를 한 줄 한 줄 심사하여 '~의[的]'랄지 '~했다[了]'를 비롯해서 번잡하고 시원스럽지 못한 글자와 어휘를 삭제하면서 여러 번 약을 올렸다.

"보라고. 사마천의 글은 얼마나 간명하고, 도잠의 글은 얼마나 함축적이냔 말이야!"

아들 샤오허무[小禾木]는 내가 원고에 쫓기는 동안 음식을 허술하게 때우는 것을 용인해주었고, 늘 청소기를 손에 쥐고 말했다

"엄마, 제가 해방시켜드릴게요!"

최근에 영화 한 편을 보았는데, 사람과 사람 사이의 관계는 마치 우주에 흩어져 있는 글자들과 같아서, 우연히 만나면 노래 구절과 시로 엮이게 된다고 했다. 이 도서관을 건립하지 않았다면 그렇게 많은 사람을 알게 되지 못했을 것이다. 뜻밖의 만남은 길을 돌아가거나 개울의 다리를 건너다가 홀연히 이루어졌고, 삶이 내게 준 보상은 너무나 풍부했다.

나의 이 작은 책은 곧 독자에게 갈 텐데, 많이 비평해주길 바란다.

미래의 길에서 스피노자의 이 말을 되새겨 깨닫고 싶다.

사람의 몸이 다른 물체와 공유하는 게 많을수록 마음이 인식할 수 있는 사물도 많아진다.

기억하기 위해서.

양쑤추
2023년 5월 시안에서

역자 후기

『세상에 왜 도서관이 필요한가』라는 책은 제목만 봐서는 내용을 쉽게 짐작하기 어렵다. 원서 뒤표지에 실린 소개글의 첫머리에는, 대학에서 문학을 가르치던 교수가 사회봉사를 위해 구청에서 1년 동안 임시직으로 근무하며 우연히 도서관 건립을 담당한 경험담이라고 적혀 있었다. 이 내용을 보고 언뜻 떠오른 생각은 학계와 공무원 사회의 차이에 대한 경험적 비판론이 아닐까 하는 것이었다. 실제로 책의 내용에는 이 부분의 비중도 적지 않았으나, 이 책이 포괄하는 범주는 그보다 훨씬 넓고, 의미 있고, 재미있어서, 번역 자체가 즐거운 독서였다. 물론 벌써 기성세대가 되어버린 역자의 뒤통수를 당기게 하는 인터넷 신조어와 여전히 불친절한 중국인들의 외국어 지명과 인명 표기 때문에 약간 고전하기도 했으나, 그건 번역자에게만 해당하는 난관일 뿐이니 독자들은 아주 가끔 각주만 참조하면 그만일 터이다.

불가피한 사정으로 상가 건물의 지하에 도서관을 건립하는 일은 복잡하고 까다로운 규정과의 싸움이고, 또 제한된 예산 내에서 실내장식과 인력 충원, 도서 구매를 비롯한 여러 현실적인 난관을 극복하는 과정이기도 했다. 결국에 그런 난관을 이겨내고 도서관 건립에 성공했다는 해피엔딩이지만, 이 안에 얼기설기 관련된 뒷이야기의 폭과 깊이는 흥미롭고도 많은 생각거리를 안겨준다.

시각장애인을 위한 점자책과 독서 보조 시설을 마련하는 일은 시각장애인에 대한 사회적 관심이 진정성을 확보하기 위해 고려해야 할 사항이 생각보다 복잡하다는 것을 보여주었고, 시안시 베이린구라는 지역적 특징을 반영한 비첩의 확보는 예산과 도서 관리의 문제에 맞부딪친다. 그 와중에 자연스럽게 서예와 청동기 이야기를 꺼내는 이야기꾼의 소질도 잘 보여준다. 도서 목록을 작성하는 과정에서는 무협소설과 만화, 애니메이션, 종교, 사진, 자연과학 등 다양한 분야의 중요한 서적들이 언급되고, 이와 더불어 관련 분야의 전문가와 철학자, 식물학자가 자연스럽게 연결되어, 예술철학과 장애인에 대한 인도주의적 관심, 현지 조사 등이 정확하게 일반 독자의 호기심을 건드리는 선까지 한정되어서 절대 가볍지 않게 서술된다. 시안과 산시 지역의 다양한 먹거리와 무형유산에 관한 이야기들도 양념처럼 심심치 않게 더해져 있다.

그러나 무엇보다도 구체적이면서도 어느 정도 희극적으로도 보이는 여러 사례를 통해 제시되는, 학자이자 대학교수인 저자가 처음 접하는 공무원 사회의 모습은 일종의 풍자적인 해학이다. 효율을 강조하지만 오히려 효율적이지 않고 심지어 비실용적인, 성과 위주의 형식적이고 권위적인 조직 체계는 성년을 대부분 비교적 자유로운 학계에서 보낸 작가에게는 낯설면서도 당황스러운 감정들을 불러일으킬 뿐이다. 국민-시민을 위해 봉사한다는 명분을 내세우면서도 실제로는 '당(黨)'의 권위를 내세워 국민-시민 위에 군림하는 듯한 고위 공직자—중국식 표현으로는 '지도자〔領導〕'—들의 모습과 심지어 도서 구매 과정에서 압력을 행사한, 공익보다는 사익을 우선시하는 부패의 고리도 딱 허용되는 수준에서 그만큼의 강도로 폭로된다. '중국 특색 사회주의' 안에서 진행되는 이 교묘한 긴장과 갈등, 그리고 문제가 해소되는 모습은 논픽션이기 때문에 더욱 흥미롭다.

마지막에 '부록'처럼 들어간 타궁진의 나랑마서구 도서관 이야기는 도서관의 필요성에 대한 강조점처럼 보인다. 주메이의 놀라운 의지와 봉사 정신도 승려로서 삶을 희생하는 데에서 그치지 않고, 자연보호와 부동산 개발이라는 제도적 장벽을 이겨내야 했다. 그러므로 어쩌면 이 책의 주제는 도서관의 필요성에서 그치는 게 아니라 '제대로 된' 도서관을 만드는 사람들의 필요성까지 확장되는 듯하다.

매번 좋은 책을 추천하는 노승현 선생인지라, 이번에도 책의 질적 수준은 처음부터 의심하지 않았다. 다만 번역하는 데에 필요한 물리적 시간이 충분할지 염려스러웠으나, 본문의 문장이 워낙에 경쾌해서 즐겁게 읽혔다. 다만 중국고전문학을 전공하고 주로 학술서만 접했던 나로서는 만화와 패션, 그리고 '최신'의 인터넷 용어가 난무하는 글을 번역하기가 쉽지 않았다. 이 부분과 관련해서 난삽한 번역 원고를 교열해준 이원주 님께 한없는 경의를 담아 감사한다. 이원주 님은 내 번역의 오류를 바로잡고, 빠진 부분을 보충했으며, 무엇보다도 딱딱한 만연체의 문장을 날렵하고 세련되게 다듬어주었다. 한편 이 책에서 거론한 작가들과 도서들은 우리나라에서도 적어도 고등학교와 학부생 수준의 독자들에게까지 필독서로 권하고 싶을 정도로 훌륭하고, 대부분 우리나라에도 번역서가 나와 있다. 다만 원서의 마지막에는 이 책에서 언급된 작가와 도서 목록을 다시 정리해놓았으나, 번역서에서는 그게 굳이 필요하지 않다고 판단하여 삭제했다.

좋은 책을 번역할 기회를 주신 교유서가에 감사하며, 역자의 부족함으로 인해 여전히 남아 있을 번역의 오류에 대해서는 독자들의 질정을 고대한다.

김해 백운재에서
홍상훈

지은이 양쑤추[楊素秋]

쑤저우대학蘇州大學 문학 박사학위를 받았다. 워싱턴대학교 방문학자로 연구한 바 있다. 공공 독서 홍보자로서 변방에서 여러 차례 문학 독서를 위한 공익 강좌를 개최했다. 2020~2021년 정부의 임시직으로 근무하며 시안시 베이린구 도서관 건설을 주도하면서 이 책을 쓰게 되었다. CCTV 〈뉴스위크〉에서 '공공도서 선정인'이라는 칭호를 받았다. 현재 부교수로 재직중이다.

옮긴이 홍상훈

서울대학교 학부 및 동 대학원 중어중문학과 문학 박사학위를 받았다. 현재 인제대학교 리버럴아츠칼리지 교수로 재직중이다. 저서로는 『하늘을 나는 수레』 『전통 시기 중국의 서사론』 『한시 읽기의 즐거움』 『중국고전문학사강해』 『한시 속의 술, 술 속의 한시』가 있고, 번역서로는 『중국소설비평사략』 『서유기』(공역) 『두보 율시杜律分韻』(공역) 『시귀의 노래: 완역 이하李賀 시집』 『별과 우주의 문화사』 『유림외사』(공역) 『양주화방록揚州畵舫錄』(공역) 『홍루몽』 『봉신연의』 『왕희지 평전』 『증오의 시대』 『생존의 시대』 『영애승람瀛涯勝覽 역주』 『삼보태감 서양기통속연의』 『시간의 압력』 『상나라 정벌翦商』 등이 있다.

세상에 왜 도서관이 필요한가

초판 1쇄 인쇄 2025년 5월 16일
초판 1쇄 발행 2025년 5월 26일

지은이 양쑤추 | 옮긴이 홍상훈

기획 노승현 | 편집 이원주 이희연 정소리 | 디자인 윤종윤 이주영 | 마케팅 김다정
브랜딩 함유지 박민재 김희숙 이송이 박다솔 조다현 김하연 이준희 복다은
저작권 박지영 형소진 주은수 오서영 조경은
제작 강신은 김동욱 이순호 | 제작처 상지사

펴낸곳 (주)교유당 | 펴낸이 신정민
출판등록 2019년 5월 24일 제406-2019-000052호

주소 10881 경기도 파주시 회동길 210
문의전화 031.955.8891(마케팅) | 031.955.2680(편집) | 031.955.8855(팩스)
전자우편 gyoyudang@munhak.com

홈페이지 www.gyoyudang.com
인스타그램 @gyoyu_books | 트위터 @gyoyu_books | 페이스북 @gyoyubooks

ISBN 979-11-94523-32-1 03300

* 교유서가는 (주)교유당의 인문·교양 브랜드입니다.
  이 책의 판권은 지은이와 (주)교유당에 있습니다.
  이 책 내용의 전부 또는 일부를 재사용하려면 반드시 양측의 서면 동의를 받아야 합니다.